BASTEI
LÜBBE

Suzanne Somers

ZUM SCHWEIGEN VERDAMMT

Aus dem Amerikanischen von
Waldemar Christiansen

BASTEI
LÜBBE

BASTEI-LÜBBE-TASCHENBUCH
Band 61343

1. Auflage September 1995
2. Auflage Oktober 1995

Deutsche Erstveröffentlichung

Die amerikanische Originalausgabe erschien bei
Warner Books unter dem Titel
KEEPING SECRETS
Printed in Germany
Einbandgestaltung: Manfred Peters
Titelfoto: Sam Haskins
Satz: Fotosatz Manfred Schöning, Wiehl
Druck und Bindung: Ebner Ulm
ISBN 3-404-61343-0

Der Preis dieses Bandes versteht sich einschließlich
der gesetzlichen Mehrwertsteuer.

Meiner Familie für das Vertrauen und den Mut, den sie bewies, als sie mir erlaubte, diese Geschichte zu erzählen – und besonders meinem Dad. Es bedarf eines großen Menschen, so mutig zu sein.

Das ungeprüfte Leben lohnt nicht, geliebt zu werden.

Platon

DANKSAGUNG

Ich hätte dieses Buch nicht ohne die Hilfe der folgenden Personen fertigstellen können. Es ist mir deswegen eine große Freude, ihnen an dieser Stelle zu danken.

Meinem Ehemann und bestem Freund, Alan Hamel, der von Anfang an an mich und dieses Projekt glaubte und dessen rückhaltlose Unterstützung und Liebe mir den Mut zum Weitermachen gaben.

Meinem Vater, Frank Mahoney, meiner Mutter Marion Mahoney, meiner Schwester, Maureen Gilmartin, meinen Brüdern, Dan Mahoney und Michael Mahoney. Sie alle verbrachten endlose Stunden damit, mir ihre Perspektiven und Gefühle zu schildern und erlaubten mir, tief in ihrem Inneren zu graben, dort, wo es schmerzt.

Meinem Sohn, Bruce Somers, für seine Güte, sein Vertrauen und für das Verständnis, das er meinen Bedürfnissen entgegenbrachte.

Meinen Stiefkindern, Leslie Hamel und Stephen Hamel, für ihre Liebe und ihren Enthusiasmus.

Larry Kirschbaum, dem Vorsitzenden von Warner Books, für seine redaktionelle Unterstützung, seinen ungeheuren Enthusiasmus und die Beharrlichkeit, mit der er dieses Projekt durchführte und lenkte, und für seinen reinen, jungenhaften Geist.

Meiner wundervollen Herausgeberin und Verlegerin Nansey Neiman dafür, daß sie mir half, eine klare, durchgängige Linie durch diese Geschichte zu finden und den Unterschied zwischen unwichtigem und wichtigem Material zu erkennen. Das Pflücken wilder Blaubeeren auf ihrer Farm hat auch nicht gerade geschadet.

Eric Lasher, meinem teuren Freund und Führer durch die trügerischen Dschungel der Bücherwelt.

Maureen Lasher, meiner Agentin und eng vertrauten Freundin, die schon vor Jahren sagte, ich hätte ein Buch in mir. Obwohl ich nicht genau formulieren kann, was Maureen macht, macht sie es besser als irgend jemand sonst, indem sie immer die richtigen Fragen stellt und mich zwingt, auf meinen inneren Dialog und auf meine Gefühle zu hören. Ihre Beiträge waren von unschätzbarem Wert.

Marsha Yanchuck, meiner Sekretärin und Freundin, die so viel mehr leistete, als nur dieses Manuskript zu tippen. Sie war meine Leserin, ihre Tränen mein Barometer. Ich danke ihr für all die Rückenschmerzen, über die sie sich nie beklagt hat.

Michael Levine, meinem Werbeagenten, der mich mit Literatur und Studien über Alkoholismus und Kinder von Alkoholikern versorgte, weil er wußte, daß mein Zeitplan mir keine Zeit ließ, das selbst zu tun.

Joyce Burland, meiner brillanten Freundin, die genau das sagte, was ich brauchte, zu genau dem Zeitpunkt, wo ich es brauchte, damals in jener Nacht auf ihrem Berg in Vermont.

Jack Hansen und Mrs. Kilgore, die für mich da waren, als ich sie brauchte.

Duffy für die Zeit und die Informationen, die er mir gegeben hat, und Dank auch an Betty Ford dafür, daß sie mir den Weg gewiesen hat.

Mir ist es egal, ob jedermann weiß, daß ich ein Trinker war. Für mich zählt nur, was sie über dich denken.

Mein Vater,
im November 1986

PROLOG

Ich bin als Kind eines Alkoholikers aufgewachsen. Ich, meine Brüder und meine Schwester wurden unserer Kindheit durch eine schreckliche und schmerzhafte Krankheit beraubt, eine Krankheit, über die nie jemand reden wollte, auch ich nicht.

Es fiel mir nie schwer, Scherze über die einfacheren Seiten des Zusammenlebens mit einem Trinker zu machen, aber ich bin nie tiefer gegangen. Ich habe mir niemals die Frage erlaubt, wie meine wirkliche Vergangenheit war oder welche Folgen sie für mich hatte. Ich hatte sie begraben. Ich wollte einfach nichts von ihr wissen. Aber kürzlich auf einem Urlaub in Santa Fé, Neu Mexiko, wurde ich gezwungen, alles zu verstehen.

Ich erwachte mitten in der Nacht und begann zu schreiben; und während ich schrieb, weinte ich. Meine Erinnerungen waren aus einem ganz bestimmten Grund begraben gewesen. Der Alkohol hatte eine verheerende Wirkung auf mich und meine Familie gehabt. Und ich begann, den Schmerz, dem ich bisher ausgewichen war, wieder zu durchleben. Fünf Stunden später, als mein Mann erwachte und mich fragte, was ich täte, begriff ich, daß ich einen Teil meiner selbst erforschte, mit dem ich mich nie zuvor auseinandergesetzt hatte. Ich war zwar in Therapie gewesen, aber ich war noch nie so tief in mich eingedrungen. Ich begann zu schluchzen, als ich es Alan vorlas. Ich konnte einfach nicht aufhören. Ich hatte eine intime Reise in meine eigene Vergangenheit begonnen, und ich mußte diese Aufgabe zu Ende bringen. Es war schwer, den Schmerz und das Trauma meiner Vergangenheit zurückzurufen. Es war hart, sich der Person, die ich geworden war, nachdem ich das Haus meiner Eltern verlassen hatte, zu stellen. Ich hatte immer über diesen Teil von mir gelacht. Er war mir peinlich, aber jetzt konnte ich nicht mehr lachen. Jetzt begann ich zu verstehen.

Jeder dachte, ich käme aus einer Familie, die in Ordnung und intakt war. Von uns Sechsen waren vier Alkoholiker. Ich war das einzige Kind, das nicht trank; und wie Millionen anderer verstand ich nicht, warum mein Leben so lange schief lief. Ich gab immer mir selbst die Schuld. Ich brachte mein Aufwachsen mit einem Süchtigen nie mit meinem eigenen Verhalten als Erwachsene in Verbindung. Ich war einfach lange Zeit krank gewesen.

Meine Kindheit war *nicht* normal. Ich wuchs auf und sah mit an, wie Dad sich so schrecklich benahm, daß ich hoffte, er würde einfach das Bewußtsein verlieren, während meine Mutter betete und ihn deckte, in der Hoffnung, daß es eines Tages einfach aufhören würde.

Ich sah mit an, wie meine Eltern sich stritten und gegenseitig beschimpften. Am Ende ließen auch wir Kinder uns von der Gewalt anstecken. Ich hörte, wie meine Eltern sich bis tief in die Nacht anschrien und anbrüllten. Ich wußte nie, was im nächsten Augenblick passieren würde. Ich hatte das Gefühl für die Wirklichkeit verloren. Das Haus war voller Gewalt, Zorn und Furcht, aber nach außen taten wir, als sei alles in bester Ordnung.

Ich glaubte, daß, wenn ich diese Umgebung einmal verließ, auch meine Sorgen aufhören würden. Aber es kam anders. Der Schmerz hörte nicht auf. Ich unterdrückte ihn bloß. Noch Jahre und Jahrzehnte später trug ich dieses Mal. Meine Kindheit war meine Schule fürs Leben. Um mich wirklich zu erholen, mußte ich mich mit den Qualen meiner Kindheit auseinandersetzen. Ich mußte sie noch einmal durchleben, um von ihnen freizukommen.

Es gibt heute in den USA schätzungsweise 28 Millionen Kinder von Alkoholikern. Untersuchungen haben gezeigt, daß bei Söhnen von Vätern, die Alkoholiker sind, die Gefahr, daß sie selber ebenfalls zu Alkoholikern werden, um ein Vierfaches steigt. Bei Töchtern von Alkoholikermüttern ist das Risiko dreimal größer als bei anderen Frauen. Fachleute sehen die Ursache in einer genetischen Beziehung verbunden mit dem Aufwachsen in einer Umgebung, in der Kinder lernen, ihren Kummer zu ertränken. Aber was ist mit den Kindern, die nicht trinken? Was wird aus ihnen?

Der Alkohol wirkt sich immer auf die ganze Familie aus. Ich glaubte immer, ich wäre nicht gut genug, um glücklich sein zu dürfen. Ich wußte, daß das, was bei uns zu Hause passierte, nicht normal war. Ich sehnte mich danach, so ein Zuhause zu haben wie meine Klassenkameraden. Ich traute mich nicht, Freunde mit nach Hause zu bringen, weil ich fürchtete, ich würde meinen Dad betrunken oder besinnungslos auf dem Boden vorfinden.

Kinder von Alkoholikern haben keine Kindheit. Die Aufmerksamkeit der Familie ist ganz auf die Alkoholprobleme der Eltern gerichtet, so daß die Bedürfnisse und Gefühle des Kindes unberücksichtigt bleiben.

Ich empfand Haß gegenüber dem, was diese Krankheit mit meiner Kindheit und mit meiner Familie angerichtet hatte. Ich wußte nicht, was mir bevorstand. Wir hatten uns dieser Wirklichkeit nie gestellt. Als ich von zu Hause fortging, zog ich mich in eine Phantasiewelt zurück. Mein neues Leben wurde zur Lüge. Ich schämte mich meiner selbst so sehr, daß ich versuchte, eine andere zu werden. Mein früheres Leben existierte einfach nicht. Meine Phantasien wurden zu meiner Wirklichkeit. Dieser Mangel an Realitätssinn gefährdete meine geistige Gesundheit und bedrohte meine Freiheit. Es war mir unmöglich, einem anderen Menschen nahe zu kommen. Ich vereinsamte. Mir fehlte Selbstvertrauen. Ich lebte in einer ständigen Krise. Ich war selbstmordgefährdet. Aber ich trank nicht, und so glaubte ich, es sei alles in Ordnung mit mir.

Gott sei Dank hatte ich das Glück, Hilfe zu erhalten und den Kreislauf von Schmerz, Erniedrigung und mangelndem Selbstwertgefühl zu durchbrechen. Der Alkoholismus ist eine Familienkrankheit, und er ist ansteckend.

Wenn Sie diese Geschichte lesen, werden Sie wahrscheinlich eine Abneigung gegen meinen Dad entwikkeln. Ich habe ihn immer von ganzem Herzen geliebt. Ich habe ihn nur nie verstanden. Niemand von uns wußte damals, daß er an einer Krankheit litt und daß sie behandelt werden konnte.

Niemand wußte etwas über Alkoholismus, man sprach nicht darüber. Es gab keine Selbsthilfegruppen, keine Therapie. Es wurde in der Presse und in den Medien nicht darüber diskutiert. Alle, die dieses »geheime Laster« hatten, hielten es geheim, auch wir.

Mein Dad war ein guter Mensch mit Träumen und Talenten, der immer nur das Beste wollte. Er hatte sich nie vorgenommen, Alkoholiker zu werden. Er hatte nie gesagt: »Wenn ich groß bin, werde ich viel trinken und meine Frau und meine Kinder schlagen.« Er wollte ein guter Ehemann sein, ein guter Vater, ein erfolgreicher Geschäftsmann. Als er die Krankheit bekam, war er nicht mehr imstande, dies alles zu verwirklichen. Er versuchte, uns ein schönes Leben zu bereiten, aber es endete immer in der Katastrophe.

Meine Mutter war immer mitten drin, beschützte uns, wenn Dad gewalttätig wurde und dann wieder

Dad, wenn er zu weit gegangen war und wir gewalttätig wurden.

Meine Wut entwickelte sich schon in einem frühen Alter. Zu wenig Schlaf, zu viele gewalttätige Nächte, zu viel Verrücktheit hatten das ihrige getan.

Die Persönlichkeit meiner Mutter hatte sich durch die Krankheit verändert. Sie ist eine liebe, sanfte Frau mit einem rosigen Gesicht und weichem weißgelockten Haar. Es entspricht nicht ihrem Charakter, zu zetern und zu schreien; und doch schrie und zeterte sie viel während jener Jahre. Mutter wurde mit der Zeit nervös, introvertiert und unsicher. Wenn man mit einem Alkoholiker zusammenlebt, ist man seinem perversen Drang, einen niederzumachen, rückhaltlos ausgeliefert. Und solange man kein Selbstvertrauen hat, wird man ihn nicht verlassen. Ich denke an die Frustration, die meine Mutter empfunden haben muß. Sie wollte etwas tun, dagegen angehen, aber sie wußte nicht wie. Sie war tief religiös, aber ihre Kirche lieferte ihr keine Antworten. Mutter verstand nicht, daß sie als Frau eines Alkoholikers ihrerseits abhängig von der Krankheit ihres Mannes geworden war.

Es war sehr schmerzhaft, den Zerfall der Familie mitzuerleben. So als sei man auf einem sinkenden Schiff und weiß genau, daß man nicht schwimmen kann.

Alkoholiker können sich nicht an das Geschehene erinnern. So gesehen ist diese Krankheit gnädig. Aber sie hinterläßt Opfer und Narben, emotionale Schäden, gewöhnlich bei der Familie. Die Freude, wenn der Suchtkranke wieder gesund wird, ist meist so groß, daß die Opfer bereit sind, den ganzen Zorn und die Bitternis, die sie über die Jahre als Mitabhängige aufgestaut haben, zu verdrängen. Sie sagen sich: »Lassen wir die Vergangenheit ruhen«, aber das Geschehene läßt sich nicht so einfach vergessen. Es sitzt tief unten auf dem Grunde der Seele und lauert darauf, hervorzubrechen.

Nur die Wahrheit kann uns von Schmerz und Wut befreien, nur sie ermöglicht Vergebung. Und nur wenn die Opfer wirklich vergeben haben, können sie auch wirklich vergessen.

Dies ist die Geschichte einer Familie, die es geschafft hat. Es ist meine Geschichte, erzählt aus meiner Perspektive, so wie ich mich an sie erinnere. Sie erzählt, was sich in meinem Gedächtnis eingeprägt hat. Die Sprache ist grob, aber genau so war sie eben.

Es war sehr schwierig, dieses Buch zu schreiben. Es kostete mich viele Tränen. Als ich dieses Projekt begann, ahnte ich nichts von den großen Schmerzen und Qualen, die die Reise durch diesen verborgenen Teil meiner Seele mir bereiten sollte.

Aber als ich es fertig hatte, war ich wie erlöst. Ich war nicht mehr wütend auf meinen Vater. Ich liebte ihn. Ich empfand plötzlich Mitleid auch für ihn, der so lange unter einer derart schrecklichen Krankheit zu leiden hatte. Ich hatte endlich begriffen, daß Alkoholismus eine Krankheit ist, und konnte ihm vergeben.

Ich war auch erleichtert, endlich eine Erklärung für alles gefunden zu haben: Ich bin als Kind eines Alkoholikers aufgewachsen. Auch ich war von dieser Krankheit infiziert, so wie alle übrigen Mitglieder der Familie. Die Teile des Puzzles begannen jetzt zu passen. Meine Erleichterung war grenzenlos.

An diesem Punkt hätte ich das Buch zur Seite legen können. Ich hatte meine persönlichen Probleme gelöst. Aber an mir zerrten Millionen von Kindern, die sich in ihren Zimmern versteckten, aus Angst vor der Nacht und aus Angst vor dem Tag. Millionen von Kindern, für die Gewalt, seelischer und körperlicher Mißbrauch ein Teil ihres alltäglichen Lebens sind; Millionen von Kindern, die von Scham ergriffen sind und in der Schule nicht mithalten können, weil sie körperlich und emotional ausgelaugt sind; die Millionen von Kindern, die die Erniedrigung und Peinlichkeit des Zusammenlebens mit einem Trinker durchleiden müssen.

Ich dachte an all die Menschen, die wie ich ein produktives Leben führen, aber die ungeheure Erleichterung, die das Verständnis der eigenen Vergangenheit mit sich bringt, nicht kennen. Mir war klar, daß es sehr schwer werden würde, aber ich wollte ihnen meine Geschichte mitteilen.

Meine Familie war entsetzt, als ich sie um die Erlaubnis dafür bat. Sie machte die gleichen Gefühle durch, die auch ich beim Schreiben der Geschichte durchlebte – Zorn, Entsetzen, Verzweiflung und Trauer.

Die Mitglieder meiner Familie begannen, sich von ihrer Krankheit zu erholen. Sie führten jetzt ein glückliches, produktives Leben. Manchmal konnten sie über die »Jahre des Alkohols« sogar lachen. Aber wie ich hatten auch sie nicht den Mut, mehr von der eigenen Vergangenheit zuzulassen. Die Freunde, die sie jetzt hatten, wußten nichts von dieser Vergangenheit – und erst recht nichts von ihrer häßlichen, dunklen Seite. Und jetzt kam ich und drängte sie, unsere Geschichte mit der ganzen Welt zu teilen. Ich wollte das Geheimnis öffentlich machen – das Geheimnis meines Lebens und des ihrigen. Ich kann sehr gut verstehen, daß sie sich mit Händen und Füßen dagegen wehrten.

Zu Anfang schuf dies eine Distanz zwischen meiner Mutter und mir, was mich sehr schmerzte, denn meine Mutter ist meine liebste Freundin.

Und nachdem meine Schwester das Buch gelesen hatte, sagte sie nur: »Ich hätte nicht gedacht, daß du uns so wenig magst.«

Ich kann ihnen das nicht antun, sagte ich mir. Das ist es nicht wert, daß ich die Menschen, die ich liebe, so verletze.

Ich begriff, daß sie einen Code des Schweigens entwickelt hatten, ein System der Verdrängung und der Verleugnung. Sie wollten sich nicht an die Vergangenheit erinnern. Sie war vergraben, also laßt sie ruhen. Die Verleugnung vererbt sich von Generation zu Generation fort. Dadurch aber kann die Krankheit weiterleben. Ich verlangte viel von ihnen. Mein Buch zu lesen zwang sie, in ihre Vergangenheit zurückzukehren, sie noch einmal zu durchleben und sich mit ihr auseinanderzusetzen.

Wir sprachen damals viel miteinander. Wir stritten und wir weinten. Eine neue Form der Liebe, des Vertrauens und Miteinanders begann uns zu erfüllen und führte schließlich zu einem befreienden Gefühl der Erlösung.

Wir begriffen, daß es nicht wichtig ist, wer wir *waren,* sondern wer wir *heute* sind, daß wir endlich am Ende unserer langen schmerzlichen Reise angelangt waren.

Und so gaben sie mir schließlich nach und nach ihr Einverständnis.

Mein Bruder Dan erkannte den Wert der Wahrheit, als seine Tochter, nachdem sie die Geschichte gelesen hatte, ihre eigene Geschichte als Kind eines Alkoholikers als Hausaufgabe für die Schule niederschrieb. Sie hatte sich befreit und konnte ihren Schmerz ausdrükken und so loswerden.

Mein Bruder Michael sagte, er wäre erleichtert, nach all dieser Zeit zu begreifen, daß es nicht an ihm gelegen hatte.

Mein Vater sagte: »Mir ist es egal, ob jedermann weiß, daß ich ein Trinker war. Für mich zählt nur, was sie über dich denken.«

Meine Schwester Maureen sagte mir: »Bei deinen hohen Ansprüchen zweifle ich nicht daran, daß du das richtig machen wirst.«

Und meine Mutter meinte, nachdem sie Betty Ford

im Fernsehen gesehen hatte: »Wenn der Präsident und seine Frau den Mut haben, ihre Familiengeheimnisse mitzuteilen, können wir unsere auch erzählen.«

Ich kann meine Bewunderung für meine Familie nicht in Worte fassen. Das Vertrauen und der Mut, den sie bewiesen hat, indem sie mir erlaubte, diese Geschichte zu erzählen, ist der größte Ausdruck ihrer Liebe.

Wir sind in einer glücklichen Lage. Wir können als Familie gemeinsam zurückblicken und sagen: »Nein, schön ist es nicht. Es ist sehr schwer, davon zu sprechen und darüber nachzudenken. Aber es ist nun einmal passiert. Und wenn anderen dadurch geholfen werden kann, daß diese Geschichte erzählt wird, dann hätte all das, was wir durchgemacht haben, eine Bedeutung und einen Sinn.«

Es gibt Hoffnung, und es gibt für jeden, der diese Art Leben durchgemacht hat, Hilfe – auch noch im Erwachsenenalter. Ich habe es geschafft, und auch andere werden es schaffen. Die, die dieses Leben durchgemacht haben, können lernen, es zu begreifen und schließlich auch zu vergessen. Sie haben eine Chance, normal und wieder glücklich zu werden. Sie brauchen ihr Leben nicht länger in Heimlichkeit zu leben.

TEIL EINS

1

»Um Gottes willen, sei ruhig!« flehte meine Mutter.

»Ach, verpiß dich!« brüllte Dad betrunken. »Dein alter Herr is'n Nichss! Ein verdammter Blutsauger! Schlingt alles in Nullkommanix runter. Ich könnte die Scheiße aus ihm rausschlagen. Dieses Schwein! Zwei nette Worte – Arsch und Loch. Null! Verstehsse! Ein großes Nichss!«

»Halt endlich den Mund«, schrie meine Mutter.

»Sag deinem alten Herrn, er is ein Nichss«, lallte Dad. »Dem zeig ichs schon noch!«

»Na klar, einen alten Mann kannst du verprügeln. Fühlst du dich dann besser?« fragte sie wütend.

Ich war damals neun Jahre alt. Ich lag in meinem Bett und hörte Nacht für Nacht das gleiche betrunkene Gerede. Manchmal schlief Dad auch einfach ein und wachte erst am nächsten Morgen wieder auf; aber in anderen Nächten, meistens wenn er viel Whisky getrunken hatte, schlief er nur etwa vier Stunden, bevor er dann streitlustig aufwachte, darauf aus, sich mit jedem anzulegen. Irgendwie fand er immer ein Opfer für seine Wut. Oft traf es meinen Großvater, den wir einfach bloß Vater nannten. Vielleicht hat ihn das ja wütend gemacht. Manchmal richtete sich seine Wut auch gegen mich, weil ich ihn nie darüber im unklaren ließ, daß ich meine Mutter lieber hatte als ihn. An anderen Abenden wieder waren es mein dreizehnjähriger Bruder Danny oder Maureen, meine sechzehnjährige Schwester, die ihn ohne besonderen Grund in Rage brachten. Vielleicht hatte Danny den Rasen nicht richtig gemäht oder Maureen Lippenstift aufgelegt. Man wußte es nie so genau. Er hatte einfach eine seiner üblen Launen, und schon eine Kleinigkeit genügte dann, um ihn die ganze Nacht rumtoben zu lassen.

»Kann ich zu dir ins Bett kommen?« fragte mich meine Mutter. »Er fängt an, im Bett Schatten zu boxen, und ich will kein blaues Auge.«

Ich liebte meine Mutter sehr. Und ich haßte meinen Vater, wenn er ihr das antat. Es war vier Uhr morgens. Mom mußte um neun Uhr zur Arbeit. Maureen, Danny und ich mußten um acht Uhr in der Schule sein. Aber niemand von uns würde ein Auge zutun können. Es war wieder eine dieser »schrecklichen Nächte«. Dad war betrunken von der Arbeit nach Hause gekommen. Manchmal fing er erst zu trinken an, wenn er zu Hause war, aber die Nächte, in denen er schon betrunken von der Arbeit kam, waren die schlimmsten – wie eben jene Nacht. Er kam früh am Abend polternd durch die Haustür und sah Vater im Wohnzimmer sitzen und Zeitung lesen. Und das brachte ihn in Rage. Er war eifersüchtig auf Vater und hatte etwas dagegen, daß er bei uns zu Haus war. Ich liebte Vater und hatte immer das Bedürfnis, ihn zu verteidigen, wenn Dad auf ihn losging.

Mama rief uns schnell zum Abendessen. Sie war nervös und hoffte, Dad würde sich besser fühlen oder einschlafen, wenn sie etwas Essen in ihn hineinbekäme. Natürlich wußten wir im Grunde bereits, daß er in dieser Verfassung weder essen noch schlafen würde. Wir nahmen am Tisch Platz.

»Woher hassu das Fleisch?« brüllte Dad los. »Hat dein alter Herr diese Scheiße angeschleppt?« Unerträgliche Spannung.

»Ja«, sagte Vater. »Die wollten es beim Metzger wegwerfen, also hab ich's genommen und Marion (meiner Mutter) gesagt, sie solle es eine Zeitlang in Essig einlegen, und das Fleisch wäre wieder prima.«

»Warum sachse deinem alten Herrn nich einfach, daß wir sein olles Fleisch hier nich haben wollen«, schrie Dad meine Mutter lallend an.

»Kann ich die Kartoffeln haben, bitte?« sagte ich. Ich haßte es, wenn das Abendessen so anfing. Vielleicht würde es mir ja gelingen, vom Thema abzulenken. Allerdings haßte ich es auch, dieses Fleisch zu essen. Es müffelte, und ich wünschte, Vater würde es nicht immer mitbringen.

Vater war ein typisches Produkt der Weltwirtschaftskrise und konnte nichts wegwerfen. Wenn sie nach Geschäftsschluß beim Metzger ausräumten, nahm er vom Fleisch oder Fisch, alles was sie wegen des Geruchs oder der Farbe nicht mehr verkaufen konnten, und brachte es meiner Mutter. Es fiel uns schwer, ihm wegen des Fleisches etwas zu sagen, denn er meinte es ja nur gut, und meine Mutter wollte ihn nicht verletzen.

Vater war jetzt schon etwas älter, so um die fünfundsiebzig, und er brauchte das Gefühl, nützlich zu sein. Er aß drei Mal die Woche mit uns zu Abend. An den übrigen vier Tagen aß er entweder bei Tante Helen oder bei Onkel Ralph, den Geschwistern meiner Mutter.

»Danny, iß nicht die ganzen Kartoffeln weg. Du bist nicht der einzige hier am Tisch«, sagte ich. Ich liebte Kartoffeln. Ich lebte praktisch von ihnen – wegen des Fleisches. Ich aß fast immer nur Kartoffeln und Salat. »Kann ich bitte die Butter haben«, sagte ich. Butter liebte ich ebenfalls.

Dad sah, wie die Butter von Danny zu Maureen und schließlich zu mir wanderte. Er beobachtete genau, wie das Messer in die Butter ging. Ich wußte, daß er vorhatte, die Butter zum Anlaß für einen weiteren Ausbruch zu nehmen, und so nahm ich nur ein winziges Stück. Ätsch, jetzt kann er nichts sagen. Wenn man zuviel von der Butter nahm, konnte er schnell in die Luft gehen.

»Danny, lauf in die Garage und hol mir'n Bier«, sagte Dad.

»Iß erst etwas«, sagte Mom unruhig.

»Ich will diese Scheiße nicht! Altes ranziges Fleisch! Dein Vater glaubt, daß er 'n großer Mann is, weil er diese Scheiße anschleppt! Soll ich dir sagen, was ich von dieser SCHEISSE halte? Hä? NICHSS!« Er warf sein Kotelett auf den Küchenboden.

»Hör auf«, schrie Mom.

»Oh, warum mußt du dich immer so verhalten?« fragte Vater gequält.

»Weißt du, warum?« brüllte Dad. »Du willss wissen, warum? Weil ich jeden Abend solche Arschlöcher wie dich wie Blutsauger am Hals habe.«

»Ich bin nicht jeden Abend hier«, sagte Vater.

»Leck mich am Arsch, bissu also nich, nein?«

»Willst du, daß ich gehe?« fragte Vater.

»Jaah! Trag deinen Arsch hier raus«, brüllte Dad.

»Nein, Vater! Bitte geh nicht!« schrie ich.

Mom stand auf und rannte weinend vom Tisch weg. Danny saß vor Wut kochend am Tisch. Man konnte sehen, daß er Dad am liebsten umgebracht hätte; Tränen traten in Maureens Augen. Ich haßte Daddy. Er machte alles kaputt. Vater ging ins Wohnzimmer. Ich ging ihm nach.

»Bitte, geh nicht, Vater«, sagte ich. »Wir lieben dich doch. Wir wollen, daß du hierhin kommst. Ich wünschte, du würdest die ganze Zeit hier wohnen. Ich wünschte, er würde weggehen und du wärest unser Vater.«

»Ich glaube, wenn ich jetzt gehe, beruhigt er sich

vielleicht«, sagte Vater. Er zitterte. »Dein Dad hat heute wieder eine seiner Launen, und ich schätze, wenn er mich sieht, wird sie nicht gerade besser.«

Ich begleitete Vater zur Tür. Ich fühlte mich immer so miserabel, wenn Dad ihn so behandelte. Er lebte allein, und ich wußte, daß er nur zum Schlafen nach Hause ging. Vielleicht könnte er ja zum Kaffee zu Tante Helen rübergehen, dachte ich.

Als ich in die Küche zurückkam, räumten Maureen und Danny die halbvollen Teller ab. Dad saß noch immer am Tisch und trank sein Bier. Er ließ sein Bier nie stehen. Er wußte auch ganz genau, wo meine Mutter seine Flaschen, d. h. den Whisky, versteckte. Er hatte wahrscheinlich die Flasche aus dem Wäschekorb entdeckt, denn er begann, einen richtig gemeinen Blick aufzusetzen. Wenn wir alle jetzt den Abwasch perfekt hinkriegen, hat er keinen Grund, sauer auf uns zu werden, dachte ich nervös. Maureen wusch das Geschirr, Danny trocknete ab, und ich stellte es weg. Normalerweise schlug Danny immer mit dem Geschirrtuch nach mir. Er machte dann einen Knoten ins nasse Tuch und benutzte es wie eine Peitsche. Ich kreischte dann immer und heulte und erzählte jedem, der mir zuhörte: »Danny tut mir weh.« Eine großartige Methode, um Aufmerksamkeit zu kriegen. Aber an diesem Abend fand nichts dergleichen statt. Wir wußten Bescheid. Möglichst leise den Abwasch machen und dann in die Zimmer schleichen und hoffen, daß er uns in Ruhe läßt.

Dad stand vom Küchentisch auf und ging zum Kühlschrank. O nein, er guckt sich heute wieder alles genauestens an, dachte ich.

»Was is das hier?« brüllte er. »Zwei Erbsen in der Schüssel!« Er warf die Schüssel quer durch die Küche. *Krach!* »Und hier! Alter Salat.« Er warf ihn gegen den Küchenschrank. Das Geräusch von zerspringendem

Glas hatte meine Mutter alarmiert, und sie kam in die Küche gestürzt.

»Oh, hör auf damit«, kreischte sie.

»Kannssu den Kühlschrank nicht sauberhalten?« schrie er betrunken und begann, alles, was er in die Hand bekam, in den Kühlschrank zu schleudern. Plötzlich war Milch auf dem Boden, zerbrochene Eier, kaputte Teller mit Essensresten.

Danny konnte es nicht mehr ertragen und stürzte sich auf Dad. Er schlug auf ihn ein und versuchte, ihn auf den Boden zu werfen. Dad war so betrunken, daß er auch ziemlich schnell dort landete.

»Du Wichser!« brüllte Dad.

»Hör auf, Danny. Er tut dir sonst weh«, schrie Mom.

»Hör auf«, kreischte ich.

Maureen sah sich diese Szene ungerührt an. Man sah deutlich, daß sie es nicht mehr erwarten konnte, endlich aus diesem Haus wegzuziehen.

Für den Moment schien alles vorüber.

»Du solltest besser heute Nacht zu den Millins rübergehen«, flüsterte Mom Danny zu. Sie wußte, daß Danny später am Abend als Zielscheibe Dads würde herhalten müssen.

Ich zitterte. Ich haßte diese Abende. Es war immer dasselbe. Ich klammerte mich an meine Mutter. Auch sie zitterte. Wir fingen an, das zerbrochene Geschirr und die Essensreste wegzuräumen.

Dad saß da und beobachtete uns mit einem griesgrämigen Gesichtsausdruck. Wir wußten, die Nacht war noch nicht vorbei. Es war eine dieser »Whisky-Nächte«. In solchen Nächten kam es vor, daß er erst bei Tagesanbruch einschlief.

Maureen mußte ihren Freund Bill angerufen haben, denn er kam kurz darauf vorbei und ging mit ihr aus.

Mom und ich wischten den Schmutz auf, wobei sie

sich ihre Hand an einer Glasscherbe verletzte. Sie hielt die Hand unter kaltes Wasser. Ich konnte sehen, wie ihre Hände zitterten.

»Laß uns zu Shaw gehen und ein Eis kaufen«, sagte Mom. Ihre Augen sahen müde aus.

Ich war verrückt auf Eis, aber jetzt hätte ich jede Ausrede begrüßt, nur um aus diesem Haus zu kommen. Wir gingen und hofften, daß Dad bei unserer Rückkehr eingeschlafen sein würde.

Mom und ich holten uns unser Eis und gingen dann zu Tante Helen. Wir versuchten, etwas Zeit herauszuschlagen. Auch Vater war dort und trank Kaffee. Wir erzählten ihm nicht, was nach seinem Weggang geschehen war. Es hätte ihn nur noch mehr aufgeregt. Wir sagten, daß Dad eingeschlafen wäre. Er konnte sich jetzt entspannen. Morgen würde ein besserer Tag werden.

Gegen halb zehn gingen wir schließlich nach Hause. Maureen war noch immer mit Bill unterwegs. Dad saß schlafend am Küchentisch. Seine Beine waren ineinander verschlungen. Die Zigarette in seiner Hand war vollständig runtergebrannt. Wahrscheinlich hatte sie seine Finger verbrannt, aber er fühlte nichts. Seine andere Hand war fest um seine Bierflasche geschlossen. Vielleicht bleibt er ja einfach die ganze Nacht hier sitzen, hofften wir. Mutter und ich schlichen auf Zehenspitzen an ihm vorüber und machten uns leise bettfertig. Ich kroch unter die Bettdecke und betete, daß er, falls er aufwachte, leise ins Bett gehen und die restliche Nacht durchschlafen würde. Mutter gab mir keinen Gutenachtkuß. Sie war zu sehr mit ihren eigenen Gedanken beschäftigt.

Der Lärm von Dads Gepolter weckte mich auf. Vielleicht geht er ja sofort ins Bett, betete ich.

»Wo ist Danny?« hörte ich ihn brüllen. »Wo zum Teufel steckt er?«

Plötzlich ging das Deckenlicht in unserem Schlafzimmer an. Maureen und ich saßen kerzengerade in unseren Betten. Meine Mutter stürzte herein.

»Geh raus hier. Laß sie schlafen. Es gibt auch Leute, die den Schlaf nötig haben, weißt du«, schrie sie.

Aber er setzte sich an das Fußende meines Bettes direkt neben meine Füße, wodurch die Bettdecke so gestrafft wurde, daß ich meine Füße nicht mehr bewegen konnte.

»Du magst Mutti doch?« sagte er. »Ich mag Mutti auch.«

O nein, dachte ich. Nicht schon wieder. Seine Stimmung wechselte schnell. Sie konnte von einem Augenblick zum anderen von jäher Wut zu einer weinerlichen, süßlichen Rührseligkeit umschlagen. Das machte mich unruhig. Man wußte nie, was einen erwartete.

»Nun komm endlich ins Bett«, sagte meine Mutter wütend und zog ihn vom Fußende meines Bettes weg. Sie wußte, in was für einer Laune er jetzt war. Er war jetzt nicht gefährlich, nur betrunken, unsensibel und abstoßend. Sie zerrte und schubste ihn die Flurtreppe runter.

»Verdammte Scheiße«, sagte er immer wieder.

Sechs Uhr morgens. Der Wecker klingelte. Ich fühlte mich völlig ausgelaugt. Meine Mutter war schon auf. O nein, ich hatte schon wieder ins Bett gemacht. Ich wußte nicht, was ich tun sollte, damit es aufhörte. Wenn das irgend jemand in der Schule erführe, ich würde sterben vor Scham. Sandy wußte es (sie war meine beste Freundin), aber sie wußte nicht, daß es mir jede Nacht passierte. Ich öffnete das Fenster und zerrte die Matratze ans Fenster, damit sie trocknete. Ich legte das nasse Bettuch in die Wäsche und wischte den Plastiküberzug trocken. Dad kam aus dem Badezimmer. Ich wartete in meinem Zimmer, bis ich mir sicher war, daß er in der Küche war. Ich wollte ihn nicht sehen. Er hatte morgens immer schlechte Laune und war wahrscheinlich noch immer ein bißchen betrunken. Ich war mir sicher, daß er in einer schlechten Verfassung war. Nach so viel Whisky und Bier und ohne Essen.

Meine Schwester stürzte an mir vorbei und schloß sich im Badezimmer ein.

»Beeil dich da drin«, sagte ich. »Ich bin ganz naß.« Mein Pyjama roch und klebte mir an den Beinen. Er war klamm und kalt.

Mein Dad kam vorbei: »Wieder ins Bett gemacht, Pißkopf?« sagte er.

Ich haßte ihn. Ich wünschte, er würde fortgehen und nie wiederkommen. »Maureen! Beeil dich. Ich muß auch zur Schule! Mom, sag Maureen, sie soll da rauskommen.«

»Hör auf zu heulen«, sagte Dad. Er roch nach abgestandenem Bier. Er ging zur Garage, und ich hörte, wie der Motor ansprang. Gott sei Dank, er ist weg.

Ich nahm ein Bad in einer Wasserlache von fünf Zentimetern. Es hätte zu lange gedauert, die Wanne morgens richtig vollaufen zu lassen, und außerdem waren da fünf Leute, die sich das Bad teilen mußten.

»Suzanne, komm und iß deine Haferflocken!« rief Mom aus der Küche.

Ich zog rasch meine Uniform an und setzte mich an den Frühstückstisch.

»Heute ist Mittwoch. Ich geh nach der Arbeit einkaufen«, sagte meine Mutter. »Willst du mitkommen?«

Ich liebte es, mit ihr am Zahltag Lebensmittel einzukaufen. Auf diese Weise konnte ich sie dazu bringen, meine Lieblingssachen einzukaufen: Mortadella, Käse und französisches Sauerteigbrot und Hostess Twinkies. Das Essen donnerstags war immer großartig. Bis zum Freitag allerdings war das ganze gute Essen dann immer schon wieder weg, weil Danny sich nach dem Abendessen immer noch drei oder vier Sandwiches machte. »Ja, ich gehe gerne mit«, sagte ich. »Ich komm sofort nach der Schule nach Hause.«

Als am Nachmittag um drei die Schulglocke läutete, hüpfte ich voller Vorfreude nach Hause.

Mom und ich kamen gegen halb sechs vom Einkaufen zurück. Es war niemand zu Hause. Wir redeten nicht über die vergangene Nacht. Wir wollten uns das, was geschehen war, nicht eingestehen; vielleicht würde es dann ja verschwinden. Außerdem wollten wir nicht, daß irgend jemand außerhalb der Familie davon erführe. Es war zu beschämend, zu peinlich und zu verrückt.

Auf dem Küchentisch lag ein Zettel von Vater, er könne nicht zum Abendessen kommen. Er war Witwer, und seine Freundin hatte ihn zum Abendessen eingeladen. (Seine Freundin, Mrs. Miller, war 65 Jahre alt.)

Mom und ich sagten nichts dazu, aber ich war erleichtert, daß Vater nicht kommen würde.

Wenn Dad um diese Zeit noch nicht zu Hause war, bedeutete das nichts Gutes. Er war morgens immer noch leicht betrunken und in schlechter Verfassung aus dem Haus gegangen, so daß er wahrscheinlich den ganzen Tag über getrunken hatte, um seinen Kater etwas erträglicher zu machen. Für jemanden, der trinkt, hatte Dad den schlechtesten Job, den man sich vorstellen kann. Er verlud bei der Brauerei Lucky Lager Bierkästen auf Güterwagen. Wenn er eine bestimmte Anzahl von Bierkästen auf den Zug geladen hatte, genehmigte er sich selber ein Bier. Nach acht Stunden war er schließlich ziemlich voll.

Es war so friedlich, wenn er nicht da war. Maureen und Danny trafen kurz vor dem Abendessen ein. Dennoch herrschte eine spürbare Spannung. Sobald wir draußen ein Geräusch hörten, blickten wir alle vom Essen auf und fragten uns, ob das wohl das Garagentor war. Aber an diesem Abend hatten wir Glück gehabt. (Oder etwa doch nicht?)

Ich ging in mein Zimmer, um meine Schulaufgaben zu machen. Ich hatte sie an diesem Morgen nicht vollständig gehabt und hatte deswegen mit Schwester Cecile Ärger bekommen. Ich ging in die vierte Klasse der katholischen Gemeindeschule.

Ich schaffte es nie, meine Schulaufgaben fertig zu kriegen. Es war einfach zu Hause nicht möglich, in Ruhe zu arbeiten. Man konnte Dad nicht ignorieren, wenn er betrunken war, und er war fast jeden Abend betrunken. Er erzwang sich unsere Aufmerksamkeit, verfolgte uns durchs ganze Haus, wütend herumbrüllend oder zusammenhangloses, unverständliches Zeug vor sich hinmurmelnd. Sein Gemurmel enthielt lauter Fragen, und er verlangte Antworten auf seine unverständlichen Fragen.

Oft waren es Fragen wie: »Liebst du Mami? Häh? Mami liebt mich nicht! Warum liebt sie mich nicht? Häh? Häh?«

Er fragte so lange, bis wir ihn wütend und mit schriller Stimme anschrien: »Weil du zuviel trinkst!«

Und dann begannen seine Wutausbrüche. »Erzählt keinen Scheiß!« brüllte er zurück.

Wir alle wußten genau, daß es keinen Sinn hatte, mit ihm zu reden, wenn er so war. Aber wir ließen uns immer wieder dazu verleiten. Auch wir waren von der Krankheit befallen. Wir waren abhängig vom Alkoholiker. Das ging Nacht für Nacht so. Wer konnte da noch an Schule denken? Schule war einfach nur eine willkommene Gelegenheit, aus dem Haus zu kommen. Meine Gedanken aber entfernten sich nie sehr weit von den Problemen zu Hause. Ich hatte die Tatsache, daß ich nicht sehr schlau war, im Grunde bereits akzeptiert. Deswegen bekam ich keine guten Zensuren. Die Wahrheit sah aber wohl anders aus: Wie sollte ich gute Noten kriegen, wenn meine ganze Aufmerksamkeit und Energie von dem familiären Wahnsinn aufgezehrt wurde? Unsere Krankheit beherrschte alles. Abend für Abend ließen wir zu, daß sie sich weiterfraß. Die Schule fiel mir erst wieder ein, wenn ich dort war, und dann war es natürlich zu spät.

Ich machte mich fürs Bett fertig und suchte meine Mutter, um ihr gute Nacht zu sagen. Sie saß im Dunkeln im Frühstückszimmer und rauchte eine Zigarette. Das war ihr großes Laster. Sie war immer noch das »liebe Mädchen« – vierzig Jahre alt und immer noch bemüht, das Rauchen vor ihrem Vater zu verheimlichen. Er kam nie so spät abends noch vorbei, aber sie fühlte sich wohler, wenn sie sich im Dunkeln im hinteren Teil des Hauses versteckte.

»Gute Nacht, Mom. Ich liebe dich«, sagte ich.

»Gute Nacht, Schatz«, sagte sie. Ich bemerkte, wie die Zigarette in ihrer Hand zitterte. »Ich liebe dich auch, mein Liebling.«

Ich blieb noch einen Moment lang stehen. Ich brauchte manchmal mehr von meiner Mutter, als sie mir geben konnte. Nicht, daß sie mir das, was ich gefühlsmäßig so nötig hatte, nicht geben wollte oder nicht geben konnte; aber durch die Krankheit hatten sich ihre Energien nach innen gewendet, damit sie mit all dem überhaupt noch fertig werden konnte. Meine Mutter litt selbst so sehr unter dieser Situation, daß sie einfach kein Auge mehr für meine Schmerzen hatte. Sie fühlte sich schuldig, wir taten ihr leid, und sie versuchte, das Problem durch Beten zu lösen. Sie betete zu Gott, damit er ihrem Mann half.

Ich wurde durch das laute und penetrante Läuten der Türklingel aus einem tiefen Schlaf gerissen.

»Mußt du das ganze Haus aufwecken?« hörte ich meine Mutter aufgebracht flüstern.

Ich blickte auf die Uhr, es war Mitternacht.

»Das iss verdammt nochmal mein Haus hier, und ich kann tun und lassen, was ich will!« brüllte er sie an.

»Paß auf, du wirfst den Tisch um«, schrie meine Mutter.

»Warum? Iss der Scheißtisch auch von deinem Vater? Der große Mann! Der gibt dir jedes Weihnachten vierhundert Dollar und einen Klumpen ranssiges Fleisch«, lallte er.

Es würde wieder einmal eine Nacht voller Lärm und Aggressionen werden. Ich begann zu weinen. Ich hatte Angst und wurde unruhig, wenn er so war. Ich hatte solche Angst, daß er meiner Mutter weh tun würde. Er würde sie nicht absichtlich verletzen, aber wenn sie versuchte, ihn hochzuziehen oder ins Bett zu bringen, schlug er mit seinen Fäusten wild und unkontrolliert in der Luft herum, und manchmal traf er dann eben. Er war wieder einmal schwer betrunken in dieser Nacht. Ich konnte kaum verstehen, was er sagte, er redete Unsinn. Das einzige, was man deutlich verstehen konnte, war die Tirade von Schimpfwörtern, die er losließ. Mom zog Dad ins Schlafzimmer und schloß die Tür. Ich konnte die gedämpften Laute hören, die er in seiner Volltrunkenheit von sich gab und das unterdrückte Geschrei meiner Mutter.

»Kannst du nicht endlich ruhig sein«, schrie sie ihn entnervt an.

»Nein, kann ich nich«, antwortete er betrunken.

Plötzlich hörte man, wie ihre Tür sich öffnete. O nein, dachte ich. Er kommt hierher. Vielleicht sollte ich mich im Wandschrank verstecken. Mein Dad polterte ins Badezimmer. Gott sei Dank, dachte ich. Vielleicht muß er nur pinkeln und geht dann wieder schlafen. Durch die Wand konnte ich ihn pinkeln hören.

Dann wieder Gepolter. Er hatte nicht hinter sich abgezogen. Mit einem Mal ging das Deckenlicht in unserem Zimmer an.

»Wo iss Maureen?« schrie er. Er kam ins Zimmer und setzte sich auf Maureens Füße. »Der wird dir noch ein Kind andrehen«, sagte er zu Maureen. »Ich weiß genau, was dieser Kilmartin will, dieser Riesenaffe!« »Kilmartin«, – so nannte er Bill Gilmartin, Maureens Freund. Er war eifersüchtig auf Bill, weil er großgewachsen war – über ein Meter achtzig und 100 Kilo wog; und auch deswegen, weil er mit Maureen ausging. Dad mochte Männer nicht, die mit Maureen ausgehen wollten, besonders dann nicht, wenn sie groß waren. Mein Dad ist klein. Er muß es sehr gehaßt haben, klein zu sein, denn er redete ständig davon, wenn er betrunken war.

»Würdest du bitte hier rausgehen und endlich ruhig sein«, schrie Maureen.

Meine Mutter kam hereingestürzt. »Verschwinde hier! Laß sie in Ruhe!« sagte sie und begann, ihn vom Bett wegzuzerren.

»Hau ab!« brüllte er. Er schubste sie weg. Er war stark. Sie landete auf dem Boden.

»Hör auf!« kreischte ich. Ich konnte es nicht ertragen, meine Mutter leiden zu sehen. Mutter fing an zu weinen.

»Du bist wahnsinnig!« schrie Maureen. Sie stand auf und versuchte, ihn vom Bett wegzudrücken.

Ich krabbelte auf den Boden und versuchte, meinen Vater von meiner Mutter fernzuhalten. Er fluchte. Maureen schrie. Meine Mutter weinte. Ich schluchzte. Danny kam die Treppe herunter gestürzt.

»Du Arschloch«, schrie Danny.

»Nicht, Danny. Du machst es nur noch schlimmer«, sagte meine Mutter verzweifelt. »Ich bring ihn ins Bett«, sagte sie. Sie zerrte meinen Vater den Flur entlang. Er stolperte, fluchte und schlug mit seinen Fäusten in der Luft herum.

Ich lag im Bett und hörte ihn unendlich lange im Dunkeln schimpfen und fluchen. Ich konnte nicht aufhören zu zittern und zu weinen. Auch Maureen weinte. Ich glaube, jeder in unserem Haus weinte. Außer ihm.

Drring! Der Wecker läutete. Ich schreckte hoch. Schon wieder Morgen. Ich fühlte mich, als hätte ich die ganze Nacht nicht geschlafen. Ich hörte keinen Laut im ganzen Haus. Ich ging ins Wohnzimmer. Meine Mutter lag zusammengekauert in einer Ecke des Sofas, ihren Mantel über ihre Schultern gezogen. Ich fand sie oft schlafend auf der Couch. Es schien mir nicht ungewöhnlich. Ich verstand, warum sie Angst hatte, mit ihm in einem Bett zu schlafen. Er trat, schrie und schlug um sich.

»Daddy ist noch nicht aufgestanden, Mom. Er kommt zu spät zur Arbeit«, sagte ich. Mein Dad ist noch nie zu spät zur Arbeit gekommen, gleichgültig wie betrunken er in der Nacht zuvor gewesen ist. Das hat mir wenigstens eine gewisse Stabilität gegeben. Wenn er es jeden Morgen pünktlich zur Arbeit schaffte, war er ja vielleicht nicht ganz so schlecht. Sollte er jemals die Arbeit vernachlässigen, bedeutete das, daß er wirklich schwer betrunken war und daß wir arm werden würden. Wir hätten kein Essen mehr, und es würde jemand kommen und uns unser Haus fortnehmen. Ich hatte große Angst. Mama erhob sich von ihrer Couch und ging ins Schlafzimmer.

»Verfluchte Scheiße«, hörte ich ihn sagen. Er hörte sich noch immer betrunken an. Seine Stimme klang gereizt. »Mach mir das Essen fertig«, herrschte er sie an. Er knallte die Badezimmertür. Ich hörte, wie er widerliche Sachen hochwürgte und schreckliche Geräusche mit seiner Nase machte. Er trat die Badezimmertür auf, zog sich an und ging in die Garage. Endlich Ruhe, dachte ich. *Knall!* Die Haustür flog auf. »Wo zum Teufel ist mein Auto?« fluchte er. »Hat Danny mein verdammtes Auto geklaut?« Danny war damals erst dreizehn. Wie hätte er das Auto nehmen sollen?

»Wie soll ich denn wissen, wo es ist? Wo hast du es denn gelassen?« zischte ihn meine Mutter an.

In seinem Suff machte er die verrücktesten Sachen, wie zum Beispiel sein Auto irgendwo stehenzulassen. Dad konnte sich nie daran erinnern, was er in der Nacht zuvor getan hatte. Er wußte, daß wir alle böse auf ihn waren, deswegen drehte er die Psychologie schlichtweg um. Er stellte den Sachverhalt einfach auf den Kopf. Plötzlich war er böse auf uns! Irgendwo in seinem verwirrten, alkoholbenebelten Hirn hatten wir ihm ein Leid angetan. Jetzt hatte er das Recht, uns anzuschreien und meine Mutter herumzukommandieren. Und er hatte jetzt natürlich auch das Recht, sich den Tag über zu betrinken.

»Ich muß es wohl bei Newell vor der Kneipe gelassen haben. Fahr mich dahin«, befahl er.

Widerwillig lief meine Mutter los, um den Schlüssel für ihren Chevy 50 zu holen. Dann waren sie fort. Ich griff mir einen Twinkie und ein Glas Kakao zum Frühstück.

Danny kam in die Küche. »Er ist ein Arschloch«, sagte er.

»Ich hasse ihn«, sagte ich.

Maureen kam herein und sagte: »Ich kann es gar nicht abwarten, endlich zu heiraten und hier rauszukommen.« Sie hatte richtiges Glück. Sie war in der letzten Klasse der Highschool. Und am Ende des Jahres würde sie einen Job kriegen, heiraten, aus dem Haus ausziehen und tun und lassen, was sie wollte. Ich hatte das Gefühl, als sollte ich niemals von zu Hause wegkommen.

Es gab nichts, was wir dazu noch weiter hätten sagen können. Es war eine typische Nacht in einer typischen Woche in unserem Leben gewesen. Dieses Muster war fest eingefahren.

2

Mein Dad, Francis Stanislaus Mahoney, wurde im November 1911 als Sohn hart arbeitender irischer Einwanderer geboren. Dad war das jüngste von dreizehn Kindern, das Baby der Familie. Er war eine Frühgeburt und brachte nur knapp zweieinhalb Pfund auf die Waage, die sein Vater vom Schlachthaus nach Hause gebracht hatte. Es sah nicht so aus, als ob »little Frankie« die Woche überstehen sollte. Sein Vatcr, Mike Mahoney, erklärte mit dem ihm eigenen Humor: »Wenn das alles ist, was du zustande kriegst, Mae, ist es besser, ich gehe.«

Little Frankie war der Liebling der Familie. Seine zwölf Geschwister beteten ihn geradezu an, besonders Vin. Dad war ein schmächtiges Kind, hatte strubbeliges blondes Haar und blaue Augen und folgte Vin überall hin.

Dad war vierzehn und arbeitete gerade mit Vin auf der Ranch seines Onkels, als er einen Eilbrief erhielt. »Kommt sofort nach Hause. Pa ist schwerkrank.« Als Dad zu Hause eintraf, war sein Vater bereits einem Herzinfarkt erlegen. Das war ein schwerer Schlag für den kleinen Frankie. Er war ein ungewöhnlich sensibles Kind und neigte dazu, alles in sich hineinzufressen. Vin nahm jetzt die Stelle von Frankies Vater ein. Es war nicht dasselbe, aber es war doch alles, was er hatte.

Dad war ein herausragender Sportler. Bis zu seinem 18. Lebensjahr hatte er es geschafft, als Baseballspieler überregional aktiv und bekannt zu werden. Wegen seiner eindrucksvollen sportlichen Leistungen erhielt er ein Stipendium der Universität von San Francisco (USF), und das zu einer Zeit, in der sich nur die Elite eine College-Ausbildung leisten konnte.

Dad spielte in der zweiten Mannschaft der USF, und schon in seinem ersten Jahr war er maßgeblich daran beteiligt, daß das Team die Meisterschaft gewann. Er war jetzt ganz oben. Im zweiten Jahr beschlossen die Jesuiten, angesichts der erwarteten Weltwirtschaftskrise Baseball aus dem Plan zu streichen. Es fehlte Geld, und irgendwo mußte man mit dem Streichen anfangen. Dad war am Boden zerstört. Er mußte kämpfen, wollte er auf dem College bleiben. Er ging ins College-Boxteam und zeigte schon bald solche Leistungen, daß ihm ein weiteres Stipendium fürs Boxen angeboten wurde.

1929: das Jahr der Weltwirtschaftskrise. Die Familie war damals auf jede Hand, die mit anpacken konnte, angewiesen, um überhaupt durchzukommen. Dad bekam Arbeit im selben Schlachthaus, in dem auch sein Vater gearbeitet hatte. Dort blieb er bis zum Ende der Prohibition, 1933. Dann bekam er einen Job in einer Brauerei. Er verdiente 41 Dollar und 20 Cent die Woche – das war zur damaligen Zeit durchaus nicht wenig. Die College-Absolventen verdienten damals nur 70 Dollar im Monat. »Warum um Himmels willen soll ich da zur Schule gehen«, sagte Dad.

Den Sport allerdings wollte er nicht aufgeben. Er hatte große Träume: Er wollte Baseballspieler oder Boxprofi werden. Dazu brauchte er einen Sponsor, aber es gab für junge Athleten während der Weltwirtschaftskrise einfach kein Geld. Einige bedeutende Kampfrichter verschafften Dad Zugang zum Olympic Club, wo er trainieren und sich fit halten konnte. Irgendwann muß diese Weltwirtschaftskrise ja zu Ende sein, dachten sie, und dann kommt der Junge groß raus. Dad hielt sich in Form, trat in das städtische Baseballteam ein und glaubte an seinen großen Traum. Er hoffte, irgend jemand würde ihn entdecken und fördern.

Damals lernte Dad meine Mutter, Marion Elizabeth Turner, kennen. Sie wurde 1915 in San Francisco während der Weltausstellung geboren. Ihr Vater, George Turner, war Metzger, ihre Mutter, Nellie Keatring, Rechtsanwaltsgehilfin. Beide Eltern waren irischer Abstammung. Mom war ein hübsches, introvertiertes, unsicheres Mädchen mit roten Haaren und Sommersprossen. Sie errötete leicht und wurde noch unsicherer, wenn man sie deswegen neckte.

Mutter führte damals ein geordnetes und unbeschwertes Leben. Sie hatte eine Schwester und zwei Brüder. Es war eine glückliche Familie. Das Sonntagsessen war köstlich, und hinterher sang man Lieder, begleitet vom Klavierspiel der Mutter. Mutter erfuhr vom Leben durch ihren Vater, den Metzger. Er belieferte die Villen und erzählte ihr hinterher in allen Einzelheiten davon. Die Tante meiner Mutter, die als Gouvernante arbeitete, erzählte ihr Geschichten über das prachtvolle Leben auf Nob Hill. Mutter war eine Träumerin, sie stellte sich ein Leben in diesen wunderschönen Villen vor, ganz in Samt und Seide gekleidet.

Mutter wollte als Erwachsene etwas Besonderes werden. Sie wollte ihren eigenen Stil entwickeln und in einem schönen weißen Haus mit dunkelgrünen Fensterläden leben, das von einem weißen Palisadenzaun umgeben war.

Als sie auf die Cogswell Industrial Highschool ging, spielte sie Klavier im Gesangsverein. Sie war eine der besten Pianistinnen ihrer Klasse. Danach ging sie auf das Lux Junior College, wo sie Kostümdesign, Putzmacherei, Modedesign und Innenarchitektur studierte. Aber sie war leicht zu entmutigen, und als man ihr mitteilte, daß sie keine Chance hätte, Designerin zu werden, wenn sie keine Europaerfahrungen nachweisen könnte, ließ sie den ganzen Gedanken fallen.

Nach einem Jahr auf dem Junior College ging Mom arbeiten. Die Zeiten waren schlecht, und die Familie brauchte Geld. Sie wurde in Moffits Wollzupfereibetrieb angestellt und tat denn auch genau das: Sie zupfte Kletten aus der Wolle.

Moms Schwester Helen fing am selben Tag bei Moffits an. Helen ging gleich am ersten Tag zum Mittagessen nach Hause und kam nie wieder. Mom aber hielt durch. Ihr Pflichtgefühl erlaubte es ihr nicht, den Job zu schmeißen, gleichgültig wie unangenehm oder langweilig er war. Es war ein Saisonbetrieb, und die Saison war bald zu Ende.

Ihren nächsten Job fand sie bei einer Hundefutterfirma. Sie stand mit einer Schürze am Fließband und löffelte Hundefutter in Konservendosen. Es war diese Arbeit, die sie auf die Idee brachte, doch lieber Büroangestellte zu werden.

So schrieb sie sich an der Dorothy-Durham-Sekretärinnenschule ein, die sie abends besuchte, während sie tagsüber bei der Firma Kraft Cheese arbeitete, um den Schulbesuch zu finanzieren.

Jetzt stand sie an einem Mayonnaise-Fließband, von dem sie große Töpfe nehmen und in Kisten stellen mußte. Es waren Kilotöpfe, und ihre Arme wurden ihr schon bald schwer. Wenn sie sie ausruhte, stauten sich die Töpfe und fielen schließlich vom Fließband. Das Fließband mußte oft angehalten werden wegen Mom, und so entschloß sich der Vorarbeiter, sie zu den leichteren Halblitertöpfen zu stellen. Aber auch mit diesen kam sie nicht viel besser zurecht, und schließlich steckte man sie in die Frischkäseabteilung. Da die Behälter hier klein genug waren, ging ihr die Arbeit jetzt leichter von der Hand. Sie blieb bei dieser Firma, bis sie eineinhalb Jahre später ihre Ausbildung abgeschlossen hatte.

Jetzt, da sie Schreibmaschine und Kurzschrift beherrschte, bekam sie einen Job beim Sozialamt der Stadt San Francisco. Ihr gefiel die Arbeit, und sie lernte dort Dot kennen, die eine ihrer besten Freundinnen werden sollte.

Mom wußte nicht, daß sie hübsch war. Sie hatte dichtes, erdbeerfarbenes, glänzendes Haar, zarte Sommersprossen an Armen und Rücken, klare grüne Augen und geradegewachsene weiße Zähne. Sie hatte eine hübsche Figur, schmale Hüften, lange Beine und einen großen Busen, der ihr peinlich war, so daß sie sich weite oder hochgeschlossene Kleidung anzog, um ihre Brüste zu verbergen. Sie mochte es nicht, Aufmerksamkeit zu erregen – zurückhaltend und ruhig wie sie war, das »liebe Mädchen«, das regelmäßig zur Kirche ging und mit ihren Eltern, ihrer Schwester Helen und den beiden Brüdern, George und Ralph, lebte.

Mutter wurde Dad von ihrem Bruder George, der den Spitznamen Red trug, bei einer Native-Sons-Tanzveranstaltung vorgestellt. Dad war sofort hin und weg.

Es dauerte nicht lange und sie gingen miteinander aus. Durch seine Verbindung mit der USF kannte Dad jeden in der Stadt, einschließlich der »High-Society«. Dad war jung und sah gut aus, er war körperlich topfit und die Stimmungskanone einer jeden Party. Die Menschen drängten sich um »Ducky« Mahoney; so lautete damals sein Spitzname. Mutter war fasziniert von ihm, seinen Bekannten und seiner Lebensweise. Er nahm sie mit auf Universitätsbälle, machte sie mit Leuten bekannt und holte sie aus ihrer Isolation heraus. Er war ein großartiger Tänzer, und Mutter liebte das Tanzen. Sie tanzten im Gold Room des Fairmont Hotels und zu den Klängen des Fio-Ritz-Orchesters im Palace Hotel. Es war die Zeit der Big Bands, und sie genossen sie. Dad beherrschte alles – den Foxtrott, den Walzer, den Twirl, den Dime Jig. Wenn Dad erstmal richtig loslegte, stand der ganze Saal still und klatschte im Rhythmus der Musik. Er war klein und sehr beweglich, und sein Tanz hatte Witz und Stil, so wie der von Jimmy Cagney. Mom und Dad tanzten auch mit anderen Partnern, aber sie konnte es nicht erwarten, wieder zu ihm zurückzukehren. Er ließ sie über die Tanzfläche schweben und wirbelte sie herum. Sie überließ sich ganz seiner Führung. Er ließ sie aus der Höhe stürzen und warf sie wieder in die Lüfte, wobei sie jedesmal die Beine hochwarf.

Sie trieben sich viel mit Chili und Ann, Dot und Al und mit Sonny Fieber und seinem Mädchen herum. Die Jungs hatten alle zusammen mit Dad im USF-Baseballteam gespielt und waren damals das Topteam ihrer Liga gewesen. Es wurden noch immer Tanzfeste zu Ehren dieser Ehemaligen veranstaltet.

Sie liebten diese Tanzveranstaltungen. Dad wirbelte Mom zu den Klängen des »Twelfth Street Rag« quer über die ganze Tanzfläche. Der Ballsaal drehte sich, Mom warf ihren Kopf zurück und lachte. Niemand konnte einen so über das Parkett wirbeln wie Dad. Er brachte Aufregung in Moms Leben. Wegen der Prohibition gab es damals keinen Alkohol. Manchmal hatten sie zwar eine kleine Flasche geschmuggelten Alkohols, aber der war selten, und man kam schlecht an ihn heran.

Als die Prohibition vorüber war, fingen sie an, Bars aufzusuchen. Dad trank Highball (Whisky mit Wasser) und Mom nippte an ihrem Whisky mit Zitrone. Sie gingen in den Kit Kat Club und ins Black Cat. Jeder dieser Läden hatte einen eigenen Tanzboden mit Band und Sänger.

Sonntags unternahmen sie Ausflüge mit Chilis Auto. Mom und Dad saßen dann auf dem Rücksitz und schmusten. Sie gingen auch viel zu Picknicks und Grillfesten, die fast immer auf Dads Initiative zurückgingen. Er liebte es, Parties zu organisieren, er liebte Menschen, und er liebte es, sie zum Lachen zu bringen. Er unterhielt sie mit seinem Humor und seinem Tanz. Alle wollten in seiner Nähe sein, und wo er auch auftauchte, stand er im Mittelpunkt. Er kannte die ganze Stadt. »Hallo Ducky«, rief man ihm auf der Straße zu. Ducky war der Liebling des Ortes, und Mom genoß es, in seiner Nähe zu sein.

An den wenigen Samstagen, die sie abends nicht beim Tanz oder auf einer Party verbrachten, gingen sie ins Kino. Und natürlich kannte Daddy wieder jeden, der in der langen Schlange vor der Kinokasse wartete. Schon bald lachten alle, und Mom war stolz darauf, mit Dad zusammenzusein.

Dad war die unangefochtene Nummer Eins auf seiner Position im All Star City Team. Auch sein Freund Chili schaffte es, ins Team zu kommen, und so gingen Mom und Dad, Chili und Ann nach den Spielen häufig zum Tanzen oder zu Siegesfeiern. Es war eine herrliche Zeit, eine unschuldige Zeit.

Dad trank eine ziemliche Menge, wenn sie ausgingen, aber er brachte Schwung in den Laden. Manchmal übertrieb er es ein wenig und drohte die Kontrolle zu verlieren, aber Mom sah darin eigentlich keine ernsthafte Gefahr.

Sie gingen drei Jahre miteinander aus, bevor er Mom fragte, ob sie ihn heiraten wolle. Moms Mutter ermahnte sie, nur ja zu sagen, wenn sie sich auch wirklich sicher wäre. Dad war schon zu einigen Verabredungen nicht erschienen »wegen des Alkohols«, und ihre Mutter machte sich Sorgen deswegen. Aber Mom sagte sich, daß das Leben mit ihm eine Menge Spaß bringen würde, »und überhaupt«, sagte sie, »wird er mit dem Trinken aufhören, wenn wir erst einmal verheiratet sind.«

Nach ihren Flitterwochen, die sie auf der Farm von Dads Onkel im Santa-Ines-Tal verbrachten, kehrten Mom und Dad nach San Francisco zurück, um ihr neues Leben zu beginnen.

Während dieser ersten Jahre ihrer Ehe trank Dad nur wenig. Es sollte ihre glücklichste Zeit sein. Er hatte gleich zwei Jobs auf einmal angenommen, um Mom ihr Traumhaus zu ermöglichen. Er liebte sie sehr und wollte, daß sie alles hatte, was sie sich wünschte.

Zuerst lebten sie im Portola Distrikt in San Francisco, wo sie sich eine Wohnung in einem wunderschönen weißen Haus mit einem Giebeldach mieteten. Ihre Wohnung befand sich in dem Giebel. Sie hatten viele Freunde und luden häufig zu sich ein. Jede Woche war jemand anders dran, die Gruppe einzuladen. Man spielte Karten, redete, tanzte und trank.

Seine beiden Jobs brachten meinem Vater damals etwa 100 Dollar monatlich; und Mutter verdiente durch ihre Bürotätigkeit in der staatlichen Fürsorge etwa 40 Dollar im Monat.

Während des ersten Jahres wurde Mom mit meiner Schwester Maureen schwanger. Dad arbeitete jetzt sogar noch härter, um das Geld für die Anzahlung des neuen Hauses zusammenzuhaben, bevor das Baby auf die Welt kam.

Am ersten Jahrestag ihrer Ehe unterzeichneten sie den Vertrag für ihr neues Haus; und im Juni schließlich zogen sie ein.

Das Haus war sehr schön, genauso, wie Mom es sich immer erträumt hatte. Es stand in der Crystal Springs Road in San Bruno, Kalifornien: ein kleines weißes Haus mit dunkelgrünen Fensterläden und einem weißen Palisadenzaun. San Bruno war eine Kleinstadt mit einer Hauptstraße und lag auf der Halbinsel ungefähr 30 Meilen von San Francisco entfernt. Auf der anderen Straßenseite lag ein herrlicher Park mit Spielplätzen und einem Baseballfeld. Durch den Park floß ein Bach, der in den angrenzenden Wald führte. Dad setzte seine ganze Energie daran, sein Haus zum schönsten, bestgepflegten der ganzen Stadt zu machen. Sein Rasen war so regelmäßig gemäht, als hätte jemand jeden einzelnen Grashalm mit einem Lineal in der Hand geschnitten. Dad pflanzte Blumen und Sträucher, und im Hinterhof gelbe Glyzinien. Die Beete waren regelmäßig mit Löwenmaul, Levkojen, Rosen und Flieder bepflanzt. Er war in allem peinlich genau. Er hatte immer volle Farbeimer in der Garage stehen, falls der Zaun einmal nachgebessert werden mußte, und er strich regelmäßig die grüne Haustüre, so daß sie ihren tiefseidigen Ton behielt.

Mutter machte sich mit gleicher Aufmerksamkeit und Sorgfalt an das Innere des Hauses. Während Dad draußen im Garten schnitt und schnippelte, strich und polierte Mom das Innere des Hauses. Sie fertigte Vorhänge für die Küche und das Kinderzimmer an. Sie waren stolz und glücklich.

Der Wahlspruch der Mahoneys lautete: Erst das Haus kaufen und dann die Kinder kriegen! Und so hielten sie es auch. Sie waren jetzt obenauf, beneidet von allen ihren Freunden. Sie hatten alles richtig gemacht. Jeder in der Gruppe wollte ein Leben, wie Mom und Dad es sich bereitet hatten.

Am 28. Januar 1940 kam meine Schwester Maureen zur Welt. Mom und Dad beschlossen, eine große Party steigen zu lassen. Sie hatten viel zu feiern: ein neues Haus, ein neues Baby, ein neues Leben.

Aber Dad kam nicht zu dieser Party. Er war zu betrunken, und die Polizei hatte ihn im Süden von San Francisco aufgelesen.

Mutter war außer sich vor Wut: »Wie konntest du mir das antun?« fragte sie ihn. Es tat ihm schrecklich leid, und er entschuldigte sich wieder und wieder. »Seine Wiedergutmachung war sehr schön«, sagte meine Mutter, und Dad schwor, er würde »nie wieder ein Glas anrühren«. Er war damals fünfundzwanzig.

Die Krankheit hatte bereits begonnen. Die schleichende, heimtückische Krankheit. Sie entwickelt sich langsam, fast unmerklich. Anfangs trank Dad nur an Wochenenden. Er hatte immer noch seine beiden Jobs, und er konnte einen Kasten Bier für eineinhalb Dollar von der Brauerei bekommen. Jeden Freitag brachte er ein paar Kisten mit nach Hause; eine für sich und den Rest zum Selbstkostenpreis für seine Kumpel. Seine Freunde kamen dann jeden Samstag, wenn Dad draußen den Rasen mähte, bei uns vorbei, um sich ihr Bier zu holen. Er machte dann eine Pause, um sich mit einem Bier etwas abzukühlen. Es machte Spaß. Es war gesellig. Man lachte und schwelgte in Erinnerungen.

Dad unterschrieb einen Vertrag beim San-Bruno-Athletic-Club. Als der Stadionsprecher den Namen Ducky Mahoney über die Stadionlautsprecher ansagte, jubelte die Menge. Sie wußte, daß sie eine Show geliefert bekommen würde. Beim Aufwärmen sagte er Verschiedenes zum Schiedsrichter oder zum Werfer, und zwar so laut, daß es bis zur Haupttribüne hinauf verstanden werden konnten. Die Zuschauer brüllten vor Lachen. Er war ein Showmensch. Er schwang den Schläger und legte seinen kleinen Tanz aufs Parkett. Er brachte Spaß und Freude ins Spiel.

Nach dem Spiel ging man dann auf ein Bier oder ein Grillwürstchen zum Haus von Mom und Dad auf der anderen Straßenseite. Dad war immer da, wo was los war. Das kleine weiße Haus mit dem weißen Palisadenzaun war ein Treffpunkt für alle ihre Freunde und für die Familie. Vater und meine Großmutter kamen oft vorbei, ebenso Tante Helen, Onkel Dave, Betty und Roy, George und Lorraine, die Baldwins usw. Nach und nach folgten ihre Freunde aus der Metzgerstadt dem Beispiel meiner Eltern und zogen auf die Halbinsel.

Für Maureen war das Leben herrlich. Sie war der Liebling aller Freunde und Verwandten. Man überschüttete sie mit Aufmerksamkeit und Geschenken, fuhr mit ihr aus oder kaufte ihr etwas Schönes zum Anziehen. Sie hatte einfach alles. Ihr Zimmer war ganz mit blauem und weißem Gingan ausgeschlagen. Maureen glaubte, die Lucky-Luke-Brauerei und die Zigarettenfirma Lucky Strike gehörten Dad. Bei allem, was mit dem Wort »Lucky«, also glücklich, begann, glaubte sie, es gehöre Dad. Lucky Ducky. Er war ihr großer Held, der beste Mann auf der ganzen Welt. Er war einfach der Größte. Sie fühlte sich glücklich in seiner Nähe, sicher und geborgen.

Mom und Dad gewannen viele neue Freunde in San Bruno. Und es dauerte nicht lange, bis sie jeden in der Stadt kannten. Mom bekam Kontakt zur örtlichen Katholischen Kirche. Sie war tief religiös und ging regelmäßig zur Messe. Sie trat dem Gemeindeklub der Frauen bei und brachte Blumen für den Sonntagsaltar aus ihrem Garten mit. Dad legte sich mächtig ins Zeug, um Freunde zu gewinnen. Er trug den Frauen die Einkaufstaschen, half den Nachbarn, wenn sie ihr neues Haus bezogen. Er war einfach ein toller Kerl, ein echter Gewinn für die Nachbarschaft.

Jede Woche veranstaltete der Athletic Club Tänze und Dinnerparties. Dad dabei zu haben, bedeutete einen sicheren Erfolg für das Gelingen der Party. Er war ein Entertainer, die Seele der Party. Sie gingen zum Tanzen in den Turf Club oder zur American Legion Hall oder besuchten Sportveranstaltungen. Dad trank Bier und zog, nachdem er Mom nach Hause gebracht hatte, noch einmal los. »Aber es schien nicht bedenklich«, sagte Mom, »er schien einfach gerne in Gesellschaft zu trinken.«

Zweieinhalb Jahre nachdem sie ins neue Haus gezogen waren, wurde ihr zweites Kind, Danny, geboren. Das war am 13. August 1942. Alles war perfekt gelaufen. Zwei wunderbare Kinder, eine glückliche Familie. Dann kam der Krieg. Blondie war der erste ihrer Freunde, der eingezogen wurde. Dad organisierte eine große Abschiedsfete im Spritzenhaus. Als nächster wurde Onkel Dave eingezogen, dann folgte Onkel George. Nach und nach brach ihr Freundeskreis wegen des Krieges auseinander.

1944 wurde mein Vater aufgerufen, seinem Land zu dienen. Er ging zu den Merchant Marines, weil er dort mehr Geld bekam. Dad wurde im Pazifik stationiert und »hatte den miesesten Job auf dem ganzen Schiff – ich mußte im Schiffsbug die Kanonen laden«. Wäre das Schiff getroffen worden, hätte es für ihn keine Rettung gegeben. Er hatte große Angst, daß er getötet werden könnte und träumte unentwegt davon, nach Hause zu kommen, zu seiner Frau und seinen Kindern.

Auch Mom wollte ihren Teil im Krieg leisten, während Dad fort war. Sie strickte Socken für die Soldaten, wickelte im Gemeindezentrum Bandagen und hob die Konservenbüchsen auf, damit sie als Altmetall wiederverwendet werden konnten. Sie war einsam, aber sie beschäftigte sich unentwegt.

Jetzt, wo Dad weg war, wurde es schwer für Mutter, sich und die Kinder durchzubringen. Und so begann sie, in der Buchhaltungsabteilung von Bazzurri zu arbeiten und ließ Maureen und Danny so lange im Kindergarten. Sie ließ sie nur sehr ungern allein. Mom ging jeden Tag zur Messe und betete für ihren Mann, ihre Brüder, Freunde und Verwandte, damit sie unbeschadet nach Hause kommen sollten. Und jeden Abend, wenn sie Maureen und Danny ins Bett brachte, sagte sie mit ihnen dasselbe Gebet auf: »Gott segne

Daddy, Gott segne General Mac Arthur, Gott segne Onkel Ralph, Gott segne Onkel George« usw.

Maureen machte der Krieg Spaß. Es gab Sketche und Paraden, und alle trugen Flaggen. Sie glaubte, Dad wäre ein General, und erzählte es jedem, den sie traf.

Als der Krieg vorbei war, schrieb Dad einen Brief an Mom: »Ich komme heim, mein Liebes, und ich möchte noch ein Baby.«

Die Heimkehr war der glücklichste Tag seines Lebens. Er erinnerte sich, wie er durch Golden Gate kam: »Jesus, was für ein Gefühl!« Die Kapelle spielte:

California, ich bin wieder da,
zu Hause, von wo ich einst ausgezogen war.

Mom wußte nicht genau, wann er eintreffen würde. Sie machte gerade ein Picknick im Park, als er zu Hause ankam. Er stellte seine Sachen zu Hause ab und ging über die Straße in den Park: »Ich war die Sensation des ganzen Picknicks«, sagte er.

Mom sah Dad den Bach entlangkommen. Maureen lief auf ihn zu und kreischte: »Mein Daddy ist wieder da!« Dad setzte sie auf seine Schultern.

Auch Mom lief, von ihren Gefühlen überwältigt, zu ihm hin. »Das war ein großer Tag, das kann ich dir sagen«, erzählte uns Dad später.

Kurz nach Daddys Rückkehr wurde Mom schwanger. Es war immer ein gutes Gefühl für mich, das zu wissen. Ich war ein Wunschkind, ich war gewollt, das blonde Kind, das diesem wunderbaren Leben geschenkt wurde, das Baby der Familie. Ich hatte immer eine besondere Bedeutung für meine Eltern. Ich hatte Dad sicher aus dem Krieg nach Hause geführt.

Ich wurde am 16. Oktober 1946 geboren. Mom und Dad ließen zu meiner Taufe eine riesige Party steigen und luden jeden ein, den sie kannten. Das kleine weiße Haus platzte vor lauter Menschen fast aus allen Nähten, fröhliches Lachen ergoß sich aus den Fenstern. Dad war wieder einmal der Knaller des Abends. Er war obenauf. Er hatte den Krieg überlebt, und nichts würde ihn jetzt noch von seiner Familie trennen können.

Dad war sturzbetrunken an diesem Abend, aber es war eine Riesengaudi. Er hatte auf dem Speicher eine alte lebensgroße Flickenpuppe. Nach der entsprechenden Menge Alkohol und angespornt vom guten Zureden seiner Freunde, holte er sie schließlich herunter, band ihre Füße mit einem Gummi an seinen Schuhen fest und fing an, mit ihr zu tanzen. Der Puppe waren Büstenhalter, Höschen, Nylonstrümpfe, Strumpfband und ein altes billiges Kleid angezogen worden. Ihr Haar bestand aus einem erdbeerroten Wirrwarr, man hatte ihr reichlich Make-up aufgetragen, und ihre Lippen waren schief und groß mit Lippenstift nachgezeichnet worden. Die Puppe sah aus, als hätte sie fünf Drinks zuviel gehabt. Dad wirbelte mit ihrem schlaffen Körper herum, griff dabei unter ihr Kleid und tätschelte ihren Hintern. Die Leute kreischten vor Begeisterung. Dann ließ er sie auf sein Knie fallen und biß ihr in den BH. Es war zum Totlachen. Und schon bald wollten alle Männer mit der Puppe tanzen. Sie spielten Fangen mit der Puppe, ihre schlaffe Figur wirbelte durch die Luft. Die Party war auf ihrem Höhepunkt angekommen; es gab noch mehr Musik, noch mehr Getränke und noch mehr Gelächter. Dad drängte jeden, doch noch ein bißchen zu bleiben und noch ein Bier zu trinken. Er wollte nicht, daß die Party aufhörte. Aber nach und nach verschwanden die Gäste, erschöpft und glücklich. Dad torkelte ins Schlafzimmer und schlief sofort ein. Die Tanzpuppe lag wie ein zusammengefallener Haufen auf dem Küchenboden. Das

Haus wurde still. Es war wieder ein großartiger Abend gewesen bei den Mahoneys.

Wir waren die perfekte Familie. Jedes Kind entwikkelte sich zu einer eigenen unverwechselbaren Persönlichkeit. Die älteste, Maureen, war damals acht Jahre alt und noch immer der Liebling aller Verwandten, obwohl ihre Launen für sie eine harte Prüfung waren. »Die kleine Jodtinktur«, so nannten sie sie. Sie brauchte eine Menge Führung und Disziplin. Sie verausgabte sich jeden Tag so sehr mit ihrer Turnerei und den Possen, mit denen sie die Aufmerksamkeit auf sich zu ziehen versuchte, daß sie immer noch ihren Mittagsschlaf brauchte. Sie wurde oft krank und hatte Probleme mit dem Atmen. Es stellte sich heraus, daß sie Asthma hatte. Die Schule war eine große Umstellung für sie. Sie paßte nicht auf und hatte Schwierigkeiten, Kontakt zu den anderen Kindern zu kriegen. Sie war fast ein Jahr jünger als ihre Mitschüler und hatte das Gefühl, nicht dazuzugehören.

Danny, der damals vier war, war ein liebes Kind. Er hatte immer ein Lachen auf den Lippen, war unproblematisch und friedfertig und machte nie irgendwelche Scherereien. Jeder mochte ihn.

Als Baby – so wurde mir gesagt – liebte mich Dad mehr als irgend jemand anderen auf der Welt. Ich konnte nichts falsch machen. Ich genoß es, der Gegenstand seiner Aufmerksamkeit zu sein. Ich kann mich noch daran erinnern, daß ich meinen Dad über alles liebte. Ich saß auf seinem Schoß, spielte mit seinem Gesicht und zog an seinen Lippen. Ich war »sein kleines Püppchen«, so sagte er immer.

Die Lebenshaltungskosten gingen in die Höhe, Dads Gehalt reichte nicht mehr. Es war jetzt nicht mehr so einfach wie früher, Spaß zu haben. Zusätzlich zu seinem Job bei der Brauerei Lucky Lager nahm Dad Arbeit bei der Spirituosenfirma Newell an. Er spielte auch im Baseballteam der Firma, und sonntags fuhren wir immer nach San Francisco, um ihn spielen zu sehen. Er war unser Unterhaltungsprogramm. Nach dem Spiel gab meist irgend jemand eine Party, bei der viel Alkohol floß.

Ich wuchs mit der Vorstellung auf, daß alle Dads tranken. Auch einige Moms, außer meiner. Ich mochte es nicht, wenn Dad sich betrank. Natürlich wußte ich damals nichts über Alkoholismus. Alles, was ich wußte, war, daß er schlecht roch, wenn er zuviel getrunken hatte, daß er sehr laut redete und grob wurde.

Sein Trinken fing an, ein Problem zu werden. Mom war die meiste Zeit böse auf ihn. Eines Sonntagsmorgens wollte er mit mir ausfahren und einige Freunde besuchen. Er hatte tags zuvor bis spät in die Nacht gearbeitet und war danach in die Bar nebenan gegangen, wo er bis zwei Uhr morgens trank. Um seine Nerven zu beruhigen, hatte er sich morgens einen »Boilermaker« (Bier und Whisky) gemixt.

»Du wirst sie in deinem Zustand nicht mitnehmen«, sagte Mom ernst.

»Unsinn, ich kann tun und lassen, was ich will«, schrie Dad sie an.

Er packte mich. Mom zog mich aus seinen Armen, und ich fing an zu weinen.

»Verfluchte Scheiße«, brüllte Dad. Er war außer sich vor Wut und führte sich auf wie ein Wahnsinniger. Er nahm einen Stuhl und warf ihn auf den Boden.

Ich schrie vor Angst. Maureen beobachtete die ganze Szene wie im Schock. Dad begann sich zu verändern, und sie haßte es. Es war ein großer Schlag für sie, ihn so außer Kontrolle zu sehen.

Mir machte Dad Angst. Wenn er jetzt auf mich zukam, rannte ich zu meiner Mutter und versteckte mich hinter ihrem Rock. Das machte ihn wütend gegen mich. Ich war doch sein kleiner Liebling gewesen. Er wollte, daß ich ihn über alles liebte, aber er war unberechenbar. Er konnte in einem Moment lachen und witzig sein, und im nächsten Augenblick einen Wutausbruch bekommen. Manchmal war er nüchtern, und dann war er wieder betrunken. Es war einfach alles zu verwirrend für ein Kind. Ich liebte ihn sehr, wenn er lustig war. Und immer wenn Freunde oder Bekannte bei uns waren, entwickelte er sich zum großen Spaßmacher. Aber sobald sie weg waren, änderte sich seine Laune. Er wurde wütend und brüllte herum. Moms Gesicht verhärtete sich dann und sie wurde ganz still.

Dads Krankheit entwickelte sich so richtig erst während meiner Kindheit. Meine Geschwister können sich noch an die guten Zeiten erinnern, an die vielen Parties und das Lachen. Während meiner ersten Jahre wurde er schon zu einem anderen Menschen. Der Alkohol begann, eine immer größere Rolle zu spielen. Vielleicht stellte er damals fest, daß sein Traum von einer Sportlerkarriere immer unrealistischer wurde. Er würde nicht mehr zum großen Star werden. Das Leben bedeutete harte Arbeit. Frau und Familie waren eine große Verantwortung. Er war überarbeitet und kaputt. Vielleicht benutzte er den Alkohol, um seine Sorgen zu ertränken, zusätzlich zum Faktor X sozusagen, seiner eigenen Neigung zum Trinken. Er hatte eine Grenzmarke überschritten, bewußt hatte er sich dafür entschieden, die Sucht in sich zu nähren. Und je mehr er sie nährte, desto gieriger verlangte sie nach mehr. Er konnte nicht genug kriegen. Jetzt trank er beinahe jeden Tag übermäßig, aber der Alkohol hatte sein Leben noch nicht völlig außer Kontrolle geraten lassen. Er war seinen Kindern immer noch ein guter Vater, trotz seiner Unberechenbarkeit. Dad wollte der beste sein. Da er seinen eigenen »Pa« schon in frühem Alter verloren hatte, wollte er wenigstens uns der Vater sein, den er selber nie gehabt hatte.

Ich erinnere mich an viele gute Phasen während jener Jahre. Jeden Sommer zum Beispiel fuhr Dad mit uns für zwei Wochen in Urlaub. Wir verbrachten die Sommerferien bis zu meinem vierten Lebensjahr am Russian River im nordkalifornischen Weinanbaugebiet.

Mir gefiel es dort sehr. Wir mieteten uns ein kleines Häuschen in der Nähe des Flusses. Es roch nach Mammutbäumen, Eichen und Tannen. Danny und ich schliefen in Etagenbetten auf sehr dünnen Matratzen. Ich erinnere mich, wie er einmal ins Bett machte und es dann langsam auf mich heruntertropfte.

Morgens pflückten Mom und ich frische Blaubeeren für Pfannkuchen. Und nachmittags fuhr Dad mit uns mit einem Floß auf dem Fluß. Er war stark, und ich wußte, daß, wie stark die Strömung auch sein würde, er uns beschützen und sicher ans Ufer bringen würde. Ich war sehr stolz auf meinen Dad und liebte ihn sehr – besonders im Urlaub, weil er da nicht soviel trank.

Als ich noch klein war, ging Mom noch nicht zur Arbeit. Wir hatten eine schöne Zeit zusammen. Jeden Morgen nach dem Frühstück, wenn Maureen und Danny zur Schule gegangen waren, hörten wir Radio, und Mom machte gleichzeitig die Hausarbeit. Unser Lieblingsprogramm war »Der Frühstücks-Club« mit Don McNeil. Das Programm fing damit an, daß die Zuschauer schreiend lachten. Erst später erfuhr ich, daß der Grund für dieses Lachen darin bestand, daß der Ansager seine Hose fallen ließ, kurz bevor die Show begann. Immer um Viertel vor spielten sie den Frühstücksmarsch. Ich beobachtete immer aufgeregt die Uhr, bis der große Zeiger endlich auf neun stand. Mom und ich hatten jeder zwei Topfdeckel in der Hand, und wenn die Musik dann begann, marschierten wir durchs Haus, schlugen rasselnd mit den Topfdeckeln gegeneinander und sangen dabei.

Nachdem die Hausarbeit getan war, gingen wir zum Einkaufen in die Stadt zur Main Street runter. Ich erinnere mich, daß ich schon damals, klein wie ich war, immer hoffte, daß Dad beim Abendessen »gute Laune« haben würde.

Nachmittags machte ich meinen Mittagsschlaf, während Mom die Wäsche bügelte. Wenn ich aufwachte, roch das Haus dann immer noch nach frisch gebügelter Bettwäsche. Nach dem Abendessen, bevor Dad zu seinem zweiten Job ging, spielte Mom manchmal Klavier und alle sangen dazu. Mein Lieblingslied war:

Liebling, erinnerst du dich,
Wie wir tanzten zur Souza Band?
Wie die Musik uns glücklich fand?
An die Parties unten am Strand?
Jedes Jahr am 4. Juli,
Liebling, ich vergesse es nie!

Manchmal spielte sie auch »Die Gänschen im Stroh«. Dad sah uns stolz an und saugte die ganze Szene ein. Er liebte »Mommy«, er fand sie wunderschön und sagte es ihr wieder und wieder. Er ermutigte uns in unseren Talenten.

»Sing ruhig laut, mein Schatz«, sagte er zu mir. »Du hast eine verdammt gute Stimme.«

Ich genoß es als kleines Kind, mit Dad zusammenzusein. Er brachte mir bei, wie man die Uhr liest. Er war ein guter Lehrer und zeigte viel Geduld. Er legte die verschiedenen Farben in einer Reihe vor mir hin und erklärte: »Das ist grün, das ist blau, das ist gelb, und das ist rot. So, jetzt bist du dran.«

Ich strengte mich an: »Das ist grün, das ist rot…«

»Nein, nein«, sagte er. »Das ist grün und das ist blau.«

Und so ging es in einer Tour, aber am Ende hatte ich es gelernt.

Obwohl Dad jeden Tag trank, hielten wir ihn nicht für einen Alkoholiker. Wir hatten das Gefühl, ein normales Leben zu führen. Mom und Dad stritten natürlich manchmal, aber das machten alle Eltern. Im Sommer nahm Mom uns zu Picknicks mit, und im Winter ging sie mit uns in die Eisrevue oder ins Musiktheater, und zur Weihnachtszeit zogen wir uns fein an und fuhren zum Weihnachtsbummel nach San Francisco. Es war wie im Märchen, da waren die Riesenbäume im Kuppelbau der »City of Paris«, der Geruch von Seife und Parfüm in der ersten Etage von Joseph Magnin und die Straßenbahn.

Mom war während der Weihnachtsferien oft böse auf Dad. Er hatte eine Ladung Whisky als Weihnachtsgeschenk erhalten, und er war jetzt viel stärker betrunken, als wenn er nur Bier gehabt hatte.

»Paß auf den Baum auf«, keifte Mom ihn an.

Er torkelte die meiste Zeit durchs Haus. Er fiel in den Weihnachtsbaum und warf ihn um, aber es gelang uns, ihn wieder aufzustellen. Es war kein großer Schaden entstanden, ein paar Zweige waren abgeknickt und ein paar Weihnachtskugeln zerbrochen. Im Alter von fünf Jahren schon schien mir ein solches Verhalten normal.

Ich liebte meine Schwester und meinen Bruder über alles, und ich hatte zu beiden eine sehr gute Beziehung. Mit Maureen erlebte man eine Menge Spaß. Sie schlug immer Rad auf der Wiese vor dem Haus, und ich versuchte, es ihr nachzumachen. Aber ich war nicht so sportlich wie sie. Sie versuchte, mir zu helfen, aber es war sinnlos. Maureen lachte viel, und abends, wenn wir im Bett lagen, erzählte sie Danny und mir Geschichten, die sie selbst erfunden hatte.

Danny war als kleines Kind sehr schüchtern. »Mir fiel einfach nichts ein, was ich hätte sagen können«, erklärte er mir noch vor kurzem, und so blieb er still.

Auch Danny war sehr gut zu mir. Er liebte mich sehr und hielt mich für etwas ganz Besonderes. Und Danny war größer als ich. Er war mein großer Bruder und hielt es für seine Pflicht, sich um mich zu kümmern und mich zu beschützen. Einmal als wir in den Sommerferien nach Yosemite kamen und zu den Vernalfällen wanderten, mußte Danny so schnell wie Dad rennen, um mich gerade noch daran zu hindern, in den Abgrund zu stürzen. Auch für Maureen fühlte sich Danny verantwortlich. Schließlich war er neben meinem Vater der einzige Mann in der Familie. Kinder von Alkoholikern haben einen Hang zu suizidalen Unfällen. Ihr Schmerz sitzt so tief in ihrem Unterbewußtsein fest, daß sie insgeheim sterben wollen, um ihn loszuwerden. Sie bringen sich in risikoreiche Situationen, um darin »zufällig« umzukommen. Es gibt Kinder, die vor fahrende Autos laufen, und andere, die wie ich versuchen, auf dem Rand eines Wasserfalles zu sitzen.

Ich erinnere mich an ein Weihnachten, als Danny mit seinen fünf Dollar, die er sich von seinem Taschengeld und dem gelegentlichen Geld, das Vater ihm zusteckte, abgeknapst hatte, Weihnachtsgeschenke kaufte. Fünf Dollar, das macht einen Dollar pro Person, so hatte er sich ausgerechnet. Das erste Geschenk, das er kaufte, war für mich: ein Miniatur-Swing-Set mit einer kleinen Rutsche und zwei Puppen. Es kostete fünf Dollar. Er hatte sein ganzes Geld für mein Geschenk ausgegeben und hatte nun nichts mehr übrig, um den anderen etwas zu kaufen. Ich werde diesen Weihnachtsmorgen niemals vergessen. Er war so stolz damals und das Swing-Set wurde mein allerliebstes Spielzeug.

Für Danny war Dad ein Idol, er liebte es, ihn Baseball spielen zu sehen. Er wollte einmal genauso werden wie Dad und hatte einen Riesenrespekt vor ihm. Dad nahm Danny ins Sealsstadion zu den Baseballspielen und zum Football in die Stanford Universität mit. Als der Weihnachtsmann Danny fragte, was er werden wolle, wenn er mal groß sei, antwortete er stolz: »Ich werde in einer Brauerei arbeiten, genau wie mein Dad.« Als Dad das hörte, schauderte ihn.

Mein Vater war immer noch der Initiator, der die Leute zusammentrommelte und irgendwelche Vergnügungen organisierte. Im Sommer arrangierte er Familienpicknicks. Wir standen sonntags um sieben Uhr morgens auf, gingen zur Frühmesse und fuhren dann in unserem brandneuen 1950er Chevy Deluxe zu den Almaden-Picknickplätzen raus. Das waren wunderschöne Zeiten. Alle aus der Familie kamen zu diesen Picknicks: Onkel Dave, Tante Helen, Onkel Ralph, Tante Ann, George und Lorraine, die Baldwins, Onkel George und Vater. Unser Frühstück, das aus Schinken, Spiegeleiern und Sauerteigtoasts bestand, wurde im Freien zubereitet. Die Männer spielten Baseball; die Frauen saßen beim Lunch an den Tischen. Vater hatte die Verantwortung für das Grillen übernommen, und wir Kinder rannten wie wild zwischen dem Bach, dem Baseballfeld und den Picknicktischen hin und her. Abends nach dem Dinner tanzten wir zu der Musik aus der Jukebox auf der alten Freilufttanzfläche. Es waren damals besondere Zeiten. Dad wurde wieder betrunken, aber niemand hatte etwas dagegen, denn er war sehr lustig.

Wenn wir einmal sonntags nicht zum Picknick gingen, fuhren wir spazieren. Wir waren sehr stolz auf unser neues Auto. Es hatte zwei verschiedene Grautöne, ein Radio mit Knöpfen zum Drücken und einen richtigen Rücksitz. Nicht einfach nur Orangenkisten wie in unserem alten Auto.

Wir fuhren zu Freunden und Verwandten. Dad trank ein paar Highballs, während Maureen, Danny und ich auszogen und alles erkundeten. Wir konnten nicht begreifen, was die Erwachsenen daran fanden, herumzusitzen, zu reden und Whisky zu trinken. Mom allerdings trank keinen Whisky. Auf dem Heimweg schrie sie Dad wegen seines Fahrstils an. Der Wagen schlingerte von einem Straßenrand zum anderen. Ich saß auf dem Rücksitz und weinte, weil ich Angst bekam.

Mom wollte nicht, daß ihre Kinder ängstlich und unsicher wurden wie sie, deswegen meldete sie uns für alle möglichen Kurse an. Maureen besuchte Steptanz-, Jazz- und Rhetorikkurse, und Danny lernte Klavierspielen. Ich war noch zu jung, deswegen saß ich bei Maureens Tanzstunden neben Mom, die Klavier spielte, auf dem Boden. Als ich fünf Jahre alt war, ließ mich Mom Steptanzstunden bei Imogene Woodruft nehmen.

Dad schien eifersüchtig darauf zu sein, daß Mom soviel Zeit mit uns Kindern verbrachte. Sie war Vertrauensmutter für Dannys Schulklasse, half im Pfadfinderklub mit, fuhr uns zu unseren unterschiedlichen Kursen und spielte in den Tanzstunden Klavier. Dad wollte sie ganz für sich allein, so wie es am Anfang gewesen war. Er wollte sie nicht teilen. Er schien sogar auf Vater eifersüchtig zu sein und äffte die Komplimente, die Vater Mom machte, nach. Dad wollte, daß sie mit ihren gemeinsamen Freunden ausgingen und Parties feierten. Aber jedesmal, wenn sie das taten, betrank er sich und wurde dann gemein. Wenn der letzte Gast gegangen war, saß er noch da und trank weiter seinen Whisky, bis er am Schluß in einer sehr aggressiven Stimmung war. So gingen sie am Ende immer seltener aus, und ihre Parties fanden immer unregelmäßiger statt.

Zwar ging das Familienleben im gewohnten Rhythmus weiter, wir hatten unsere regelmäßigen Mahlzeiten, gingen sonntags zur Kirche (außer Dad) und fuhren in den Sommerferien in den Nationalpark von Yosemite, aber eine Dunkelheit war über unser kleines weißes Haus eingebrochen. Etwas Unheilvolles, Trauriges. Ich war zu klein, um es wirklich zu verstehen. Ich wußte nur, daß es eisig in unserem Haus wurde, wenn Dad betrunken war. Der »gute alte Ducky« wurde feindselig, manchmal sogar gewalttätig. Mom wurde immer öfter zornig, und ich hatte Angst.

Mit dreizehn Jahren war Maureens Asthma immer noch sehr schlimm. Sie hatte Probleme mit dem Atmen, und ihre Nase war immer verstopft. »Um Gottes willen, geh und putz dir die Nase«, brüllte Dad sie an. Er war durch das viele Trinken sehr gereizt.

Mom nahm wieder einen Job als Sekretärin an, damit Maureens Arztrechnungen bezahlt werden konnten. Zudem war die nächste Konfessionsschule dreißig Meilen entfernt. Es war Mom wichtig, daß ihre Kinder auf eine katholische Schule gingen. Sie brauchte also das zusätzliche Geld, um Maureen diese Schule zu ermöglichen. Es war etwa zu dieser Zeit, daß es in unserem Haus deutlich anders zu werden begann. Ich verbrachte den ganzen Tag mit einem Babysitter. Mom mußte schon früh morgens fort und kam erst zum Abendessen wieder. Meist war sie dann müde, viel zu müde, um noch Klavier zu spielen. Und so hörten auch die Musik und das Singen in unserem Haus auf. Ich spielte immer öfter ganz allein in dem Zimmer, das ich mit meiner Schwester teilte. Es war nicht leicht für Maureen. Es gab keine Privatsphäre für ihre beginnende Pubertät. Danny und ich waren immer um sie herum, und wir kicherten, als sie mit ihren ersten Nylonstrümpfen und Strumpfbandhaltern kämpfte. Wir lachten, als sie versuchte, ihre Teeny-Brüste in ihren ersten BH zu stecken. Es war nicht einfach mit mir als Zimmergenossin. Unser Zimmer war immer in Unordnung, weil ich unentwegt Papierpuppen und dazu passende Papierkleider bastelte. Überall verstreut lagen kleine Papierschnipsel und Klebstoff. Meine Puppen und ihr Zubehör stapelten sich in den Ecken. In meiner Phantasie waren diese Puppen immer Krankenschwestern, die sich um jeden kümmerten. Ich stellte es mir herrlich vor, Krankenschwester zu sein.

Ich verwandelte unser Zimmer in eine Serie aus kleinen Bastionen: Überall waren Decken, die über Orangenkisten gelegt waren oder von der Zimmerdecke hingen. Es waren kleine, sichere, abgeschlossene Plätze, in die man hineinkriechen konnte, um sich von Dad fernzuhalten. Ich mochte nicht in seiner Nähe sein, wenn Mom nicht zu Hause war. Ich fürchtete mich vor ihm, wenn er getrunken hatte. Aber auch wenn er nicht betrunken war, hatte er meist schlechte Laune, und auch das machte mir Angst. Er kam nicht gerne in ein leeres Haus zurück. Der Gedanke, daß das Geld, das er nach Hause brachte, nicht ausreichte, um die Schule und die Arztrechnungen für Maureen zu bezahlen, fuchste ihn. Das war Grund genug für ihn, sich ein Bier zu nehmen und dann noch eins und noch eins.

Ich vermißte Mom. Sie war meine beste Freundin. Bald würde ich in die erste Klasse gehen und auch den ganzen Tag etwas zu tun haben. Jetzt, wo Mom nicht mehr zu Hause war, sah das Haus nicht mehr so schön aus. Die schmutzige Wäsche stapelte sich bis zum Samstag, und es gab oft Reste zum Mittagessen.

»Was zum Teufel soll dieser ganze Kram da im Kühlschrank?« brüllte Dad. Es waren kleine Teller mit übriggebliebenen Kartoffeln, Salat und Gemüse. Er war wahrscheinlich frustriert. So hatte er sich sein Leben nicht vorgestellt. Auch Mom hatte es sich nicht so vorgestellt. Sie wollte nicht wieder arbeiten gehen. Sie hatte es genossen, sich um das Haus zu kümmern, ein Nest zu bauen und eine gute Mutter zu sein. Aber die Arbeit war jetzt zur unausweichlichen Notwendigkeit geworden. Ohne sie würden sie vorne und hinten nicht zurechtkommen. Irgendwie war alles dabei, Dad aus der Hand zu gleiten, und er war frustriert.

Er begann, es an uns auszulassen. Danny war »ein Dummkopf«, sagte er zum Beispiel häufig. Natürlich war Danny nicht dumm, aber Dads Krankheit nahm immer schlimmere und aggressivere Ausmaße an. Und seine »Stinklaune« war eben ein Teil dieser Krankheit. Vielleicht waren es in seinem benebelten Kopf die Kinder, die einen Keil zwischen ihn und seine Frau getrieben hatten. Je mehr Dad trank, desto mehr vertiefte sich Mom in ihre Kinder, ihre Kirche und ihre Arbeit. Sie suchte sich Freundinnen, mit denen sie die Freizeit verbrachte. Sie spielte Bridge, arbeitete für die Kirche oder ging zu Wohltätigkeitsbasaren. Es machte ihr keinen Spaß mehr, mit Dad auszugehen. Er hatte jetzt kein Interesse mehr am Tanzen. Statt dessen ging er immer stracks auf die Bar zu und betrank sich bis zur Besinnungslosigkeit. Dann fluchte er herum, machte anzügliche Bemerkungen und brachte sie so in Verlegenheit. Oft kam sie allein nach Hause.

Dad hatte den Hang, Maureen und mich gegeneinander auszuspielen. Maureen war eine große Sportlerin, und so sagte er mir: »Du kriegst doch nicht einmal die Beine richtig hintereinander bei einem Wettlauf.«

Maureen und Danny hatten in der Schule keine guten Zensuren. Sie konnten sich nicht richtig konzentrieren. Dad hielt ihnen vor, sie seien dumm, »Riesendummköpfe«. »Suzanne, die ist schlau«, sagte er dann. Er wollte, daß etwas Gutes aus seinen Kindern würde und versuchte sie durch Erniedrigung anzuspornen. Maureen kam gerade in die Pubertät. Sie war dürr und flachbrüstig und hatte Asthma. Sie brauchte ermutigende Worte, keine erniedrigenden. Alles, was sie wollte in ihrem jungen Leben, war, es Dad recht zu machen. Welcher bessere Weg hätte sich da angeboten, als im Sport gut zu sein. Sie war eine Kanone auf der Position des dritten Baseman. Sie nahm ihren Baseballhandschuh überall hin mit und konnte den Ball weiter werfen als Danny, ein Umstand, den Dad ihn nie vergessen ließ. In der achten Klasse wurde Maureen aufgefordert, dem Frauenteam in Salinas beizutreten.

»Um Himmels willen, du willst doch nicht im Ernst mit diesen Lesben Baseball spielen«, war Dads Reaktion.

Maureen war völlig perplex. Es war eine Ehre, in diesem Team zu spielen. Sie hatte gedacht, Dad wäre stolz auf sie. Sie war völlig verwirrt. Nichts war Dad gut genug.

Maureen bewunderte Dad. Aber er war ihr manchmal auch peinlich. Einmal, so erinnert sie sich, saß sie auf der Veranda und sah Dad beim Rasenmähen zu. Einige seiner Freunde kamen vorbeigefahren. »Wie geht's, Ducky«, riefen sie ihm zu.

»Ach, es ist heute kälter als eine Hexentitte in einem Messingbüstenhalter«, brüllte er zurück.

Das gehörte zu seinem Humor, aber Maureen hätte sich gewünscht, er würde nicht so reden. Es war so peinlich. Dennoch war sie, wenn Mom und Dad sich stritten, immer auf Mom sauer. Sie glaubte, daß Dad, wenn Mom nicht so böse mit ihm würde, aufhören würde zu trinken. Einmal schrieb sie ihr einen Brief, in dem es hieß: »Mutter, wenn Du und Dad Euch scheiden laßt, bleibe ich bei Dad!« Sie dachte, sie könnte Mom manipulieren, damit sie nicht mehr miteinander stritten. Sie versuchte, Dad mehr zu gefallen als Mom. Wir alle verhielten uns im Grunde wie sie. Er brachte jeden von uns dazu, sein Liebling sein zu wollen, auch Mom. Was auch immer er von uns dachte, das waren wir auch. An einem Tag waren wir klug, am nächsten dumm. Mal waren wir clever, dann wieder völlig unnütz. Dad war unser Barometer. Ohne seine Anerkennung waren wir nichts.

Danny, ohnehin schon sehr zurückhaltend und unsicher, konnte so leicht dazu gebracht werden zu glauben, er sei tatsächlich ein »Riesentrottel«. Er glaubte auch so schon, nicht der gewitzteste zu sein. Dad bestätigte ihm das auch noch ausdrücklich, und Danny glaubte ihm.

Zu unserem Unglück begriffen wir damals noch nicht, daß Dad ein Alkoholiker war. Was er auch sagte, es war das direkte Gegenteil von dem, was er wirklich glaubte. In Wirklichkeit liebte er uns alle. Er brauchte unsere Liebe und unseren Respekt. Er hatte Angst davor, uns zu verlieren, deshalb hielt er uns unter Kontrolle. Aber die Krankheit zwang uns (einschließlich Mom), Abstand von ihm zu nehmen. Sie verwirrte und verunsicherte uns. Ich liebte ihn. Ich hatte ihn gern. Ich haßte ihn. Ich hatte Angst vor ihm. Niemand von uns begriff, daß die Krankheit die ganze Familie befallen hatte. Wir alle waren abhängig von dem Alkoholabhängigen. Wenn er glücklich und guter Laune war, waren auch wir glücklich. Wenn er aufgebracht war, waren auch wir es. Wir alle waren zu Co-Abhängigen geworden. Ich war jetzt fünf Jahre alt, eine Co-Abhängige, und wußte nicht einmal, was ein Abhängiger ist.

Als ich in die Schule kam, hatte ich regelmäßig Alpträume. Ich träumte jede Nacht von Schlangen. Ich war sicher, daß sie da waren. Ich schrie im Schlaf nach meinem Daddy. »Sie sind hier im Zimmer«, flehte ich Dad an.

»Schlaf jetzt endlich«, brüllte er aus seinem Schlafzimmer.

»Die kriechen mir in den Mund«, weinte ich.

»Na dann mach ihn eben zu«, war seine schroffe Antwort.

Schlangen hatten für mich etwas Furchterregendes und Unberechenbares. Man wußte nie, wann sie zuschlagen würden – genau wie bei Dad. Und dennoch rief ich in der Nacht nach meinem Dad.

Dads Leben war aus dem Gleichgewicht geraten. Zu viel Arbeit, zu wenig Spiel. Er war ausgelaugt, aber der Gedanke, seinen zweiten Job oder die gelegentlichen Arbeiten am Samstag aufzugeben, war ihm ein Greuel. Er brauchte einen Sündenbock für seine Probleme und fand einen: Sein Boß war »ein Arschloch, ein verdammter Hurensohn«. Der Haß hatte begonnen. Er fing an, jeden zu hassen, dem es besser ging als ihm. Er haßte jeden Mann, der größer war als er. Seine Trinkerei wurde immer schlimmer. Die Leute in der Nachbarschaft sahen ihn immer öfter betrunken von der Arbeit nach Hause kommen. Als ihm das bewußt wurde, haßte er sie. Er blieb regelmäßig bis zwei Uhr morgens fort und kam dann voller Haß und Wut nach Hause. Meine Mutter sei »eine lausige Hausfrau«, sagte er, und dann machte er das Licht an und begann sauberzumachen. Er warf mit den Sachen durch die Wohnung, Geschirr ging zu Bruch, Türen knallten. Er stolperte, stürzte und fluchte. Es war ein furchterregender Lärm. Ich lag in meinem Zimmer und zitterte. Ich machte ins Bett, wachte ganz durchnäßt und klamm auf und traute mich nicht aufzustehen, weil ich Angst hatte, daß er mich sehen könnte. Die Krankheit zerfraß ihn. Er haßte sich selbst und uns, und wir haßten ihn.

Als Maureen auf die Highschool kam, waren Tippi Hedren und Grace Kelly ihre großen Idole. Sie fand sie schön und glanzvoll und wünschte, sie selbst wäre wie sie. Bei jedem wünschte sie, so zu sein wie er; nur sich selbst konnte sie nicht annehmen. Sie fand sich häßlich und dumm. Ihre Brüste waren noch nicht richtig entwickelt, sie war das einzige Mädchen in der

Klasse, das noch ein Unterhemd trug, und das gab ihr das Gefühl einer noch stärkeren Isolation. Ihr einziger Weg zu Beliebtheit und Anerkennung war der Sport. Hier zeigte sie sich so begabt, daß die Jungs ihr sogar erlaubten, mit ihnen Baseball zu spielen. Schon bald war sie einer der ihren. Aber im Sommer ihres vorletzten Studienjahres nahm ihr Busen doch eine ziemliche Größe an. Die Jungs sahen sie ganz anders an. Bill Gilmartin sah sie sich genau an und entschied, sie wäre das richtige Mädchen für ihn. Sie fingen an, fest miteinander zu gehen. Bill war Maureens erster Freund, und er sollte der einzige Mann in ihrem Leben werden.

Wir hatten alle Probleme, uns im Unterricht zu konzentrieren. Maureen war eine Träumerin und Danny ebenso. Aber selbst in seinen Träumen wußte Danny, daß ihm nichts gelingen würde. Er hatte die Hoffnung bereits aufgegeben. Maureen hingegen versuchte verbissen, jemand zu sein, der sie nicht war. Der Alkoholismus zu Hause hatte unser Selbstwertgefühl angegriffen. Wir hörten auf, an uns selbst zu glauben.

Maureen war ein »gutes Mädchen« und wollte nichts mit Sex zu tun haben. Sie mochte Elvis Presley nicht. Sie hielt ihn für unmoralisch und hatte das Gefühl, daß ein »gutes Mädchen« ihm »bei diesem Hüftgekreise« nicht zusehen sollte. Sie wünschte sich, Dad würde mit dem Trinken aufhören, und weil er so unberechenbar war, verbrachte sie mehr und mehr Zeit bei ihren Freunden in Burlingham, dreißig Meilen entfernt von zu Hause. Sie konnte sich dann vormachen, daß Dad so war wie in ihrer Phantasie: verläßlich, liebenswürdig, lustig und begabt, der Mann, der er früher einmal war.

Ich hatte das Gefühl, nicht so richtig in die Schule zu passen. Ich wußte nicht warum, aber ich hatte den Eindruck, alle seien besser als ich. Ich wollte mithalten und dazugehören, aber ich hatte immer das Gefühl hinterherzuhinken. Für meinen Bruder und meine Schwester war ich zu jung, mein Vater machte mir Angst, und meine Mutter war die meiste Zeit über mit anderen Dingen beschäftigt.

Meine ersten Jahre in der Grammar School waren sehr einsam. Ich machte jede Nacht ins Bett und lutschte zudem am Daumen, bis sich ein dicker Rand oberhalb des Knöchels bildete. Ich zog mich immer mehr in meine kleinen Bastionen zurück – in meine Zimmerecke, meinen Wandschrank – in all die kleinen sicheren Plätze, in denen ich meine Phantasien über das Leben, wie ich es gerne gehabt hätte, ausspinnen konnte. Ich bekam eine Katze, Mitzi, und verbrachte Stunden damit, mit ihr zu reden und zu schmusen. Sie wurde meine Freundin, meine Verbündete. Sie verstand mich. Ich sehnte mich nach Zuwendung und Aufmerksamkeit. Ich machte die skandalösesten Dinge, um sie zu bekommen. Jeden Morgen während des Treueschwurs auf dem Schulhof suchte ich Augenkontakt zu Danny und versuchte alles mögliche, um ihn und seine Freunde zum Lachen zu bringen, machte etwa obzöne Gesten, die ich bei den älteren Jungs abgeguckt hatte. Danny platzte dann los, und ich bekam Ärger mit den Nonnen. Ich hatte eigentlich keine Schwierigkeiten mit dem Lernen.

Wirkliches Interesse entwickelte ich allerdings nur für das Singen. Ich wollte lieber meinen Phantasien nachgehen. Ich träumte, ich würde eines Tages mit den Russen reden und ihnen sagen, daß unsere Staaten nicht gegeneinander kämpfen sollten, und sie würden sagen: »Das ist eine gute Idee«, und ich hatte die Welt gerettet. Ich belog meine Freunde und erzählte ihnen, mein Dad sei sehr streng; in Wahrheit wußte er meistens nicht einmal, wo ich war oder was ich gerade machte. Es war ihm einfach egal. Sein Leben bestand jetzt nur noch aus Alkohol. Er trank, und Mom regte sich darüber auf. So ging das Nacht für Nacht.

Mit dreizehn fand Danny schließlich doch noch einen Weg, sich als etwas Besonderes zu fühlen. Die Mädchen fanden ihn alle süß. Er hätte gerne mit ihnen geschmust, und es gab genug Mädchen, die sich ihm angeboten hätten. Aber er war zu schüchtern und wußte nicht, wie er es anfangen sollte. Er entdeckte schließlich, daß er viel mutiger war, wenn er ein oder zwei Flaschen Bier aus Dads Vorräten trank. Sein erstes richtiges Besäufnis fand im Park mit seinem Freund Mike statt. Sie besorgten sich einen Kasten Bier und eine Tüte voll Doughnuts, und dann tranken und aßen sie, bis sie sich beide übergeben mußten. Mom und Dad haben das nie rausgekriegt, sie glaubten, er hätte eine Grippe.

»Warum hast du Dad überhaupt geheiratet?« fragte ich meine Mutter einmal verwundert.

»Es machte so viel Spaß mit ihm, und er war so ein guter Tänzer. Er war einfach lustig«, sagte sie traurig.

Ich wußte, was sie meinte. Aber leider bekam ich diesen Mann fast nie zu Gesicht. Er hatte jetzt drei Hauptzustände: nüchtern, beschwipst und volltrunken.

Wenn er nüchtern war, war er unerträglich, mißgelaunt und aggressiv. Alles regte ihn auf. »Nur ein bißchen beschwipst« war mein Lieblingszustand. Er war dann fast normal, und ich mochte ihn so, d. h. nach etwa zwei Bieren, am liebsten. Er war lustig, war nicht aggressiv. Er hielt mich für klug und fand mich süß, was er mir dann auch ständig sagte. Jeder mochte ihn, wenn er so war, obwohl alle wußten, daß diese Laune nur etwa eine Stunde anhalten würde. Wenn er weiter trank, würde er richtig betrunken werden – und wir wußten nie, was für eine Laune er dann haben würde.

Die Volltrunkenheit nahm bei ihm zwei Formen an: die sentimentale »Liebst-du-mich-Mommy«-Stimmung oder die gemeine, aggressiv-wütende »Du-Wichser«-Laune.

Schon in diesem frühen Stadium war Mom erschüttert darüber, was aus ihrem Leben geworden war. So hatte sie sich ihre Ehe nicht vorgestellt. In ihren Träumen hatte sie sich immer ein Märchen ausgemalt: den perfekten Ehemann, die perfekte Familie, glückliche Kinder. Die Wirklichkeit aber hatte ihr einen unperfekten Ehemann, eine kaputte Familie und verwirrte, unsichere Kinder beschert. Sie war auf ein Leben voller Gewalt, Angst und Scham nicht vorbereitet. Mom tat mir so leid. Sie war eine Gefangene; gefangen zwischen ihren Träumen und ihrem Unglück. Sie wußte nicht mehr, an wen sie sich wenden sollte. Sie glaubte an die katholische Kirche, aber die Kirche ließ eine Scheidung nicht zu. Das Leben bestand aus Opfern, die einem den Himmel eröffnen sollten. Und die Meinung der Kirche war unfehlbar. Was sie sagte, war richtig und durfte nicht hinterfragt werden. Akzeptiert, was wir euch sagen! Habt Vertrauen! Vertraut auf Gott, daß alles sich zum Guten wenden werde. Meine Mutter hatte vollstes Vertrauen. Ich kenne niemanden, der Gott näher gewesen wäre. Sie glaubt fest daran, daß Gebete helfen, aber irgendwie hatte sie Gott wohl nie darum gebeten, auch ihr selbst zu helfen.

Alle lieben meine Mutter. Ihre Güte strömt von ihr aus wie ein Licht. Manchmal scheint sie ein Leuchten zu umgeben. Was ihre Religion betrifft, ist sie schüchtern und zurückhaltend. Es ist eine sehr intime und private Angelegenheit für sie. Sie ist von Natur aus sanft und gütig. Sie ist bescheiden und hat wohl noch nie schlecht von jemandem gedacht.

Was die Abende zu Hause mit der Zeit aus meiner Mutter machten, paßte so gar nicht zu ihrem Charakter. Sie war ohne jede Gewalt großgeworden. Sie und

Dad waren völlig unvereinbare Gegensätze, aber meine Mutter hatte bei der Eheschließung ein Versprechen abgegeben: »In guten und in schlechten Tagen, bis daß der Tod euch scheidet!« Auch das machte eine Scheidung für sie unmöglich. Sie mußte alles tun, was in ihrer Macht stand, um »die Familie zusammenzuhalten«. Sie würde zu ihrer Familie stehen. Sie würde versuchen, ihren Kindern trotz allem ein normales Leben zu ermöglichen.

Mutter fühlte sich schuldig, sie hatte die Befürchtung, daß sie in irgendeiner Weise für den Zustand ihres Mannes die Verantwortung tragen könnte. Sie fühlte sich schuldig, weil sie ihre Kinder in ein solches Leben gesetzt hatte. Als Alkoholiker-Ehefrau hatte ihr Selbstwertgefühl damals schon sehr gelitten. Sie glaubte, für das Alkoholproblem ihres Mannes verantwortlich zu sein und hatte deswegen auch nicht das Recht, mehr vom Leben erwarten zu dürfen. Sie betete zu Gott, er möge ihrem Mann helfen, aber für sich selbst betete sie nie.

So weit war es mit uns also gekommen. Die Träume meiner Eltern verblaßten allmählich. Ihre Ehe war schon lange nicht mehr ideal. Und wir Kinder litten unter emotionalen Schädigungen, ohne daß jemand die Symptome zu deuten verstanden hätte. Wir alle wollten, daß Dad das Trinken aufgab, wir begriffen nicht, daß es auch uns bereits veränderte.

3

Ich schreckte aus dem Schlaf hoch. Ich wußte nicht, wo ich war. Dann bemerkte ich, daß die ganze Klasse über mich lachte. Schwester Cecilie beugte sich über meinen Tisch. »Miss Mahoney, wie heißt die Hauptstadt von Montana?« Ich konnte nicht nachdenken. Wie lange hatte ich bloß geschlafen? »Vielleicht sollten wir einmal mit dem Rektor darüber sprechen, warum du im Unterricht nicht wach bleiben kannst. Sorgen deine Eltern nicht dafür, daß du zeitig ins Bett kommst?« fragte sie. Wenn sie doch nur die Wahrheit wüßte.

Ich war noch von der Nacht zuvor so müde, aber ich konnte es ihr nicht sagen. Es war mein Geheimnis. Ich konnte niemanden in mein Geheimnis einweihen. Wie hätte ich ihr denn beibringen sollen, daß wir die ganze Nacht aufgeblieben waren, schreiend, keifend, prügelnd? Wie hätte ich ihr erklären sollen, daß ich mich erst um fünf Uhr morgens in den Schlaf geweint hatte? Wie ihr vermitteln, was für ein nervliches Wrack ich war? Wie hätte ich ihr denn erklären sollen, daß es zu meinem ganz normalen Leben gehörte, daß für mich die meisten Nächte so abliefen?

Keiner der Lehrer hat mich je gefragt, ob irgend etwas nicht stimmte. Sie nahmen einfach an, ich gehörte zu den faulen Schülern. Ich bin mir nicht einmal sicher, was ich geantwortet hätte, hätten sie mich gefragt. Ich war mit meinen neun Jahren schon daran gewöhnt, die Tatsachen zu verheimlichen, so zu tun, als sei das Innere unseres Hauses so schön und harmonisch wie sein Äußeres. Ein Haus mit einem so gepflegten Vorgarten muß eine intakte Familie beherbergen. Wie hätte ich irgend jemandem erzählen können: »Ich weiß nicht, was normal ist. Ich gehe jeden Abend pünktlich ins Bett, aber Nacht für Nacht lassen mich der Lärm und die Gewalttätigkeiten meines betrunkenen Vaters aus dem Schlaf hochschrecken. Ich verstekke mich fast jede Nacht in meinem Wandschrank. Ich weiß nie, was passieren wird. Ich habe Angst. Ich bin traurig, und ich brauche Hilfe.«

»Es tut mir leid«, sagte ich. »Ich werde ab jetzt bestimmt früher ins Bett gehen.« Ich kam mir im Unterricht immer so dumm vor. Aber ich brachte meine sogenannte Dummheit nie mit dem Alkoholismus in Verbindung. Statt dessen gab ich mir selbst die Schuld. Ich hatte große Schwierigkeiten, mich zu konzentrieren. Ich versuchte, meine Hausaufgaben ordentlich zu machen, aber ich konnte einfach nicht nachdenken. Ich träumte viel und überließ mich meinen Phantasien. Ich träumte, daß ich ein großer Star auf dem Broadway wäre, und meine Mutter säße in der ersten Reihe und wäre sehr stolz auf mich und unwahrscheinlich glücklich. Oder ich malte mir aus, wie Debbie Reynolds und Eddie Fisher eine Autopanne hätten und zu uns kämen, um unser Telefon zu benutzen. Und wie wir sie dann zum Abendessen einluden, und sie uns ganz hinreißend fänden (besonders mich), und wie mein Dad lustig wäre und allen Freude bereitete, »die Stimmungskanone einer jeden Party«.

Um drei Uhr ertönte die Schulglocke. Die Schule war aus. Gott sei Dank. Anstatt für mich zu einem Zufluchtsort zu werden, an dem ich dem Trauma meines Lebens zu Hause hätte entkommen können, wurde die Schule nur noch ein zusätzliches Gefängnis. Ich war dumm und unsicher in der Schule. Zu Hause versteckte ich mich vor meinem Dad, und in der Schule versteckte ich mich vor meiner Lehrerin. Ich versuchte, mich immer in die hinterste Reihe zu setzen, um so dem Blick von Schwester Cecile zu entgehen. Ich hatte panische Angst, wenn sie meinen Namen aufrief. Ich paßte im Unterricht nie richtig auf. Die Kinder in meiner Klasse lachten mich aus. Ich war nicht gerade schlau, und zudem war ich sehr dünn. »Die knochige Mahoney«, so nannten sie mich. Ich hatte große blaue Augen, lange Augenwimpern und schulterlanges dunkelblondes Haar, das meine Mutter zu einem Pagenkopf kämmte. Sie sagte, ich hätte schönes Haar, »so voll und glänzend«. Ich trug einen Gürtel, damit der Rock meiner Schuluniform mir nicht von den Hüften glitt.

Ich war bei meinen Schulkameraden nicht sehr beliebt. Sandy war meine einzige Freundin. Sie schien mich zu verstehen, und als sie meinen Dad einmal betrunken sah, stellte sie keine Fragen. Trotzdem vermied ich es, sie allzu oft nach Hause mitzunehmen. Auch ihr Dad trank, aber bei weitem nicht so viel wie meiner. Sandy und ich sahen uns ähnlich, wir waren beide blond, klein und mager. Wir waren die besten Freundinnen. Wir wohnten eine halbe Stunde voneinander entfernt und konnten deshalb nicht jeden Tag miteinander spielen, aber in der Schule hingen wir ständig zusammen. Manchmal übernachtete ich am Wochenende bei ihr, aber wegen meiner Angst, ins Bett zu machen, wollte ich oft nicht. Wenn ich doch bei ihr übernachtete, schlief ich meistens sehr schlecht. Ich versuchte, wach zu bleiben, um sicherzugehen, daß ich nicht ins Bett pinkelte, aber nach einigen Stunden angestrengtesten Bemühens war ich dann so erschöpft, daß ich in einen tiefen Schlaf fiel. Und dann ließ meine Blase es laufen. Es war mir am nächsten Morgen so schrecklich peinlich. Ich wollte nicht, daß Sandy davon erfuhr, aber es gab keine Möglichkeit, es zu verheimlichen.

Eines Nachmittags kam ich von der Schule nach Hause gestürzt und stieg in meine Alltagssachen. Ich griff mir meine Rollschuhe und ging nach draußen zum Spielen. Meine Nachbarn, Jannie und Johnnie, fuhren auf dem Gehweg vor unserem Haus Rollschuh, und so spielte ich mit ihnen. Wir banden uns unsere Pullover um die Hüften, hielten uns aneinander fest und bildeten auf unseren Rollschuhen eine Kette. Es machte riesigen Spaß, obwohl ich nicht gerne am Ende der Kette fuhr; es war mir zu schnell und zu unsicher dort. Gegen fünf Uhr sah ich unseren grünen Chevy die Cypress Avenue herunterkommen. Ich hoffte, Jannie und Johnnie würden meinen Dad nicht bemerken.

Und ich hoffte, daß er nicht wieder betrunken wäre. Ich war sehr nervös. Als das Auto näherkam, konnte ich erkennen, daß es unsicher den Berg herunterschlingerte. Dad bog links in die Crystal Springs Road ein, wobei er zwei Gehsteigecken überfuhr. Einen Moment lang glaubte ich, er würde auf der Kreuzung einen kompletten Kreis fahren, aber im letzten Moment riß er das Lenkrad herum und fuhr links in die Crystal Springs Road. Er fuhr wieder links in unsere Auffahrt, streifte mit der Seite des Wagens erst die Eiche und dann unseren Palisadenzaun. Er fuhr den Wagen nicht in die Garage. Statt dessen rollte er sich auf den Beifahrersitz. Er konnte auf seiner Seite nicht aussteigen, da der Zaun die Fahrertür versperrte. Schließlich stolperte er auf das Gartentor zu. Das Tor klemmte auf dem Betonboden. Man mußte es anheben, um es zu öffnen. So betrunken, wie Dad war, vergaß er es und lehnte sich über den Zaun, um von innen den Riegel zu öffnen. Dabei verlor er das Gleichgewicht und fiel vornüber auf das Tor. Da hing er nun wie aufgespießt auf den Zaunlatten und wedelte betrunken mit Armen und Beinen. Ich wäre am liebsten im Boden versunken. Jannie, Johnnie und ich taten, als hätten wir nichts bemerkt. Nervös und hektisch schlug ich vor, das Rollschuhfahren oben auf dem Berg fortzusetzen. Eine Stunde später war es dunkel. Wenn ich nicht nach Hause ginge, würde meine Mutter sich Sorgen machen.

Als ich schließlich widerwillig durch die Hintertür ins Haus kam, wußte ich, daß nichts Gutes in der Luft lag. Das Abendessen war nicht fertig, der Tisch war nicht gedeckt. Niemand war zu sehen.

Dann hörte ich meine Mutter keifen: »Wie ich das hier alles hasse. Ich halte das nicht mehr aus! Ich lasse mich von dir scheiden!«

Nein, bitte keine Scheidung, dachte ich. So schlimm

ist er nicht. Schon der Gedanke an eine Scheidung war damals schrecklich. Ich kannte niemanden, dessen Eltern geschieden waren. Wovon sollten wir leben? Ich hatte panische Angst. Was würde aus unserer Familie werden?

Ich hörte, wie mein Dad lachte. »Du verläßt mich nicht, Mommy«, sagte er betrunken. Er hatte recht. »Mommy« drohte oft mit der Scheidung, aber sie machte nie ernst damit.

Ich stürzte in ihr Zimmer. »Bitte, bitte, laß dich nicht scheiden, Mommy. Ich liebe Daddy. Ich will, daß wir alle zusammen bleiben. Bitte!« Ich fing an zu weinen.

Dad rief mich zu sich. Er war betrunken, aber er war in einer seiner sentimentalen, rührseligen Stimmungen. Er war wahrscheinlich erschöpft. Wir alle waren erschöpft, und unsere Nerven lagen blank.

»Mommy will mich verlassen. Willst du, daß sie mich verläßt? Hä, Suzanne? Ich liebe Mommy doch«, sagte er. »Ist Mommy nicht großartig?« Dad liebte Mutter sehr, und er sagte es ständig, wenn er betrunken war. In seinen Augen war sie eine Heilige. Ich bin mir ganz sicher, daß er tief im Inneren panische Angst davor hatte, daß sie ihn verlassen könnte.

»Aber sicher. Du hast nur eine sehr eigentümliche Art, deine Liebe zu zeigen«, sagte meine Mutter geladen.

»Sprich nicht so mit ihm, Mommy.« Ich hatte Angst, daß sie sich wirklich trennen würden. Ich wollte nur, daß alles nett und friedlich würde, daß wir eine glückliche Familie wären.

»Der bringt mich noch zum Wahnsinn. Ich wünsche mir nichts mehr, als für immer von hier wegzukommen!« schrie meine Mutter.

»Nein, nein – bitte verlaß ihn nicht«, weinte ich. »Ich will auch ganz lieb sein. Ich werde nie wieder etwas falsch machen. Nur, bitte, bleibt zusammen.«

Mein Vater zündete sich eine Zigarette an, nahm einen Schluck aus seiner Bierflasche und brummte vor sich hin. Er schlief fast schon. Mom und ich gingen in die Küche. Ich deckte den Tisch und machte die Salatsoße. Mom machte Hamburger, sie war ganz in ihre Gedanken vertieft. Danny und Maureen kamen nach Hause. Wir setzten uns hin, um zu Abend zu essen.

Plötzlich hörten wir, wie Dad im Schlafzimmer brüllte: »Oh, Scheiße, Mist!«

Wir stürzten ins Schlafzimmer. Dad war mit brennender Zigarette eingeschlafen und hatte so ein kleines Feuer entfacht. Er hatte sich den Finger verbrannt, und die Matratze qualmte. Dad schüttete den Rest seines Bieres in das qualmende Loch, das im Bett entstanden war. Ein widerlicher Geruch von Bier und Qualm erfüllte den Raum.

»Da siehst du, was du anstellst!« schrie Mom hysterisch. »Ich halte es nicht mehr aus! Ich kann es nicht mehr ertragen! Packt eure Sachen, alle. Wir ziehen aus. Sofort!« Wir hatten sie noch nie so gesehen, und wir wußten, daß sie es ernst meinte. Ich griff mir meine Uniform und meinen Pyjama und stieg ins Auto. Maureen und Danny setzten sich auf den Rücksitz.

»Wohin fahren wir?« fragte ich.

»In ein Motel, bis ich weiß, wie es weitergehen soll«, sagte meine Mutter. Sie zitterte am ganzen Leib.

Ich hatte Angst und war traurig. Wir wären die erste geschiedene Familie in San Bruno. Wir fuhren zum El Rancho Motel. Der Portier bat meine Mutter um ihre Kreditkarte.

»Ich habe keine Kreditkarten«, sagte sie müde.

»Es tut mir leid, Madam. Ich kann Ihnen ohne Kreditkarte kein Zimmer geben.«

Mutter fühlte sich hilflos. Jetzt hatte sie endlich einmal versucht auszubrechen, hatte ihren ganzen Mut zusammengerafft, um ihre sterbende Familie zu retten, und nun wurde sie daran gehindert. Sie kam finanziell einfach nicht allein zurecht.

Wir stiegen wieder ins Auto. Meine Mutter saß einfach da, vor dem Steuerrad und weinte. Es war neun Uhr. Es blieb uns nichts anderes übrig, als wieder nach Hause zu fahren.

Dad lag auf dem Bett und redete im Schlaf. Das übliche »Du-Wichser!-Du-Arschloch«-Gebrabbel. Mom legte sich zu mir aufs Bett, und wir fielen sofort in einen tiefen Schlaf.

Um sechs Uhr morgens flog unsere Zimmertür mit lautem Getöse auf. »Morgenstund hat Gold im Mund«, brüllte Dad kampfeslüstern aus voller Kehle. Er knipste das Deckenlicht an. »Raus aus den Betten, ihr faulen Säcke.« Er war in der üblichen miesen Laune, die er immer hatte, wenn er wieder halb nüchtern geworden war. Er war beleidigt und verletzt, weil er allein geschlafen hatte. »Gott, wie süß«, sagte er. »Alle Mädchen in einem Zimmer. Und da ist auch Mommy mit ihrem kleinen Liebling.«

Ich konnte mich nicht rühren, weil ich das Bett naß gemacht hatte und nicht wollte, daß er es merkte. Dad liebte es, mich wegen des Bettnässens aufzuziehen. Mom stand auf. Sie verlor kein Wort darüber, daß ich sie ganz naß gemacht hatte.

Wie an jedem Tag ging Mom auch an diesem Morgen zur Kirche. Die Messe vor der Arbeit gehörte zu ihrer täglichen Routine. Sie betete immer darum, daß das Leben wieder so würde, wie es einmal gewesen war. Mehr wollte sie ja nicht, nur Liebe und das Lachen, das einst zu ihrem Leben gehört hatte. Sie wollte die Familie erhalten, sie wollte, daß der Schrecken und die Angst aus den Augen ihrer Kinder verschwanden. Sie wußte keinen anderen Ort, an den sie sich hätte wenden können. Sie betete, daß Gott ihre Bitten erhörte.

4

An Wochenenden trank Dad nicht soviel. Er hatte strenge Vorstellungen, was den Umgang mit Geld betraf. Jeden Mittwoch brachte er die gesamte Lohntüte nach Hause. Er gehörte nicht zu der Art Trinker, die das Geld der Familie für Alkohol ausgibt. Er zog es vor, in der Brauerei zu arbeiten, wo er soviel trinken konnte, wie er wollte, ohne auch nur einen Penny zu zahlen. Er packte seinen Lunchkoffer regelmäßig mit Bierflaschen voll, und im Laufe der Zeit sammelte sich so eine beträchtliche Menge Alkohol in der Garage an.

Jeden Samstagmorgen entwickelte sich Dad zum soliden Familienvater und erteilte uns seine Anweisungen. *Niemand verläßt das Haus, bevor nicht alles erledigt ist.* Danny half ihm im Garten mit dem Rasen. Jeder, der vorüberkam, schwärmte von diesem gutgepflegten Rasen. Dad wurde an Samstagen zum regelrechten Perfektionisten. Wenn irgendeine Hausarbeit nicht perfekt erledigt wurde, mußten wir sie noch einmal ganz von vorn machen. Er hatte meistens auch einen beträchtlichen Kater und zitterte, seine Geduld war dann gleich Null. Schon die kleinste Sache ließ ihn in die Luft gehen. Wenn wir nicht wie verrückt arbeiteten, brüllte er uns an. Und sein Brüllen war wirklich beängstigend. Es konnte mich buchstäblich vor Schreck in die Luft springen lassen.

Ich hatte große Angst vor ihm. Ich arbeitete meistens mit meiner Mutter zusammen. Wir saugten Staub und rückten die Möbel beiseite, damit auch wirklich alles sauber wurde. Mir machte das Spaß. Ich liebte meine Mutter so sehr und konnte mir niemanden vorstellen, mit dem ich lieber zusammengewesen wäre. Maureen bügelte meistens. Sie ging völlig darin auf und erledigte ihre Arbeit meisterlich.

Trinker sind entweder unselbständig und abhängig oder sie schikanieren einen. Dad war ein Tyrann. Ich weiß nicht, wovor wir uns damals fürchteten. Aber, wie ich schon gesagt habe, als Co-Alkoholiker waren wir von ihm und seiner Abhängigkeit beherrscht. Wir wären nie auf den Gedanken gekommen, ihm zu sagen: »Halt den Mund!« oder »Für wen hältst du dich eigentlich, daß du so mit uns umspringst?« Unser Selbstbewußtsein war so gering, daß wir tatsächlich glaubten, wir hätten uns seine Grobheiten selbst zuzuschreiben. Er verhielt sich schon lange nicht mehr so, daß wir ihm mit Respekt hätten begegnen können. Aber in seiner Funktion als Familienvater und Hausherr nötigte er ihn uns dennoch ab.

Gegen Mittag ging Dad dann in die Garage, um sich etwas auszuruhen und ein Bier zu trinken. Nach zwei bis drei Bieren änderte sich seine Laune und es konnte richtig lustig sein bei uns. Er scherzte viel mit meiner Mutter. Ich folgte meiner Mutter Schritt auf Tritt, und er sagte dann: »Bleib bloß nicht stehen, Mommy. Suzanne rennt dich sonst noch um.«

Jeder, der diese Familie beobachtete und das kleine, gepflegte Häuschen sah, mußte den Eindruck gewinnen, daß alles in bester Ordnung sei.

Samstagnachmittag gingen Mom und ich in die Stadt. Wir guckten eigentlich mehr herum, aber manchmal kauften wir uns auch etwas. Wir glaubten, daß neue Anziehsachen Dad wütend machen würden, deswegen versteckten wir unsere Einkäufe sorgfältig im Kofferraum, bis sich später eine Gelegenheit ergab, sie heimlich ins Haus zu schmuggeln. Im Grunde haben wir ihm nie die Chance gegeben, uns und unsere Befürchtungen zu widerlegen. Ich kann mich nicht daran erinnern, daß ich einmal zu ihm gegangen wäre und ihm gesagt hätte: »Sieh mal das neue Kleid, das Mommy mir gekauft hat.« Vielleicht wäre er erfreut gewesen, aber wir hatten solche Angst vor ihm, daß wir das Risiko nicht eingehen wollten. Zwei Wochen später, als ich in meinen neuen Sachen herumlief, sprach er mich an: »Wo, zum Teufel, hast du das her?«

»Was, das?« antwortete ich gleichgültig. »Ach, das hab ich schon eine ganze Weile.« Es fiel mir nicht schwer zu lügen. Es gehörte für uns alle zu unserem Leben.

Der Sonntag war der Tag, der am wenigsten Überraschungen für uns barg. Mom, Maureen, Danny und ich gingen morgens in die Kirche. Dad kam nur selten mit. Vielleicht hatte er Schuldgefühle. Wir wuschen uns die Haare, zogen unsere besten Sachen an und waren der Inbegriff der glücklichen Familie.

Nachmittags besuchten wir oft Verwandte. Das war eine gute Entschuldigung für Dad, wieder zu trinken. So gegen drei Uhr begann Mom ihn dann immer zu drängen, nach Hause zu fahren, denn ihr Vater kam regelmäßig zu uns zum Sonntagsdinner. Er haßte es, wenn er beim Trinken mit anderen unterbrochen wurde, besonders wenn sein Schwiegervater der Grund dafür war. So verliefen die Rückfahrt und das Abendessen meistens sehr spannungsgeladen. Die besten Sonntage hatten wir, wenn wir einfach zu Hause blieben. Dad trank dann fast gar nichts. Wir saßen auf der vorderen Veranda und sahen den vorbeifahrenden Autos zu, während Mom das Abendessen zubereitete. Es war meine Aufgabe, den Tisch zu decken. Wir aßen im Eßzimmer, so richtig mit Tischdecke und dem guten Porzellan. Es gab meistens Roastbeef mit Kartoffelpüree und Soße. Mom, Dad und Vater tranken ein bißchen Wein, und niemand verlor mehr ein Wort über das, was sich die Woche über ereignet hatte. Es war bereits so tief vergraben, daß wir es nicht einmal mehr erwähnten.

Aber wir wußten, was der nächste Tag uns bringen würde. Das Muster war nur allzu bekannt. An Montagen war Dad betrunken, aber nicht gewalttätig. Dienstags und mittwochs war er betrunken und aggressiv. Vater kam an diesen Tagen nie zum Abendessen. Am Donnerstag, d. h. einen Tag nach dem Zahltag, war Dad sturzbetrunken und gewalttätig. Er hatte Geld in der Tasche und konnte nun den ganzen Abend an der Bar verbringen und Whisky trinken.

Whisky machte ihn besonders boshaft und ließ ihn spät in der Nacht grölend und angriffslustig nach Hause kommen. Das waren dann die Nächte, in denen Fäuste flogen und Möbelstücke zu Bruch gingen. Die Gewalttätigkeit war erschreckend. Wir verbrachten oft den größten Teil der Nacht damit, uns in unseren Wandschränken zu verstecken.

Auch freitags war Dad meist betrunken, und manchmal übergab er sich dann. Der Körper erträgt eben nur ein bestimmtes Maß an Mißbrauch. Dad fühlte sich dann auch immer häßlich und gemein.

Das war so der typische Ablauf unserer Woche. Aber natürlich gab es in diesem gewöhnlichen Ablauf auch Änderungen. Und genau das war es, was uns so unruhig machte. Genau an dem Samstagabend, für den wir uns etwas vorgenommen hatten, weil er an diesem Tag für gewöhnlich nüchtern war, kam er sturzbetrunken nach Hause. Besondere Ereignisse und Ferien schienen das Schlechteste in Dad zu Tage zu fördern.

Ich war immer voller Erwartung, wenn etwas Großes anstand: »Ich kann Weihnachten gar nicht abwarten«, »Ich freu' mich so auf Ostern« oder »Nächste Woche ist mein Geburtstag«. Aber es wurde schließlich nie so, wie ich es mir ausgemalt hatte. Irgend etwas passierte immer. Seine Trinkerei vermasselte alles. Er konnte einfach nicht widerstehen. Je stärker er es versuchte, um so größer wurde sein Drang.

So ging es Woche für Woche, Jahr für Jahr. Es war unser ganz normaler Alltag, den wir haßten und den wir dennoch akzeptierten, weil wir es nicht anders kannten.

Eines Abends, an einem Dienstag, kam Dad wieder sternhagelvoll nach Hause. Ich kam vom Baseballtraining zurück, und Dad saß mit diesem schrecklich aussehenden Mann, einem Abenteurer und Säufer, im Frühstückszimmer. Der Mann machte mir Angst. Seine Augen hatten etwas Wahnsinniges, seine Haare waren grau, zottig und ungewaschen. Kleidung und Hände waren schmutzig, und er stank. Dad und sein »Freund« tranken Whisky. Ich lief zu meiner Mutter und fragte, wer der Mann sei. Sie war sichtlich erregt. »Irgendein Säufer, den er in einer Bar aufgelesen hat«, sagte sie.

»Bleibt er zum Abendessen?« fragte ich.

»Der Kerl hat Daddy ein paar Ochsenschwänze gegeben. Und ich soll die jetzt für sie kochen.«

»Und? Tust du das?« fragte ich nervös.

»Natürlich nicht. Ich werde keinen Schritt in die Küche tun«, antwortete sie.

Ich war hungrig. Ich wollte mein Abendessen. Ich ging zur Küche, um sie zu belauschen. Sie lachten so heftig, daß nicht einmal mehr ein Laut aus ihrem Mund kam. Dad schien einen seiner besseren Rauschzustände zu haben.

»Daddy«, sagte ich, »Mommy muß jetzt das Abendessen kochen. Vielleicht sollte dein Freund besser nach Hause gehen.«

»Er bleibt«, brüllte er. »Er verbringt die Nacht hier.«

Meine Mutter kam ins Zimmer gestürzt. »Wenn dieser Mann bleibt, gehe ich«, sagte sie. Sie zitterte am ganzen Körper. »Ich mach das nicht länger mit. Es ist schon schlimm genug, daß du uns Abend für Abend mit deiner Sauferei das Leben zur Hölle machst, aber deine asozialen Saufkumpanen kommen mir nicht ins Haus. Und jetzt raus hier. *Sofort!*«

»Den Teufel werden wir tun. Ich bring' nach Hause, wen ich will«, sagte Dad.

Mom griff sich die Whiskyflasche und zerschmetterte sie in der Spüle. Ich sah an Dads Augen, wie sehr er in Rage kam. Eines hatten wir alle gelernt; niemals Dad die Flasche wegzunehmen, wenn er noch wach war. Aber sie sogar zu zerschlagen...

»Verfluchte Scheiße!«, krakeelte er. »Du Arschloch«, brüllte er sie an. Er fegte mit seinem Arm über den Tisch. Alles fiel zu Boden, ihre Bierflaschen, die Aschenbecher, die Butterdose.

Das Geräusch des zerbrechenden Glases machte mich innerlich wütend. Überall um mich herum der Gestank von Bier, Whisky und kalten Zigaretten. Ich spürte, wie die Wut in mir hochstieg. Wie ich all dies haßte. Ich stürzte auf Dad los und trat ihn, so feste ich konnte, gegen das Schienbein. Er packte mich an den Haaren. »Hör auf!« schrie ich. »Du tust mir weh!«

Auch meine Mutter begann zu schreien. »Laß sie los! Verschwindet hier. Alle beide!«

Dads Freund, der Säufer, sagte: »Laß uns hier abhauen, Mann.«

Dad folgte ihm fluchend. Sie wußten, daß sie gehen mußten. Es gab keinen Alkohol mehr im Haus. Es wurde still. Was für ein wundervoller Abend es wieder gewesen war.

Um drei Uhr morgens hörte ich, wie ein Wagen vor unserem Haus hielt. Man hörte das Geräusch des laufenden Motors und einen Schwall von gedämpften Stimmen. Ich lief ins Wohnzimmer, um durch den Vorhang zu sehen und traf dort meine Mutter, die durch das Guckloch auf die Straße sah. Es war ein Taxi. Der Fahrer und Dad stritten sich. Dad war sehr betrunken. Ich hörte, wie er sagte: »Ich hab das Scheißfahrgeld nicht.« Der Taxifahrer stieg aus dem Wagen und ging auf unser Haus zu. Dad fiel aus dem Taxi und lag auf dem Bordstein vor unserem Haus. »Verdammtes Arschloch!« brummte er ununterbrochen. Ich wäre am liebsten im Erdboden versunken. Ich hoffte nur, daß die Nachbarn nicht aufwachen und ihn sehen würden. Es klingelte an der Haustür. Maureen kam aus unserem Zimmer gelaufen, um nachzusehen, was los war. Mom zahlte dem Taxifahrer die acht Dollar, die Dad ihm schuldete, und der Taxifahrer fuhr weg. Dad lag noch immer auf dem Gehsteig und warf mit schmutzigen Wörtern um sich. Mom rief nach Danny, damit er half, Dad aufzuheben und ins Haus zu tragen. Als sie ihn endlich ins Haus gezerrt hatten, war er wieder etwas bei Kräften. Er begann, um sich zu treten und in die Luft zu schlagen. Er holte aus und traf meine Mutter an der Brust. Sie schrie vor Schmerz. Er hatte ihr richtig wehgetan.

Danny verlor die Kontrolle: »Du dreckiges Arschloch!« schrie er ihn an und gab ihm einen Tritt.

Maureen schlug ihn auf den Kopf. Dann warf Danny ihn gegen das Klavier. Er fiel genau auf die Kante des Klaviers, und das Stöhnen, das er von sich gab, ließ keinen Zweifel daran, daß er sich böse verletzt hatte.

Ich weinte und schrie hysterisch. Danny zitterte. Auch Mom und Maureen weinten. »Ich ertrage das nicht mehr. Ich ertrage es einfach nicht mehr!« sagte Mom immer wieder.

Sie brachte Dad ins Krankenhaus. Danny, Maureen und ich saßen zitternd und zusammengekauert im Wohnzimmer. Unsere Situation war verfahren, und sie schien immer schlimmer zu werden. Um halb fünf kam Mom zurück. Danny hatte Dad ein paar Rippen gebrochen. Er war noch immer betrunken, aber ruhiger. Mom sagte, wir sollten ins Bett gehen, wir müßten schon bald wieder in die Schule.

Die Tage nach diesen »schrecklichen Nächten« waren auf ihre Art genauso schlimm. Gewalt ist eine sehr erschöpfende Erfahrung. Selbst in meinem noch sehr jungen Alter erholte ich mich nicht so ohne weiteres davon. Wir alle waren ziemlich geschafft. Es gab nichts zu sagen, alles, was ich fühlte, war ein schreckliches schwarzes Loch tief in meinem Herzen. Ich konnte mit niemandem darüber reden, nicht einmal mit Sandy. Wie hätte ich jemandem die schrecklichen Nächte in unserem Haus erklären sollen?

Wir alle schlichen leise im Haus herum, jeder in seinen eigenen Gedanken verloren. Maureen träumte davon, bald zu heiraten. Danny und ich dachten darüber nach, wie wir unsere Situation verbessern konnten. Wenn er doch nur das Trinken aufgeben würde, dachte ich. Ich hatte solche Angst davor, daß meine Eltern sich scheiden lassen würden.

Dad ging in den nächsten Tagen nicht zur Arbeit, wegen seiner gebrochenen Rippen, seinem fehlenden Schlaf und seinem schlimmen Kater. Er war sehr still. Vielleicht war er wütend, vielleicht hatte er ein schlechtes Gewissen, vielleicht ging es ihm einfach nur schlecht. Danny war sehr traurig. Wenn Dad nüchtern war, war er eigentlich doch nicht so schlimm. Wir alle wußten, wie er sein konnte, wenn er in guter Verfassung war, obwohl wir diesen Daddy nur selten zu Gesicht bekamen. Es war dieses Wissen, das uns durchhalten ließ.

Mom wußte nicht mehr, was sie tun sollte. Sie versuchte alles, um uns in irgendeiner Form ein Gefühl von Normalität zu vermitteln. Sie dachte, sie hätte alles, was in ihrer Macht stand, versucht. Sie hatte Dads Whisky und seinen Wagenschlüssel versteckt. Sie hatte ihn ins Bett gezerrt und das Erbrochene hinter ihm aufgewischt, hatte ihn vor unseren Freunden versteckt, wenn er in wirklich schlimmer Verfassung war. Aber sie wußte nicht, daß sie ihm gerade dadurch dazu verhalf, weiterzutrinken. Sie war eine gute irisch-katholische Frau, sie hatte, als sie heirateten, ein Versprechen gegeben, und sie würde alles tun, um es zu halten. In jener Nacht hatte ihre Familie gefährlich nahe am Abgrund gestanden. Wieviel mehr würde sie noch ertragen können?

Mutter ging am nächsten Morgen zur Kirche und betete um ein Wunder: »Lieber Gott, bitte laß ihn mit dem Trinken aufhören.« Der Glaube und ihr Katholizismus waren ihre einzigen Stützen. Sie bewahrten sie davor durchzudrehen. Sie hielten sie am Leben. Sie konnte es sich nicht erlauben, ihren Glauben zu verlieren. Ohne ihn würde sie emotional zugrundegehen.

Und da war natürlich auch noch das Problem mit dem Geld. Wie hätte sie für ihre Kinder und den Unterhalt sorgen sollen? Frauen waren extrem unterbezahlt damals. Mit ihrer damaligen Ausbildung wäre es unmöglich gewesen, für unser Auskommen zu sorgen. Sie wußte nicht, daß der Alkoholismus eine Krankheit war. Die Kirche blieb ihr Antworten schuldig. Sie ahnte nicht, daß es Hilfe für sie gab. Und so behielt sie ihr Geheimnis für sich.

5

Die gebrochenen Rippen hielten Dad nicht sehr lange in Schach. Der Alkohol schien seine Schmerzen zu betäuben; statt sich also eine kleine Atempause zu gönnen, trank er noch mehr als sonst. Die Abende waren weiterhin lang, laut und häßlich.

Wir alle versuchten, so gut es ging, mit unserem Leben weiterzumachen. Mutter fühlte sich hilflos. In den 50ern gab es keine Informationen über Sucht, keine Stelle, an die man sich hätte wenden können. Die katholische Kirche gab einem nur spirituelle Unterstützung. Die Geistlichen waren mit dem Problem des

Drogenmißbrauchs nicht vertraut und wußten nicht, wie man mit einer Familie von Co-Abhängigen umgeht. Wir kehrten uns nach innen und suchten dort nach Antworten. Wir gaben uns selbst die Schuld: »Vielleicht würde das alles nicht passieren, wenn ich ein besserer Mensch wäre.« »Warum ist Dad so unglücklich und unberechenbar? Es muß an mir liegen.« Unser Leben drehte sich um einen Alkoholiker. Dad war unser Zentrum.

Moms Herz begann zu zerbrechen, aber sie versuchte sich abzulenken. Sie besuchte Frauenclubs und kirchliche Gruppen.

Die Kirche spielte eine wichtige Rolle in unserem Leben, emotional, spirituell und sozial. Mom gehörte dem Mütterclub an und Dad dem Väterclub. Diese beiden Organisationen bildeten das Zentrum unserer gesellschaftlichen Aktivitäten. Der alljährliche Kirchenbasar, die Modenschau im Frühjahr, das Osterfrühstück, die Softballmannschaft, die Sportveranstaltungen waren die großen Ereignisse, auf die man sich freute und die man auf keinen Fall verpassen wollte. Nur die Furcht, daß Dad betrunken bei ihnen erscheinen könnte, warf einen Schatten auf unsere Vorfreude.

Mom war sehr aktiv im Y.L.I., einem Institut für junge Frauen. Sie hatte jedes Amt in diesem Institut schon einmal bekleidet und war die Pianistin des Clubs. Sie ging einmal in der Woche zum Y.L.I., und sie gehörte einem Bridgeclub an. Insgesamt zehn Frauen luden sich einmal in der Woche reihum zum Bridgespielen nach Hause ein. Jede zehnte Woche also fand die Bridgeparty im eigenen Haus statt. Immer wenn Mom an der Reihe war, wurde sie sehr unruhig. Sie litt an einer Schuppenflechte, und je näher der Abend kam, desto schlimmer wurde sie.

»Ich bin am nächsten Donnerstag dran, den Bridgeclub einzuladen, und ich hoffe, du benimmst dich diesmal nicht daneben«, sagte sie zu Dad. Sie sagte es ihm mehrmals am Tag, um sicherzugehen, daß er es nicht vergaß und an dem betreffenden Tag nüchtern blieb und den Damen aus dem Weg ging. Sie präparierte ihn, aber auf eine Weise, die mit Sicherheit dazu führen würde, daß er sich danebenbenahm. Der Keim zur nachfolgenden Katastrophe war schon gelegt.

Am Samstag waren meine Mutter und ich bei unserem Hausputz besonders gründlich. Mittwochabend nach dem Essen half ich ihr dabei, die Kartentische im Wohnzimmer aufzustellen. Wir legten Tischdecken auf, stellten Blumen und Moms bestes Porzellan auf den Tisch. Dad war sehr betrunken, und wir beteten, daß er nicht einen der Tische umwarf. Er torkelte im Zimmer herum und wollte uns nicht von der Seite weichen.

»Würdest du bitte vorsichtig sein?« sagte Mom mit angespannter Stimme.

»Nein!« brüllte es tief aus seiner Kehle.

Wenigstens ist er heute nicht aggressiv, dachte ich. Mom ging in die Küche, um den Wackelpeter und die Füllung für die Sandwiches zu machen. Es machte mir riesigen Spaß, ihr dabei zu helfen. Ich füllte die Bonbonschalen mit schokoladenüberzogenen Nüssen und Shaws Pfefferminzbonbons.

Natürlich kam Dad am Donnerstag betrunken von der Arbeit nach Hause. Meine Mutter setzte ein schmerzverzerrtes Gesicht auf: »Vielleicht schläft er ja einfach ein, wenn ich ihn mit Essen vollgestopft habe«, sagte sie. Ihre Hände zitterten wieder.

Er wollte nichts essen. »Gib mir 'n Bier!« sagte er.

»Du hast schon genug gehabt«, antwortete sie ihm. »Ich hab dich doch extra gebeten, mir heute nicht in die Quere zu kommen. Jetzt iß bitte und geh zu Bett.«

»Nichts werd ich tun«, sagte er.

Es sah nicht gut aus.

Um acht Uhr läutete es an der Tür. Die ersten Frauen trafen ein: »Suzanne, schnell, bring Dad ins Schlafzimmer und versuch, ihn dazu zu bringen, dazubleiben«, sagte sie hektisch.

Dad saß mittlerweile mit seinem Bier und seinen Zigaretten am Frühstückstisch. Er lallte vor sich hin und schlief schon halb im Sitzen. Bier hatte nicht diese Wirkung auf ihn. Er mußte den Whisky gefunden haben.

»Komm, Dad. Moms Freundinnen sind gekommen«, sagte ich.

»Was is los?« lallte er betrunken.

Ich zerrte und drückte ihn, während er in sich hineinlallte, fluchte und torkelte. Ich dachte, Mom würde jeden Augenblick in Tränen ausbrechen.

»Hi!« begrüßte er euphorisch die ersten Frauen.

Dad legte sich aufs Bett. Ich zog ihm die Schuhe aus. Vielleicht schläft er ja ein, dachte ich.

»Muß pissen«, sagte er.

O nein. Ich wollte nicht, daß die Frauen ihn hörten. Ich wartete draußen vor der Badezimmertür, um sicherzugehen, daß er nicht ins Wohnzimmer ging. Ich dirigierte ihn ins Schlafzimmer zurück. Die Frauen waren jetzt vollzählig. Ich konnte ihr reserviertes Lachen hören, untermalt von einem gelegentlichen »Du Wichser! Arschloch!« und anderem betrunkenen Gelalle, das aus dem Schlafzimmer kam. Gegen neun Uhr ging ich in mein Zimmer. Dad war eingeschlafen. Gott sei Dank, dachte ich. Mom hat heute wirklich Glück.

Um zehn Uhr ging mit lautem Getöse die Wohnzimmertür auf. »Was is denn hier los?« brüllte Dad die erschreckten Frauen trunken an. »Kann ich mich zu euch setzen, ihr Süßen?« fragte er. Dad setzte sich auf Moms Stuhl. »Dich kenn ich«, sprach er eine der Freundinnen meiner Mutter an. »Du bist doch die mit den Glubschaugen.« Er saß da und warf mit den schlimmsten Beleidigungen um sich, die ihm in den Kopf kamen.

Nach und nach gingen die Frauen.

»Vielen Dank, Marion. Es war ein wundervoller Abend«, verabschiedeten sie sich.

»Was? Die Party is schon vorbei?« lallte er. »Bleibt doch und trinkt 'n Bier mit mir«, schrie er ihnen hinterher.

»Sei ruhig«, sagte meine Mutter, als sie die Tür hinter ihnen schloß. »Du machst alles kaputt.« Sie fühlte sich erniedrigt.

»Ich liebe dich, Momm!« nuschelte er.

»Du machst mich krank.«

6

Ich machte immer noch jede Nacht ins Bett. Ich versuchte alles, damit es aufhörte. Ich nahm nach dem Abendessen keine Flüssigkeit mehr zu mir, aber es nutzte nichts. Auch Danny machte Nacht für Nacht ins Bett. Wir kamen nicht auf die Idee, unser Bettnässen mit der traumatischen Belastung unseres Familienalkoholismus in Verbindung zu bringen. Wir glaubten einfach, mit uns selbst stimme etwas nicht. Danny und ich standen gerade vor der Waschmaschine und stopften unsere nasse und stinkende Wäsche in die Trommel, als Dad vorbeikam: »Ja, was haben wir denn da, zwei Pißköpfe.«

Ja, ja, wieder mal besoffen, dachte ich. Ich wurde wütend. Ich haßte ihn. Und ich liebte ihn. Es war alles so verwirrend.

Dannys Zimmer war oben im Haus. Früher war dort unser Speicher gewesen, bis Dad und Onkel Dave ein mit Kiefernholz ausgeschlagenes Schlafzimmer daraus machten. Ich war wirklich froh, als sie das damals machten. Vorher hatten Maureen, Danny und ich uns ein kleines Schlafzimmer teilen müssen, das gerade einmal Platz genug für zwei Betten und ein Kinderbett hatte. Ich schlief bis zu meinem fünften Lebensjahr in meinem Kinderbett. Als Danny dann umzog, bekam ich sein Bett.

Auch Danny machte, wie gesagt, jede Nacht ins Bett, aber da er jetzt oben schlief, konnte er seine Matratze nicht mehr zum Lüften aus dem Fenster hängen. Und dementsprechend stank sein Zimmer ständig.

Dad war gerade einmal nicht in einer seiner schlimmen Saufphasen, aber er trank immer noch genug, um des Nachts zitternd und schlecht gelaunt aufzuwachen. In solchen Stimmungen weckte er uns morgens immer mit knallenden Türen und seiner laut dröhnenden Stimme. »Aufstehen!« brüllte er dann, knallte die Türe und knipste das Deckenlicht an.

Einmal nachts hörte Danny Dad in der Küche. Ha, ha!, dachte er. Wenn Dad gleich hier rauf kommt, bin ich schon in meiner Schuluniform, und mein Bett und alles ist bereits gemacht. Danny war sehr bemüht, Dad zu gefallen. Er hätte alles getan, um ihn glücklich zu machen. Dad kam nicht sofort hoch. Und da Danny noch etwas müde war, legte er sich mit seiner frisch gewaschenen Uniform auf das frisch gemachte Bett. Er hatte nicht bemerkt, daß es erst Mitternacht war.

»Steh auf, du Pißkopf!« brüllte Dad ihn am nächsten Morgen an. Der arme Danny hatte seine ganze Uniform, das Bett und den Schonbezug benäßt. Ich fand das damals lustig. Danny weniger.

Meine Mutter schrieb ihm eine Entschuldigung, weil Danny ohne Uniform in die Schule mußte. Danny war so ein freundlicher und netter Junge. Jeder mochte ihn. Er war sehr friedfertig. Er hatte Spaß daran, mit jedem gut auszukommen und niemandem Ärger zu machen. Es war für ihn sehr beunruhigend und schmerzlich, wenn er die Kontrolle verlor und Dad angriff. Es war ganz gegen seine Natur. Er verabscheute Gewalt. Und so war er nach diesen »schrecklichen Nächten« immer tagelang betrübt. Aber was hätte er machen sollen? Er mußte mit Dads Unkontrolliertheit fertigwerden, und es gab keinen anderen Weg, dagegen anzugehen, als selbst die Kontrolle zu verlieren; zumal wenn man erst dreizehn Jahre alt war und nicht verstand, daß der eigene Vater ein sehr kranker Mann war.

Es ging uns allen so. Es war peinlich, am nächsten Morgen auf das zurückzublicken, was während der Nacht passiert war. Wir schämten uns. Aber Nacht für Nacht wurden wir zum selben Wahnsinn getrieben. Wir wurden immer erschöpfter und immer weniger tolerant.

Gewöhnlich geschahen die schlimmen Dinge am Donnerstag, wenn Dad in den Besitz seines Taschengeldes kam, das er sich selbst zugestand. Es war nicht viel, 35 Dollar in der Woche, aber natürlich gab er das ganze Geld für Alkohol aus. Der Alkohol bedeutete ihm alles. Er war das Zentrum seines Lebens.

Ein Donnerstag war besonders schlimm. Vater war beim Abendessen wieder einmal zu Dads Zielscheibe geworden. Begleitet von Dads Beleidigungen ging er schließlich. Um Mitternacht herum war die Situation richtig beängstigend geworden. Maureen und ich versteckten uns in unserem Wandschrank. Er kam immer wieder in unser Zimmer und brüllte: »Wo, zum Teufel, stecken die?«

Mom kam in unser Zimmer geschlichen und flüsterte: »Kommt hoch in Dannys Zimmer!« Danny konnte natürlich auch nicht schlafen. Dad war in Rage, zerbrach alles, was ihm in die Quere kam, und warf mit den Lebensmitteln aus dem Kühlschrank um sich. Wir versteckten uns in Dannys Wandschrank. Er hatte innen einen Riegel, so daß wir uns von innen einschließen konnten. Er hatte Platz genug für uns vier, eine große Truhe und eine Kommode. Wir drängten uns aneinander und hörten, wie der verrückte Mann da unten herumtobte. Im Holzboden war ein Riß, durch den wir Dad beobachten konnten, wenn er zur Garage taumelte, um sich noch ein Bier zu holen.

»Wenn ich groß bin, trinke ich keinen Tropfen«, sagte ich.

»Ich auch nicht«, sagte Danny. »Nie.«

»Wenn ich verheiratet bin, wird alles besser«, sagte Maureen.

Mom sagte nichts. Was sollte sie tun? Sie hatte kaum eine Wahl. Sie war in dieser erbärmlichen Situation gefangen, steckte zwischen ihrem Ehrgefühl, ihrem Pflichtbewußtsein, zwischen Hoffnung und Realität fest.

Wir hörten, wie Dad in Dannys Zimmer kam. Ich bekam eine solche Angst, daß ich furchtbar schwitzte.

Es gab in dem Zimmer noch zwei andere Wandschränke. Er öffnete beide. »Was zum Teufel...?« schimpfte er, und: »Mommy, wo bist du?« Und dann kam er auf unseren Wandschrank zu. Er rüttelte am Schloß. Wir alle zitterten regelrecht vor Angst. Er bekam die Tür aber nicht auf. Es kam ihm nicht in den Sinn, daß wir da drin sein könnten. »Verfluchter Mist. Ich setz mich einfach hier hin und warte!« Wir konnten ihn durch den Ritz in der Tür sehen. Er hatte sich auf das Ende von Dannys Bett gesetzt, die Beine ineinander geschlungen und hielt sein Bier in der Hand. Wir blieben fast die ganze Nacht in diesem Wandschrank. In gewissem Sinne gefiel es mir dort sogar. In der Zederntruhe gab es wunderbare Schätze: japanische Kimonos, die Dad nach dem Krieg aus Tokio mitgebracht hatte, Federbetten und Tischdecken. Ich machte mir in einem Winkel des Wandschrankes ein kleines Bett. Maureen, Danny und Mom schliefen im Sitzen auf der Zedernholztruhe.

Dad fiel in einen grummelnden Schlaf, und gerade, wenn man dachte, er sei eingeschlafen, schreckte er wieder hoch und brüllte: »Du Arschloch, Drecksack.«

Mom ließ ein schwaches, gequältes »Oh, bitte« hören. Sie verabscheute das Fluchen, aber es war ständig um uns. Dieser ganze Wahnsinn brachte uns alle dazu, Dinge zu sagen, von denen wir wußten, daß sie nicht gut waren.

Dad fing an zu husten. Wir wurden wach. Er hustete und hustete und hustete, bis am Ende kein Ton mehr aus ihm herauskam. Wir schauten durch den Ritz in der Tür. Sein Körper war wie von Krämpfen geschüttelt. Er legte sich die Hände in den Nacken, um etwas Luft in die Lungen zu lassen. Spucke hing ihm in langen Fäden aus Nase und Mund. Sein Gesicht war puterrot und schwitzte, die Adern am Hals traten hervor. Er verlor das Gleichgewicht und fiel hintenüber auf das Bett, wobei er immer noch unaufhörlich hustete. Er sah aus, als stürbe er. Mom wollte gerade herausstürzen, um ihm zu helfen, als er plötzlich aufhörte. Ich empfand Erleichterung und Enttäuschung. Ich wußte, daß es böse von mir war, solche Gedanken zu haben. Ich wollte nicht, daß er stirbt und wollte es doch. Ich liebte ihn, aber das Leben wäre ohne ihn leichter für uns gewesen. Er hatte diese Hustenanfälle häufig. Zwei Packungen Zigaretten am Tag, der ganze Alkohol und seine praktisch nicht vorhandene Ernährung blieben nicht folgenlos. Bier muß eine Menge Nährstoffe enthalten. Denn er lebte fast ausschließlich davon.

Gegen vier Uhr morgens stand Dad auf und stolperte nach unten. Er hatte es aufgegeben, uns zu suchen. Er schlief auf seinem Bett ein. Wir schlichen uns in unsere Betten. Mom kam zu mir ins Bett. Ich ging noch einmal ins Badezimmer.

Am nächsten Abend kam Dad gar nicht nach Hause. Um drei Uhr morgens ging das Telefon. Mein Herz raste. Noch nie hatte jemand so spät angerufen. Es war die Polizei. »Wir haben Ihren Mann hier auf der Wache. Er ist wegen Trunkenheit am Steuer festgenommen worden. Wollen Sie ihn sich hier abholen oder ihn hier lassen?«

Natürlich ging Mom los, um ihn zu holen. Das war ihr Job. Ihn aufzulesen. Alles zu vertuschen. Wenn er im Gefängnis bliebe, würde es am nächsten Tag in der Zeitung stehen, und alle wüßten Bescheid. Es wäre nicht nur für ihn, sondern auch für uns eine Demütigung gewesen. Solange man ihn nicht »erwischt«, solange Mom und wir alles für ihn unter den Teppich kehrten, solange ermöglichten wir es ihm weiterzutrinken. Wir machten es ihm leicht.

Mom war ein Nervenwrack. »Jetzt hast du es geschafft«, sagfte sie ihm wütend ins Gesicht. »Das war's. Ich meine es ernst. Mir reicht's.«

Irgend etwas in ihrer Stimme muß bei Dad den Eindruck erweckt haben, daß sie es *diesmal* wirklich ernst meinte. Dad versprach, mit dem Trinken aufzuhören. Er wäre jetzt endgültig »runter vom Alkohol«.

7

Die Nächte wurden wieder friedlich. Mein Bettnässen beschränkte sich auf vier Mal die Woche. Aber die Tage waren weiterhin nervenaufreibend. Dad war nervös und gereizt. Sein Körper schmerzte und verlangte nach Alkohol. Er brüllte uns an und verlangte immer noch perfekte Leistungen von uns. Irgendeinen »dahingeschlurten« Job ließ er nicht durchgehen. Nach etwa zwei Monaten ständiger Nüchternheit begann er, erträglicher zu werden. Wir feierten Erntedankfest bei Tante Helen, und Dad trank keinen einzigen Tropfen.

Ich freute mich riesig auf Weihnachten. Es machte

mir ungeheuren Spaß, den Baum aufzustellen und die Geschenke zu verpacken. Ich liebte die Musik und das Essen. Es war für mich wie ein Märchen. Dad war in einer prima Verfassung. Er hatte Mom sogar ein Weihnachtsgeschenk von seinem Taschengeld gekauft. Das Weihnachtsessen fand immer bei uns statt. Tante Helen und Onkel Ralph kamen beide mit ihren Familien, und natürlich war auch Vater da. Insgesamt waren wir etwa achtzehn Personen. Dad bekam von der Brauerei einen Truthahn als Gratifikation. Am Heiligen Abend wollten wir in die Mitternachtsmette, auch Dad wollte mit. Wir alle trugen neue Sachen. Ich war sehr aufgeregt. Dad mußte am Heiligen Abend nur den halben Tag arbeiten.

Als es sechs Uhr vorbei und Dad noch immer nicht zu Hause war, beschlich mich ein ungutes Gefühl und eine leichte Übelkeit. Er wird doch nicht im Ernst wieder... Das Haus sah so hübsch und friedlich aus. Und es sollte doch unser schönstes Weihnachtsfest werden.

Um zehn Uhr klingelte es laut und anhaltend an der Tür. Es gab kein Vertun. Niemand sonst klingelte so wie er. »Ho, ho, ho«, lallte er.

O nein, dachte ich. Warum gerade heute? Dad war sturzbesoffen. Sie hatten auf der Arbeit eine kleine Weihnachtsfeier gehabt. Er hatte nicht widerstehen können. Heute weiß ich, daß er nicht widerstehen *konnte.* Dad ging nicht zur Mitternachtsmette. Er war in der Küche eingenickt. Den Morgen des ersten Weihnachtstages verbrachte er damit, Eierflip mit Whisky zu trinken. Nachdem die Geschenke verteilt worden waren, legte er sich mit Übelkeit ins Bett. Um zwei Uhr mittags wachte er übelgelaunt wieder auf. Der erste Gast, der eintraf, war Vater. »Hast du kein Zuhause?« fragte Dad gereizt. »Immer der erste auf der Matte, und immer als erster mit dem Essen fertig, nicht wahr, George?«

Vater sagte nichts. Er wollte keinen Streit. Mom und ich waren beunruhigt. Es war unerträglich, wenn Dad sich Vater vorknöpfte. Die anderen Gäste trafen ein. Dad war der vollkommene Barkeeper. Einen für dich, einen für mich.

Mom bat Vater, den Truthahn zu tranchieren. Dad war schon zu betrunken.

»Seht doch nur, wie er den Vogel schlachtet«, sagte Dad. »Das liegt daran, daß er so gierig ist, daß er es kaum erwarten kann. Der schlingt es im Nu hinunter, und schon stellt er sich für die nächste Portion an.«

Wir taten so, als hätten wir es nicht gehört. Dad aß nichts. Er trank. Als die letzten Gäste schließlich gegangen waren, war er so betrunken, daß er nur noch herumkrakeelte und richtig widerlich aussah. Meine Mutter stellte die Essensreste in den Kühlschrank.

»Was? Willst du etwa die paar Kartoffeln aufheben? Schmeiß sie raus«, brüllte er.

»Nein, die halten sich noch bis morgen«, sagte Mom.

»Ich will keine Scheiß-Überbleibsel in meinem Kühlschrank!« *Krach!* Er hatte die Kartoffeln gegen die Wand geworfen.

»Hör auf! Bitte!« schrie meine Mutter.

Ich weiß nicht, wie sie es ertragen hat. Es war das erste Mal gewesen, daß er versuchte aufzuhören. Viele andere Versuche sollten folgen. Wir hatten uns solche Hoffnungen gemacht. Hatten wir wirklich geglaubt, er würde aufhören zu trinken? Er hatte uns schon so oft enttäuscht. Dad litt an einer chronischen, unheilbaren Krankheit. Wir aber glaubten, er liebte uns nicht genug, um unseretwegen auf den Alkohol zu verzichten.

8

Das Jahr verlief wie gewohnt. Dad war fast jede Nacht betrunken. Wir bekamen viel zuwenig Schlaf. Danny ging nach der achten Klasse von der Schule ab. Maureen absolvierte die Highschool. Dad fehlte bei Dannys Abschlußfeier. Danny bekam eine Kamera, Maureen eine Stereoanlage. Dad gab ihr auch einen 50-Dollar-Schein, den er sich von seinem Taschengeld abgespart hatte. In solchen Sachen war er großartig. Er sagte ihr, sie könne das Geld ausgeben, wofür sie wolle. Und so kaufte sie sich ein Paar Schuhe für 50 Dollar. Wir konnten kaum glauben, daß ein Paar Schuhe 50 Dollar kosten konnten. Maureen hatte in der Abschlußprüfung einen Preis für Stenographie und Schreibmaschine gewonnen. Wegen ihrer Fähigkeiten und ihres außergewöhnlich guten Aussehens bekam sie gleich beim ersten Vorstellungsgepräch einen Superjob. Sie wurde Chefsekretärin des Präsidenten der Pacific Southwest Airlines. Dad war sehr stolz auf sie und gab bei jedermann mit ihrem Job an. Es gefiel ihm, daß aus seinen Kindern etwas wurde. Maureen war glücklich. Sie hatte jetzt genug Geld, um sich Kleider und Kosmetikartikel zu kaufen. Sie ließ sich ihr Haar, wie es damals die neueste Mode war, kurz schneiden, und sie färbte es Platinblond. Später kopierte ich ihre Haarfarbe. Ich erinnere mich, wie ich eines Tages mit ihr die Straße entlangging. Sie trug ein rosa Etuikleid und hochhackige Schuhe. Sie hatte einen enorm großen Busen, schmale Hüften und einen flachen Bauch. Sie brachte buchstäblich den Verkehr zum Stillstand.

Maureen »stach der Hafer«. Sie sah gut aus, sie fühlte sich gut, sie war glücklich. Sie war nicht mehr die spindeldürre, flachbrüstige Göre mit der laufenden Nase. Sie war schön, begehrt und in einen großartigen Typen verliebt. Sie war im Abschlußjahr der Highschool Hauptcheerleader gewesen, und das hatte sie aus ihrer Isolation herausgeholt. Ihr Freundeskreis bestand aus dem Besten und Klügsten, was die Nachbarstädte Hillsborough und San Mateo aufzubieten hatten. Jeder suchte Maureens Nähe, ihren spritzigen Witz und ihr ansteckendes Lachen. Sie liebte Tanz und Spaß.

Sie brachte ihre Freunde nie mit nach Hause, aber sie war ständig unterwegs – im Bimbo 365 Club, im Top of the Mask oder im Tonga Room im Fairmont Hotel. Ich hörte sie viel von Roberta und Jerry, Jim, Pat, Phil und Sandy reden. Sie gingen immer zusammen aus, zum Tanzen, Essen oder zum Baseball. Es war eine schöne Zeit für Maureen.

Ich war sehr stolz auf sie. Wir hatten uns ein Leben lang ein Zimmer geteilt, dennoch standen wir uns nicht so nah, wie ich es gerne gehabt hätte und wie wir es heute sind. Ich war die freche kleine Schwester, die ständig herumschnüffelte und überall im Weg war. Meine Sachen nahmen das ganze Zimmer in Anspruch, und sie beschwerte sich oft darüber. Dad muß sich von ihrer Sexualität bedroht gefühlt haben, denn wenn er jetzt trank, suchte er sich immer Maureen als Zielscheibe aus. Es gefiel ihm nicht, daß seine Mädchen erwachsen wurden. Sie sah besser aus als je zuvor. Bis jetzt hatte sie immer ihre Mercy High Uniform getragen, und eines Sommers hatte sie sich plötzlich in eine blonde Sexbombe verwandelt. Dad mußte feststellen, daß jeder Mann in der Stadt sich nach ihr umdrehte, und das machte ihn wahnsinnig.

Maureen hatte weiterhin eine wundervolle Zeit. Sie und Bill waren unzertrennbar. Ich schaute immer heimlich aus dem Fenster unseres Zimmers, wenn ich sie kommen hörte, und beobachtete sie, wie sie sich küßten und küßten und küßten. Ich sah ihnen gern beim Küssen zu. Bill war verrückt nach Maureen. Ich mochte Bill. Maureen würde ein schönes Leben mit ihm haben.

Auch Dad muß wohl »spioniert« haben. Es gefiel ihm nicht, was er da sah. Er haßte Bill. Einmal kam Maureen abends nach einer ihrer Verabredungen mit Bill nach Hause. Sie war verliebt und sah wunderschön aus. Sie trug ihr taubenblaues, eng anliegendes Etuikleid aus Wolle und hochhackige Schuhe. Am Kragen war ein Schal angebracht, so daß der Eindruck eines Rollkragens entstand, von dem der Rest des Schals übergangslos an ihrem perfekt geformten Rücken herunterhing. »Wo bist du gewesen?« fragte Dad sie streitsüchtig. »Hat Kilmartin seinen Spaß mit dir gehabt?«

»Ach, sei doch still!« sagte Maureen.

»Blödsinn!« brüllte er. »Du wirfst dich doch weg an ihn, du Idiotin. Du bist ihm doch scheißegal. Der will nur seinen Spaß haben.«

»Ich liebe Bill«, sagte Maureen.

»Ach Gott, sie liebt ihn.« Er nahm sie auf die Schippe. »Ist das nicht süß! Du Arschloch. Der nimmt sich, was er will, und dann läßt er dich hängen!«

»Du bist ja betrunken!« sagte Maureen und ließ ihn stehen.

»Betrunken! Du meine Fresse!« krakeelte er. Er haßte es, wenn jemand ihn betrunken nannte. Er folgte ihr in unser Zimmer. Maureen zog sich gerade aus.

»Raus hier. Ich ziehe mich gerade aus«, schrie sie ihn an.

»Ich bleib hier!« brüllte er.

»Was? Willst du spannen, oder was? Bist du mir deswegen nachgelaufen?« sagte sie hysterisch.

»Du kleine Fotze!« sagte er. Er wollte nicht »spannen«. Er wollte sie nur erniedrigen, sie in ihre angestammte Rolle pressen. Vielleicht konnte er sie so ja halten.

Mom schrie: »Red nicht so schmutzig!«

»Ich hasse ihn! Ihn und seine versauten Gedanken!«

kreischte Maureen. »Ich kann es gar nicht abwarten, endlich aus diesem Haus zu kommen.«

Dad stürzte sich auf Maureen. Sie versuchte ihn aufzuhalten. Aber er war zu stark. Sie zerkratzte mit ihren langen Fingernägeln sein Gesicht. Er blutete und versuchte, ihre Haare zu packen.

»Hört auf!« schrie ich, so laut ich nur konnte.

Mom versuchte, Dad zurückzuziehen. Maureen ging wieder auf ihn los, kratzte und schlug ihn. Er fiel zu Boden. Maureen versetzte ihm mit voller Wucht einen Tritt und schrie: »Du machst alles kaputt. Ich hasse dich.« Dad ächzte. Irgend etwas tat ihm höllisch weh. Mom versuchte, ihn aus dem Zimmer zu ziehen. Maureen schluchzte hysterisch. Sie hatte die Kontrolle über sich verloren und verachtete sich nun. Sie liebte Dad, aber er hatte sie dazu getrieben. Ich konnte gar nicht aufhören zu zittern. Es war wie ein Alptraum, der nicht enden wollte.

Solange Maureen draußen bei ihren Freunden war, war das Leben wundervoll. Aber zu Hause holte sie die Realität wieder ein. In Dads Nähe war sie »ein Nichts, eine Null«. Erst wenn sie bei ihren Freunden war, war sie wer. Kein Wunder also, daß sie nicht abwarten konnte, endlich auszuziehen. Bill war ihr Tikket ins Paradies. Das Leben zusammen mit ihm würde sein können, was es mit Dad niemals war. Nur der Gedanke, Mom mit Dad allein zurückzulassen, bereitete ihr Sorgen. Sie war die älteste und hatte das Gefühl, für Mom verantwortlich zu sein, sie vor einem Leben beschützen zu müssen, bei dem sie vor die Hunde gehen mußte. Mom litt erheblich unter den unaufhörlichen emotionalen Schlägen. Sie gab Maureen und mir oft den Ratschlag »standhaft zu bleiben, Bauch rein, Brust aus. Eine gute Haltung ist alles«. Sie selbst aber ließ Kopf und Schultern hängen vor lauter Scham und traute sich nicht, jemandem in die Augen zu sehen. Sie wollte nicht, daß jemand den Schmerz und die Trauer in ihren Augen sah.

Maureen träumte davon, daß sie Mom nach ihrer Hochzeit mit Bill aus dieser Umgebung herausholen würde. Es wurde immer deutlicher, daß Mom zerbrechen würde, wenn sie das weiter mitmachen müßte. Aber niemand von uns hat richtig verstanden, wie stark und engagiert Mom in Wirklichkeit war. Sie konnte und sie sollte noch viel mehr ertragen, bevor sie aufgeben würde.

Dad hatte sich wieder eine Rippe gebrochen. Mom zog ihn ins Schlafzimmer. Sie hatte das schon einmal durchgemacht. Jetzt war sie zumindest in der Lage, etwas zu tun. Sie bandagierte ihn und brachte ihn ins Bett. Am nächsten Tag würde sie ihn zum Röntgen ins Krankenhaus bringen, um sicherzugehen, daß es sich nicht um eine ernstere Verletzung handelte.

Maureen entschuldigte sich nicht bei Dad. Sie war böse auf ihn. Sie war fassungslos wegen dem, was vorgefallen war, aber sie hatte das Gefühl, daß er es herausgefordert hatte. Wer konnte ihr Vorwürfe machen? Wir alle wurden Nacht für Nacht an den Rand des Erträglichen gebracht. Es war nur natürlich, daß sich dieser Druck irgendwann in körperlicher Gewalt entlud.

Maureen und Bill gingen jeden Abend aus. Das war ihre einzige Fluchtmöglichkeit. Ich wünschte mir damals, auch ich hätte eine solche Möglichkeit, von allem wegzukommen, irgendeinen Ort, den ich hätte aufsuchen können, an dem ich meine Ruhe gehabt hätte. Maureen und Bill saßen meistens gegenüber auf der anderen Straßenseite in Bills grünem 52er Chevy, den Bill seinen »grünen Winzling« nannte. Dad wollte nicht, daß Maureen in irgendwelchen Winzlingen herumsaß, besonders nicht, wenn sie grün waren. Ich beobachtete die beiden, wie sie sich immer häufiger küßten, und entdeckte, daß auch Danny ihnen durch das Fenster des Frühstückszimmers zusah.

»Hast du gesehen, wie Maureen und Bill gestern rumgeknutscht haben?« fragte mich Danny. »Ich frag mich, wann die mal Luft holen«, lachte er. Maureens Sexualität machte uns neugierig und verwirrte uns.

Ich fragte mich, wie es wohl ist, wenn man geküßt wird. Ein paar Mädchen aus meiner Klasse waren schon einmal geküßt worden. Ich konnte mir nicht vorstellen, daß es mir jemals passieren würde. Ich hatte schon ein schlechtes Gewissen, wenn ich bloß daran dachte. Küssen war mit Sex verbunden, und mein Gefühl sagte mir, daß Sex schlecht sei. In meinem Alter sollte man an solche Sachen nicht denken. Es war einfach nicht normal. Obwohl ich durchaus keine Ahnung hatte, was eigentlich »normal« war.

Hätte ich nicht meine Katze Mitzi und meine Freundin Sandy gehabt, es wäre niemand dagewesen, mit dem ich hätte reden könen. Beide bedeuteten ein Stück Normalität in meinem Leben. Sandy und ich waren jetzt zehn Jahre alt, und wir teilten unsere Träume und die meisten unserer Geheimnisse. Wir sahen uns immer noch sehr ähnlich, hatten die gleiche Größe und das gleiche Gewicht, und beide waren wir sehr dünn. Wir hatten immer noch schulterlanges Haar mit blonden Strähnchen, das wir jetzt meistens zu einem hohen, lustig springenden Pferdeschwanz zusammenbanden. Wir hatten beide denselben kurzen Pony, den wir uns selbst schnitten. Und manchmal taten wir etwas Festiger auf unsere Ponyfransen, um sie zu einer großen steifen Locke auf der Stirn zu formen.

In der Schule trugen wir die gleiche Uniform, und wir besaßen die gleichen Täschchen, denen wir mit einer Kette aus zusammengesteckten Sicherheitsnadeln Griffe gaben. Wir hielten sie für echt cool. Auch nach der Schule versuchten wir, so oft es ging, uns gleich zu kleiden, und für unser Sonntagskleid suchten wir uns denselben Stoff mit demselben Muster aus und ließen uns von unseren Müttern identische Kleider nähen. Pater Monagle, unser Gemeindepfarrer, nannte uns immer »Fric und Frac«.

Jeden Sommer fuhr Sandy mit uns in den Familienurlaub. Wir zelteten dann am Tahoe See im Camp Richardson. Ich brauchte mir bei Sandy wegen Dad keine Sorgen zu machen. Sie verstand, daß er oft miesgelaunt und aggressiv war, und sie wußte auch, daß der Alkohol der Grund dafür war.

Dad war ein großartiger Camper und brachte uns viel bei, z. B. wie man ein Zelt aufbaut und dann eine Rinne ringsherum gräbt, damit das Wasser ablaufen kann, wenn es regnet. Und wir benutzten Nägel von Bahnschienen statt der üblichen Zeltheringe, weil sie stabiler waren. Wir lernten, mit dem Campingkocher umzugehen und halfen mit, einige Planen von Baum zu Baum zu spannen, damit wir etwas mehr Privatsphäre hatten. Wir hingen kleine Spiegel in Bäume, so daß man sich rasieren und die Haare kämmen konnte. Ich bewunderte Dad bei solchen Gelegenheiten. Er wußte so viel, er hatte einen gesunden Menschenverstand. Unser Zelt war immer das gemütlichste und hübscheste auf dem ganzen Campingplatz. Es war ein richtiges Heim. Dad versuchte, während wir zelteten, das Trinken einzuschränken, und meistens war er eine echte Stimmungskanone. Er hielt sich in dem Zustand des leichten Beschwipstseins, aber irgendwann kam es immer dazu, daß er die Kontrolle verlor und völlig betrunken war. Es war mir unerträglich peinlich, wenn es soweit war. Campingplätze haben keine dicken Wände, hinter denen die Familiengeheimnisse verborgen bleiben könnten. Man konnte Dad auf dem ganzen Campingplatz hören. Das übliche »Du Drecksack« und »Dieses Arschloch« hörte sich draußen im Freien viel lauter und noch häßlicher an.

Sandy und ich verdrückten uns, wenn er so war. Geschah es tagsüber, gingen wir zum Strand und starrten auf all diese Traumtypen, die uns allerdings nie eines Blickes würdigten. Wir waren in einem schwierigen Alter, noch immer keine Teens, knochig und ohne Busen.

Wenn sich Dad nachts betrank, verzogen wir uns mit unseren Schlafsäcken in einen anderen Teil des kleinen Wäldchens und taten so, als kennten wir ihn nicht. Mit Sandy konnte ich über Dad lachen, ich konnte ihr sagen, daß ich ihn hasse. Sie war damals sehr wichtig für mich. Wir hatten eine schöne Zeit zusammen. Wir machten all diese Kleinen-Mädchen-Dinge, die zugleich so unschuldig und so schelmisch sind.

Im gleichen Jahr, so um die Weihnachtszeit, holten wir uns heimlich die BHs meiner Schwester aus der Schublade. Wir stopften sie mit Kleenextüchern aus und zogen sie an. Ich fand mich klasse so mit richtigem Busen. Wir hatten einen Plan ausgeheckt.

»Mom«, sagte ich. »Sandy und ich wollen mit dem Bus nach San Francisco und dort einkaufen gehen. Uns passiert bestimmt nichts. Der Bus fährt direkt bis Market Street. Da steigen wir aus und gehen direkt zum Kaufhaus und von dort zu Macy am Union Square.«

»Ich weiß nicht«, sagte meine Mutter skeptisch.

»Bitte! Wir gehen auch den ganzen Weg Hand in Hand«, bettelte ich. Schließlich gab meine Mutter nach.

Samstags darauf stiegen wir in unsere besten Sonntagssachen und nahmen den Bus nach San Francisco. Wir stiegen aus und gingen in die Damentoilette. Wir gingen zu zweit in eine Kabine. Ich griff in mein Täschchen und holte zwei BHs und zwei Paar hochhackige Schuhe heraus. Wir zogen die BHs an und stopften so viel Toilettenpapier hinein, wie nur hineingehen wollte.

»Du siehst klasse aus«, sagte ich zu Sandy.

»Du auch«, gab sie zurück.

Wir verließen mit unseren riesigen Brüsten die Damentoilette und stolperten auf unseren hochhackigen Schuhen die Market Street in Richtung Kaufhaus entlang. »Komm, wir gucken uns den Weihnachtsmann an«, schlug ich vor. Ich hoffte, eine Babypuppe und einen Haufen schöner Puppenkleider zu ergattern. Wir stellten uns in der Schlange an. Schließlich war ich an der Reihe. Obwohl ich nicht an den Weihnachtsmann glaubte, war ich immer ein bißchen aufgeregt, wenn er mir gegenüberstand. Jetzt war ich dran. Ich saß mit meinen großen plumpen Brüsten und meinen hochhakkigen Schuhen, die ich vorne ausgestopft hatte, auf seinem Schoß. Ich blickte auf, und da, genau vor mir, stand Tante Helen. Helen konnte ihre Augen gar nicht von meinen Brüsten abwenden.

»Hallo«, sagte ich verlegen. Tante Helen sagte nichts dazu. Sie blieb gefaßt und sagte uns, wir sollten auf uns aufpassen. Dann wünschte sie uns einen schönen Tag und ging. Sandy und ich rannten zur Damentoilette und warfen das ganze Toilettenpapier weg. Wir zogen die hohen Schuhe aus, die uns sowieso zu sehr drückten, und wurden wieder zu zehnjährigen Mädchen.

9

Jedes Jahr im Frühling trainierte Dad die Schulauswahl der St. Robert Catholic Grammar School. Er war ein prima Trainer. Sein ganzes Leben hatte sich um den Sport gedreht, und er verstand es wirklich, die Jungs auf Vordermann zu bringen. Es war eine der seltenen Gelegenheiten im Jahr, bei denen ich stolz auf ihn war. Kurz bevor das Team von ihm zusammengestellt wurde, waren alle Jungs in meiner Klasse immer ausgesprochen nett zu mir. Wahrscheinlich dachten sie, daß ihnen ein guter Draht zur Tochter des Trainers größere Chancen eröffnen würde, ins Team zu kommen. Ich hatte zwar überhaupt keinen Einfluß auf meinen Dad, aber ich genoß die Aufmerksamkeit, die mir die Jungs entgegenbrachten. Dad trank ausgesprochen wenig, während er die Mannschaft trainierte. Natürlich war er an »trockenen Tagen« entsprechend grantig mit seinen Spielern. Keiner war ihm gut genug. Und so sehr sie sich auch bemühten, sie blieben für ihn »ein Haufen Flaschen«. Alle legten sich ins Zeug, um ihn zu beeindrucken. Sie hielten mit dem Training durch, bis es dunkel wurde, und strengten sich furchtbar an, und schließlich hatte Dad das beste Team der ganzen Liga. An manchen Tagen tauchte Dad auch betrunken beim Training auf. Die Jungs aus dem Team waren noch jung und begriffen nicht, daß Dad Alkoholiker war. Sie dachten bloß, er hätte an solchen Tagen besonders schlechte Laune. Sie wußten, daß es das beste war, sich beim Training hundertprozentig reinzuhängen, damit Dad sie nicht ständig anbrüllte. Wenn Dad nüchtern war, ging ich mit ihm zum Training, setzte mich auf die Tribüne und sah zu. Obwohl er sie anbrüllte und beschimpfte, hatte es etwas Schönes, zu sehen, wie er das Beste aus den Jungs herausholte. Er hatte einen Star, seinen Schützling. Er hieß Wally und war ein unglaublich guter Werfer. Wally wohnte gleich bei uns um die Ecke, und wir haben als Kinder praktisch immer zusammen gespielt. Wally mochte meinen Dad wirklich gern, und da er ein so guter Sportler war, fand Dad an ihm nichts, weswegen er ihn hätte anbrüllen können. Er war immer der erste, der zum Training erschien, und der letzte, der wieder ging. Wann auch immer wir an seinem Haus vorbeifuhren, sahen wir ihn draußen, wie er einen Baseball gegen die Hauswand warf und wieder auffing. Beim Training war es Wally, der das Werfen übernahm, und Dad schlug den Ball zu den verschiedenen Spielern auf ihren Posten. Das Fangen sollte trainiert werden.

Eines Tages kam Dad sturzbetrunken zum Training. Er fing wieder an, den Fängern die Bälle zuzuschlagen. In seinem betrunkenen Kopf holte er mit dem Schläger aus und schlug so unglücklich, daß er das Gleichgewicht verlor. Der Baseballschläger zischte herum und traf Dad mit voller Wucht an der Ferse. Er ging zu Boden. »Verfluchte Scheiße«, stöhnte er, als er auf die Markierung sank. Die Jungs gerieten in Panik. Einige rannten über die Straße zu unserem Haus.

»Mr. Mahoney hat sich verletzt«, erklärten sie meiner Mutter aufgeregt.

Mom und ich liefen hinüber in den Park. Dad lag noch auf der Erde. Mom bat einige Jungs, ihr dabei zu helfen, ihn zum Wagen zu tragen. Sie brachte Dad ins Krankenhaus. Er hatte sich die Ferse gebrochen. Sein Bein wurde in Gips gelegt, und er konnte sechs Wochen nicht mehr arbeiten.

Die ersten Wochen zu Hause mit Dad waren unerträglich. Seine gebrochene Ferse bereitete ihm Schmerzen, und sein ganzer Körper litt unter Entzugserscheinungen. Er war unruhig und barsch, er war auf sich selbst wütend, weil er sich verletzt hatte, und er gab seine Wut an uns weiter, einfach weil wir da waren. Nach einem Monat hörte sein Körper auf, nach Alkohol zu verlangen, und nun begann die normalste Phase meiner Kindheit. Es war wunderbar, sich zu Hause so entspannt fühlen zu können. Dad kümmerte sich um den Haushalt, und er war gut darin.

Im nüchternen Zustand war Dad der perfekte Hausmann. Das Haus sah gepflegt aus, die Wäsche war säuberlich gefaltet, der Abfall in kleinen verschnürten Tüten verpackt und vor die Tür gestellt. Die Fenster glänzten, und jeden Abend machte Dad einen wundervollen Eintopf oder irgendeine Kreation mit Fleisch und Käse. Wir fingen wieder an zu singen. Dad hatte zwar immer noch sehr hohe Ansprüche, aber es fiel uns leichter, ihnen zu entsprechen. Wir bekamen nachts genügend Schlaf und fühlten uns deswegen tagsüber nicht mehr so ausgelaugt.

Dad hängte einen Kalender auf und teilte jedem seine Hausarbeit zu. Die Arbeit wurde nach Schnelligkeit und Gründlichkeit bewertet. Danny stand um sechs Uhr morgens auf, um den Rasen zu mähen und die Pflanzen zu gießen. Maureen und ich wurden um dieselbe Zeit geweckt. Maureen bügelte eine Stunde lang, und ich machte unser Zimmer und die Küche sauber. Am Ende der Woche dann bekam der, der die beste Arbeit geleistet hatte, einen Goldstern neben seinem Namen auf den Kalender geklebt. Wir alle wollten es Dad recht machen, und so holten wir das Letzte aus uns heraus, um am Ende der Woche den Stern neben unserem Namen leuchten zu sehen.

In dieser Phase war meine Liebe zu Dad fast grenzenlos. Ich hoffte, sie würde niemals enden. Es war unbeschreiblich, eine »normale Familie« zu sein. Ich lud Sandy einige Male ein, bei uns zu schlafen, nur um ein bißchen angeben zu können. Mom war jetzt viel ruhiger und begann, wieder Klavier zu spielen. Man hatte sogar den Eindruck, daß sie Dad mochte.

Obwohl Dad auf Krücken ging, hörte er auch während dieser Zeit nicht auf, das Baseballteam zu trainieren. Es gewann sogar die Meisterschaft. Dad war der Held des Endspiels. Die Mannschaft schleuderte jubelnd die Baseballkappen in die Luft und nahm Dad auf die Schultern, um ihn in einem Triumphmarsch über das Spielfeld zu tragen. Er sah richtig glücklich aus. Ich war so stolz, daß ich weinte, und Dad war nüchtern.

10

Es war das Jahr 1957, das »normale Jahr«, das Jahr, in dem Dad nüchtern blieb. Ich war elf Jahre alt und begann, meine Nervosität abzulegen und etwas entspannter zu werden. Ich strengte mich an, um bessere Zensuren zu bekommen. Es fiel mir nicht mehr so schwer, zu Hause zu lernen, wenn Dad nicht mehr trank und die Nächte ruhig verliefen. Meine Zensuren wurden auch wirklich besser, und Dad versprach mir fünf Dollar für den Fall, daß ich in allen Fächern glatte Einser bekäme. Ich arbeitete wirklich hart und bekam außer einer Eins Minus nur glatte Einsen. Dad gab mir die fünf Dollar nicht. Du lieber Himmel, was war ich sauer. Ich fand es ungerecht von ihm. Schließlich hatte ich die Eins Minus in Fleiß bekommen. Wie fleißig hätte ich denn noch sein sollen? Ich kannte niemanden, der nur glatte Einser bekommen hatte. Er hatte ein Versprechen gegeben und es nicht gehalten. Es gab keine Chance, es ihm irgendwie recht zu machen. Wenn ich doch nur seinen Beifall finden würde, vielleicht wäre er dann glücklicher und vielleicht würde er dann nicht mehr trinken wollen.

Kurz nach der Baseballsaison teilte Mom uns mit, daß sie schwanger wäre. Ich konnte nicht verstehen, warum sie nicht über allen Wolken schwebte, aber sie war eben schon Mitte vierzig, und ihr graute vor der Vorstellung, noch ein Kind in ein solches Haus des Schreckens zu setzen. Obwohl Dad während der letzten Monate nüchtern geblieben war, wußten wir im Grunde genau, daß seine Nüchternheit nicht dauerhaft war. Wir sollten recht behalten.

»Dieser Hundesohn!« sagte Dad, als er ins Haus getaumelt kam. Mir sackte das Herz in den Magen. Es war vorbei mit der Ruhe. Dad ging wieder zur Arbeit, er konnte dem Anblick so vieler Bierflaschen einfach nicht widerstehen und gab der Versuchung nach.

Moms Gesicht verzerrte sich vor Schmerz. Sie war jetzt im sechsten Monat schwanger.

Die langen, lauten, häßlichen Nächte stellten sich wieder ein. Wir waren zur gewohnten Wirklichkeit, zu unserer Normalität zurückgekehrt. Die Nüchternheit war für uns das Unnormale gewesen. Meine Bettnässerei wurde wieder zu einer allnächtlichen Angelegenheit. Am 20. August 1957 schenkte Mom meinem zweiten Bruder das Leben. Dad fuhr sie ins Krankenhaus, und er war betrunken. Das Kind erhielt den Namen Michael Patrick Mahoney. Dad war stolz auf diesen Namen, er klang so irisch. Ich war schrecklich aufgeregt. Vielleicht wird Dad jetzt, wo wir ein neues Baby haben, nicht mehr soviel trinken, dachte ich. Während Mom im Krankenhaus lag, besuchte Dad alle Verwandten und Bekannten, die wir hatten, um mit ihnen auf dieses Ereignis anzustoßen. Er kam volltrunken nach Hause.

Mir machte der Gedanke, Dad in einem solchen Zustand ohne Moms Schutz ertragen zu müssen, Angst. Er war so betrunken, daß er sich um die Nebensächlichkeiten, z. B. das Licht einzuschalten, gar nicht kümmerte. Er saß hinten im Haus im Stockdustern, trank, rauchte und redete mit sich selbst über all die »großen Arschlöcher«. Ich verbrachte die nächste Nacht bei Sandy, Danny schlief bei seinem Freund Mike, und Maureen besuchte ihre Freundin Roberta übers Wochenende.

Ich war von meinem neuen kleinen Brüderchen fasziniert. Ich liebte es zuzusehen, wenn Mom ihm die Brust gab. Es war ein schöner Anblick. Mom zog sich zum Stillen immer in das Schlafzimmer zurück, weil es ihr so peinlich war. Wahrscheinlich war es ihr nicht angenehm, daß ich immer einfach so hereinplatzte, aber ich war zu neugierig, um draußen zu bleiben. Dad trank weiter, aber er war nicht so aggressiv wie sonst.

Das Baby hatte einen gewissen beruhigenden Effekt auf die Familie.

Es war nicht gerade die beste Umgebung für ein neugeborenes Baby, und es war auch keine gute Umgebung für eine Mutter mit ihrem Baby, aber es war genau das richtige für Dad. Jetzt hatte er jemanden, der die ganze Nacht durch seinem betrunkenen Gefasel zuhörte. Er saß mit seinem Bier am Kinderbett und redete stundenlang auf den kleinen Michael ein. Michael hörte aufmerksam und dankbar zu. Er widersprach nie, wurde nie wütend oder frustriert. Das Baby akzeptierte Dad so, wie er war. Es mochte Dads Gegenwart, wenigstens so lange, wie Dad nicht brüllte. Dann nämlich begann es, ebenfalls zu schreien. Aber die meiste Zeit redete Dad nur, und redete und redete. Zwischendurch konnte Michael einschlafen, und wenn er dann wieder aufwachte, saß Dad immer noch da und brummte betrunken vor sich hin. Michael war Dads neuer Freund, sein einziger Freund. Das war ein gewisser Trost für Mom. Sie hatte ein schlechtes Gewissen, weil sie ihr Baby in ein solches Leben geboren hatte, aber sie wußte, es war Gottes Wille, und sie würde alles tun, um Michael so gut sie es konnte aufwachsen zu lassen.

Michael war als Baby ein echter Schatz. Er hatte blonde Haare, große blaue, leuchtende, hellwache Augen mit langen, dichten Augenwimpern. Ich war richtig vernarrt in ihn. Aber es ergaben sich jetzt neue Schwierigkeiten zu Hause. Mom hatte aufgehört zu arbeiten, um sich um Michael zu kümmern. Und ohne Moms Lohn fehlte das Geld für all die Extras. Dads Lohntüte deckte nur das Allernotwendigste ab. Es herrschten jetzt neue Regeln bei uns: Nehmt nur wenig Butter; hebt das Butterpapier auf, damit man die Pfannen damit einreiben kann, verschwendet nichts, alle Essensreste müssen wiederverwertet werden, laßt das

Licht nicht unnötig brennen. Wir waren jetzt gezwungen, Vaters verdorbenes Fleisch zu essen. Der Geruch erregte Übelkeit bei mir und brachte Dad zur Weißglut. Er schien es richtig zu genießen, einen Grund zu haben, auf Vater sauer sein zu können. Dad wurde wieder zum Tyrannen. Für Mom war die Situation jetzt noch aussichtsloser als jemals zuvor.

Wieder zog ich mich in die Festung meiner Zimmerecke zurück. Meine Papierpuppen wurden von einem Plattenspieler und zwei Schallplatten abgelöst – *Gypsy* und *My Fair Lady*. Ich spielte sie immer wieder, bis ich jeden Ton auswendig kannte.

Eine Gefangene der Gosse, seht doch bloß,
Jedes Wort, das sie sagt, stellt sie bloß.
Greift sie und hängt sie – am besten sofort
Für ihren mörderischen Frevel am englischen Wort.

Ich wurde Rex Harrison oder Ethel Mermon, meine Lieblingssängerin.

Die Miete zu zahlen, das Bingospiel,
Ist für viele Menschen schon ganz schön viel.
Das reicht den Allzuvielen eben,
Kaum daß sie wissen, daß sie leben.
Doch ich, ich, ich
Ich will das Leben wagen.

Immer wieder sang ich die beiden Musicals. Ich flüchtete mich regelrecht in sie hinein. Ich war Eliza Doolittle, die aus der Gosse geholt und in das prachtvolle Haus gebracht wird, oder Mama Rose, die für ein besseres Leben ihrer Kinder kämpft.

Wenn Freunde und Verwandte vorbeikamen, um das Baby zu sehen, zwang mich Dad, für sie zu singen. »Steh auf, Suzanne, sing: ›Alles, was ich will, ist irgendwo ein Zimmer‹.« Ich wollte nicht. Meine Lieder gehörten in meine Phantasiewelt. Allein in meinem Zimmer war ich grenzenlos frei. Vor den Verwandten fühlte ich mich bloß nackt. Sie konnten nicht hören, was ich in meinem Kopf hörte. Sie konnten das Anschwellen des Orchesters und den Chor der Stimmen hinter mir nicht hören. Sie konnten die Kostüme und das Licht nicht sehen.

»Bitte zwing mich nicht, Daddy«, bettelte ich.

»Du meine Güte. Sonst kriegt man sie nicht dazu, in ihrem Zimmer ruhig zu sein, und jetzt kriegt sie keinen Pieps mehr raus«, sagte er angewidert. Ich lief weinend und beschämt auf mein Zimmer.

Das passierte immer wieder. Manchmal sang ich, dann wieder wollte ich nicht. Dad gab gerne mit seinen Kindern an. Er war stolz auf uns, aber ich war in einem sehr verletzlichen Alter, am Anfang der Pubertät und sehr unsicher.

Ich hatte viel Spaß an meinem kleinen Bruder Michael.

Sandy und ich fuhren ihn nach der Schule oft im Kinderwagen spazieren. Es war eine gute Gelegenheit, aus dem Haus herauszukommen, und es war eine gute Möglichkeit, mit Leuten draußen auf der Straße ins Gespräch zu kommen. Die Nachbarn blieben stehen und sagten: »Ach, ist der nicht süß!« oder »Wie alt ist er jetzt?« Das funktionierte auch mit den Jungs aus der Stadt. Ich ging oft mit dem Kinderwagen an Wallys Haus vorbei. Ich wußte, daß er und vielleicht sogar der andere »Traumjunge« der Schule, Mike, vor dem Haus sein würden.

»Zeig uns doch mal den Kleinen von unserem Trainer«, sagte Wally.

»Ja, ich muß jeden Tag mit ihm spazierenfahren«, sagte ich. Ich war bloß zu unsicher, um ihnen geradeheraus zu sagen, was ich wollte. Wally war wirklich süß, und ich war in Mike verschossen.

»He, Mahoney«, sagte Wally. »Stimmt es, daß du Phyllis und Judy kennst?« Das waren zwei ›heiße‹ Schülerinnen der örtlichen Schule. Sie hatten einen richtigen Busen, trugen enge Pullover und eine Menge Lippenstift. Ich hatte sie kurz vorher kennengelernt und war wie von den Socken, daß sie Interesse an mir zu haben schienen. Ich fand sie wunderbar. Meine Mutter hielt sie für Flittchen.

»Ja, das sind gute Freundinnen von mir«, schwindelte ich.

»Bring mich mit ihnen zusammen, ja?« sagte Wally.

»Ja sicher. Ich schau mal, was sich da machen läßt.«

Ich wünschte mir, Wally würde sich für mich interessieren, aber das war immer noch besser als nichts. So hatte ich wenigstens die Chance, mit ihm zu reden. Und warum sollte er sich auch für mich interessieren? Ich war spindeldürr und dumm.

11

Am Weihnachtsabend 1958 besuchte uns Bill, um Dad um die Hand seiner Tochter zu bitten. Ich war zwölf Jahre alt, Michael gerade zwei und Danny war sechzehn. Es lief nicht ganz so ab, wie Bill es sich vorgestellt hatte, obwohl er die Verhältnisse bei uns eigentlich doch lange genug gekannt hatte, um auf solche Unwägbarkeiten gefaßt zu sein.

Der Weihnachtsabend bescherte uns meist nichts Gutes. Die »stille Nacht« ähnelte für gewöhnlich mehr einer gewalttätigen, »lauten Nacht«. Dad kam sturzbetrunken von der Weihnachtsfeier in der Brauerei nach Hause. Er taumelte und fiel in den Weihnachtsbaum, was nichts Neues war. Mom und ich stürzten nach vorne, um ihn aufzufangen, bevor alles zu Bruch ging. »Scheißdreck, verdammter!« lallte er. Wir zerrten und zogen ihn zur Couch. Danny kam die Treppe heruntergestürzt, um uns zu helfen. Sein Gesicht sah angespannt und bekümmert aus.

»Vielleicht schläft er ja ein«, meinte Mom verzweifelt.

»Mist, verdammter. Gib mir 'n Whisky!« brüllte er herausfordernd. Er war völlig hinüber, wußte nicht mehr, wo und bei wem er war.

Ich war sehr nervös und angespannt. Mom und ich waren dabei, alles für das große Weihnachtsessen am nächsten Tag vorzubereiten, aber wir hatten Angst, das gute Porzellan auf den Tisch zu stellen. Angst, er könnte in den Tisch stolpern oder das Porzellan absichtlich zerbrechen.

Maureens Hände zitterten. Es war der wichtigste Abend ihres Lebens, und er fing alles andere als vielversprechend an.

Um acht Uhr abends klingelte es draußen. Maureen rannte zur Haustür. »Hallo, mein Schatz«, begrüßte Bill sie. Er strahlte über das ganze Gesicht, er war aufgeregt und voller Erwartung. Es war auch der wichtigste Tag in seinem Leben. »Wo ist dein Vater?« fragte er frohgemut.

»Nun«, stammelte Maureen, dann trat sie einen Schritt zur Seite. Genau vor ihnen lag er, besinnungslos auf der Couch ausgestreckt, sein Gebiß auf der Brust. Er schnarchte laut und murmelte zwischendurch irgendwelche Obszönitäten. Seine Lippen bebten und flatterten bei jedem Atemzug.

Bill stand verwirrt und völlig niedergeschlagen vor Dads Couch. Er hatte es »richtig« machen wollen, aber eine förmliche Anfrage bei dem Vater der Braut kam jetzt natürlich nicht mehr in Frage. »Vielleicht könntest du statt dessen ja meine Mutter fragen«, schlug Maureen verlegen vor.

Mom war oben in Dannys Zimmer, sie saß alleine im

Dunkeln, rauchte und hielt ihren Rosenkranz in der Hand. Sie hob ihren Kopf, als Bill ins Zimmer trat und das Licht anknipste.

»Darf ich mir erlauben, um die Hand Ihrer Tochter anzuhalten?« fragte er meine Mutter.

Tränen traten ihr in die Augen. »Wie schön«, sagte sie gerührt. »Ich wünsche euch beiden von Herzen alles Gute.« Dann umarmte sie ihn. »Ich hätte mir keinen besseren Schwiegersohn wünschen können.«

Mom freute sich aufrichtig für ihre Tochter. Nun könnte Maureen endlich ein normales Leben führen. Sie würde das Leben bekommen, von dem Mom selbst immer geträumt hatte.

12

Es war jetzt eine Menge los in unserem Haus. Maureen und Bill heirateten in jenem Juni, und wir begannen mit den Vorbereitungen. Bill stammte aus einer Familie, die alles das repräsentierte, was wir nicht waren oder hatten. Bills Vater leitete sein eigenes Geschäft. Seine Familie lebte in einem wunderschönen, riesigen Haus in Hillsborough mit Grundstück und vielen Bäumen. Hillsborough war der Stadtteil der reichen Leute. Sie hatten sogar einen Swimmingpool. Bills Mutter hatte platinblondes Haar und trug die schönsten Kleider. Sie fuhren einen Cadillac. Sie schienen vollkommen. Bills Eltern und meine waren sich bisher noch nicht begegnet, aber es war jetzt an der Zeit, dies nachzuholen. Ich bin überzeugt, daß Maureen dieses Zusammentreffen, so lange es irgend ging, vermieden hatte. Nun bereitete Mom eine Dinnerparty in unserem Haus vor. O Gott, ging es mir durch den Kopf. Das wird eine Katastrophe.

Dad hatte sich von seinem Taschengeld eine beträchtliche Summe für Maureens Hochzeit zusammengespart. Darüber hinaus sollte ein Kredit bei der Bank aufgenommen werden. Die Iren legen großen Wert auf Hochzeiten und Beerdigungen, und Dad wollte sich hier von niemandem übertrumpfen lassen. Maureens Hochzeit sollte die prachtvollste in der ganzen Stadt werden. Außerdem hatte er jetzt genügend Grund, ausgiebig zu feiern. Er schmiß unentwegt Runden in Nevills Bar, »um die Hochzeit meiner Tochter gebührend zu begehen«, wie er sich ausdrückte. Der gute alte Ducky! Er kam dann spät nachts betrunken und in bester Laune nach Hause. »Ich liebe dich, Maureen«, lallte er. »Ich hab allen meinen Freunden gesagt, wie sehr ich dich liebe.«

Maureen strich einen Tag nach dem anderen in ihrem Kalender aus. Der Countdown zum Tag ihrer Freiheit hatte begonnen. Sie würde endlich weggkommen von zu Hause, und sie würde »es jetzt mit Bill machen« können. Ich fing gerade an, die ersten sexuellen Regungen zu verspüren, und Sandy und ich verbrachten viel Zeit mit der Frage, was dieses »es machen« war und wie es sich wohl anfühlte. Ich wußte, daß meine Schwester noch Jungfrau war und es auch bis zur Hochzeitsnacht bleiben würde. Wir waren echte Katholiken so wie alle, die wir kannten. Und Sex vor der Hochzeit war verboten; es gehörte sich einfach nicht. Es gab damals keine hundertprozentige Verhütungsmethode, so daß, selbst wenn man vorehelichen Geschlechtsverkehr *moralisch* vor sich rechtfertigen konnte, die Gefahr einer Schwangerschaft einfach viel zu groß war. Außerdem war es eben besser, sich für seinen Ehemann aufzubewahren, seine Jungfräulichkeit durch den Blutfleck im Ehebett, das Mal des Beweises, zu belegen. Man gehörte ihm und nur ihm – das ganze Leben lang. Das alles war Teil der romantischen Vorstellungen, mit denen ich aufwuchs. Es war wichtig, daß man »ein anständiges Mädchen« war. Und ich wollte um alles in der Welt ein »anständiges Mädchen« sein. Auch meine Schwester, die aus derselben Schmiede kam, war natürlich »ein anständiges Mädchen«.

Die Geschenkparties begannen. Maureen bekam die herrlichsten Sachen: neue Handtücher, Toaster, Küchenutensilien. Sie hatte sich ihr Porzellan, Kristall und Silber bei dem Geschenkladen in Burlingame ausgesucht, und weil sie das erste Kind aus der ganzen Familie war, das heiratete, legte sich jeder bei den Geschenken besonders ins Zeug. Maureen war im Begriff, ein ganz neues Leben zu beginnen. Sie würde von nun an keine »Geheimnisse« mehr mit sich herumtragen müssen. Sie würde respektabel sein und wunderschöne Dinge besitzen, und ich freute mich für sie. Ich träumte manchmal davon, daß sie und Bill mich bei sich wohnen lassen würden. Maureen arbeitete und lebte noch zu Hause. So konnte sie sich etwas Geld für neue Möbel zur Seite legen. (Dad ließ sie »einen Dollar pro Tag« für Unterkunft und Essen zahlen, was wir oft genug während seiner weinseligen Litaneien zu hören bekamen.) Maureen und Bill gingen zu Sloanes Möbelgeschäft in San Francisco, um sich ihre neuen Möbel auszusuchen. Anschließend setzten sie sich noch auf einen Drink zusammen, wobei Maureen feststellte, daß sie durchaus etwas für Martinis übrig hatte. »Martinis sind O.K.«, sagte sie. »Nur Idioten saufen Bier.«

Das große Dinner mit den Gilmartins kam immer näher. Meine Mutter war außer sich vor Nervosität. Sie wollte, daß die Mahoneys einen guten Eindruck auf Maureens zukünftige Schwiegereltern machten. Was aber wäre, wenn Dad mal wieder aus der Rolle fiel? Bill wußte zwar über Dad Bescheid, aber er hatte seinen Eltern nichts davon erzählt. Sie waren am Anfang ein wenig verkrampft. Mutter und ich hatten beide das Gefühl, daß ihr Besuch in San Bruno für sie einen Abstieg bedeutete. Wir waren schnell von jedem beeindruckt, der ein normales Leben führte, und um wieviel mehr von Leuten, die zudem noch Geld hatten.

Mom hatte Vater beauftragt, uns einen schönen Hochrippenbraten zu besorgen. Sie wollte ihn mit Kartoffelpüree, Bratensaft, frischen Schälerbsen, gegrillten Tomaten und ihrem Spezial-Zitroneneis als Nachtisch servieren. Bitte vermassele es nicht, Daddy, sagte ich mir immer wieder. Ich wollte, daß es für meine Mutter reibungslos ablief. Ihr Leben war so schon kompliziert genug. Ich wollte, daß sie glücklich war.

Schließlich war der Abend da. Die Gilmartins trafen pünktlich und perfekt gekleidet ein. Beide Väter trugen Anzüge. Dad holte eine Flasche gekühlten Sekt heraus: »Laßt uns auf das glückliche Paar anstoßen.« O nein, dachte ich. Jeder nippte an seinem Sekt, und man begann ein förmliches Gespräch. Mr. Gilmartin sagte, wie stolz und glücklich er sich schätze, eine so schöne Tochter in seine Familie aufzunehmen. Ich hatte ihn sofort ins Herz geschlossen. Er hatte ein gutmütiges Zwinkern in seinen Augen. Er sah aus, als müßte er ein wundervoller Vater sein. Dad sagte nichts über Bill. Aber er war in Höchstform und ungemein lustig. Wenn er wollte, hatte er einen großartigen Humor und konnte die ganze Versammlung um den Finger wikkeln. Er erzählte den Witz über Elizabeth Taylor, die eines Morgens aufwachte, gähnte und dann sagte: »I feel like a new man.« Alle lachten. Viele seiner anderen Witze machten sich über ethnische Gruppen lustig: Nigger, Spaghettifresser, Schlitzaugen, Knoblauchfresser und Kanaken. Er war ein richtiger Chauvi, aber alle lachten. Mir gefielen seine ethnischen Witze nicht, aber ich war mit dieser Sprache großgeworden, und so sagte ich nichts.

Die Dinnerparty verlagerte sich vom Wohnzimmer ins Eßzimmer. Mittlerweile hatten alle einige Gläser Sekt getrunken, ausgenommen ich, Danny und natürlich Michael. Dad machte den Wein auf. Seine Augen sahen schon leicht glasig aus, aber noch hatte er sich unter Kontrolle. Und er war so nett und zuvorkommend.

»Sie sehen so hübsch aus, Mrs. Gilmartin«, schwärmte er. »Darf ich Ihnen etwas Wein einschenken, Mr. Gilmartin?«

»Bitte nennen Sie mich Gil, Ducky.«

Es lief bestens. Dad gab sich wirklich Mühe. Ich liebte ihn deswegen. Moms Gesicht war gerötet. Sie hatte rote Flecken am Hals, und ich wußte, daß sie sich Sorgen machte. Trotzdem sah sie schön aus. Ihr Gesicht bekam eine schöne Farbe, wenn sie errötete, und ihr rotes Haar, das jetzt langsam weiß wurde, sah mit seiner Dauerwelle wie ein Windbeutel aus.

Der Rippenbraten war köstlich. Alle fühlten sich wohl, und Mr. Gilmartin sprach einen Toast aus: »Auf meine lieben Kinder, auf daß ihnen Glück, Gesundheit und ein langes gemeinsames Leben beschert werden.«

Auch mein Vater brachte einen Toast auf: »Auf daß er hochkomme und ewig stehen bleibe.«

Ha! Ha! Ha! Ha! lachten wir gequält. Maureen wurde blaß. Dad war betrunken. Danny und ich stießen uns unter dem Tisch mit den Knien an. Ich stand auf, um meiner Mutter beim Abräumen des Tisches zu helfen und den Nachtisch zu holen. Wir näherten uns dem Ende des Abends. Soweit war alles gutgegangen. Dad unterhielt die Gilmartins mit Geschichten aus der alten Fleischerstadt, er gab etwas über seinen alten Freund Beechie Bozio zum besten. »Dieser Mistkerl konnte jedem das Mark aus den Knochen prügeln«, hörte ich ihn sagen. »Also sagte ich: ›Leck mich am Arsch!‹«

Dad begann, meine Mutter nervös zu machen. Wir wußten, daß es nicht mehr lange dauern konnte, bis er mit der Geschichte von der Frau mit den großen Titten ankommen würde.

Mom kam ins Eßzimmer gestürzt: »Irgend jemand Nachtisch?« fragte sie hysterisch. Ihr Gesicht war puterrot. »Es war das Rezept meiner Mutter. Ich habe es immer geliebt. Die Kinder sind auch verrückt danach. Es wird mit Magermilch zubereitet, deswegen macht es nicht dick.« Sie redete ununterbrochen, in der Hoffnung, daß sich dadurch keine Lücke für Dad ergeben würde.

Vater war den ganzen Abend still gewesen, er wollte Dad keinen Anlaß geben, aus der Haut zu fahren. »Es war großartig, Marion«, sagte er. »Solch ein wunderbares Dinner.« Alle stimmten ihm zu.

»Herrlich.«

»Sehr gut.«

»Wirklich köstlich.«

»Mögen Sie Mommy?« fragte Dad. Sein Kinn begann schlaff herabzuhängen. Er sprach jetzt mit allen. Danny und ich preßten unsere Knie aneinander. O Gott, dachte ich. Jetzt fängt er an. »Manchmal mag Mommy mich nicht«, lallte er. »Dann muß ich ihr einen kleinen Stoß in die Möse geben.«

O Gott, bitte nicht, ging es uns durch den Kopf. »Ich bin müde«, sagte ich laut. Sofort ergriff jeder am Tisch diese Gelegenheit.

»Ja, ich auch«, sagte Mr. Gilmartin. »Es war ein wundervoller Abend. Köstlich. Na ja, ich habe morgen sehr früh schon die ersten Kunden. Wir müssen jetzt wirklich nach Hause und ein wenig schlafen. Ho! Ho!«

»Ich danke Ihnen, Marion«, sagte Mrs. Gilmartin. Dann gingen sie.

»Gute Nacht, Marion. Ich liebe dich«, sagte Vater.

Maureen ging mit Bill raus. Danny und ich halfen Mutter beim Abwasch.

Dad saß mißmutig am Essenstisch. Seine Laune hatte sich verändert. »Mr. Kilmartin kann hingehen, wo der Pfeffer wächst«, sagte er. Dann kam sein schlimmstes Urteil. »Nur drei kleine Worte. Eine große Null!«

Dad glaubte, er könne Mr. Gilmartin einfach so auswischen, indem er ihn eine Null nannte. In seinem Suff zog er sich immer in diese tiefe dunkle Stelle in sich selbst zurück, dorthin, wo wir alle unsere häßlichsten Gedanken und größten Ängste begraben. Was brachte diese Gefühle und Regungen an die Oberfläche, wenn er betrunken war? Das ist das Verwirrendste am Alkoholismus, der Selbsthaß, der sich in die Anschuldigungen gegen andere verkleidet. Alles, was man in einem solchen Zustand über andere sagt, gilt der eigenen Person. Wenn Dad sein »Du bist ein Niemand. Eine große Null« herausschrie, meinte er in Wahrheit sich.

13

In der Nacht vor der Hochzeit weinte Maureen in einer Tour. Sie hatte Gewissensbisse, weil sie Mom mit Dad allein ließ. Als Älteste hatte sie das Gefühl, Mutter zur Seite stehen zu müssen. Sie hatte Angst davor, was mit Mom passieren würde, wenn sie nicht mehr da wäre. Was sie nicht begriff, was niemand von uns begriff, war, daß Dad Mom für sich allein haben wollte. Früher war er ihr ein und alles gewesen. Als wir dann kamen, wandte sie ihre Aufmerksamkeit mehr und mehr uns zu, bis sich schließlich diese brodelnde eifersüchtige Wut in ihm entwickelte. Er liebte uns, gar keine Frage, aber er wollte, daß alles wieder so würde, »wie es am Anfang gewesen war«. Er war das »Baby« in einer Familie mit dreizehn Kindern gewesen und hatte so nie gelernt, erwachsen zu werden. Vielleicht hätte meine Mutter ihm, wenn er kein Trinker gewesen wäre, mehr Aufmerksamkeit geschenkt als uns; aber als Alkoholiker war er nicht gerade besonders attraktiv. Sein natürlicher Reifeprozeß hörte an dem Tag auf, an dem er zu einem Trinker wurde. Und so war er mit fünfzig Jahren immer noch auf dem Entwicklungsstand eines Fünfundzwanzigjährigen.

Wir alle dachten, der Grund für Maureens Tränen sei eine plötzliche Unsicherheit betreffend Bill. Ich hoffte nur, sie würde ihre Meinung über Bill und die bevorstehende Hochzeit nicht ändern. Ich freute mich auf die Hochzeit. Man hatte mir ein schönes weißes Kleid genäht, mit einer Empiretaille aus Spitze, durch die sich rosa Bänder zogen. Ich hatte rosa Satinpumps mit niedrigen Absätzen und trug zum ersten Mal Nylonstrümpfe. Ich borgte mir den BH von Sandys Schwester, um ihn unter dem Kleid anzuziehen. Ich brauchte zwar noch keinen, aber in der allgemeinen Aufregung würde Mom ihn, auch wenn er hinten durch das Kleid sichtbar war, sicher nicht bemerken. Ich hatte richtig spekuliert.

Die Hochzeit war herrlich. Ein Riesenerfolg. Nach der kirchlichen Trauung gab es einen Empfang im Burlingame Frauenklub. Eine Band spielte live, und Kellner rannten mit heißen Cocktailhappen herum. Es gab Kuchen, Sekt und eine offene Bar. Bill tanzte mit Maureen den Hochzeitstanz, seine Lippen eng an ihren Kopf gepreßt. Sie waren sehr verliebt. Maureen strahlte vor Glück. Ihr Hochzeitskleid war ganz aus Alencon-Spitze mit einer langen Schleppe. Dann zog sie sich um, sie trug ihren Ausgehanzug aus hellroter Wolle, einen großen weißen Florentinerhut und weiße Glacéhandschuhe. Sie brachen zu ihren Flitterwochen nach Kuba auf. Das Flugticket war billig, denn Maureen arbeitete für eine Fluggesellschaft.

Nach dem Empfang gab es eine große Party in unserem Haus. Dad war völlig betrunken, ebenso wie die übrigen Verwandten. Sogar meine Mutter war ein bißchen beschwipst. Danny hatte ein paar Gläser Sekt getrunken und war begeistert davon.

Ich ging dann in »mein« Zimmer und begann, die Sachen meiner Schwester auszuräumen. Ich konnte es kaum erwarten, allein in meinem Zimmer zu sein. Ich hatte bisher noch nie einen Ort für mich allein gehabt.

Es änderte sich nicht viel nach Maureens Hochzeit. Die Nächte blieben laut und schrecklich, aber es gab jetzt eine Person weniger, die herumbrüllte. Ich war begeistert davon, ein eigenes Zimmer zu haben, und blieb oft stundenlang darin, um meine Platten zu hören und zu träumen. Mit dem Dollar, den ich jede Woche als Taschengeld erhielt, kaufte ich mir immer den heißesten Schlager der Woche, und so hatte ich nach einer gewissen Zeit eine recht ansehnliche Single-Sammlung. Ich liebte Tommy Sands und the Four Freshmen, die Everly Brothers, Ella Fitzgerald und Doris Day. Ich kaufte mir weitere Filmmusik: *Camelot, Pal Joey, Oklahoma.* Ich hörte sie immer wieder, bis ich jedes Wort, jede Nuance und jeden Dialog in- und auswendig kannte. Ich liebte die Musik. Sie war meine Möglichkeit, allem zu entkommen. Im Musikunterricht war ich eine der Besten, und er gehörte zu dem wenigen in der Schule, auf das ich mich wirklich freute. Ich war auch im Chor und sang jeden Sonntag und Weihnachten in der Kirche; wir sangen Gregorianische Gesänge, Händel, »Dona Nobis Pacem«, »Ave Maria« und den Halleluja-Chor. Händel war mein Lieblingskomponist, er war aufregend und voller Frohmut. Ich konnte die Trompeten hören, selbst wenn es keine gab. Ich fühlte Liebe und einen tiefen Frieden. Ich vergaß meinen Schmerz und meine Trauer. Ich dachte nur noch an die guten Dinge, »den guten Dad«, meine wunderbare

Mutter, unser gemeinsames Lachen, Tanzen und Singen. Ich erhielt bei der Weihnachtsaufführung immer die Hauptrolle, ich war die Heilige Jungfrau Maria. Ich verbrachte Stunden mit Tagträumen, in denen ich mich als Schauspielerin sah, in denen ich tanzte und sang. Niemand in San Bruno hatte etwas ähnliches jemals gemacht, und so behielt ich meine Träume für mich. Außerdem erlaubte es mir mein geringes Selbstbewußtsein nicht, mir ernsthaft die Möglichkeit einer Karriere vorzustellen. Das war nur etwas für die anderen.

Ich konnte es kaum abwarten, die achte Klasse fertigzumachen. Ich war immer noch dürr und platt wie eine Flunder. Nach vielem Betteln und Bitten kaufte mir meine Mutter einen BH, allerdings war es ein Sport-BH, der meine Brust sogar noch flacher erscheinen ließ. Ich war das einzige Mädchen in der Klasse, das noch nicht seine Periode hatte. Die Mädchen machten sich über mich lustig, und die Jungs lachten über meine Figur, besonders Tommy.

»He, Mahoney«, sagte er z. B., »echt Spitze deine Figur.« Dazu formte er Daumen und Zeigefinger zu einem Ring, den er von oben nach unten durch die Luft führte, um damit anzudeuten, daß ich gerade und formlos »wie ein Stock« sei.

1959 war Danny siebzehn Jahre alt und besuchte die letzte Klasse der Highschool. Er war großartig. Ich vergötterte Danny. Mit seinen blonden Haaren sah er aus wie Troy Donahue. Er war einer der nettesten Menschen, die ich kannte. Alle mochten ihn, besonders die Mädchen. Er lachte gerne und viel.

Danny schien einfach alles zu haben, gutes Aussehen, Charme, Witz, Persönlichkeit und einen tollen Körper. Aber Danny war alles andere als unbeschwert, er litt unter Selbstzweifeln. Er glaubte sich jedem unterlegen. Sein ganzes Leben lang war ihm eingetrichtert worden, er sei ein »Riesentrottel«, ein »Dummkopf«. Seine Unfähigkeit, sich zu konzentrieren spiegelte sich in seinen Zensuren, was ihn in seinen Minderwertigkeitsgefühlen noch zusätzlich bestätigte.

Danny schleppte das Gewicht der ganzen Welt auf seinen Schultern. Da Dad so oft »daneben« war, fühlte sich Danny für die Familie verantwortlich. Er war der Friedensgarant, der Retter, immer darum bemüht, die Gewalttätigkeit, die zu Hause ausbrach, zu verhindern.

Für Danny war Dad noch immer ein Idol, aber er brauchte Bestätigung von ihm, nur ein gelegentliches »Prima, Junge« oder ein Schulterklopfen, damit er wußte, daß Dad etwas auf ihn gab. Aber Dads Krankheit war schon zu weit fortgeschritten. Er schwamm richtungslos in seinem Alkoholmeer und war unfähig zu erkennen, daß sein Sohn ihn und seine Versicherung brauchte, um sich ein Selbstbewußtsein aufzubauen. Wäre Dad *kein* Alkoholiker gewesen, wäre er für seinen Sohn dagewesen. In einer nüchternen Verfassung hätte er das Problem erkannt und entsprechend gehandelt, aber der Alkohol machte ihn egoistisch. Dad dachte nur noch an sich und seinen nächsten Drink.

»Du hast alle Voraussetzungen für einen Topathleten, warum legst du dich nicht ins Zeug und machst was daraus?« wurde Danny einmal von seinem Baseballtrainer gefragt.

»Ach, ich hab keine Zeit«, sagte ihm Danny. Im Innersten konnte er es sich einfach nicht vorstellen, daß er ein so guter Spieler wie Dad sein könnte. Wenn er wirklich das Zeug dazu hätte, hätte Dad ihn mehr unterstützt. Aber Dad kam nie zu Dannys Spielen, und Danny nahm dies als Beweis dafür, daß er nicht gut genug war. Es war leicht, ihn zu brechen und zu entmutigen.

Ich machte immer noch jede Nacht ins Bett. Das war eines der vielen peinlichen Geheimnisse, die ich mit mir herumtrug. Für mich war es normal, aber Danny hatte bereits zu diesem Zeitpunkt damit aufgehört.

Danny bekam die Hauptrolle in dem Stück *My Sister Eileen,* das in der Highschool aufgeführt wurde. Er spazierte durchs Haus und sang: »Dieser verdammte Dreck von der Georgia Tech.« Mom und ich gingen zur Premiere des Stückes. Wir waren schrecklich aufgeregt. Danny war großartig. Er war auf der Bühne genauso gewinnend wie im normalen Alltag. Wir applaudierten wie die Wahnsinnigen, und als das Stück vorbei war, kamen alle zu meiner Mutter und sagten ihr, wie begabt Danny war. Das war gut für Dannys Selbstvertrauen.

Mom strahlte vor Stolz, als sie die Komplimente entgegennahm. »Vielen Dank«, sagte sie, »Danny war immer schon ein lieber Junge.«

Nach dem Stück kam Danny mit ein paar Freunden bei uns zu Hause vorbei, um sich umzuziehen. Sie kamen durch den Hintereingang (Danny wußte, daß Dad betrunken in seinem Bett lag) und gingen in die Garage. Ich hörte sie und flitzte los, um Danny zu sagen, wie toll ich ihn in dem Stück fand. Es gefiel ihm nicht, daß ich einfach so hereinplatzte. Sie saßen alle auf der Treppe und tranken Dads Bier. Ich war völlig überrascht. »Geh raus hier«, sagte Danny.

»Wenn Dad rauskriegt, daß du sein Bier trinkst, dreht er durch«, sagte ich.

»Und wie soll er das rauskriegen?« fragte Danny.

Ich grinste. »Ich würde dich nie verpetzen.« Ich war so vernarrt in Danny, ich hätte ihm niemals Schwierigkeiten gemacht. Außerdem schwärmte ich für alle seine Freunde. Nein, meine Lippen waren versiegelt. Ich würde es nicht einmal Mom sagen.

Danny nahm in jenem Sommer einen Job an. Er arbeitete nachts in der Brauerei Lucky Lager. Er entdeckte bald, was Dad schon lange wußte: Es gab das Bier dort umsonst, und jeder trank es. Danny wollte zusätzlich etwas Geld verdienen, um Mom etwas von den Geldsorgen zu befreien. Er war ein lieber Junge, freundlich und sensibel. Er hatte Dads Sinn für Fairneß geerbt – jeder sollte seinen Beitrag leisten, und er wollte Mom nicht länger um Geld bitten.

Auch wenn es noch niemand bemerkt hatte – Danny hatte auch Dads Neigung zum Alkohol geerbt. Er fand heraus, daß man in der Brauerei viel freie Zeit hatte. Man konnte einen Job zwischen drei Arbeitern aufteilen. Man wechselte sich ab, einer kümmerte sich um das Band, die anderen beiden gingen in den Bierraum und spielten Karten. Danny trat der Dixie-Cup-Gang bei. Für fünf Dollar in der Woche konnte man so viel Whisky kriegen, wie man wollte. Danny lud seine Freunde nach der Arbeit ein. »Bier und Whisky umsonst.« Am nächsten Tag wurde viel gelacht, und man gab damit an, daß man sich an nichts mehr erinnern konnte. Danny hatte keine Ahnung, daß Blackouts ein sicheres Zeichen für Alkoholismus waren. Die Krankheit hatte angefangen, ohne daß sie richtig bemerkt worden war. Das ist das Problem aller Krankheiten, daß man sich ihrer zu Beginn nicht bewußt ist.

Dads Baseballteam gewann auch in diesem Jahr die Meisterschaft. Es war ein voller Triumph. Wally hatte ein Jahr vorher die Schule beendet, und niemand glaubte daran, daß Dad die Mannschaft ohne ihn noch einmal zur Meisterschaft würde führen können. Aber er schaffte es. Er trieb sie an und holte das Letzte aus ihnen heraus. Die Jungs aus dem Team, die das nicht verkrafteten, blieben auf der Strecke. Die Hartgesottenen blieben dabei. Man mußte schon ein dickes Fell haben, um mit Ducky Mahoney auszukommen. Aber wenn man dabei blieb, gab er einem manchmal einen

Klaps auf die Schulter; nicht oft, und eher im Vorübergehen, aber dieses kleine Zeichen der Anerkennung war so hart erkämpft, daß es ungeheuer guttat. Er machte Siegertypen. Er haßte es, »wenn diese Pisser den Löffel abgeben«. Es war etwas in seiner Persönlichkeit, das einen dazu anstachelte, für ihn als Sieger vom Platz gehen zu wollen. Es war die Art, wie er einen ansah, etwas in seiner Stimme, seiner Körpersprache. Es war stark genug, einen dazu anzutreiben, immer härter an sich zu arbeiten. Es erfaßte auch mich. Trotz allem, was geschehen war. Trotz all der langen, alkoholreichen, aggressiven und gewalttätigen Nächte sehnte ich mich nach seiner Anerkennung. Es war verdammt schwer, sie zu bekommen. Es war etwas an ihm, an das wir alle, Danny, Maureen und ich, immer geglaubt haben, etwas, von dem wir wußten, daß es gut war. Wir liebten ihn, und wir haßten ihn. Wir wollten nie so werden wie er, und doch wollten wir genauso sein. Denn in diesem Mann (wenigstens solange er nicht betrunken war) steckte ein Mensch, der äußerst begabt, sensibel und witzig war. Wenn er wollte, konnte er eine ganze Versammlung dazu bringen, sich schiefzulachen. Nach der Preisverleihung in der St. Robert's School kamen die Leute zu mir und sagten: »Mensch, dein Dad ist wirklich spitze, er ist so witzig.« Ja, dachte ich, ein einziger Freudenborn. Aber ich war stolz auf ihn. Hätte er doch nur nicht das Wort *Arschloch* vor den Nonnen benutzt, aber gerade seine Unverschämtheit trieb den Leuten vor Lachen die Tränen in die Augen. Ich bin davon überzeugt, er machte das mit Absicht. Er verwirrte mich damals sehr.

14

Ich begann, mich jetzt sehr für Jungs zu interessieren, aber leider blieb mein Interesse unerwidert. Ich war eben nur »Duckys Tochter«. Einmal ging ich an Wallys Haus vorbei. Er stand mit seinem Freund Mike vor dem Haus. Ich war wahnsinnig verliebt in Mike.

»He, wann machst du unsere Verabredung mit Judy und Phyllis klar?« fragte Wally.

»Warum kommt ihr nicht Freitag abend zu uns auf den Hof«, sagte ich. »Wir wollen draußen in meinem Zelt schlafen.«

»Mensch, prima«, sagten sie.

Jetzt, da ich mich festgelegt hatte, mußte ich Judy und Phyllis wohl oder übel über Nacht zu mir einladen. Außer Sandy hatte noch keine meiner Freundinnen eine Nacht bei uns verbracht. Aber wenn Mike und Wally wirklich kommen würden, war es das Risiko wert, auch wenn sie nicht gerade meinetwegen kämen. Nur, bitte, lieber Gott, laß Dad an diesem Abend nicht betrunken sein. Der Freitag kam, und Dad war völlig blau. Eine neue Krisensituation, mit der ich mich auseinandersetzen mußte.

Ich sagte Judy und Phyllis, daß mein Vater im letzten Moment schwer krank geworden sei und daß wir deswegen nicht reingehen konnten, um das Klo zu benutzen. Alles ging schief. Es war zehn Uhr. Wally und Mike waren nicht erschienen. Aus dem Haus kamen furchtbare Geräusche. »Ach, der arme Dad. Er muß sich übergeben«, sagte ich nervös.

»Dieser Scheißkerl kann doch sein eigenes Arschloch nicht von einem Erdloch unterscheiden«, bollerte Dad aus der Küche.

»Ha! Ha! Ha! Ha!« lachte ich wie eine Wahnsinnige.

»Du kannst doch hier nicht so herumbrüllen. Sei endlich still!« schrie Mom ihn an.

»Würdet ihr mich bitte entschuldigen«, säuselte ich,

so freundlich ich konnte. Ich rannte ins Haus. »Mom! Bitte, sorg dafür, daß Dad still ist. Man kann draußen alles verstehen«, flüsterte ich aufgebracht.

»Ich versuch es ja! Er will einfach nicht aufhören zu brüllen und geht nicht ins Bett. Der macht mich noch wahnsinnig.« Sie hatte einfach keine Kraft mehr.

O Gott, dachte ich. Hoffentlich ist diese Nacht bald vorbei. Ich hatte solche Angst vor dem, was Dad alles anstellen könnte.

Um Mitternacht trafen Wally und Mike ein. Es war sehr dunkel, und unsere Kerzen waren heruntergebrannt. »Psst! Seid doch ruhig!« sagte ich. »Wenn meine Eltern spitzkriegen, daß ihr hier seid, krieg ich einen Riesenärger.« Zwischendurch hörte man Dad »Wichser« oder andere ausgesuchte Vokabeln im Schlaf brüllen, aber wir taten so, als hörten wir ihn nicht.

»Sollen wir knutschen?« fragte Wally.

»Klar«, sagte ich. Plötzlich war es mucksmäuschenstill im Zelt. Ich konnte nichts sehen, aber ich konnte die Geräusche von unerfahrenen ersten Küssen hören. Schmatzgeräusche, heftiges Atmen und leise Mhms und Ohs. Ich wußte nicht, wer sich zu wem gesellt hatte. Ich weiß nur, daß ich am Schluß mit der Zeltstange dastand. Ich tanzte mit ihr, umarmte sie, scherzte mit ihr. Die Zeltstange war zu meinem Partner geworden. »Wow, kannst du gut küssen«, sagte ich zu ihr. »Laß das!« schimpfte ich. »Willst du tanzen, Großer?»

Ich hätte alles für einen Kuß gegeben, aber es sollte in dieser Nacht nicht sein.

Für die Abschlußfeier der achten Klasse fertigte mir Mom ein herrliches weißes Kleid an, das mit rosa glänzenden Streifen durchsetzt war. Ich erhielt ein goldenes Fußkettchen, auf dem mein Name eingraviert war. Ich liebte es. Ich war froh, die Mittelschule hinter mir zu haben. Dad war zu betrunken, um zu meiner Abschlußfeier zu kommen. Ich erhielt den Preis für Musik.

Danny ging in diesem Sommer zur Marine. Jetzt würde Michael, der gerade einmal zweieinhalb Jahre alt war, sein eigenes Zimmer bekommen. Es deprimierte mich, Danny weggehen zu sehen. Jetzt stand ich ganz allein da. Ich liebte Danny und wußte, daß er mir fehlen würde. Aber ich konnte verstehen, daß er aus dem Haus wollte. Er unterschrieb für zwei Jahre. Er hatte sich aus Spaß bei dem Basketballteam der Marine beworben. Er war gut, ein echtes Naturtalent. Sie nahmen ihn an. Er konnte es kaum glauben. Nach der Grundausbildung sollte er nach Hawaii gehen, wo das Team stationiert war. Er war sehr aufgeregt, er war noch nie vorher gereist. Wenn er mit der Marine fertig war, würde er all die vielen Sondervergütungen des Militärs erhalten. Mit dem G.I.-Schein würde er sich sein erstes Haus leisten können.

Wir veranstalteten eine große Abschiedsparty. Alle Angehörigen kamen. Dad wurde ziemlich betrunken. Er legte dauernd seinen Arm um Danny und sagte: »Du bist ein guter Junge. Ich bin stolz auf dich, mein Sohn.« Dad war ziemlich weinerlich an diesem Abend; am Schluß reichte es schon, wenn er Danny nur ansah, und seine Stimme begann zu zittern.

Ich ging auf mein Zimmer, setzte mich in meinen Wandschrank und weinte. Ich fühlte mich so einsam. Danny und Dad blieben noch bis spät in der Nacht auf und tranken Bier. Danny wollte, daß Dad und er Freunde wären. Gab es dazu einen besseren Weg, als sich mit ihm zu betrinken?

15

Die Pubertät war eine sehr aufregende und verwirrende Zeit für mich. Ich schrieb mich im September 1960 an der Mercy Highschool ein, derselben Schule, die auch meine Schwester besucht hatte. Ich war damals fast vierzehn Jahre alt. Mercy war eine katholische Mädchenschule, die von Ordensschwestern geführt wurde. Sandy ging zum Capuchino, der staatlichen Highschool von San Bruno. Es war sehr schmerzhaft für mich, von ihr getrennt zu werden. Sie war meine einzige Freundin und der einzige Mensch außerhalb der Familie, der alles wußte.

Mercy war ein echter Kulturschock für mich. Das Schulgebäude war eine alte umgebaute Villa und stand auf einem umwerfenden Grundstück mit wunderschönen Eichenwäldchen, peinlich genau geschnittenen Rosengärtchen, Springbrunnen und Statuen. Ich hatte noch nie so etwas Schönes gesehen. Das Schulgebäude sah aus wie aus einem Märchen. Die Halle war mit Eiche ausgekleidet, Leuchter hingen von den Decken. Als Hörsaal diente der alte Ballsaal, er hatte Logen und eine ausgesprochen schöne Bühne. Ich fand es wunderbar. Meine Mutter ging wieder zur Arbeit, um mir den Besuch dieser Schule zu ermöglichen.

Ich war begeistert von meiner neuen Umgebung. Was für eine Chance! Ich war hier mit völlig neuen Leuten zusammen, lebte gewissermaßen in einer ganz neuen Stadt. Niemand wußte, daß mein Vater der Stadtsäufer war, und ich nahm mir fest vor, daß niemand es je erfahren sollte. Nun endlich durfte ich etwas Selbstwertgefühl haben. Allerdings war ich nicht auf den ungeheuren Reichtum vorbereitet, der mir hier begegnen sollte. Meine Klassenkameradinnen wurden in Limousinen zur Schule gebracht und wieder abgeholt. Jede Familie hatte einen Cadillac mit eigenem Chauffeur. Alle Mädchen trugen Sachen von Saks und J. Magnin, und die meisten hatten Juwelen zur Abschlußfeier der Mittelschule erhalten, ihren ersten Diamanten oder einen wertvollen Rubinring als Erbstück. Das alles schüchterte mich ziemlich ein, und ich verschloß mich gegenüber den anderen. Ich hatte keine Freunde. Wie hätte ich sie auch bekommen sollen? Freunde muß man unausweichlich irgendwann nach Hause einladen. Und genau das wollte ich unter allen Umständen vermeiden. Wenn sie die Wahrheit erführen, würden sie mich doch unmöglich mögen können. Manchmal lud eines der Mädchen zum Tee ein, Tee war damals die große Mode auf der Mercy High. Ich war geplättet von dem ungeheuren Reichtum in den Häusern meiner Klassenkameradinnen.

Die meisten von ihnen lebten in Hillsborough, einer sehr reichen Gegend auf der Halbinsel, in der auch Bill aufgewachsen war. Es gab hier lange, große Straßen, Gärten und große Villen mit vielen Bediensteten, die für das Wohlergehen der Hausbewohner sorgten. So also lebt die andere Hälfte, dachte ich.

Auch ich wollte so leben. Auch ich wünschte mir monatliche Krämpfe als das größte Problem in meinem Leben, denn es schien, als seien schwere, jeden Monat wiederkehrende Krämpfe charakteristisch für Mädchen aus reichen Familien. Eine meiner Klassenkameradinnen schrie, weinte und wälzte sich jedesmal bei ihrer monatlichen Periode vor Schmerzen auf dem Boden. Ihre Eltern kamen dann jedesmal zur Schule gerannt, ganz so als hätte sie Malaria, um sie nach Hause zu bringen und sie ins Bett zu stecken, bis der Schmerz nachließ. Mir passierte das nie. Ich durfte nie zu Hause bleiben, es sei denn, meine Krankheit nahm äußerst drastische und unverkennbare Formen an wie bei den Windpocken. Ich wurde einige Male eingeladen, bei Klassenkameradinnen zu übernachten. Ich hätte es auch für mein Leben gerne getan, aber was, wenn ich in einer dieser Märchenvillen ins Bett gemacht hätte?

Mom beschloß, etwas gegen mein Bettnässen zu unternehmen. Sie wandte sich an die Nite-Dry-Company, einem Unternehmen, das sich eigens mit diesem Problem befaßt. »Bettnässen ist eine bloße Gewohnheit«, erklärte der Vertreter. »Wir haben eine Methode entwickelt, mit der man diese unangenehme Gewohnheit wieder loswerden kann. Sie stecken diese Folie in einen Kissenbezug und legen sie auf das Bett. Sie reagiert so sensibel auf Feuchtigkeit, daß schon ein Tropfen den Alarm auslösen und ein Lichtsignal einschalten wird. Sie werden aufwachen, die Alarmanlage ausschalten, rennen ins Bad, urinieren und waschen sich das Gesicht (um sicherzugehen, daß Sie auch wirklich wach sind). Dann wechseln Sie den Bezug, schalten das Licht aus und schlafen wieder ein. Wenn dies einige Male geschehen ist, werden Sie nach einer bestimmten Zeit darauf konditioniert sein, bevor Sie urinieren, wach zu werden, und mit der Bettnässerei ist es vorbei«, berichtete er stolz.

Ich war mir da nicht so sicher, aber ich war bereit, es zu versuchen. Der Gedanke, im Haus einer meiner Klassenkameradinnen ins Bett zu machen, war mir ein Alptraum. Und was, wenn ich noch ins Bett machte, wenn ich schon verheiratet wäre? Ich mußte es einfach ausprobieren, selbst wenn es sich unglaubhaft und verrückt anhörte.

Wäre es nicht wunderbar gewesen, wenn der Vertreter der Nite-Dry-Company damals *wirklich* etwas von dem Problem verstanden hätte? Bettnässen ist ein Symptom für ein verdrängtes Trauma, ein Schrei nach Hilfe und Aufmerksamkeit. Was hätte er mir alles ersparen können, wenn er (zusätzlich zum Kauf seiner Bettnässermaschine) damals vorgeschlagen hätte, ich sollte einmal eine Therapie machen oder zu einem Sozialarbeiter gehen oder mich an Al-Anon (einer Organisation für Alkoholikerkinder) wenden? Hätte dieser Mann damals etwas von der Sache verstanden, hätte er mir nicht nur helfen können, das Symptom zu kurieren, sondern auch die Wurzel des Problems anzugehen. Aber er verstand eben nichts von Psychologie, so wie niemand zu der Zeit. Man ging nur zur Therapie, wenn man schizophren war oder suizidgefährdet oder wenn man unter einer Kriegsneurose litt. Niemand begriff, daß man so etwas wie eine Kriegsneurose auch erleiden kann, wenn man mit einem Alkoholiker zusammenlebt.

Zu meiner großen Überraschung kam meine lebenslange Gewohnheit nach zwei kurzen Monaten zu einem Ende. Diese verrückte Alarmfolie hatte gewirkt! Es war mir endlich gelungen, mit dem Bettnässen aufzuhören. Aber die Krankheit sollte sich nun einen anderen Weg suchen.

Akademisch gesehen war Mercy eine harte Schule. Ich hatte in meiner alten Schule St. Robert trotz allem recht ordentliche Zensuren bekommen, aber jetzt begannen die vom Alkohol bestimmten lauten Nächte einen wirklich negativen Effekt auf mich und meine schulischen Leistungen auszuüben. Wir mußten für den nächsten Tag immer etwa vier Stunden Hausaufgaben machen. Ich schaffte es einfach nicht mehr. Morgens schlief ich in der Schule oft ein und wurde durch einen festen Schlag auf den Handrücken unsanft geweckt.

»Miss Mahoney, das gibt einen Tadel«, sagte Schwester Jean streng.

Unsere Strafen bestanden aus Tadeln. Bei sieben Tadeln wurde man von der Schule geschickt. Es gab Tadel für schlechtes Benehmen, für nicht gemachte Hausaufgaben und für die Mißachtung der Uniformregeln (kurze Röcke, schmutzige Schuhe, Make-up und das Austauschen von Kleidungsstücken waren nicht erlaubt). Ich schaffte die Hausaufgaben nicht mehr. Ich liebte das Fach Französisch. Meine Lehrerin sagte, ich hätte eine wunderbare Aussprache.

»Warum machst du deine Hausaufgaben nicht?« fragte sie mich einmal. Es gab zu Hause keinen ruhigen Ort, wo ich meine Französisch-Vokabeln hätte lernen können. Ich fing an zu pfuschen. Ich wollte nicht von dieser wundervollen Schule geworfen werden. Ich lernte, durch meine Haarsträhnen zur Seite auf das Blatt meiner Tischnachbarin zu schauen und schrieb die Antworten ab. Es gelang mir, meine Zensuren auf einem Niveau zwischen drei und vier zu halten. Das reichte, um auf der Schule bleiben zu können, aber die Gunst meiner Lehrer konnte ich mir damit nicht erwerben. Ich isolierte mich mehr und mehr. Ich war jetzt nicht nur ein Außenseiter, ich war jetzt auch als »Dummkopf«, als »Doofe« verschrien.

Wo hätte ich abends die vier Stunden Ruhe finden sollen, um meine Hausaufgaben zu erledigen? Selbst noch wenn ich mich in meinen Wandschrank zurückzog, konnte ich den Lärm und das Getöse meines betrunkenen Vaters durch die geschlossene Tür hören. Und irgendwann stürzte ich aus meinem Rückzugsort, um mich zu versichern, daß nichts Schlimmeres geschehen war.

Mein geräumiger Wandschrank war für mich der wichtigste Platz in diesem Haus. Hier fühlte ich mich sicher. Geborgen. Ich hatte mich mein ganzes Leben lang in diesem Wandschrank versteckt. Er schützte mich vor Gewalttätigkeiten. Dad war gewöhnlich viel zu betrunken, um dort nach mir zu suchen. Es war der Ort, an dem ich ungestört sitzen und träumen konnte. Ich träumte von einem anderen, besseren Leben, in dem Mom und Dad sich nicht mehr streiten würden, in dem ich klüger wäre...

Bis zum heutigen Tag fühle ich mich in kleinen Räumen am wohlsten. Wenn ich zurückblicke, sehe ich mich als kleines trauriges Mädchen in meinem Wandschrank sitzen. Dort allein war ich sicher. Ich konnte in der dunklen Stille sitzen und über alles nachdenken. Ich hatte als Kind immer das Gefühl, für alles verantwortlich zu sein, als wäre es meine Aufgabe gewesen, »den Frieden zu wahren«, Mom und Dad davon abzuhalten, miteinander zu streiten und sich schreckliche Dinge anzutun.

Ich wünschte mir so sehr, eine gute Schülerin zu sein. Es war schrecklich erniedrigend, für dumm gehalten zu werden. Es hatte verheerende Folgen für mein Selbstbewußtsein.

Da ich jeden Tag eine Schuluniform trug, war es Mom möglich, mich jede Saison gut einzukleiden. Wir gingen zu Joseph Magnin, und ich durfte mir einen Kaschmirpullover und einen Rock aus reiner Wolle aussuchen. Mom kaufte mir ein Paar gute Schuhe und Accessoires. Mir gefiel ihr Sinn für Qualität. Sie sagte immer: »Es ist besser, sich eine gute Sache zu kaufen als einen Haufen Müll.«

Wenn also dann ein Ereignis in der Schule stattfand, bei dem keine Uniform verlangt war, sah ich ganz passabel aus und war mir dessen auch bewußt. Tatsächlich konnte ich oft sogar feststellen, daß meine Kleidung durchaus geschmackvoller war als die all meiner reichen Klassenkameradinnen.

Der Abend für Väter und Töchter stand bevor. Ich konnte es nicht riskieren, meinen Vater mitzubringen. Ich fragte ihn nicht einmal. Es wäre gar nicht auszudenken gewesen, wenn er dort betrunken hingekommen wäre, und wäre er zufällig einmal wirklich nüchtern geblieben, hätte ich nichts mit ihm zu reden gewußt. Ich ging mit Judy, einem Mädchen aus der Schule, das ganz in der Nähe wohnte, und ihrem Vater zu dieser Abendveranstaltung. So verging das erste Jahr auf der Schule.

Ich hatte kaum Freunde, ich war isoliert, meine Zensuren waren schlecht, mein Selbstbewußtsein am Boden, und mein Vater trank mehr denn je. Unser Leben zu Hause spielte sich ab wie in einem schlechten Film. Die Widersprüchlichkeit, die in der ganzen Sache steckte, erstaunt mich auch heute noch. Das süße kleine weiße Haus, der weiße Palisadenzaun – und daneben die Dunkelheit hinter verschlossenen Türen. Es waren zwei verschiedene Leben, die gegeneinander standen – dasjenige, das wir nach außen hin zeigten, und dasjenige, das wir im Inneren des Hauses führten.

Im zweiten Jahr auf der Highschool begannen sich endlich meine Brüste zu entwickeln, Gott sei Dank! Ich war die letzte aus meiner Klasse, die einen BH brauchte. Ich war im ersten Jahr noch völlig flach gewesen und wurde deswegen ständig von den anderen Mädchen aufgezogen. Während des Sommers wurden meine Brüste dann endlich größer und größer, so daß ich schließlich das zweite Jahr mit einem recht ansehnlichen Busen begann. Es kamen sofort Gerüchte auf, daß ich Einlagen trüge. Erst im Frühjahr, als wir im Sport mit dem Schwimmunterricht anfingen, hörten diese Gerüchte auf. Ich genoß es, möglichst lange unter der Dusche zu stehen, damit es alle Mädchen sehen konnten. Natürlich kamen die Jungs der nahe gelegenen Highschool nicht in den Genuß des Anblicks meiner gut entwickelten Brüste, und, wie Mädchen nun einmal so sind, machte sich auch keines von ihnen die Mühe, die alten Gerüchte zu korrigieren.

Einmal, zu Silvester, wurde die ganze Klasse von Peggy Coyne zu einer Galaparty nach Hause eingeladen. Peggy Coyne lebte auf einem Landgut. Ich war schrecklich aufgeregt. Ich lud einen Jungen ein, den ich an der Serra High (einer katholischen Jungenschule) kennengelernt hatte. Er hieß Declan. Eigentlich wollte ich Mike einladen, aber der tat zu der Zeit so, als kenne er mich nicht mehr, und es gelang mir nicht, seine Aufmerksamkeit auf mich zu ziehen. Natürlich verzehrte ich mich dadurch nur um so mehr nach ihm. Meine Tagträume waren ganz von ihm beherrscht, und ich malte mir aus, wie ich mit ihm verheiratet wäre. Declan war ein süßer irischer Junge, der eine Menge trank. Wenn er mich abholte und er meinen Vater betrunken sah, konnte ich ihm jedenfalls einfach sagen, daß er Silvester feiere, und vielleicht würde er es verstehen.

Meine Mutter kaufte mir ein neues Cocktailkleid, es war mein allererstes. Es war ein weißes brokatenes Etuikleid mit einer eng anliegenden Jacke, die einen Kunstpelzbesatz an den Ärmeln hatte. Ich bekam auch mein erstes Paar hochhackiger Schuhe und dazu weiße Glacéhandschuhe, die bis zu den Ellenbogen gingen. Ich fand es wunderbar. Es sah so erwachsen aus. Als ich mein neues Outfit angelegt hatte, ging ich in die Küche, um mir die Zustimmung meiner Mutter einzuholen. Dad saß völlig betrunken am Küchentisch und redete mit sich selbst. Er sah mich an. Seine Augen funkelten bösartig.

»Wisch dir den Lippenstift weg!« lallte er.

»Du siehst wunderschön aus«, sagte meine Mutter strahlend. Ich sah wirklich gut aus.

»Für wen hält die sich?« sagte Dad betrunken. »Die sieht aus wie ’n kleines Flittchen.«

»Ach, hör endlich auf«, sagte meine Mutter. Sie wollte nicht, daß er mir alles kaputt machte.

»Wo willssu so aufgetakelt hin?« lallte er wütend.

»Ich hab eine Verabredung«, sagte ich kleinlaut.

»Einen Scheiß hast du«, brüllte er. »Du gehst nirgendwo hin.«

Ich rannte in mein Zimmer. Meine Mutter kam herein. Ich versuchte, nicht zu weinen.

»Versteck dich im Wandschrank«, sagte sie, »und wenn Declan kommt, halte ich Dad unten in der Küche fest, und du kannst schnell das Haus verlassen.«

Es war der Beginn eines kleinen Krieges, den Mom und ich mit Dad führten. Wir konnten seinen Alkoholismus nicht unter Kontrolle kriegen, aber wir konnten ihn für unsere Zwecke ausnutzen. Mutter lenkte Dad in der Küche ab, und weil er völlig betrunken war, bemerkte er überhaupt nicht, daß ich gegangen war. Das war unsere einzige Möglichkeit, ihm Widerstand zu leisten.

Dad zeigte einen irrationalen Widerwillen dagegen, daß Maureen und ich erwachsen wurden. Ich kann nicht mehr als Vermutungen anstellen, aber ich denke, es hatte damit zu tun, daß ihm bewußt wurde, daß wir ihn irgendwann verlassen würden. Er liebte uns, und er wollte nicht, daß wir gingen. Er wußte, daß er allein nicht zurechtkommen würde.

Ich war nervös und aufgeregt. Ich hatte bisher in meinem Leben kaum Verabredungen dieser Art gehabt, und es war das erste Mal, daß ich mich so richtig »schick« gemacht hatte. Ich verharrte in meinem Wandschrank und starrte durch das kleine Fenster nach draußen. Als ich Declan unsere Einfahrt hochkommen sah, rannte ich aus der Haustür und fing ihn am Tor ab. Es war unangenehm, ihn so zu begrüßen, aber es war immer noch besser, als »erwischt« zu werden.

Die Party übertraf meine kühnsten Erwartungen. Peggy hatte eine Band engagiert, und im Ballsaal wurde getanzt. Sie hatten einen riesigen Weihnachtsbaum aufgestellt, und alle waren ausgezeichnet gekleidet. Das Haus erinnerte mich an meine Highschool mit seiner Eichentäfelung, den Leuchtern, Balkons und den vielen Schlafzimmern. Ich war glücklich, dort sein zu dürfen. Nachdem wir angekommen waren, ging Declan auf die Tanzfläche. Ich war schüchtern und hatte ihm gesagt, ich würde später nachkommen. Ich blieb im Foyer und blickte mich um. In der Ecke des Foyers stand eine Gruppe Jungen, und ich spürte, wie sie mich ansahen und lachten. Es war mir unangenehm, und ich versuchte, sie zu ignorieren. Aber ich merkte, wie ich errötete. Die finden mich bestimmt klapperdürr, dachte ich und wünschte mir, ich könnte einfach wieder gehen. Ich hatte das Gefühl, nicht dazuzugehören. Plötzlich kam einer der Jungen, Leroy, zu mir herüber und sprach mich an: »Wir haben abgestimmt und finden, daß du das bestaussehende Mädchen in dem ganzen Laden hier bist. Würdest du gerne ganzen?« Ich war völlig überrascht. Ich war außer mir vor Freude. Ich konnte es einfach nicht glauben. Nachdem ich mit Leroy getanzt hatte, tanzte ich ohne Unterbrechung mit jedem Jungen, der auf der Party war. Als es zwölf schlug und man sich einen Kuß zum »frohen neuen Jahr« gab, bildete sich eine lange Schlange Wartender um mich herum. Ich gab allen einen Kuß. Es war herrlich. Jeder sagte mir, wie »cool« ich aussähe. Ich hatte mich selbst immer für dürr und häßlich gehalten. Es war für mich eine Nacht wie im Märchen.

Danach hatte ich Verabredungen in Hülle und Fülle. Ich war unbeschreiblich glücklich. Ich hatte zwar keine Freundinnen, aber ich hatte eine Menge Freunde unter den Jungs. Meinen Vater trieb das zur Weißglut. Er konnte es einfach nicht ertragen, mitansehen zu müssen, wie meine Sexualität sich allmählich entwickelte. Meine Mutter und ich hielten bei meinen Verabredungen an unserer erprobten Strategie fest. Ich wartete in meinem Wandschrank, bis ich meinen jeweiligen Freund vor dem Haus erblickte. Und meine Mutter hielt Dad so lange in der Küche fest, bis ich aus dem

Haus stürzte. Es wurde eine Art Spiel. Ich wollte mich nicht wie meine Schwester von meinem Vater einschüchtern lassen. Dad wurde immer verrückter, was meine Sexualität betraf. Wenn ich einmal in meinem Babydoll aus meinem Zimmer trat, brüllte er mich sofort an: »Um Himmels willen, zieh dir doch was an.« Er konnte es einfach nicht ertragen, mich so zu sehen.

Eines Abends war Dad wieder betrunken und ich einmal mehr seine Zielscheibe. »Wo ist die kleine Fotze?« hörte ich ihn krakeelen.

»Sei endlich ruhig und leg dich ins Bett«, flüsterte Mom aufgebracht.

Peng! knallte meine Zimmertür auf. »Du glaubst wohl, du bist was Besonderes, hä? Mommys kleiner Liebling, hä? Ich zeig's Dir! Du bist eine Null!« schimpfte er wie wild. Er ging auf meinen Wandschrank zu. »Hat Mommy ihrem kleinen Liebling neue Anziehsachen gekauft? Hä, Pißkopp? Neue Klamotten für deine ganzen Freunde? Hä, du kleine Fotze?« schrie er mich an, und dann griff er sich mein Lieblingskleid und fing an, es in Stücke zu reißen.

»Hör auf!« schrie ich. Ich stürzte auf ihn los und versuchte, ihm das Kleid aus den Händen zu reißen. Er packte mein Handgelenk und drehte es gewaltsam, bis ich das Gefühl hatte, es müsse brechen. »Mommy, sag, er soll aufhören!« Er warf mich zu Boden. Er griff sich ein anderes Kleid. *Krack!* »Ich hasse dich!« schrie ich verzweifelt. Wieder versuchte ich, ihm das Kleid zu entreißen. Er schleuderte mich zur Seite.

»Bist du jetzt völlig wahnsinnig geworden?« keifte meine Mutter ihn an. Sie versuchte, ihn aufzuhalten. Er drückte sie zu Boden.

»Euch beiden zeig ich's. Ihr seid Nullen.« *Krach!* Wieder ging ein Kleid in Stücke.

»Nein! Nein! Nein!« schrie ich. »Hör auf, bitte!« Er hörte nicht auf. Alle meine Sachen flogen auf den Boden. *Ratsch! Krach!* Er hörte einfach nicht auf. Ich warf mich auf ihn. Aber er schüttelte mich ab. Meine Mutter zerrte und zog an ihm.

»Hör auf, du Wahnsinniger!« schrie sie hysterisch.

Ich ertrug es nicht mehr. Ich fühlte eine Wut, wie ich sie noch nie vorher in meinem Leben gespürt hatte. Ich wußte nicht, was ich tun sollte. Ich war wie wahnsinnig. Völlig außer Kontrolle. Er tat meiner Mutter weh, er zerriß meine Kleidung, er war stärker als wir beide. Ich griff nach dem Tennisschläger und schlug mit ganzer Kraft mit der Schlägerseite auf seinen Kopf. Ich spürte den Aufprall des Holzes. Ich hörte das Geräusch des nachgebenden Fleisches. Das Blut spritzte wie eine Fontäne aus seinem Kopf. Überall war Blut. Es wollte nicht aufhören. Tief aus seiner Kehle stöhnte er auf.

»O Gott!« kreischte ich. »Das wollte ich nicht. Das wollte ich nicht.«

»Gott steh uns bei!« schrie meine Mutter.

Dad sank zu Boden. Meine Mutter rannte zum Telefon, um das Krankenhaus anzurufen. »Das wollte ich nicht!« sagte ich immer wieder.

»Paß auf Michael auf!« das war alles, was meine Mutter zu mir sagte. Gott sei Dank konnte er in seinem Zimmer nicht hören, was hier passierte.

Meine Mutter zerrte meinen Vater aus meinem Zimmer, durch den Korridor, durch das Wohnzimmer, dann aus der Haustür heraus und den ganzen Weg bis zum Auto. Sie zog seinen schweren Körper auf den Beifahrersitz. Ich war hysterisch, völlig starr. Ich hatte einen Schock. »Ich hab' Daddy getötet«, schluchzte ich immer wieder. Ich rannte durch den Hintereingang, ohne zu wissen, wohin ich wollte. »Ich hab' Daddy getötet«, schrie ich unablässig. Ich rannte an der Hauswand entlang. Meine Mutter setzte den Wagen zurück, um auf die Straße zu kommen, Dad saß zusammengesackt auf dem Beifahrersitz. Meine Mutter sah mich nicht an. Ihr Gesicht war schmerzverzerrt. Sie war im Schock. »Verzeih mir, verzeih mir, verzeih mir«, schluchzte ich, schrie ich. Der Wagen fuhr los. Ich lag auf der Erde und weinte und weinte. »Das wollte ich nicht. Verzeih mir, bitte, verzeih mir.« Über eine Stunde lag ich weinend da. Es war vier Uhr morgens. Endlich ging ich ins Haus zurück. Überall war Blut, ich fing wie eine Wahnsinnige an, es abzuwaschen, und wusch und wusch. Ich wollte es loswerden. Es war wie eine Bedrohung. Alles drehte sich in meinem Kopf. »Bitte, laß ihn nicht sterben!« sagte ich laut und immerzu. Eine Stunde später lag ich schlafend auf dem Boden meines Wandschrankes, dem einzigen Ort, wo ich mich wirklich sicher fühlte. Ich wachte erst wieder auf, als ich meine Mutter in der Auffahrt hörte. Ich blinzelte durch das Fenster im Wandschrank nach draußen. Mom führte Dad zur Haustür. Gott sei Dank. Er ist nicht tot, dachte ich. Ich fühlte Erleichterung, Reue und Schuld.

Dad war mit acht Stichen genäht worden, und er hatte eine Gehirnerschütterung.

Ich konnte mich nach diesem Vorfall selber kaum noch ertragen. Ich kam mir so schlecht, so gemein vor. Wie hatte ich nur so durchdrehen können, bloß weil er meine Kleider zerriß? Waren Kleidungsstücke mir so wichtig, daß ich ihretwegen so gewalttätig wurde? War ich geisteskrank? All diese Gedanken wühlten im Inneren meines Kopfes wie ein Schmerz. Es gab niemanden, mit dem ich diese Gedanken hätte teilen können. Sandy und ich hatten uns auseinandergelebt, seitdem wir auf verschiedene Schulen gingen, und da war niemand sonst, dem ich vertraute. Es gab so viel zu verbergen. Und zu Hause sprachen wir natürlich nie darüber.

Mutter verstand den ganzen Wahnsinn, zu dem wir

manchmal getrieben wurden. Sie konnte das, was ich getan hatte, nicht vergessen, noch konnte sie es verzeihen. Ich hielt ihr Schweigen in dieser Sache für ein Zeichen ihrer Verurteilung. Aber in Wahrheit war ihr Schweigen eher der Begleitumstand ihres Schocks. Ihre ganze Energie war darauf gerichtet, mit der Krise, in der sie steckte, fertigzuwerden. Mutter wandte sich abermals an die Kirche, um Hilfe zu finden und betete um ein Wunder und um Vergebung.

Dad sah mir nicht mehr in die Augen. Auch ich konnte ihn nicht mehr ansehen. Wir waren zueinander wie zwei Fremde. Wir blickten den anderen nur an, wenn wir uns unbeobachtet glaubten. Immer auf der Hut, wie zwei Raubtiere, die nicht wissen, wann der andere zuschlagen wird.

Meine Kleidung war mein Ausgleich gewesen. Wenn ich meine »guten Sachen« anzog, konnte niemand sehen, wo ich herkam, konnte niemand meine finsteren Gedanken erahnen. Das einzige, was man von mir sagen konnte, war, daß ich respektabel aussah. Ich ging auf eine erstklassige katholische Privatschule für Mädchen und mußte demnach respektabel sein. Genau das war es, was alle von mir denken sollten. Als Dad meine Sachen zerriß, nahm er mir meine Verkleidung, meinen Schutz. Ich lebte in einer Phantasiewelt, und ich wollte nicht, daß sie zerrissen wurde. Ich war krank, und ich verstand das damals nicht. Meine Phantasiewelt war mein Schutz; ich schützte mich vor weiteren Verletzungen. Wenn ich von zu Hause weg war, gab es den Schmerz nicht. Erst später sollte ich begreifen, daß es eine gefährliche Phantasiewelt war, für den Moment aber ermöglichte sie mir das Überleben.

16

Es war das Jahr 1960. Maureen war mit ihrem ersten Kind schwanger. Michael war jetzt vier Jahre alt. Mom und ich besuchten Maureen oft noch vor dem Abendessen. Maureen war so erleichtert, verheiratet zu sein und nicht mehr zu Hause leben zu müssen. Sie wußte ganz genau, was sie erwarten würde, wenn sie nach Hause käme: Alles im Haus würde aussehen und sein wie damals, als sie es verließ. Nach all diesen Jahren der Verunsicherung und Aufgeregtheit war ihre neue Umgebung eine wahre Erholung für sie. Sie hatte immer noch ein schlechtes Gewissen wegen Mutter und hoffte, daß sie sie irgendwann aus ihrer verzweifelten Situation würde herausholen können. Es war wirklich schön in Maureens Haus. Es war so friedlich. Sie kochte immer irgend etwas Tolles zum Abendessen. Und wenn Bill dann von der Arbeit nach Hause kam, tranken sie einen Martini oder zwei, den sie mit Tanqueray Gin mixten. Sie waren stolz darauf, es war der beste Gin, den man überhaupt kriegen konnte. Wir blieben nie sehr lange, schließlich waren sie immer noch frisch verheiratet. Es war eben nur nett, mal von Dad wegzukommen, der jetzt an den meisten Abenden völlig betrunken war.

Ich erhielt die Hauptrolle in dem Musical, das wir in der Schule aufführten. Es war »H.M.S. Pinafore« von Gilbert und Sullivan. Gott sei Dank gab es das Fach Musik. Es war das einzige, was mich in der Schule hielt. Ich bekam immer Einsen in Musik. Ich liebte Chor- und Kirchengesänge. Ich liebte die Gregorianischen Gesänge, und Schwester Suzanne war die einzige Lehrerin in der Schule, die etwas für mich übrig hatte. Sie ermutigte mich zur Musik. Wir lernten, auf Altenglisch zu singen. Und wir harmonierten prima. Ich sang die zweite Sopranstimme.

Ich kam mit den Fächern, in denen keine Hausaufgaben aufgegeben wurden, gut zurecht, also mit Musik, Theater und Nähen. (Ich war im Handarbeitsunterricht für Fortgeschrittene.) Im Laufe der Jahre hatte ich dadurch, daß ich meiner Mutter immer beim Kleidermachen zusah, viel gelernt. Sie brachte mir bei, wie man entlang der Faser gerade schneidet, wie man Kleider ändert und durch Kleinigkeiten schicker macht. Es machte mir großen Spaß. Jede kreative Tätigkeit zog mich in ihren Bann, bot eine Möglichkeit zur Flucht.

Als Projekt für das damalige Halbjahr entwarf ich ein weißes Seidenkostüm mit Unterarmzwickel. Es war ein eng anliegendes einreihiges Jacket, das mit einer pink-blumigen Chinaseide gefüttert war, die zur Bluse paßte. Der Rock war einfach und hatte hinten einen Schlitz. Ich war ziemlich stolz auf meine Kreation. Ich nähte die Knopflöcher und das Top mit der Hand. Meine Lehrerin meinte, ich hätte einen echten Sinn für Mode und wählte mein Kostüm für die Modenschau der Oberstufe aus. Es war der einzige Beitrag einer Unterstufenschülerin. Das tat mir wirklich gut. Ich war also doch kein völliger Versager.

Meine übrigen Zensuren aber waren verheerend. Ich hatte bereits alle Hoffnung aufgegeben und war davon überzeugt, daß ich nichts auf dem Kasten hatte. Ich hatte noch immer nicht die Verbindung zwischen Alkoholismus und schlechten Leistungen in der Schule hergestellt. Statt im Unterricht aufzupassen, träumte ich oder schrieb kleine Liebesgedichte, zumeist an Mike, obwohl ich sie ihm nie gezeigt hätte. Es spielte sich alles allein in meiner Phantasie ab. Ich schrieb und malte seinen Namen in allen möglichen Größen. Wenn die Lehrerin dann an meinem Tisch vorbeikam, ließ ich die Gedichte oder die Kritzeleien schnell hinten im Buch verschwinden und tat so, als wäre ich geschäftig bei der Sache.

Gegen Ende des zweiten Schuljahres wurde ich zur Rektorin gerufen. Meines Wissens hatte ich nichts angestellt, und trotzdem schwitzte und zitterte ich am ganzen Leib. Schwester Jean sah anders aus als die übrigen Nonnen. Sie hatte tückische Augen und machte mir Angst. Ich wußte instinktiv, daß sie mich nicht leiden konnte. Ich wurde gebeten, im Vorraum zu warten, bis Schwester Jean mich rufen würde. Das Warten kam mir wie eine Ewigkeit vor.

»Sie können jetzt hineingehen, Miss Mahoney«, sagte die Sekretärin. Zu meiner Überraschung saß meine Mutter in der Ecke des Zimmers. Sie sah aus, als hätte sie geweint.

»Setzen Sie sich«, sagte Schwester Jean streng.

Ich bekam Angst. Was kann so schlimm sein, daß sie meine Mutter kommen lassen? dachte ich.

»Ich habe Ihr Spind durchgesehen, und raten Sie einmal, was ich darin gefunden habe?« sagte Schwester Jean in einem sarkastischen Ton. Ich wußte nicht, was sie damit meinte. »Nun, was wohl?« herrschte sie mich an.

»Ich... Ich weiß nicht«, sagte ich eingeschüchtert.

»Sprechen Sie lauter!«

»Ich weiß nicht«, wiederholte ich.

»Nun, dann werde ich es Ihnen wohl sagen müssen«, sagte sie. »Ich habe eine Menge Zettel gefunden. Notizen, die gegen unsere Regeln verstoßen. Wußten Sie das nicht?« sagte sie herrisch.

»Ich weiß wirklich nicht, wovon Sie sprechen«, stammelte ich.

»›Lieber Mike‹«, las sie laut vor, »›wie sehr ich dich liebe, und wie sehr ich mir wünsche, du wärest in meinen Armen.‹ Ist das nicht allerliebst«, sagte sie sarkastisch. Sie hörte gar nicht mehr auf vorzulesen. Sie hatte ein ganzes Bündel mit Zetteln von mir und las sie nacheinander laut vor. »›Wie sehr wünsche ich mir, die ganze Nacht lang mit dir zu schlafen‹«, las sie. »Sie billiges, kleines Ding. Schämen Sie sich gar nicht?«

»Wirklich, Schwester, ich habe nie...«

»Still!« befahl sie mir und las weiter vor: »›Ich träume davon, daß du meine Brüste küßt, meinen Rücken liebkost‹.« Tränen liefen mir über das Gesicht. »Das alles ist nie passiert. Ich hätte ihm diese Briefe niemals geschickt. Es ist alles erfunden«, sagte ich verzweifelt.

»Ruhig, Sie schamlose Göre«, sagte Schwester Jean. »Schämen Sie sich nicht für Ihre Tochter, Mrs. Mahoney?«

Meine Mutter weinte. Sie wußte nicht, was sie glauben sollte. Ihr ganzes Leben war eine einzige große Krise. Es fiel ihr immer schwerer, damit fertigzuwerden. Mom gehörte einer Generation an, die Autoritäten nicht hinterfragte, besonders nicht die der Kirche. Eine Nonne stand in der Kirche vom Status her direkt unter einem Priester, und der Priester war mit dem Papst verbunden, und der hatte einen direkten Draht zu Gott. Der Papst war unfehlbar, also war auch die Kirche unfehlbar. Wenn Schwester Jean meiner Mutter sagte, ich sei im Unrecht und ein schlechter Mensch, wie sollte sie es anzweifeln können? Schwester Jeans Autorität speiste sich aus einer höheren Quelle. Meine Mutter hatte sehr strenge Vorstellungen von dem, was falsch und richtig war. Sie mußte sich dem Urteil der Schwester beugen.

»Wir können uns solche Mädchen wie Sie in unserer Schule nicht erlauben. Die Mercy Highschool ist für Damen, nicht für kleine Flittchen.«

»Aber ich bin kein Flittchen«, schrie ich. »Wirklich nicht, Mommy. Ich hab' so etwas nie gemacht.«

»Es tut mir leid, Miss Mahoney, aber ich muß Sie von der Schule weisen. Sie haben unsere Regeln gebrochen, und nun müssen Sie die Konsequenzen tragen.«

Ich wollte es nicht glauben. Von der Schule geworfen. Weswegen? Wegen schlechter Noten? Wegen

Sex? Ich hatte noch nie mit jemandem Sex gehabt. Ich gab den Jungs, mit denen ich verabredet war, zum Abschied ein Küßchen, aber sonst nichts. Ich war kein schlechtes Mädchen. Oder war ich es doch? Ich wußte nicht mehr, wer oder was ich war. Ich wußte, daß ich durchaus auch mal ausrasten konnte, ich hatte es schon einmal erlebt. Im Grunde hatte ich das Gefühl, zu Recht von der Schule gewiesen zu werden.

Meine Mutter und ich fuhren schweigend nach Hause. Ich schluchzte vor mich hin. »Gehen Sie in die Kirche und bitten Sie Gott um Vergebung«, hatte Schwester Jean mir zum Abschied nachgerufen. Warum sollte Gott mir vergeben, dachte ich. Ich war doch abgrundtief schlecht. Natürlich war ich nichts dergleichen. Schwester Jean hatte die gelegenheit schlicht dazu benutzt, um mich aus ihrer Schule herauszukriegen. Ich konnte nichts von dem aufweisen, was allein dort zählte. Ich bekam keine guten Zensuren, und ich hatte kein Geld. Und ich habe den Verdacht, daß meine natürliche Sexualität für diese Frauen in den schwarzen Roben, die das Zölibat gewählt hatten, etwas sehr Bedrohliches darstellte.

Ich brachte meine miserablen schulischen Leistungen nicht mit den Verhältnissen zu Hause in Verbindung. Ich empfand mein sexuelles Erwachen nicht als etwas Natürliches, sondern als schlecht, verkommen und falsch. Ich glaubte damals, ich wäre die einzige, die eine sexuelle Neugierde verspürte.

Mit zunehmender Dauer dachte ich immer weniger über mich nach. Ich war kaum vierzehn Jahre alt und noch zu jung, um verstehen zu können, was mit mir geschah. Ich befand mich im Anfangsstadium jener Krankheit, die mich später im Leben zu zerstören drohen sollte.

Ich traf mich mit keinem der Mercy-Mädchen mehr. Ich schämte mich zu sehr. Ich kannte niemanden, der von der Schule gewiesen worden war. Ich wußte, daß sie alle über mich tratschten und lachten. Jeder wußte es: Ich war von der Schule geflogen, weil ich schmutzige Briefe über Sex geschrieben hatte. Es sollte nicht das letzte Mal sein, daß meine Phantasien mich in Schwierigkeiten bringen sollten.

Ich meldete mich in der Capuchino Highschool an, um die letzten zwei Wochen meines zweiten Jahres auf der Highschool zu Ende zu bringen. Ich kannte niemanden in meinen neuen Kursen. Als ich eintraf, hatten sich die Freunde schon gefunden, hatten die Cliquen sich bereits gebildet. Ich war wieder einmal »Außenseiter«. Der Unterricht fiel mir allerdings sehr viel leichter als an der Mercy. Wenigstens das war positiv.

17

Meine Schwester wurde wieder schwanger. Ihr erstes Baby, Billy, war gerade einmal zwei Monate alt! Maureen war eine gute Katholikin und durfte deswegen keine Verhütungsmittel nehmen. Trotzdem hatte sie auf eine etwas größere Atempause zwischen den beiden Babys gehofft.

Die Ehe begann, für Maureen zur Enttäuschung zu werden. Sie hielt sich an Bill, um Anerkennung und Zuspruch zu bekommen. Ihr Selbstbewußtsein hing an dem, was er von ihr hielt. Aber Bill war ganz von seiner Karriere besessen. Er steckte seine ganze Energie in seine Arbeit. Er wollte groß rauskommen. Maureen hatte aufgehört, das Zentrum seines Lebens zu sein. Er überschüttete sie nicht mehr mit Aufmerksamkeit. Sie war verletzt und fühlte sich links liegengelassen. Das Geld war knapp, Maureen hatte ihren Job aufgegeben, um sich um das Baby zu kümmern, und Bill arbeitete als Immobilienmakler. Es gab gute und schlechte Monate. Aber zu Beginn hinkten sie meistens hinterher. Bills Selbstwertgefühl schwand. Es war wichtig für ihn, seiner Familie ein guter Ernährer zu sein. Aber ein neues Geschäft zu beginnen ist schwer und braucht viel Zeit. Bill investierte täglich mehr Zeit in seine Arbeit, um den Prozeß zu beschleunigen. Maureen war die meiste Zeit allein zu Hause.

Sie entdeckte, daß die beste Methode, den Ehemann zu Hause zu halten, darin bestand, Leute einzuladen. Sie begann, Parties zu organisieren. Alle liebten es, zu den Gilmartins zu gehen. Der Gin floß in Strömen. Maureen, die aus einem Milieu mit gestörtem Verhältnis zur Realität kam, gab weit mehr für diese Parties aus, als sie sich eigentlich leisten konnte. Aber sie wollte Spaß haben. Sie wollte mit ihrem Mann zusammensein. Bill entspannte sich nach ein paar Drinks, und sie sprachen über ihre Träume und ihre Pläne für die Familie. Dies war ihre schönste Zeit. Für einen Augenblick gehörte er wieder ganz ihr.

Ich spielte oft Babysitter für sie. Ich kam dadurch aus dem Haus, und sie konnte etwas Zeit mit Bill und ihren Freunden verbringen. Außerdem war ich ganz vernarrt in den kleinen Billy. Er war einfach süß. Ich wiegte und fütterte ihn, und zum Dank lachte und gluckste er mich an. Wann immer ich Maureen sah, hatte sie gerade einen Drink zu sich genommen oder war eben dabei, es zu tun. Meist war es Martini oder »nur ein kleiner Gin-Tonic«. Ich wünschte, Dad könnte so trinken, dachte ich. Hier und da mal einen kleinen, nur gelegentlich, nur soviel, daß man gerade beschwipst ist. Wenn Maureen trank, hatte sie bloß viel Spaß. Wenn Dad trank, selbst wenn er versprach, »nur einen kleinen« zu sich zu nehmen, wurde er immer stockbesoffen. Wenn er dann morgens aufwachte, trank er gleich wieder einen »Muntermacher«: Bier mit einem Whisky zum Nachspülen. Sein Körper verlangte nach Alkohol. Er konnte nicht mehr ohne ihn leben.

Keiner von uns verstand das Problem des Alkoholismus. Wir dachten, Dad sei einfach bloß dumm. Warum hört er denn nicht auf damit, fragten wir uns. Wenn er Epileptiker gewesen wäre oder geistig zurückgeblieben, das hätten wir verstanden. Wenn er eine Verletzung oder Schmerzen oder Fieber gehabt hätte, hätten wir ihn vielleicht verstehen können. Wenn Dad sich morgens übergeben mußte, dachten wir bloß: Geschieht ihm recht! Wenn er nicht soviel saufen würde, ginge es ihm auch nicht so schlecht. Niemand hatte uns darüber aufgeklärt, daß er an einer echten Krankheit litt. Wenn jemand Krebs hat, versucht man alles, um ihm sofort Hilfe zu verschaffen. Da wir aber Dads Alkoholismus nicht als Krankheit durchschauten, unternahmen wir nichts, um Dad zu helfen. Ich denke heute oft darüber nach, wie gequält und hilflos er sich innerlich gefühlt haben muß. Niemand benimmt sich freiwillig so schrecklich. Er liebte seine Familie. Er wollte uns nicht weh tun. Er wollte nicht, daß es uns so schlecht ging. Hätten wir gewußt, daß bei Alkoholismus die gesamte Familie gemeinsam erkrankt, daß eine Familie nur so stark sein kann wie ihr schwächstes Glied, dann hätten wir uns vielleicht helfen können. Aber wir wußten es damals nicht.

In meinem dritten Jahr auf der Highschool lernte ich Bruce Somers kennen. Wir begegneten uns auf einem »blind date«, d. h. wir verabredeten uns, ohne uns zu kennen, aber wir kamen sofort prima miteinander aus. Er hatte ein Baseballstipendium und besuchte die Universität von San Francisco. Er war eine echte Stimmungskanone und bezog mich in sein gesellschaftliches Leben mit ein.

Ich hatte auf der Capuchino High keine Freundschaften geschlossen, und so verbrachte ich meine freie Zeit auf den Parties der Hochschulverbindung. Es machte mir riesigen Spaß. Bruce war ein netter Kerl, jeder mochte ihn. Selbst Dad. Bruce war der erste Freund, den ich mit nach Hause bringen konnte. Dad freute sich richtig, ihn zu sehen. Sie hatten viele Gemeinsamkeiten. Sie redeten über Baseball und Boxen oder tranken »ein paar Bier« zusammen. Ich brauchte mich nicht im Wandschrank zu verstecken, um zu warten, bis Bruce zu unserer Verabredung erschien. Mit der Zeit ließ ich Bruce immer mehr in die Realität meines Lebens hineinblicken. Mein Vater war Alkoholiker, Bruce war nach Sandy der zweite Mensch, dem gegenüber ich dies jemals eingestanden hatte. Ich fühlte mich dadurch sehr erleichtert. Wenn Bruce vorbeikam und Dad sturzbetrunken sah, machte mir das nichts aus. Bruce kam selber aus einer ziemlich ungewöhnlichen Familie. Zum Beispiel folgte seine Mutter Johnny Cash durch ganz Amerika. Sie übernachtete sogar im Schlafsack draußen vor dem Ticketschalter, um sicherzugehen, daß sie einen guten Platz während des Konzerts bekam. Und sie liebte es, die ganze Nacht aufzubleiben, Romane zu lesen und Scotch mit Milch zu trinken; aber sie war keine Alkoholikerin. Sie war einfach einmalig. Nicht das, was man den normalen langweiligen Durchschnitt nennen könnte. Sie war eine interessante Frau und hatte das Smith College besucht. Sie war der erste Mensch, den ich je von Lou Rawls und »dieser interessanten neuen Sängerin Barbara Streisand« habe reden hören. Ich gewann seine Mutter wirklich lieb. Auf ihre Empfehlung hin kaufte ich mir die Filmmusik zu *Funny Girl,* die schon bald zu meinem Lieblingsalbum werden sollte. Ich schloß meine Zimmertür, baute mich keß vor dem Spiegel auf und sang ganz mit dem Akzent der Streisand:

Ich bin der größte Star,
Ich weiß es, es ist wahr.
Sonst weiß es leider keiner.

Wartet ab! Eine Stimme feiner
Als eine Silberflöte sollt ihr hören
Tüüt, tüüt, tüüt, tüüt!

Ich griff mir den Vorhang, um ihn als Boa zu benutzen und ihn mir flott umzuwerfen.

Hey, Leute, die hat Stil!
Bin eine natürliche Camille,
Als solche fühl' ich eben,
Ich hab so viel zu geben!

Es war mein großer Traum, mein größter Wunsch, Sängerin zu werden. Aber ich glaubte nicht wirklich an ihn, und so behielt ich ihn für mich. Das beste, was ich mit meinem Leben tun könnte, wäre, einen Mann zu finden und Kinder großzuziehen.

Ich dachte noch nicht ans Heiraten, aber das Zusammensein mit Bruce war sicherlich ein Schritt in die richtige Richtung. Er war der Typ Mann, der einem ein schönes Leben bereiten konnte.

Bruce, der auch aus einer »besonderen« Familie kam, war irgendwie sehr verständnisvoll. Wir lachten viel, und wir küßten viel, und bevor ich mich versah, gingen wir fest miteinander. Bruce lehrte mich die Wichtigkeit einer Collegeausbildung schätzen; es war seinem Einfluß zu verdanken, daß ich mich nicht mehr dazu entschied, überhaupt aufs College zu gehen, sondern mit ein katholisches auszusuchen. Ich erwähnte ihm gegenüber nie, daß ich der Klassentrottel gewesen war.

Maureen bekam ihr zweites Kind, noch einen Jungen. Er hieß Timmy. Und schon wenige Monate später war sie wieder schwanger. Sie war frustriert. Sie liebte ihre Kinder, aber sie wollte nicht jedes Jahr eines. Sie besuchte unseren Gemeindepfarrer, um ihn davon zu überzeugen, ihr die Erlaubnis zur Empfängnisverhütung zu geben. Die Antwort war nein. »Die Enthaltung ist die einzige Form der Empfängnisverhütung, die wir gutheißen. Das Ehebett dient der Fortpflanzung.« So sei es. Drei Jahre und drei Kinder. Die gute alte Kirche!

Bruce und ich trafen uns jedes Wochenende, meistens sogar an beiden Abenden. Wir tanzten und lachten. Bruce trank immer Bier, und ich bestellte Coca Cola. Ich mochte Bruce wirklich gern, aber der Sex wurde zu einem echten Problem. Jedes Treffen endete mit einem Ringkampf. Er griff mir in die Bluse. Ich sagte nein. Er versuchte, seine Hand unter meinen Rock zu schieben. »Bitte nicht!« Dabei war ich richtig heiß. Ich war erregt und voller Verlangen, aber ich war ja »ein braves Mädchen«. Ich mußte mich für die Ehe reinhalten. So hatte man es mich gelehrt. Wenn ich nachgäbe, würde er mich nicht respektieren. Es war damals alles ganz anders als heute.

Im letzten Jahr meines Schulaufenthaltes wurden Sänger für ein Musical gesucht, das in der Schule aufgeführt werden sollte. Das Stück hieß *Guys and Dolls.* Gott, wie sehr wünschte ich mir die Rolle der Adelaide. Ich kannte jedes Wort, jedes Lied auswendig. Ich übte unentwegt. Einen ganzen Monat lang dachte ich an nichts anderes. Ich brachte meine Freundin Diana, die Tambourmajorin war, dazu, mir einen ihrer Tanzschritte beizubringen. Ich war in der Schule nicht sehr bekannt, deswegen rechnete niemand ernsthaft damit, daß ich diese Rolle kriegen könnte. Alle hielten es für eine ausgemachte Sache, daß die Rolle der Adelaide an Suzie Mills gehen würde. Am Abend der Probe war Dad wieder einmal sehr betrunken. Von mir aus konnte er fluchen und wüten. Ich dachte nur an eines. Ich war Adelaide.

»Suzanne, Sie sind als nächste dran«, sagte Mr. Bates, mein Theaterlehrer.

Ich war verliebt in Mr. Bates. Ich war auch in Mr. Mielenz, meinen Musiklehrer, verliebt. Ich sehnte mich nach der Anerkennung älterer Männer. Ich sehnte mich nach Liebe und Anerkennung von Dad, aber ich erhielt sie so gut wie nie, also übertrug ich meine Sehnsüchte auf diese beiden Männer, indem ich mich in sie verliebte. Es ist nicht ungewöhnlich, wenn junge Mädchen sich in ihre Lehrer verlieben. Es fiel mir auf, daß auch andere Mädchen aus meiner Klasse flatterig wurden, wenn sie in ihrer Nähe waren. Außerdem würden sie mich gar nicht bemerken. Es war eben nur eine heimliche Phantasie.

Als ich die Bühne betrat, war mir übel, mein ganzes Inneres bebte. »Konzentriere dich«, sagte ich mir. »Verkrampf dich nicht.« Ich stand auf der Bühne und begann:

Die durchschnittliche unverheiratete Frau
könnte, zutiefst verunsichert
durch eine lange Frustration, plötzlich reagieren...

Ich begann, mich zu entspannen. Ich liebte dieses Lied.

Das heißt mit anderen Worten,
schon durch das bißchen Warten
auf diesen kleinen Reif aus Gold
könnt's sein, daß sie sich den Schnupfen holt.
Haatschiie!

Dann legte ich meinen kleinen Tanz aufs Parkett, und es war vorbei.

»Seehr gut!« sagte Mr. Bates.

Ich ging zu meinem Platz zurück. Der Rest des Vorsingens kam mir wie eine Ewigkeit vor. Mr. Bates und Mr. Mielenz gingen nach draußen, um sich zu beraten. Nach einer Weile kamen sie endlich zurück.

»Die Rolle des Nathan Detroit kriegt Rich Scuitto.«
»Jaah!« jubelten alle.
»Sky Materson ist Gordon DeVol.«
»Jaah!« schrien alle.
»Schwester Sara wird von Yvonne Camper gespielt.«
»Prima, großartig«, ging es durch den Raum.
»Und den Part der Adelaide…«

Ich hielt den Atem an. Ich nahm mir fest vor, ich würde nicht weinen, wenn er den Namen Suzi Mills nennen würde. Sie war die bessere. Sie war schon länger auf dieser Schule. Sie und Mr. Bates waren gute Freunde.

Mr. Bates verkündete den Namen: »Suzie« – ich weiß es, sie kriegt die Rolle, dachte ich. Ich weiß es – »Mahoney«, sagte er. Alles staunte.

Ich konnte es nicht glauben. Es war das Schönste, was mir jemals passiert war. Ich weinte dicke Tränen. »Mr. Bates«, sagte ich, »vielen, vielen Dank. Ich verspreche Ihnen, ich werde die beste Adelaide sein, die Sie jemals gesehen haben.«

Ich tauchte ganz und gar in das Musical ein. Ich war die erste, die zur Probe erschien, und die letzte, die wieder wegging. Ich genoß jede Minute. Das Auditorium mit seinen tausend Sitzen war sehr beeindrukkend. Schon der Gedanke daran elektrisierte mich: zu singen und zu tanzen, und das vor einem richtigen Auditorium! Ich konnte es nicht glauben. Mr. Bates gab mir alle Unterstützung. Ich blieb immer sehr lange, und er sagte mir, was für ein Naturtalent ich sei. Er gab mir, so oft er Gelegenheit dazu fand, einen kleinen Klaps auf den Po. Wir mußten für das Lied *»Take Back your Mink«* (»Nimm deinen Nerz zurück«) etwas knappe Kostüme anziehen, und ich erwischte ihn dabei, wie er meine Beine oder meine Brüste begutachtete. Ich fühlte mich nicht sehr wohl dabei, und doch war es aufregend. Er war ein älterer Mann, und ich wollte seine Anerkennung. Ich genoß die Aufmerksamkeit, die er mir schenkte.

Das Verhältnis zwischen mir und Bruce wurde gespannt. Die Freude, die mein Erfolg mir bereitete, gefiel ihm gar nicht. Das Musical nahm meine ganze Aufmerksamkeit in Anspruch. Es war das einzige, über das ich reden wollte, es war das einzige, an das ich denken konnte. Ich war theaterbesessen. Wenn Bruce mich nach einem Date nach Hause brachte, parkte er immer auf der anderen Straßenseite vor unserem Haus. Wir küßten uns eine Weile, und dann wurde er plötzlich zu einer Krake. Überall Arme und Hände! »Bitte nicht«, insistierte ich. Er hörte nicht. Es fiel mir so schwer zu widerstehen. Es fühlte sich so gut an, aber ich wollte nicht, ich durfte nicht. Nur »leichte Mädchen« machten solche Sachen. »Hör auf!« sagte ich schwach. »Nein, bitte.« Mit meiner ganzen Kraft und all meinem Willen drückte ich seine Hände weg. »Nein, nein. Wir dürfen das nicht.«

»Warum nicht«, sagte er. »Ich liebe dich. Und liebst du mich denn nicht auch?«

»Ja«, sagte ich. Nein zu sagen, hätte alles auf der Stelle beendet, und das wollte ich nicht. »Es ist einfach nicht richtig«, sagte ich.

»Tüüt! Tüüt! Brrum! Brrum!« Wir ließen voneinander ab.

»Was ist das?« fragte Bruce.

Ich blickte auf. Es war Mike, der vorüberfuhr und den Motor aufheulen ließ. Die Stimmung war im Eimer.

»Wer ist das?« fragte Bruce.

»Nur ein alter Freund von mir.«

Ich konnte es mir nicht erklären. Seit einiger Zeit verhielt sich Mike wie ein eifersüchtiger Liebhaber. Da war ich die ganze Zeit in ihn verliebt gewesen, und jetzt, wo ich einen Freund hatte, zeigte er schließlich doch Interesse.

»Ich geh jetzt besser rein. Mom guckt bestimmt aus dem Fenster.«

»O. K.«, sagte Bruce widerwillig. Er begleitete mich zur Haustür. »Ich liebe dich«, sagte er.

»Mhm, ich dich auch.« Ich rannte, so schnell ich konnte, ins Haus.

Mom schlief in meinem Bett. Sie hatte keine gute Nacht gehabt. Ich ging ins Badezimmer und wusch mich ausgiebig. Ich hatte ein schlechtes Gewissen.

18

Die Premiere von *Guys and Dolls* war sehr aufregend. Ich genoß es, mich zu schminken und in mein Kostüm zu steigen. Das Orchester stimmte die Instrumente, und die Zuschauer trafen ein. Meine Eltern kamen beide, und Daddy war nicht betrunken. Vielleicht bedeutete ich ihm ja doch etwas. Durch den Bühnenvorhang hörte man das laute Gemurmel des Publikums. Ich war nervös, ohne jedoch ängstlich zu sein.

Mr. Bates trat auf mich zu. »Ich bin mir sicher, Sie kriegen das großartig hin, Mahoney.«

»Danke, Mr. Bates.«

Die Ouvertüre begann, und das Publikum applaudierte. Die Emotionen stiegen in mir hoch. Ich hatte Tränen in den Augen. Dann setzte die Musik ein.

Wenn Sie einen Mann sehen,
Der nach den Sternen greift,
Können Sie davon ausgehen,
Er macht's für seine Maid,

sang der Chor.

Ich trat auf die Bühne – und war zu Hause. Ich fühlte mich pudelwohl. Der erste Akt lief perfekt, und das

Publikum war begeistert. Der zweite Akt enthielt die Stücke »Take Back your Mink« und »Sue me«. Ich war im siebten Himmel.

Dann sang der Chor laut:

Daß der Typ es nur
Für sein Mädchen tut.

Das war das Finish.

Das Publikum sprang vor Begeisterung auf. Man rief uns frenetisch auf die Bühne zurück, einmal, zweimal, insgesamt hatten wir sechs Vorhänge. Dann trat Mr. Bates auf die Bühne. Er kam mit einem Mann, den ich noch nie vorher gesehen hatte. Mr. Bates ging zum Mikrofon. Der Mann kam auf mich zu und flüsterte mir etwas ins Ohr.

»Ladies and Gentlemen«, begann Mr. Bates, »dies war ein aufregender Abend. Wir haben einige außergewöhnlich talentierte junge Menschen gesehen. Bei mir ist heute Abend ein Mann, der im Showgeschäft kein Unbekannter ist. Er war so begeistert von unserer Aufführung, daß er uns gebeten hat, eine Sondervorstellung zu geben und die Einnahmen für die Krebshilfeorganisation Damon Ranyon Cancer Fund zu spenden. Ladies und Gentlemen, ich freue mich, Ihnen Mr. Walter Winchell präsentieren zu dürfen.«

Das war also Walter Winchell, dachte ich.

Nachdem ich mich abgeschminkt hatte, ging ich nach Hause, um mich für die Party, die für die Darsteller gegeben wurde, umzuziehen. Dad saß im Wohnzimmer. Wir hatten, seit ich ihm damals vor zwei Jahren den Tennisschläger auf den Kopf geschlagen hatte, fast kein Wort miteinander gewechselt. Er hatte einen Blick in seinen Augen, den ich noch nie vorher bei ihm gesehen hatte.

»Du bist verdammt gut«, sagte er mit zitternder Stimme.

Ich war richtig baff. Er sprach nur selten ein Lob aus. In seinen Augen spiegelte sich Überraschung, Stolz und Rührung.

»Danke, Daddy«, sagte ich verblüfft. Sein Lob bedeutete mir so viel.

»Was hat denn dieser Typ zu dir gesagt?«

»Wer? Dieser Walter Winchell?«

»Ja«, sagte er.

»Du wirst deinen Weg machen, hat er gesagt.«

Bruce und ich verließen die Party für die Darsteller von *Guys and Dolls* ziemlich früh. Es hatte ihm keinen Spaß gemacht.

»Nein. Bitte, laß das! Das dürfen wir nicht!« In seinem Auto fand der übliche Ringkampf statt. Die Gefühle übermannten mich. »Nein! Nein! Nein!« Ich drückte seine Hände weg. Er legte sie wieder zurück. Ich drückte sie wieder weg. Und so ging das hin und her und hin und her. Er drängte seinen Körper an meinen. Durch das Kleid konnte ich spüren, wie er sich gegen mich preßte. Das gerät jetzt völlig außer Kontrolle, dachte ich.

Sex machte mir Schuldgefühle. Er war schlecht. Die Nonnen hatten mir das jahrelang eingebleut. Schon darüber zu schreiben, war Grund genug gewesen, von der Schule zu fliegen. Warum konnte ich mich in dieser Hinsicht nicht beherrschen. Bruce wußte genau, daß mein »Nein! Nein!« in Wahrheit »Ja! Ja!« bedeutete. Ich wollte als Mensch vollkommen sein. Dabei war ich so unvollkommen, aber es war wirklich ein unglaublich schönes Gefühl. Die Tatsache, daß es falsch und verboten war, machte die ganze Sache nur um so aufregender. Eines aber wußte ich, ich würde ihn nie, *niemals* »ganz ranlassen«.

19

Zu Hause wurde das Geld knapp. Dad arbeitete jetzt als LKW-Fahrer, und seine Gewerkschaft befand sich seit drei Monaten im Streik. Wir begannen, das wirklich zu spüren. Die Eintrittskarten für die Abschlußfeier in der Highschool kosteten 75 Dollar. Darin enthalten waren Dinner, Tanzen, Spiele und Frühstück. Mom teilte mir mit, daß wir uns das nicht leisten konnten. Mir brach das Herz. Alle gingen hin. Mr. Mielenz, mein Musiklehrer, erfuhr davon. Als Abschlußgeschenk und als ein Zeichen, wie sehr ihm meine Vorstellung in *Guys and Dolls* gefallen hatte, schenkte er mir die Karte. Mom sagte mir, sie würde ein neues Kleid für mich nähen, wenn es nicht zu viel kostete. Ich hatte ein wunderschönes Kleid im Schaufenster eines sehr teuren Ladens in San Mateo gesehen.

»Glaubst du, du kannst das nachmachen?« fragte ich sie.

»Ich denke schon«, sagte Mom. Sie war eine hervorragende Schneiderin.

Es war wunderschön. Es war ein langes Abendkleid aus rosa-weißem Crêpe. Das Oberteil war wie ein weißer Blouson geschnitten, ärmellos, mit einem runden Ausschnitt und zwei Reihen aus rosa Perlen, die den Busen nachzeichneten. Der untere Teil war ganz und gar rosa. Mom hatte wirklich unglaubliche Arbeit geleistet. Man konnte diese Kopie nicht vom Original unterscheiden. Sie nähte sogar ein Futter aus Chinaseide hinein, so daß es sich beim Tragen wie ein Traum anfühlte. Der Ladenpreis betrug 1200 Dollar. Meine Mutter nähte das Kleid für 75 Dollar. Meine Schwester gab mir ihre langen Glacéhandschuhe. Ich liebte Kleidung. Ich konnte es gar nicht abwarten, dieses wunderbare neue Kleid zu tragen.

Bruce holte mich in seinem Smoking ab. Im Grunde hatte er an den Highschoolveranstaltungen wenig

Spaß. Schließlich ging er aufs College, aber er war gutmütig und wußte, daß es für mich wichtig war.

»Wow! Du siehst umwerfend aus«, sagte Bruce.

»Danke«, sagte ich unsicher. Bruce konnte seinen Blick nicht von meinen vollen Brüsten abwenden. Es war das erste Mal, daß ich einen tiefen Ausschnitt trug. O je, dachte ich.

Die Party lief ganz gut. Solche Ereignisse sind in der Erwartung, mit der man ihnen entgegensieht, immer viel aufregender als in der Wirklichkeit. Ich hatte noch immer nicht sehr viele Freunde in der Schule und wußte deswegen nicht, zu wem ich mich setzen und mit wem ich reden sollte. Ich kannte viele von der Aufführung her, aber Bruce wollte sich nicht zu ihnen gesellen. Meine kurze Karriere als Schauspielerin war ein wunder Punkt zwischen uns. Bruce wollte gehen. Er hatte etwas Gin im Wagen, und es würde doch bestimmt Spaß machen, einen kleinen Schluck zu sich zu nehmen, sagte er. Ich wußte genau, daß sein Vorschlag mehr mit meinen jungen vollen Brüsten als mit seinem Durst zu tun hatte. Wir gingen also und fuhren zu unserer Lieblingsstelle.

»Nein! Nicht!« sagte ich. Er hatte es noch nie so einfach gehabt, an meine Brüste zu kommen. Sie prangten in ihrer ganzen Fülle direkt vor seinem Gesicht. Er küßte mich und zog mir dabei die Träger herunter. »Bitte, hör auf!« sagte ich. Es fiel mir immer schwerer, nicht schwach zu werden. »Wir dürfen das nicht«, sagte ich schwach. Seine Hände suchten sich unter meinem Rock ihren Weg. Ich wollte nicht, daß er weitermachte. »Nein!« Ich meinte es ernst. »Du kriegst wohl nie genug.« Ich war sauer. Immer mußte ich den Polizisten spielen, immer war ich es, die ihn zurückhalten mußte. Die Stimmung war vermasselt.

Bruce brachte mich nach Hause. »Tut mir leid«, sagte er an der Tür. »Ich kann mich einfach nicht zurückhalten.«

»Ich weiß«, sagte ich. »Mir fällt es auch schwer.«

Ich machte meinen Highschoolabschluß im Juni 1964. Dad war zu betrunken, um zur Abschlußfeier zu kommen. Mir war's egal. Es war sowieso besser, wenn er nicht kam. Ich mußte mir seinetwegen dann keine Sorgen machen. Ich erhielt ein Musikstipendium von 500 Dollar. Ich war am Lone Mountain College angenommen worden. Es war eine katholische Mädchenschule, die von den Schwestern des Heiligen Herzens geleitet wurde. Sie lag direkt gegenüber der University of San Francisco, die damals noch ein reines Jungencollege war. Auch Bruce besuchte dieses College. Es war eine sehr gute Schule mit harten Zugangsbedingungen. Das Lone Mountain College war aber auch eine Schule, in der Geld und Status eine große Rolle spielten. Ich wußte, ich hatte nicht die entsprechenden Zensuren, um über meine Leistungen in die Schule zu kommen, also verwandte ich viel Zeit darauf, mir einen faszinierenden sozialen Hintergrund zurechtzubasteln. Es war einfach. Das Resultat meiner Erfindungen hätte jeden mit dem Eindruck zurückgelassen, ich stünde in direkter Verbindung zum Königshaus. Aber es funktionierte. Eines Tages kam ein Brief, in dem es hieß, man hätte mich angenommen und sähe meiner »Ankunft mit Freuden entgegen«. O Mann!

»Wie sollen wir das bezahlen?« fragte meine Mutter.

»Ich besorge mir in den Sommerferien einen Job, und wenn ich jeden Penny für Schulgeld und Verpflegung beiseite lege und dann noch die 500 Dollar Stipendium dazurechne, klappt das schon. Bitte, Mommy, bitte.«

Im Sommer bekam ich tatsächlich einen Job, ich verkaufte Kleider für das »House of Nine«, das nur kleinere Größen führte. Ich war wild entschlossen, den

Kundinnen viele Kleider unterzujubeln. Denn die Schule war für mich eine unentbehrliche Fluchtmöglichkeit.

Ich hatte Spaß an meinem Job. Das Arbeiten gefiel mir. Was mir nicht gefiel, war, jeden Tag den Bus nehmen zu müssen, aber ich hatte kein Auto. Schon in der ersten Arbeitswoche begegnete mir Mr. Bates. Er lebte in diesem Stadtteil.

»He, Suzie«, sagte er. »Sie sehen großartig aus.«

Ich trug ein Kleid, das ich mir von meiner Schwester geliehen hatte. Es war ein marineblaues Etuikleid, zu dem ich hochhackige Schuhe im selben Blau trug. Maureen paßte wegen ihrer vielen Schwangerschaften damals nicht mehr in ihre alten Sachen. Sie war sehr deprimiert deswegen. Sie war immer so stolz auf ihre schöne Figur gewesen, aber sie war eben ein »gutes Mädchen«, ein fügsames Mädchen, das sich den Regeln der Kirche nicht widersetzte. Sie hatte jetzt drei kleine Jungs im Alter von ein, zwei und drei Jahren. Ich spürte, wie Mr. Bates mich von oben bis unten musterte.

»Möchten Sie einen Kaffee mit mir trinken?« fragte er.

Ich trank keinen Kaffee, aber ich würde es lernen. »Sicher«, sagte ich. Warum erregten mich ältere Männer so sehr?

»Sie haben eine Bombenfigur«, sagte er.

Ich wußte nicht, wie ich reagieren sollte. Ich genoß die Aufmerksamkeit, die er mir schenkte. Aber er war mein ehemaliger Lehrer. Mein *ehemaliger* Lehrer. Eben. Ich besuchte ja diese Schule nicht mehr. Wir gingen also ins Café Colony Kitchen.

»Nehmen Sie Sahne?« fragte er mich.

»Nein, danke.« Ich wurde ganz nervös, als ich so neben Mr. Bates saß. Er hatte eine Art mich anzusehen, die mich beunruhigte. Ich wußte, es war wahrscheinlich meine Einbildung, aber es kam mir vor, als machte er Annäherungsversuche.

»Ich hab für Mittwoch abend zwei Eintrittskarten für das Geary Theater. Sie zeigen ›*The Rainmaker*‹. Möchten Sie mitkommen? Ich glaube, es wäre ganz gut für Sie, öfter mal ins Theater zu gehen.«

»Liebend gern«, sagte ich begeistert. Oh, mein Gott. Wie aufregend!

»Es ist kein Rendezvous!« schrie ich meine Mutter an. »Er ist mein Theaterlehrer. Er will mich einfach nur mit ins Theater nehmen. Gott, wie kannst du so etwas nur denken, Mom?« Meiner Mutter gefiel diese Einladung überhaupt nicht. Aber das war mir egal. Ich würde gehen, und wenn ich mich heimlich aus dem Haus schleichen müßte.

»Du bist wirklich naiv, Suzanne!« sagte meine Schwester. Sie war bei uns zu Besuch. »Dein Mr. Bates ist nur ein schmutziger alter Mann. Warum will der wohl mit einem sechzehnjährigen Mädchen ausgehen?«

»Weil er mich in die Welt des Theaters einführen will«, sagte ich abwehrend.

»Ach ja? Und was will er sonst noch einführen?« Maureen lachte.

»Ach, sei doch ruhig.« Ich verließ stampfend das Zimmer.

»Der ist jetzt fast fünfzig«, brüllte Maureen mir nach.

20

»Hi«, sagte ich nervös, als Mr. Bates in der Tür stand. Meine Mutter war spürbar kühl. »Na ja, tschüs dann«, sagte ich. Ich wollte Mr. Bates so schnell wie möglich aus dem Haus wegkriegen. Ich wußte, daß Mom diesmal Dad nicht in der Küche versteckt halten würde. Dies war ein Rendezvous, mit dem sie nicht einverstanden war. Aber ich hatte die Highschool jetzt schon hinter mir und wußte ja über alles Bescheid. Wie alle Teenager hatte ich das Gefühl, daß meine Mutter übertrieb. Ich ließ den Gedanken, daß sie recht haben könnte, einfach nicht zu. Und sie hatte recht. Mr. Bates machte mir Avancen, und Mr. Bates war zu alt für mich. Aber ich war so verliebt, daß mir davon ganz schwummerig war. Bruce war für die Sommerferien nach Hause nach San Diego gefahren. Was sollte ich denn mit den nächsten drei Monaten anfangen? Zu Hause bleiben und wie eine Nonne leben?

Es war ein wundervoller Abend. Mr. Bates fuhr einen weißen Cadillac mit großen Heckflossen. Er behandelte mich völlig anders als zu der Zeit, als ich noch seine Schülerin gewesen war – er flirtete. Er flirtete sogar ziemlich heftig.

»Gott, hast du einen Po«, sagte er, als ich ins Auto stieg. Ich wußte nicht, wie ich reagieren sollte. Ich kicherte bloß. Ich trug ein kamelhaarfarbenes Etuikleid. Das enganliegende Oberteil war hochgeschlossen mit langen Ärmeln. Es schmiegte sich eng an meine Hüften. In Höhe der Hüften trug ich einen kamelhaarfarbenen Gürtel und darunter einen engen schwarzgrauen Rock, der mir gerade bis zu den Knien ging. Meine hochhackigen Schuhe waren ebenfalls kamelhaarfarben mit grauen Verzierungen an der Fußspitze und grauschwarzen Pfennigabsätzen. Ich gefiel mir sehr in dieser Aufmachung.

Es war angenehm, mit ihm zusammenzusein. Obwohl ich sehr nervös war, hielt er das Gespräch mühelos in Gang. Er redete über Leute und Themen, die uns beide betrafen. Wir sprachen auch über mein Talent und darüber, daß ich es weiter fördern sollte. Der Gedanke an eine Karriere war mir bis dahin noch nicht gekommen. Niemand aus San Bruno hatte bisher so etwas getan. Und ich hatte auch nicht das Gefühl, gut genug dafür zu sein. Aber es war eine wunderbare, berauschende Erfahrung, mit jemandem zusammenzusein, der gerne über das Theater, das Publikum und den Nervenkitzel des Bühnenauftritts redete. Es war so anders als die Gespräche mit Bruce. Bei ihm wäre der ganze Abend schon verdorben, wenn man das Showbusiness und die Schauspielerei auch nur erwähnte.

Wir hielten vor dem Geary Theater in der Sutter Street in San Francisco. Mr. Bates gab einem Bediensteten den Wagenschlüssel, damit er das Auto parken konnte. Mir war richtig schwindelig. Solch einen Luxus war ich nicht gewohnt. Unsere Theaterkarten waren für die mittleren Sitze in einer der vordersten Reihe. Ich war zwar auch vorher schon in diesem Theater gewesen, aber immer nur in der letzten Reihe des dritten Ranges. Im Laufe der Jahre hatte mich meine Mutter zu allen Musicals mitgenommen, die in San Francisco gespielt wurden. Ich liebte das Theater. Ich hatte ein Opernglas mitgebracht und stellte fest, daß ich es diesmal nicht brauchen würde. Ich konnte praktisch die Löcher in Inga Swensons Zähnen zählen! Inga Swenson (aus der Fernsehserie »Benson«) war einer der Stars, die in *Rainmaker* auftraten. Als der Hauptdarsteller, ein gewisser Starbuck, sie küßte, zog er eine Haarnadel aus ihrem Haar und ihr schönes langes, seidig-blondes Haar fiel ihr bis zum Po herab. Es war so romantisch. Nach dem Stück gingen wir ins Pam Pam, eine Mischung aus Café und Bar in derselben Straße. Ich bestellte mir ein Stück Schokoladenkuchen und ein Glas Milch. Mr. Bates ließ sich einen Drink bringen – einen Bourbon mit Soda. Wir redeten in einer Tour. Er sprach über die Darsteller in diesem Stück, darüber, wer gut gewesen war und wer nicht. Es war herrlich. Als wir wieder mit dem Wagen vor meinem Haus standen, stieg Mr. Bates aus und öffnete die Beifahrertür. Er begleitete mich zur Haustür, genau wie bei einem richtigen Rendezvous.

»Es war wirklich wunderbar. Vielen, vielen Dank«, sagte ich.

»He, Suzie, auch mir hat es richtig Spaß gemacht. Ich würde es gerne wiederholen«, sagte er.

Dann hob er mit seinem Finger mein Kinn und gab mir einen Kuß auf die Lippen, kurz und sanft. Ich schluckte. »Gute Nacht«, sagte ich.

»Wiedersehen, Mahoney.« Er winkte und fuhr los.

21

Mein Bruder Dan schrieb uns und teilte uns mit, daß er in diesem Sommer von der Marine zurückkommen würde. Wir freuten uns sehr darauf, ihn wiederzusehen. Er hatte die Zeit in der Marine genossen. Wenn er einmal nicht Basketball spielte, so erzählte er uns, arbeitete er als Barkeeper im Offizierskasino. Er war vom Alkohol nicht losgekommen. Es war ein Feld, das ihm vertraut war. Alle Offiziere mochten ihn, er hatte mit ihnen gelacht und gescherzt. Er servierte ihnen die Getränke so, wie sie es liebten, stark und gut. Wie alle hielten sie Dan für einen angenehmen Zeitgenossen, der viel Humor bewies und den man gerne um sich hatte.

In dem Offizierskasino arbeitete ein sehr hübsches jugoslawisches Mädchen als Kellnerin: Mardi. Auch sie kam aus San Bruno und hatte gleich bei uns um die Ecke gewohnt, nur zwölf Häuser entfernt. Sie hatte einen zweiwöchigen Hawaii-Urlaub zu ihrem Schulabschluß geschenkt bekommen, und es hatte ihr dort so sehr gefallen, daß sie sich einen Job suchte und blieb.

Sie kreischte geradezu vor Aufregung, als sie Dan zum ersten Mal sah. Sie vermißte San Bruno und ihr Zuhause, und er brachte es ihr wieder ein Stück näher.

Es dauerte nicht lange und sie gingen regelmäßig miteinander aus. Sie waren sehr verliebt. Anderthalb Jahre später an einem Weihnachtsabend ließen sie sich spontan trauen. Dan rief zu Hause an, um es Mom mitzuteilen. Sie freute sich riesig für ihn. Wie alle Eltern, so hätte auch sie es lieber gesehen, wenn sie gewartet und im Kreise der Familie geheiratet hätten, aber nun war es zu spät, und sie gab ihm ihren Segen.

Mardis Vater war sehr unglücklich über diese Angelegenheit, er hätte es lieber gesehen, wenn man ihn vorher um Rat gefragt hätte.

Danny und Mardi kehrten ohne Job und ohne einen Pfennig in der Tasche von den Inseln zurück. Sie zogen zu uns. Warum Danny seine frischgebackene Ehefrau Dads Alkoholismus und seinem unsäglichen Benehmen auslieferte, war mir unbegreiflich. Dannys Verdrängungsmechanismus funktionierte ausgezeichnet. Er hatte ihn zu der Überzeugung verleitet, daß Dad bei weitem nicht so schlimm sei, wie seine Erinnerung es ihm vorgaukelte. Wie schlimm er tatsächlich war, sollten beide schon bald zu spüren bekommen.

Mardi war aufregend schön. Sie hatte ein exotisches Gesicht und eine phantastische Figur: groß, schlank und braungebrannt. Ich war nicht gerade erfreut, ihnen mein Zimmer überlassen zu müssen. Ich mußte nach oben in Dannys altes Dachzimmer umziehen, in dem jetzt auch Michael schlief. Wir teilten uns Dannys altes, vollgepinkeltes Doppelbett. Ich hatte jetzt keine Fluchtmöglichkeit mehr, keinen Ort, an den ich mich zurückziehen, Musik hören und träumen konnte. Meine Privatsphäre war weg. Aber es war herrlich, Danny wiederzuhaben. Ich hatte ihn sehr vermißt, als er weg war.

Er und Dad kamen besser miteinander aus als je zuvor. Sie blieben lange auf und tranken zusammen. Beide liebten Bier, Danny trank besonders gerne Gin. Dad gefiel es, jemanden zu haben, mit dem er sich betrinken konnte. Maureen kam, um Danny und seine Frau zu besuchen, und brachte ihre drei Kinder mit.

»Suzanne, kannst du für mich ein bißchen auf die Kleinen achtgeben?« fragte sie mich.

Maureen saß mit Danny und Dad im hinteren Zimmer und trank Gin mit ihnen. Niemand sah irgendeine Gefahr darin, nicht einmal Mutter. Es war eben ein geselliges Trinken, eine Möglichkeit, Kontakt zu bekommen, und nicht zuletzt auch ein Weg für Maureen und Danny, Dad näherzukommen.

Niemand war sich im klaren darüber, daß Danny bereits einige Blackouts hinter sich hatte. Niemand bemerkte, daß Maureen tief in ihrem Inneren ein sehr schüchterner, unsicherer Mensch war und sich allein durch den Alkohol selbstsicher und brillant fühlte. Sie hatte das Gefühl, nach ein paar Gläsern interessanter zu sein. Es nahm ihr die Wut und die Enttäuschung darüber, daß sie ihren arbeitswütigen Mann nie zu Gesicht bekam.

Es war schon eigenartig für mich. Ich erinnerte mich sehr lebhaft daran, wie ich mit Danny und Maureen so manche Nacht im Wandschrank versteckt saß und wie wir drei uns schworen, niemals zu trinken, wenn wir erwachsen wären. Na wenigstens würden sie nie zu Alkoholikern werden wie Dad. *Niemals.*

Es dauerte nicht lange, bis Mardi ihren Sonderstatus als neues Mitglied in unserem Haushalt verloren hatte. Sie wurde zu einem »verfluchten Idioten« so wie wir andern auch. Wenn sie und Danny sich wegen irgend etwas stritten, raunzte Dad sie an: »Um Himmels willen, hör auf zu flennen.« Trotzdem erkannte er sie als eine fleißige Arbeitskraft an. Das Haus glänzte wieder, die Wäsche war immer frisch gemacht und jeden Mittag stand für Dad das Essen auf dem Tisch. Ihre Sandwiches waren schön dick und saftig, nicht wie das »verdammte Schuhleder«, das Mom ihm auftischte. Mardi verfiel schnell in den Mechanismus, der uns alle beherrschte, und bemühte sich um seine Anerkennung. Er hatte eine Art an sich, dir zu sagen, daß ihm deine Sandwiches schmeckten, daß der restliche Tag für dich gerettet war. Dad hatte keine Gewissensbisse, wenn er Mardi anschrie, und so manchen Abend sprang sie weinend vom Tisch auf.

Mardi und Dan blieben für einige Monate bei uns, dann zogen sie in ihr eigenes Apartment. Danny arbeitete als Teppichverleger. Schon im ersten Jahr wurde ihr erstes Baby geboren, ein Junge, den sie Sean nannten.

Das Sonntagsessen fand nun nicht mehr bei uns, sondern im Haus von Maureen und Bill statt. Das war Maureens Art und Weise, Mom zu helfen. Die Dinge wuchsen Mutter über den Kopf. Sie war jetzt immer sehr nervös und durcheinander. Sie vergaß zum Beispiel, die Brötchen aus dem Backofen zu holen oder das Fleisch auszuschalten. Ihre Schuppenflechte wollte nicht weggehen, und ihre Hände zitterten unentwegt. Das Sonntagsessen bei Maureen war eine gute Möglichkeit für Mom, ein wenig zu entspannen und abzuschalten. Außerdem fand Maureen Spaß daran, das Haus voll zu haben. Ihr Haus entwickelte sich zu einer Art Zentrum für unsere Familie. Sie fühlte sich für jeden verantwortlich, und wir gingen gerne dorthin.

So gegen fünf Uhr nachmittags trafen wir für gewöhnlich bei ihr ein: Wir, das sind Mom und Dad, Michael, ich, Mardi und Danny mit ihrem Kind, Maureens drei Kinder, Vater und manchmal Tante Helen mit ihrer Familie. Maureen trank Gin und Tonic, Danny ebenfalls. Natürlich war es Tanqueray Gin. Nur das Beste. Maureen zauberte uns ein wunderbares Dinner, während sie gleichzeitig in einer Tour an ihrem Gin nippte. Maureens Mann, Bill, trank seinen Gin pur, nur mit etwas Eis. Aber das machte ihm wenig, denn er war ein robuster Kerl. Bill konnte fast eine fünftel Flasche Gin ganz allein leeren. Der Geräuschpegel stieg, alle waren in bester Stimmung. Weil alle tranken, fiel Dad plötzlich nicht mehr so sehr auf. Je lauter er redete, desto lauter wurden auch die anderen, und je betrunkener er wurde, desto betrunkener wurden auch sie. Es wurde viel gelacht und gesungen. Die Kleinen blieben länger auf, als sie eigentlich gedurft hätten. Der kleine Timmy kam mit vollen Windeln in die Küche. Alle lachten.

»Suzanne, ich glaube, Timmy will, daß man seine Windeln wechselt«, sagte Maureen.

Ich brachte Timmy auf sein Zimmer, säuberte ihn, zog ihm frische Windeln und einen sauberen Strampelanzug an. Er sah so süß aus mit seinen roten Haaren und seinen Sommersprossen. Ich ging in die Küche und füllte sein Fläschchen mit Milch. Er griff sich sein Fläschchen zusammen mit seiner Decke. Seine kleinen Augen rollten nach hinten, und ich wußte, daß er gleich einschlafen würde.

Als ich wieder in die Küche kam, nahmen sie gerade ihren Verdauungsdrink zu sich, Crème de Menthe mit Eis. Ja, das Dinner bei Maureen war eine echte Lust.

22

Mr. Bates hielt vor dem House of Nine, dem Geschäft, in dem ich arbeitete. »Hi«, sagte er. Gott, fand ich ihn damals attraktiv. »Hätten Sie Lust, mit mir essen zu gehen, wenn Sie hier fertig sind?« fragte er mich.

»Sehr gern«, antwortete ich.

»Ich hole Sie um sieben Uhr ab«, sagte er.

Ich rief meine Mutter an und erzählte ihr, daß ich mit ein paar Freunden ausginge und deswegen später kommen würde.

Mr. Bates führte mich in ein sehr romantisches kleines italienisches Restaurant. Er bestellte Fettuccine Alfredo für mich. Ich hatte sie noch nie vorher gegessen. Er bestellte auch ein Glas Rotwein für mich und für sich selbst einen Bourbon Soda. Der Wein gab mir ein sehr entspanntes Gefühl.

»Sie haben unglaublich schöne Augen«, sagte er. »Schlafzimmeraugen!«

Ich wußte nicht, was ich darauf sagen sollte. »Was sind Schlafzimmeraugen?« fragte ich. Ich hatte wirklich keine Ahnung.

»Die schönsten, die es gibt«, sagte er.

Nach dem Essen fragte mich Mr. Bates, ob ich nicht sehen wollte, wie er lebe. Ich wußte, daß ich mich auf gefährliches Terrain begab, aber da ich sehr abenteuerlustig bin, sagte ich ja.

Er hatte ein kleines Häuschen, das im Wald von Belmont lag, mit einem großen Kamin und viel Brennholz. Er machte den Kamin an und legte eine Platte von Johnny Mathis auf. Das einzige Licht kam von dem Feuer im Kamin. Mr. Bates trank noch einen Bourbon. Wir saßen auf der Couch, redeten und lachten. Ich war noch nie vorher mit einem Mann allein gewesen. Bruce und ich hatten viel Zeit zusammen in seinem Auto verbracht, aber das hier war etwas anderes. Ich war nervös, trotzdem genoß ich es, bei ihm zu sein.

Wir sprachen über Schauspielerei und das College. Das waren die einzigen Gesprächsthemen, die ich beherrschte.

Mr. Bates streichelte mir eine Haarsträhne aus dem Gesicht. Meine Haarklammer fiel heraus, und mein Haar wallte herab. »Genau wie Inga Swenson«, sagte er. »Sie sehen bezaubernd aus mit heruntergelassenem, zerzaustem Haar.« Dann beugte er sich nach vorne und küßte mich – es war der längste, erotischste Kuß meines Lebens. Ich wollte nicht, daß es aufhörte. Wir küßten uns wieder und wieder. Wir küßten uns über eine Stunde lang, und dann legte er seine Hand auf meine Brust. Ich schob sie sofort wieder weg. »Bitte nicht«, sagte ich zärtlich. Ich hatte Angst. Ich konnte damit nicht umgehen.

»Keine Angst, Suzie«, sagte er, »ich werde dich zu nichts drängen, was du nicht willst.« Ich saß bloß da und starrte auf den Boden. Ich konnte ihm nicht in die Augen sehen. »Bist du noch Jungfrau?« fragte er.

»Ja«, sagte ich leise.

»Ich kann warten«, sagte er.

»Eines Tages werde ich dich fragen, ob du bereit bist, und du wirst es sein, und es wird wunderbar werden.«

Als ich am nächsten Tag im Geschäft ankam, wartete unter der Tür ein Brief an mich. »An das schöne Mädchen mit dem offenem Haar und den fallenden Haarklammern. Ich habe viel Geduld.«

Ich traf Mr. Bates den ganzen Sommer über. Ich erzählte meiner Mutter nichts davon. Ich wußte, sie wäre damit nicht einverstanden. Als der September kam, kündigte ich und bereitete alles vor, um in die Schule umziehen zu können. Ich war sehr aufgeregt wegen des Colleges. Es war ein richtiges Abenteuer. Ich hatte ein schlechtes Gewissen, weil ich meine Mutter und Michael mit Dad allein ließ. Es wurde immer schlimmer mit ihm. Nach zwanzig Jahren bei der Brauerei Lucky Lager war er wegen wiederholter Trunkenheit am Arbeitsplatz gefeuert worden. Es war im Grunde erstaunlich, daß er es überhaupt so lange dort gemacht hatte. Dad war wütend und haderte sehr mit sich. Er trank jeden Tag, bis er völlig besinnungslos war, er trank ohne Unterbrechung Tag und Nacht. Meine Mutter sah völlig ausgelaugt aus. Nicht nur, daß Dads Alkoholkonsum eskalierte, es kam jetzt auch kein Geld mehr ins Haus. Ich machte mir Sorgen wegen meiner Mutter. Wieviel Streß würde sie noch ertragen können? Ich hielt es ja kaum mehr aus, und ich war erst sechzehn.

Dad kam taumelnd in mein Zimmer, als ich gerade damit beschäftigt war, die Sachen für die Schule zu packen.

»Wo zum Teufel gehst du hin?« nuschelte er.

»Zum College«, sagte ich. »Lone Mountain.«

»Lone was?« fragte er. »Blödsinn«, sagte er betrunken, bevor ich antworten konnte.

Er hatte nicht die geringste Ahnung, wovon ich redete. Es drang nicht mehr zu ihm durch. Er wußte nicht, ob mein College fünf oder fünfzig Meilen entfernt war. Er hatte sich völlig in der betrunkenen Welt seines eigenen Kopfes verloren. Er wußte nicht einmal den Namen meiner Schule, es war ihm alles gleichgültig. Er näherte sich immer mehr dem Stadium, in dem die Krankheit unheilbar zu werden begann.

Am nächsten Morgen packten Mom und ich das Auto für die Schule. Ich war aufgeregt – ein völlig neuer Anfang. Das Lone Mountain College, auch als San Francisco College für Frauen bekannt, lag nur etwa dreißig Minuten von uns entfernt in San Francisco, aber für mich war es ein ganzes Leben weit weg. Endlich würde ich Freunde finden können, denn keine meiner Mitschülerinnen wohnte mehr zu Hause und niemand würde die anderen zu sich nach Hause einladen können, um sie den Eltern vorzustellen. Mir gefiel die Vorstellung, wieder auf eine katholische Mädchenschule zu gehen. Sie repräsentierte Klasse, und ich wollte »Klasse« haben. Wenn ich so über meine schulische Ausbildung nachdenke, muß ich sagen, daß die Zeit, die ich auf der staatlichen Capuchino Highschool verbrachte, eine immense Auswirkung auf meine heutige Karriere gehabt hat. Aber die staatliche Schule gab mir auch ein Gefühl von Gewöhnlichkeit. Ich war ein gewöhnliches Mädchen aus einer verrückten Familie. Ich wollte aber außergewöhnlich sein, und ich hatte das Gefühl, daß der Besuch einer solch renommierten privaten Mädchenschule mich meinem Ziel ein Stückchen näherbrachte, selbst wenn ich ihn selber finanzieren mußte.

Lone Mountain war bildschön. Es war eine dieser alten Villen, die man in Schulen umgewandelt hatte, mit prachtvoller Holzvertäfelung und Leuchtern. Das Mobiliar war antik, von der Art wie man es in Versailles sieht – Louis XIV, Louis XVI, Louis XVIII. Dieser Louis war ein sehr geschäftiger Mensch. Meine Mutter und ich wurden von den Nonnen des Ordens des Heiligen Herzens willkommen geheißen. Ich wünschte, wir hätten ein schöneres Auto, dachte ich. Unser Wagen war dank Dad ein verbeulter 58er Chevy Biscayne.

Die Nonnen zeigten mir mein Zimmer. Es war herrlich. Es war klein und enthielt ein antikes Einzelbett aus dunklem Holz, eine Mahagonikommode, ein antikes Nachtschränkchen und einen Spiegel. Ich machte mich sofort daran, es auszuschmücken. Ich hatte kurz vorher alle Sammelmarkenheftchen meiner Mutter eingelöst und mir davon ein rosa Plaid und einen rosa Flickenteppich gekauft. Dies und einige Sachen von zu Hause, an denen ich hing, ließen mein Zimmer richtig nett aussehen. Meine Mutter strahlte. Sie freute sich für mich. Alles, was sie in ihrem Leben noch wollte, war, ihre Kinder glücklich zu sehen. Aber hinter ihrem Lächeln gab es eine ständige Anspannung. Wie sollen wir uns das leisten? dachte sie.

»Mach dir keine Sorgen, Mom«, sagte ich, »mit dem Geld, das ich mir im Sommer zusammengespart habe und mit dem, was ich verdiene, wenn ich jedes Wochenende arbeite, werde ich das schon bezahlen können.«

Mom wollte es glauben. Sie wollte mir die Freude nicht verderben.

Mom fuhr, und ich nahm allen meinen Mut zusammen und verließ mein Zimmer, um die anderen Mädchen kennenzulernen. Sie kamen aus allen Staaten der USA, aus Mexiko und aus Südamerika. Ich konnte die Atmosphäre des Geldes, die sie umgab, regelrecht spüren. Diamantene Ohrstecker, Golduhren, die zum Highschoolabschluß geschenkt worden waren, geerbte Rubinringe, nichts von alldem entging mir. Alle waren aufgeregt, und alle waren sehr nett. Ich war so glücklich.

»Hi! Wo kommst du her?« fragte mich ein Mädchen. Sie saß bei der ersten Versammlung im Hörsaal neben mir.

»Ich komme von der Halbinsel«, antwortete ich. Es war nicht einmal gelogen. San Bruno lag ja wirklich auf der Halbinsel, ebenso wie Hillsborough, eine sehr reiche Gegend.

Ich liebte die Schule. Das Leben verlief in geordneten Bahnen, drei Mahlzeiten täglich, jeden Tag um die gleiche Zeit. Niemand war betrunken, niemand warf mit dem Essen herum, niemand stürzte in Tränen aufgelöst davon. Ich war so glücklich. Wenn ich jedoch an meine Mutter und an den armen Michael dachte, die zu Hause mit Dads Wahnsinn allein waren, fühlte ich Trauer und Schuld. Aber ich entwickelte mich zum

Fachmann, was das Unterdrücken von Gefühlen betraf.

Bruce und ich gingen zu den College-Basketballspielen und besuchten die Parties, die die studentischen Verbindungen gaben. Sonntags nachmittags wurden im Golden Gate Park Softball-Picknicks veranstaltet. Ich war begeistert.

Samstags morgens stand ich in aller Herrgottsfrühe auf und nahm den Zug zur Halbinsel, um zur Arbeit zu fahren. Mr. Bates holte mich fast jeden Samstag von der Arbeit ab. Und wenn abends nichts in der Schule lief, ging ich mit ihm aus, meist ins Restaurant, wo wir ein gutes Dinner zu uns nahmen, und anschließend zu ihm nach Hause, wo es etwas Romantik als Nachspeise gab. Er hatte viel Geduld mit mir, denn er wußte, daß bereits die kleinste Unvorsichtigkeit, das erste Anzeichen von Angeduld oder Drängeln mich in Panik versetzen und in die Flucht schlagen könnte. Zuweilen betrank er sich sehr und sah dann sehr traurig aus. Er war einsam. Ich glaubte damals nicht, daß er Alkoholiker war. Er war nicht gewalttätig, er drehte nicht durch wie die Alkoholiker, die ich kannte. Das aufregende Gefühl, daß ein älterer Mann sich für mich interessierte, begann allmählich nachzulassen. Ich war gerne mit ihm zusammen, aber manchmal, wenn ich ihn dann ansah, kam er mir einfach nur alt vor. Die Jungs aus der Studentenvereinigung hatten im Vergleich zu ihm mehr Witz und Elan. Sie sprachen von ihren Träumen und Plänen, von der Zukunft. Mit der Zeit begann ich, mich von Mr. Bates zu entfernen. Ich verbrachte jetzt mehr Zeit mit Bruce. Mr. Bates bemerkte das und wurde halb wahnsinnig. Er fing an, mir täglich Liebesbriefe zu schicken. Ich erhielt zwei- oder dreimal in der Woche langstielige Baccararosen. Er rief das Münztelefon meines Wohnheims an und ließ es klingeln und klingeln, bis endlich jemand den Hörer abnahm und mich ans Telefon holte. Er wurde zu einer richtigen Plage. Es war sehr unangenehm. Die Mädchen fingen schon an, mich darüber auszufragen.

»Wer ist er? Was will er von dir? Wie alt ist er? Siebenundvierzig Jahre! Du machst Witze.«

Bruce wußte nichts von ihm. Es war bezeichnend für die Art und Weise, wie ich mein Leben führte. Ständig Geheimnisse und Heimlichkeiten. Sie hatten mein Leben schon so lange bestimmt, daß sie für mich zu einer selbstverständlichen Lebensweise geworden waren. Am Ende schließlich brach ich die Beziehung zu Mr. Bates völlig ab. Ich erzählte ihm, ich sei in Bruce verliebt und wollte ihn nicht mehr sehen. Er kam betrunken zur Schule gefahren und verlangte, mich zu sehen.

»Suzanne, da ist ein Gentleman in der Eingangshalle, der Sie sprechen möchte«, sagte Schwester Ernest.

Na, wunderbar, dachte ich. Ich ging nach unten. Er sah schlimm aus, alt, betrunken, traurig und einsam.

»Ich liebe dich, Suzie«, sagte er. »Ich mach alles, was du willst. Nur besuche mich bitte manchmal. Mehr verlange ich nicht.«

Ich fühlte nichts, nur Peinlichkeit. »Bitte, geh!« sagte ich. »Es ist einfach nicht richtig. Wir wollen verschiedene Dinge. Mein Leben fängt gerade erst an. Ich will jetzt keine Entscheidungen für mein Leben treffen müssen. Bitte, geh. Bitte!« sagte ich ernst. »Ich hab dich wirklich gern. Aber ruf mich bitte nicht mehr an, schreib mir nicht und schick mir auch keine Blumen mehr. Bitte!« flehte ich ihn an.

Er stand nur da und sah mich traurig und verloren an. Ich verließ die Eingangshalle. Das war's dann, dachte ich. Ich fühlte mich schrecklich. Es war endlich aus und vorbei, aber er tat mir trotzdem sehr leid.

23

»Um Himmels willen! Bruce! Hör auf! Bitte!« Bruce und ich waren auf einer Party der Studentenvereinigung gewesen – einer Bierparty. Ich haßte Bier. Der Geruch erinnerte mich zu sehr an meinen versoffenen Vater. Bruce aber liebte Bier. Und er liebte mich. Auch ich mochte ihn sehr. Wir verbrachten nach solchen Parties immer viel Zeit damit, zu schmusen. Es geriet aber regelmäßig außer Kontrolle. Ich wollte es im Grunde zwar, aber es war doch eine Sünde. Eine ausweglose Situation. Wenn ich nachgäbe, wäre ich als »leichtes Mädchen« verschrien. Und wenn ich nicht nachgab, endete der Abend mit Bruce in dem üblichen Ringkampf oder bestenfalls noch damit, daß wir verkrampft und angespannt nebeneinander saßen.

Ich wollte Sex. Ich liebte das Küssen. Ich konnte fühlen, wie es mich erregte. Es war schwer, nein zu sagen, aber die Konsequenzen, die ein »Ja« nach sich gezogen hätten, waren für mich unerträglich. Ich war ein »gutes Mädchen«. Es war das einzige an mir, auf das ich stolz sein konnte. Ich war noch Jungfrau. Ich war keine »Schlampe«. Es war schon schwer genug, zur Beichte zu gehen und dem Priester sagen zu müssen, daß ich mich dem Petting hingegeben hatte.

»Und was genau meinst du damit, mein Kind?« fragte der Priester.

»Ähm, mein Freund hat mich an unreinen Stellen berührt«, antwortete ich.

»Wo genau?« fragte er.

»Nun, ähm, an meinen Brüsten«, murmelte ich, »und an anderen Stellen.«

»Liebst du diesen Jungen?« fragte er.

»J-ja«, sagte ich zögernd. Es entstand eine lange Pause, bis schließlich der Priester mit seiner Predigt begann.

»Weißt du, mein Kind, Gott hat den Sex zum Zweck

der Fortpflanzung geschaffen. Sex ist eine sehr ernste Angelegenheit im Leben von Männern und Frauen, die sich dazu entschlossen haben, ihr Leben gemeinsam zu verbringen. Gott bittet dich, so lange keusch zu bleiben, bis zu den Mann gefunden hast, den du heiraten willst. Das ist alles, was Gott von dir verlangt. Kannst du das nicht für Gott tun?«

»Ja«, stammelte ich. Ich schämte mich so. Ich schwor mir, hart mit Bruce zu sein. Nur Küssen. Mehr nicht. Niemals.

Ich wurde mehr und mehr abhängig von meiner Beziehung zu Bruce. Ich brauchte seine Freundschaft. Es fiel mir schwer, mit den Mädchen in der Schule Freundschaft zu schließen. Ich wußte nicht, woran es lag. Heute natürlich, wenn ich so zurückblicke, weiß ich es sehr wohl. Meine Mitschülerinnen spürten sehr genau, daß etwas an mir nicht stimmte. Sie spürten meine Unsicherheit, meine Ehrfurcht vor ihnen. Ich hatte das Gefühl, nicht gut genug für sie zu sein. Ich erzählte ihnen, mein Vater sei Manager bei einem großen Unternehmen. Einfach viel zu beschäftigt, um zu irgendwelchen Elternabenden kommen zu können. Ich erzählte ihnen auch, daß ich meinen ganzen Schmuck zu Hause gelassen hätte. Es wäre unausdenkbar, wenn er mir gestohlen würde. Ich hatte solche Angst, daß sie mich nicht mögen würden, wenn sie wüßten, wer ich wirklich war – ein ganz gewöhnliches Mädchen aus einer kranken Familie, in der der Vater trank. Ich mußte mein Geheimnis unter allen Umständen bewahren. Selbst wenn es bedeutete, daß ich ohne Freunde blieb.

Eines Abends trafen sich alle Mädchen, die auf meinem Flur wohnten, in einem Zimmer. Alle außer mir. Ich wußte, daß ich absichtlich nicht eingeladen worden war. Sie blieben über eine Stunde lang in diesem Zimmer. Plötzlich kam eines der Mädchen herausgestürzt. Sie sah entrüstet und verwirrt aus.

»Was geht denn da drin vor?« fragte ich sie.

»Ach, diese alten Tratschen!« sagte sie.

»Wieso?« fragte ich.

»Ach, das will ich dir wirklich nicht erzählen. Es würde dich verletzen.« Sie machte eine kleine Pause und fuhr dann fort: »Die machen sich über dich lustig, weil Sherry ihnen erzählt hat, daß du arm bist und in einem kleinen Blechdosenhaus wohnst, und daß dein Vater der Stadtsäufer ist.«

Ich hätte im Boden versinken können vor Scham. Ich hatte mich so sehr bemüht, die Wahrheit vor ihnen zu verbergen. Ich hatte so darum gekämpft, in ihren Augen »jemand zu sein«. Ich wußte immer, daß sie mich nicht mögen würden, wenn sie die Wahrheit über mich erführen. Dieser Vorfall bestärkte meine Befürchtungen. Ich tat recht daran, alles zu verheimlichen.

Der Gedanke, den Charakter dieser Mädchen zu hinterfragen, die nichts besseres zu tun hatten, als zu tratschen und diejenigen, die weniger Glück hatten als sie, zu verdammen, kam mir keinen Augenblick in den Kopf. Wie immer, so ließ auch diesmal mein geringes Selbstwertgefühl *mich* als die Schuldige erscheinen. Ich war eben minderwertiger als die anderen.

Wenn ich heute rückblickend darüber nachdenke, frage ich mich, warum ich mich damals nicht erleichtert gefühlt habe. Es war doch ein Geheimnis weniger, das es peinlich zu hüten galt. Ich begann, die Auswirkungen unseres Familienalkoholismus zu spüren. Meine Geheimnisse sowie meine Phantasien begannen zum Problem für mein Leben zu werden. Aber damals sah ich es noch nicht so. Meine Krankheit machte mir jedes Nachdenken unmöglich.

Die Proben für das Schulmusical standen vor der Tür. Ich hoffte darauf, eine Rolle zu bekommen und ganz in ihr untertauchen zu können. Das Musical hieß

»The Boyfriend« und ich erhielt ohne Schwierigkeiten die Rolle der Maisie. Das Theater am Lone Mountain war mit dem an der Capuchino Highschool nicht zu vergleichen. Es war wesentlich kleiner und weniger professionell. Es hatte keine erwähnenswerte Beleuchtungsanlage, nur das Allernotwendigste – Licht an, Licht aus. Aber ich war glücklich, wieder auf einem Boden zu stehen, auf dem ich mich auszeichnen konnte. Alle staunten über die Kraft meiner Stimme. Alle, die bei diesem Musical mitmachten, machten es »nur aus Spaß«. Mein Motiv war stärker. Ich legte alles, was ich hatte, in meinen Tanz, und ich spielte meine Rolle, als böte ich sie auf dem Broadway dar. Der Direktor nahm mich eines Tages zur Seite und erklärte mir, daß es sich bei diesem Stück um ein Theaterstück für ein Ensemble handelte und daß ich dafür zu sehr herausragte.

»Würde es Ihnen etwas ausmachen, wenn Sie sich mit Ihrer Vorstellung etwas zurückhielten?« fragte er mich.

Ich fügte mich. Ich wollte nicht aus dem Stück geworfen werden.

»Hast du Lust, morgen abend mit mir essen zu gehen?« fragte mich Bruce.

»Das wäre großartig«, sagte ich.

»Zieh dich schick an.Ich möchte mit dir in ein ganz besonderes Restaurant gehen«, sagte er.

Ich freute mich riesig. Ich liebte gutes Essen und war für jeden Anlaß, mich gut anzuziehen, dankbar. Wir gingen zu Alfredo's, einem wunderschönen italienischen Restaurant oben auf dem Broadway. Das Restaurant war in einem stahlblauen Satinbrokat ausgeschlagen und hatte Kristalleuchter. Ich hatte schon immer etwas für schöne Räume übrig gehabt. Wir bestellten Salade Niçoise und Dessert nach Art des Hauses. Wir tranken Rotwein und sagten einander die schönsten Dinge. Ich genoß es sehr. Bruce arbeitete am Wochenende auf dem Bau und hatte deswegen etwas Geld übrig, um mich richtig auszuführen. Aber das hier war schon wirklich etwas Besonderes. Nach dem Essen setzten wir uns in seinen VW und küßten uns lange. Dann fuhr er los.

»Wohin fahren wir?« fragte ich.

»Das sage ich nicht. Es soll eine Überraschung sein«, antwortete er.

Bruce nahm die Autobahn in Richtung San Bruno. Dort fuhr er auch ab. Wir fuhren einige Blocks, bis er schließlich abbog und vor dem Haus meiner Schwester anhielt.

»Was sollen wir hier?« fragte ich überrascht. Ich war verwirrt.

»Es ist eine Überraschung.« Er griff in seine Tasche und holte eine kleine Schatulle hervor. »Ich liebe dich, Suzanne, und ich möchte, daß wir uns verloben. Er öffnete die kleine Schatulle und als Verlobungsring kam ein wunderschöner Diamantring zum Vorschein. »Ich habe deiner Familie gesagt, daß ich heute um deine Hand anhalten will. Sie warten jetzt da drin, um mit uns zu feiern.«

Ich wußte weder, was ich tun, noch, was ich sagen sollte. Ich fühlte mich schrecklich unter Druck gesetzt. Ich wollte Bruce nicht verletzen. Es wäre erniedrigend für ihn gewesen, wenn er hätte zu ihnen gehen und sagen müssen, daß ich seinen Antrag nicht angenommen hatte. Ich will jetzt noch nicht heiraten, dachte ich. Ich bin doch erst siebzehn.

Bruce nahm den Ring aus dem Kästchen und steckte ihn mir an den Finger. »Ich liebe dich«, sagte er.

»Ich dich auch«, antwortete ich zögernd. Dann gingen wir hinein.

»Herzlichen Glückwunsch!«

»Oh, was für ein herrlicher Diamant.«

»Seht euch doch nur diesen Ring an.«

»Ist er nicht wunderbar?«

Ich versuchte, Begeisterung vorzutäuschen.

»Bruce wird einen wunderbaren Ehemann abgeben«, sagte meine Schwägerin.

»Ich weiß«, entgegnete ich.

Nur meine Mutter sprudelte nicht los. Es war, als könnte sie meine Gedanken lesen. Alles viel zu rasch, ging es mir durch den Kopf. Ich wollte doch noch so vieles erleben. Ich fühlte mich wie in einer Falle, und dennoch tat ich so, als wäre ich glücklich. Wieder Heimlichkeiten.

Die Mädchen in der Schule schwärmten von meinem Ring.

»Mensch, hast du ein Glück. Wann heiratet ihr? Ist das nicht herrlich.«

Es gab niemanden, dem ich genug Vertrauen entgegengebracht hätte, um ihn in mein Innerstes blicken zu lassen. Ich wollte nicht heiraten.

Ich stürzte mich in die Theaterproben. Ich wollte in diesem Musical besonders gut sein.

Am folgenden Freitag gingen Bruce und ich wieder zu einer dieser verrückten Studentenparties. Es floß viel Alkohol und man tanzte. Einige der Mädchen erbrachen sich auf der Toilette, und mancher Neuanfänger kippte um, weil er zuviel von dem »Punsch« zu sich genommen hatte. Der Punsch war eine Mixtur aus allen möglichen Alkoholika – Gin, Whisky, Wodka, alles zusammengemischt und mit Orangensaft gestreckt. Er hatte einen üblen Geschmack, aber man spürte sofort seine Wirkung, und genau deswegen war er zusammengebraut worden. Ich betrachtete uns nie als die Alkoholiker von morgen. Ich sah uns nur als einen Haufen Jugendlicher, die ihr Leben genossen. Ich habe mich oft gefragt, wie viele von denen, die damals an dieser Party teilnahmen, heute in einem Meer von Alkohol umherirren.

Bruce und ich blieben bis zum Ende der Party. Wir setzten uns ins Auto, und schon bald übermannte uns die Leidenschaft. Schon nach kurzer Zeit beschlugen die Scheiben, so sehr waren unsere beiden Körper erhitzt. Ich sah auf die Uhr, Panik erfaßte mich. Es war halb zwei Uhr in der Frühe. »Oh, mein Gott! Die Schulpforte wird um ein Uhr abgeschlossen. Was soll ich denn jetzt machen?«

»Warum erzählst du ihnen nicht einfach, daß du übers Wochenende nach Hause gefahren bist und bloß vergessen hast, dich abzumelden?« schlug Bruce vor.

»Ja, und was dann? Wo soll ich heute Nacht bleiben?«

»Wir könnten ein Zimmer in einem Hotel nehmen«, sagte Bruce.

»Das können wir doch nicht machen«, antwortete ich.

»Warum nicht? Wir sind doch verlobt. Es ist schon O.K. Wir tun nichts Unrechtes«? versicherte er mir.

Ich wußte, daß ich dabei war, einen Fehler zu begehen. Ich wußte, daß es dumm von mir war und wir in Schwierigkeiten geraten würden. Geh zurück zur Schule, ging es mir durch den Kopf, stelle dich den Konsequenzen. Was macht es schon, wenn du ein bißchen Ärger kriegst. Aber die Vernunft unterlag. Und ehe ich mich versah, stand ich mit Bruce in der Empfangshalle eines miesen, billigen Hotels in San Francisco.

»Ihre Schlüssel, ›Mr. und Mrs. Somers‹«, sagte der Portier.

Ich war mir sicher, daß er uns ansah, daß wir nicht verheiratet waren. Schon fühlte ich mich wieder schuldig.

Oben dann setzte ich mich auf das Bett und fing an, meine Strümpfe auszuziehen. Ich trug Strumpfhalter. »Laß mich dir zusehen«, bat Bruce. »Ich hab mein ganzes Leben auf diesen Augenblick gewartet.«

Und schon rollten und wälzten wir uns auf dem Bett herum. Ich behielt mein Höschen, den BH und das Shirt an. Bruce versuchte, mir das Höschen auszuziehen.

»Nein«, sagte ich. So weit wollte ich ihn nicht gehen lassen. Wir drückten und preßten uns aneinander. Ich konnte ihn nicht reinlassen. So sehr ich es selber wollte, ich durfte nicht.

»Ich liebe dich! Ich liebe dich!« sagte Bruce immer wieder voller Leidenschaft. Er preßte sich gegen mich. Ich konnte spüren, daß er mir zu nah kam. Ich nahm meine ganze Selbstkontrolle zusammen, um ihn nicht ganz hereinzulassen.

»Oh, mein Gott!« schrie Bruce.

Dann war es vorbei. Mein Höschen war feucht und klebrig. Es war mir peinlich. So weit hatten wir es noch nie kommen lassen. Wir mußten damit aufhören. Gott sei Dank hatte ich nicht nachgegeben und ihn »ganz« herangelassen.

Zwei Monate später begannen meine Brüste zu schmerzen und aufzuschwellen. Ich vermutete, ich würde eine echte Hammerperiode kriegen. Wann war überhaupt meine letzte Periode, überlegte ich. Das wunde Gefühl in den Brüsten ließ nicht wieder nach. Sie wurden immer größer.

»Irgend etwas stimmt mit ihnen nicht«, sagte ich zu Bruce.

»Vielleicht solltest du mal zum Gynäkologen gehen und dich untersuchen lassen«, schlug er vor. »Vielleicht bist zu schwanger.«

»Schwanger? Wieso das denn? Wir sind doch überhaupt gar nicht so weit gegangen. Ich hab doch mein Höschen anbehalten.« Ich spürte, wie die Panik in mir hochstieg.

»Ja, schon. Aber wir waren knapp davor. Vielleicht ist irgend etwas rein geschlüpft – ein Sperma oder so was.«

»Ausgeschlossen«, sagte ich. »So etwas hab ich noch nie gehört.«

Einen Monat später hatte ich meine Periode immer noch nicht gehabt. Meine Brüste waren riesig, und ich erwachte jeden Morgen mit einem Gefühl von Übelkeit. O Gott, dachte ich. Ich befürchtete das Schlimmste.

Bruce arrangierte einen Termin bei einem örtlichen Gynäkologen. Ich saß im Wartezimmer des Arztes und war kurz davor, in Tränen auszubrechen. Um mich herum dicke schwangere Frauen, Babyzeitschriften, auf dem schwarzen Brett die Bilder all der Neugeborenen. Die zukünftigen Mütter sprachen aufgeregt von ihren Schmerzen und Problemen.

»Ich hab gefühlt, wie es heute gestrampelt hat«, sagte eine.

Wie wundervoll, dachte ich sarkastisch.

»Ich hab gehört, man soll sich Vaseline auf den Bauch reiben, damit keine Schwangerschaftsstreifen zurückbleiben.«

Schwangerschaftsstreifen? Strampelnde Kinder! Vaseline! Mir wurde ganz anders zumute.

»Der Doktor läßt bitten, Mrs. Somers«, sagte die Helferin. Ich folgte ihr ins Untersuchungszimmer. »Ziehen Sie sich ruhig schon einmal Ihre Sachen aus, Mrs. Somers. Ziehen Sie sich diesen Kittel an und legen Sie sich auf den Tisch«, sagte sie fröhlich.

Ich hatte solche Angst. Ich war noch nie vorher bei einer gynäkologischen Untersuchung gewesen. Die Schwester ging aus dem Zimmer. Ich zog mir meine Sachen aus, faltete sie sorgfältig und versteckte meine Unterwäsche unter dem Wäschestapel. Ich nahm den Papierkittel. Er hatte keine Knöpfe, und so zog ich ihn mit der offenen Seite nach hinten an. Ich legte mich auf den Tisch. Ich fühlte mich vollkommen einsam.

»Hallo, ich bin Dr. Martin.« Er hatte ein nettes

freundliches Gesicht, Gott sei Dank. »Lassen Sie uns mal sehen. Fangen wir mit den biographischen Daten an. Wie lange sind Sie jetzt verheiratet?«

»Ähm, sechs Monate«, log ich.

»O.K. Und wie alt sind Sie?«

»Äh, achtzehn«, log ich weiter.

Er sah zu mir auf. »Wann hatten Sie das letzte Mal Ihre Periode?«

»Vor drei Monaten«, sagte ich.

Dann stellte er mir die üblichen Routinefragen: Haben Sie schon einmal Polio gehabt, Rheuma, Scharlach, die Masern? Ich lag einfach da und betete mein wiederholtes »Nein« herunter und dachte dabei: Lieber Gott, bitte, bitte, laß mich nicht schwanger sein!

»O.K.«, sagte er schließlich. »Legen Sie Ihre Beine bitte hier in diese Bügel.« Plötzlich waren meine Beine weit auseinandergespreizt, und er konnte da hineinsehen, wo ich noch nie jemanden zuvor hatte hineinsehen lassen, noch nicht einmal mich selbst. Die Bügel waren aus kaltem Metall. Dann begann er, eine lange Metallsonde in meine Vagina einzuführen. Es tat sehr weh. Mir kamen die Tränen. »Entspannen Sie sich«, sagte er. Er drückte weiter hinein. »Ganz ruhig, Mrs. Somers. Es geschieht Ihnen nichts.« Dann drückte er die Sonde mit einem festen Ruck hinein. Ich schrie. Es schmerzte so sehr, daß ich zu weinen begann. Ich hatte mich noch nie so elend, so entwürdigt gefühlt. Ich weinte und weinte.

Ich war keine Jungfrau mehr. Wenigstens nicht im technischen Sinne. Ich habe meine Unschuld mit einem fremden Mann auf einem kalten Tisch verloren, die Beine hoch in den Himmel gestreckt! Ich wollte sterben. Ich bedeckte mein Gesicht mit den Händen. Ich war völlig verwirrt. Was war Unschuld? Was war Sex? Ich hatte mir solche Mühe gegeben, ein gutes Mädchen zu sein.

»Sie armes Kind«, sagte der Arzt. Seine Augen waren freundlich. »Es tut mir wirklich leid. Ich wollte Ihnen nicht weh tun.«

»Ich weiß«, sagte ich schluchzend.

Der Doktor fuhr mit seiner Untersuchung fort, seine Finger tief in mich gegraben, suchend, tastend. »Hm«, sagte er. Dann nahm er meine Beine aus den Bügeln und legte sie wieder zusammen. Er öffnete das Oberteil meines Kittels, so daß meine Brüste zum Vorschein kamen.

»Sie haben den Kittel falsch herum an, meine Liebe«, sagte er freundlich.

Ich blickte weg. Er untersuchte meine Brüste. »Sind Sie hier empfindlich?« fragte er.

»Ja«, antwortete ich.

»Hier auch?«

»Ja.«

»Und hier?«

»Ja.«

»Tja, ich würde sagen, Sie sind definitiv im zweiten bis dritten Monat schwanger. Herzlichen Glückwunsch. Sind Sie krankenversichert?«

»Nein«, sagte ich.

»Ihr Mann?«

Ich saß bloß da und starrte auf den Boden. Plötzlich fingen meine Schultern zu zucken an. Ich schluchzte heftig. »Ich... Ich habe keinen Mann«, stammelte ich. »Ich bin nicht verheiratet. Ich weiß nicht, was ich jetzt tun soll.« Ich weinte, bis ich keine Tränen mehr hatte.

24

»Was sollen wir denn jetzt bloß machen?« fragte ich Bruce. »Vielleicht könnten wir reiten gehen«, sagte ich in meiner Verzweiflung. »Ich hab gehört, daß dieses Auf und Ab beim Reiten für Schwangere nicht gut ist und zu Fehlgeburten führen kann. Oder ich könnte mich auf die Steinstufen setzen und auf dem Po die Treppe herunterrutschen. Das hätte wahrscheinlich den gleichen Effekt.«

Bruce saß da und sah auf seine Füße. Es kam plötzlich eine riesige Verantwortung auf ihn zu. Wir sprachen nie über Abtreibung. Das kam nicht in Frage. Das war eine Sünde, es verstieß gegen die Gebote der Kirche.

»Wir müssen es meiner Mutter erzählen«, sagte ich zu Bruce. Ich hatte Angst davor, es ihr zu sagen. Wieviel kann eine einzige Frau ertragen – erst die Schande, einen Säufer als Mann zu haben, und jetzt auch noch ich mit einer Schwangerschaft. Es ging mir wirklich sehr nahe. Ich lief wie benebelt herum. Die Gedanken stürzten auf mich ein. Ich schämte mich so sehr. Ich war sauer über mich, über Bruce. Ich erlaubte ihm weder, mich zu küssen, noch mich zu berühren. Er widerte mich an. Bruce hatte ein schlechtes Gewissen. Er versuchte, mich zu beruhigen.

»Wir werden heiraten«, sagte er. »Mach dir keine Sorgen. Ich werde mir einen Halbtagsjob suchen und Jura studieren. Ich sorge schon für uns.«

An diesem Wochenende wurde in der Capuchino Highschool ein Theaterstück aufgeführt. Ich rief meine Mutter an und fragte, ob sie mit Bruce und mir dahingehen würde. Ich habe an diesem Abend kein Wort von dem Stück mitgekriegt. Ich mußte ständig daran denken, wie sehr es meine Mutter verletzen würde, wenn wir es ihr sagten. Während der Pause sagte ich zu Bruce: »Ich bringe es nicht übers Herz.

Du mußt es ihr sagen. Ich kann ihr einfach nicht in die Augen sehen.«

Nach dem Theater gingen wir mit zu meiner Mutter. Sie machte uns Tee und bot uns Kuchen an. Dad lag im Schlafzimmer, er war völlig weggetreten. Ich zog mich in mein altes Zimmer zurück, um mich dort zu verstecken.

Bruce kam in mein Zimmer und sagte: »Es ist O.K. Ich hab's ihr gesagt. Es ist alles in Ordnung.« Ich ging ängstlich in die Küche. Mom sah mich mit feuchten Augen an. Sie versuchte ihr Bestes, ein Lächeln zu zeigen. Ich fühlte mich schrecklich.

»Es tut mir so leid, Mom. Ich wollte dir nicht weh tun. Es tut mir so leid.«

Sie blickte mir in die Augen, und dann legte sie ihre Arme um mich. »Es ist gut, mein Liebling. Ich verstehe es. Wirklich.« Sie drückte mich und klopfte mir liebevoll auf den Rücken. »Es wird alles gut. Weine nicht, mein Schatz. Ich liebe dich. Alles wird gut.«

Mom erzählte es Maureen, und die erzählte es Bill. Dan und Mardi erfuhren es als nächste. Bruce rief seine Eltern an und sagte es ihnen. Meine Mutter brachte es Dad bei, auch daß wir heiraten wollten, aber er war wieder zu betrunken und schien das alles nicht so richtig mitzubekommen.

Meine Schwester rief mich in der Schule an: »Bill und ich wollen in die Stadt fahren und würden dich und Bruce gerne zum Dinner einladen.«

So gingen Maureen, Bill, meine Mutter, Bruce und ich am Montag abend zum Dinner in Phil Lehr's Steak House.

»Ja, ja. Mal wieder eine Mußheirat«, scherzte Bill. »Können einfach nicht warten. In welchem Monat bist du jetzt?« fragte er.

»Im vierten«, sagte ich leise.

»Nun, dann wird es aber höchste Zeit«, sagte Bill.

»Es wird so schon schwer genug, den Leuten beizubringen, daß das Kind eine Frühgeburt ist. Ha! Ha! Ha!« lachte er. »Das habt ihr ja wirklich prima hingekriegt.«

Und so wurde mein Schicksal bei fünf Steaks, einer Flasche Wein und einigen Gin-Tonics entschieden.

»Heute ist Montag«, sagte Bill. »Wie wär's mit Donnerstag? Donnerstag ist ein guter Tag, um zu heiraten. Dann könnt ihr freitags auf ein langes Flitterwochenende gehen.« Und so kam es dann auch.

Meine Mutter holte mich am nächsten Tag von der Schule ab, um mit mir das Brautkleid zu kaufen. »Vielleicht wäre ganz weiß nicht recht passend«, sagte sie. Und so einigten wir uns auf ein Wollkostüm im Chanelstil, in gebrochenem Weiß und mit blauer Seide gefüttert, eine blaue Seidenbluse und einen dazu passenden Hut aus blauer Seide. Wir ließen mir ein Paar Schuhe in demselben Blau färben. Normalerweise hätte ich mich riesig darüber gefreut, aber so schmeckte mir die Freude des Einkaufs bitter. Ich bekam Probleme mit meiner normalen Kleidergröße. Meine Brüste wurden so groß, daß es mir schon peinlich war, und ich konnte meine Röcke über der Taille nicht mehr zuknöpfen. Und so gingen wir in die Abteilung für Damenunterwäsche bei J. Magnin, wo meine Mutter mir ein mintgrünes Seidennachthemd und ein dazu passendes Negligé kaufte.

Meine Schwester fand für uns ein kleines Häuschen in Lake Tahoe, wo wir unsere Flitterwochen verbringen konnten. Meine Mutter und meine Schwester organisierten einen Hochzeitsempfang, ein Dinner im kleinsten Familienkreis im Mark Hopkins Hotel am Nob Hill in San Francisco. So! Die Vorbereitungen waren getroffen. Ich packte die Sachen zusammen, die ich noch in der Schule hatte, und brachte sie unauffällig zum Wagen meiner Mutter. Ich sagte niemandem, was ich vorhatte. Ich war sehr traurig, die Schule verlassen zu müssen. Ich hatte die Absicht gehabt, dort vier Jahre zu bleiben und meinen Abschluß zu machen. Der Traum war jetzt ausgeträumt. Mein Leben war gelaufen. Ich würde ein gewöhnliches Leben als Hausfrau führen, mit Kindern, genauso wie alle anderen Frauen, die ich kannte.

Ich brachte es nicht über mich, dem Regisseur von *»The Boyfriend«* die Wahrheit zu sagen, und so blieb ich einfach bei den Proben weg. Früher oder später, dachte ich, wird er schon hören, daß ich heiraten mußte. Für die Rolle der Maisie mußte man in einem Bikini aus den 20er Jahren herumlaufen, und eine Schwangere wäre in dieser Rolle sicher wenig überzeugend gewesen.

Die Eltern von Bruce trafen einen Tag vor »dem großen Ereignis« ein. »Ihr werdet ein Auto brauchen«, sagten sie. Als Hochzeitsgeschenk kauften sie uns einen alten Ford Falcon. Er war zwar nicht gerade im besten Zustand, aber es war dennoch ein großzügiges Geschenk, und wir waren ihnen sehr dankbar.

Den Mittwoch abend verbrachte ich zu Hause, es war das letzte Mal, daß ich es als unverheiratetes Mädchen tun sollte. Dad war stockbesoffen. Die ganze Woche war wie ein Alptraum gewesen, aber jetzt wieder in dieser vom Alkohol beherrschten Realität zu sein, war mehr, als ich ertragen konnte.

Dad saß mit einer Flasche Bier in der einen Hand und einer Zigarette in der anderen am Küchentisch. Seine Beine waren wie gewöhnlich umeinandergeschlungen. Er sah richtig bösartig aus. Vermutlich hatte er wieder Whisky getrunken. Er sah mich an und grinste.

»Drei kleine Worte«, sagte er betrunken. »Eine große Null! Du bist ein Nichts.«

Es war einfach zuviel. Ich rannte auf mein Zimmer.

Meine Mutter saß bereits da und nähte die Träger an mein Negligé. Dad folgte mir in mein Zimmer. Warum läßt er mich denn nicht in Ruhe, dachte ich. Dad sah das Negligé und drehte durch.

»Wofür ist das denn?« Er spuckte, als er das sagte.

»Ich heirate morgen, falls du das wieder vergessen haben solltest«, sagte ich aufgebracht.

Er drehte sich zu mir und warf mir einen wütenden Blick zu. Sein Gesicht war ganz rot. »Du kleine Hure. Ich wußte, daß du dir ein Kind andrehen lassen würdest! Du kleine Fotze!«

»Ach, hör auf! Sei still!« schrie ich zurück.

Die Adern in seinem Hals traten hervor. »Ich hab's immer gewußt, daß du dir ein Kind andrehen lassen würdest«, sagte er wieder.

»Geh raus hier«, schrie meine Mutter. »Es ist so schon schlimm genug. Du mußt es nicht noch schlimmer machen.« Sie schob ihn aus dem Zimmer.

»Ach Scheiße! Ich mach, was ich will! Sag ihr, sie soll abhauen, diese kleine Fotze!«

»Genau das mache ich, genau das«, schrie ich. »Morgen bin ich hier weg und komme nie wieder zurück. Ich brauch dann nie wieder mit dir zusammenzuleben!«

Ich knallte die Tür und legte mich weinend aufs Bett. Meine Mutter kam herein, setzte sich aufs Bett und klopfte mir beruhigend auf den Rücken.

»Oh, Mommy, Mommy«, schluchzte ich. »Ich will nicht heiraten. Ich bin noch nicht soweit. Und ich liebe ihn nicht. Ich hab eine Riesendummheit gemacht. Ich will nicht für den Rest meines Lebens dafür bezahlen müssen.«

Meine Mutter saß lange und ohne ein Wort zu sagen da. Sie hatte Mitleid mit mir und wünschte, sie könnte alles wieder geradebiegen. Aber sie konnte die Autorität der Kirche nicht in Frage stellen. Und die Kirche sagte, voreheliche Geschlechtsverkehr ist Sünde. Ich hatte gegen dieses Gebot verstoßen. Ich hatte diese Situation selbst herbeigeführt, und nun mußte ich für meine Handlungen geradestehen, gleichgültig was ich meinem zukünftigen Ehemann gegenüber empfand.

Schließlich sagte meine Mutter traurig: »Du hast dir dein Bett bereitet, Suzanne. Jetzt muß du dich hineinlegen.«

25

Es war der 14. April 1965, mein Hochzeitstag. Beileibe nicht das, was ich mir immer darunter vorgestellt hatte. Wir erzählten es nicht einmal Vater und Tante Helen. Ich habe immer ein schlechtes Gewissen deswegen gehabt. Aber so funktionierte unser Leben eben, ein Leben voller Heimlichkeiten. Daß nur ja niemand all das Schlechte mitbekommt. Tu so, als sei alles bestens.

Das Haus war an diesem Morgen sehr still. Ich erwachte und sah auf mein Hochzeitskostüm, das direkt vor mir hing. Ich hörte, wie Dad im Badezimmer allerlei Widerliches hochwürgte. Na, wenigstens werde ich mir das in Zukunft nicht mehr anhören müssen, dachte ich. Es war jetzt sicherlich anders als damals, als Maureen heiratete. Ihr Hochzeitstag war ein Tag des Stolzes, der gespannten Erwartung und der Freude gewesen. Der heutige Tag dagegen hatte etwas Finsteres und war voller Scham. Ich badete mich, wusch mir die Haare und rasierte mir die Beine. Ich benutzte Dads Rasierer. Das war sein wunder Punkt. Es trieb ihn zum Wahnsinn, wenn man das machte. Er war sogar schon einmal soweit gegangen, den Rasierer exakt dreieinhalb Umdrehungen geöffnet zu lassen, um herauszufinden, ob ich ihn benutzt hatte. Aber ich bekam das spitz. Laß den Apparat um dreieinhalb Umdrehungen geöffnet, trockne ihn sorgfältig ab, stelle ihn aufrecht in die Schachtel zurück, und er wird nie herauskriegen, warum die Klinge immer stumpf ist.

Mom war in der Küche und machte Schinken mit Ei. Dad war noch leicht betrunken von der Nacht davor. Er saß am Frühstückstisch, las die Zeitung und trank Bier. Niemand erwähnte »die Hochzeit« mit einem einzigen Wort. Der einzige Bezug, der auf das bevorstehende Ereignis genommen wurde, war: »Um wieviel Uhr geht das Ganze los?« ›Das Ganze‹ – das war meine Hochzeit.

Ich zog mir mein neues Kostüm an und betrachtete mich im Spiegel. Ich sah pummelig aus. Ich war pummelig. Die pummelige kleine Braut. Mom trug ein blaues Strickkostüm mit grünem Besatz. Es war nicht neu. Sie hatte es schon öfter getragen. Dad trug einen Anzug. Alle verirrten sich, als sie die Kirche suchten. Wenigstens ist es noch nicht dunkel, dachte ich. Keiner von uns war je in dieser Kirche gewesen. Keiner von uns kannte den Priester. Es war die Kirche in der Gemeinde, in der Bruce und ich die Schule besucht hatten. Hätte ich mich in meiner Kirche in San Bruno trauen lassen, hätte es sich sehr schnell herumgesprochen, daß ich heiraten »mußte«. Ich hoffte, es würde sich geheimhalten lassen. Es war April. Das Baby würde Ende Oktober oder Anfang November kommen. Der Arzt war sich nicht ganz sicher. Es würde ziemlich schwer werden, das Geheimnis noch aufrechtzuerhalten, wenn das Kind erst einmal da wäre.

Die Zeremonie war schnell vorüber. Da stand ich nun, am Montag noch ein ganz gewöhnliches Collegemädchen und jetzt am Donnerstag eine verheiratete schwangere Ehefrau. Ich konnte es nicht glauben.

»Hiermit erkläre ich euch zu Mann und Frau.«

Einfach so! Erledigt! Verheiratet! Nun, machen wir das Beste daraus, dachte ich. Wir verließen die Kirche und fuhren zum Mark Hopkins Hotel, Bruce und ich in unserem »neuen« Auto. Keine Blechdosen, die scheppernd dem Wagen folgten. Kein Schild: *»Frisch verheiratet«*. Kein Hinweis darauf, daß sich eben etwas Festliches ereignet hatte.

Man traf sich an der Bar. »Gin-Tonic!« sagte meine Schwester.

»Mir einen Schuß Whisky und ein Bier!« sagte Dad.

»Ich hätte gerne einen ›Old-fashioned‹«, sagte meine Mutter.

Bill brachte den Toast aus: »Nun, auf Braut und Bräutigam.«

»Ja, richtig. Auf die beiden.«

Wir blieben etwa eine dreiviertel Stunde an der Bar. Auf dem Essenstisch standen noch mehr Getränke. Sekt für alle.

»Ich möchte einen Scotch mit Milch!« sagte meine Schwiegermutter.

»Ja, ich möchte auch lieber einen Gin and Tonic!« sagte Dan.

»Ich auch«, sagte meine Schwester.

Allmählich begannen alle aufzutauen. Dads Augen waren bereits leer, ohne jeden Fokus. Er blickte einfach durch einen hindurch, wenn er betrunken war. Meine Mutter gab sich die größte Mühe, glücklich auszusehen. Ich muß manisch gewirkt haben mit meinem ständigen Lächeln und dem allzu lauten Lachen. Ha! Ha! Ha! Ha! Ha! Wir aßen Roastbeef und Yorkshire Pudding. Dad aß nichts.

»Noch 'n kleinen Whisky«, sagte er zum Kellner. Als Nachtisch gab es die Hochzeitstorte, die sehr einfach war. Auf der kleinen Tanzfläche spielte eine Kapelle. Der Sänger mußte irgendwie erfahren haben, daß wir eben geheiratet hatten. Er sagte: »Und nun werden Braut und Bräutigam ihren ersten gemeinsamen Tanz als Mann und Frau tanzen.«

»Jaah!« jubelten alle.

Ich sah mich nach meinem Ehemann um. Ich wußte nicht, wo er steckte.

»Komm«, sagte mein Schwager John, »ich tanze mit dir.«

Alle hielten das für urkomisch. Auch ich lachte. Wenigstens äußerlich. Innerlich war ich gebrochen.

Dad bekam die Rechnung. »Ich hab' das Scheißgeld nicht«, brüllte er den Kellner aggressiv an.

Meine Mutter wurde puterrot. »Sir«, flüsterte sie, »wir hatten vereinbart, daß Sie uns die Rechnung mit der Post zukommen lassen.«

»Schön«, sagte er, »aber ich bräuchte die Karte Ihres Mannes.«

»Was für eine Karte?« lallte er. »Wollen Sie etwa meine blöde Büchereikarte?«

O Gott, dachte ich. Wie peinlich. Nichts wie weg hier. »Wir sollten jetzt gehen«, sagte ich zu Bruce.

»Good-bye«, riefen sie uns zu. »Und viel Glück!«

»Viel Spaß. Und tut nichts, was ich nicht auch tun würde«, sagte Bill. »Ha, ha.«

»Ich liebe dich, mein Schatz«, sagte Mom.

Mir war zum Heulen zumute, aber ich hatte ein breites Lächeln auf meinen Lippen.

Der Hotelangestellte brachte uns zu unserem Ford Falcon. Tja, das ist nun der Anfang, dachte ich. Oder ist es das Ende?

26

Wir verbrachten unsere Hochzeitsnacht im Hilton Hotel in San Francisco. Ich ging ins Badezimmer und brachte eine lange Zeit damit zu, mir das Gesicht zu waschen. Dann zog ich mir mein neues Negligé an. Gott, dachte ich, sind meine Brüste riesig! Ich kam heraus, und Bruce ging ins Badezimmer. Zwanzig Minuten später kam er mit einem Frotteebademantel bekleidet wieder heraus. Ich lag im Bett und wünschte mir, wir könnten einfach so schlafen gehen. Es war eine anstrengende Woche gewesen. Da lag ich nun, eine verheiratete und schwangere Frau und hatte noch nie in meinem Leben mit einem Mann geschlafen.

»Nun, dann wollen wir mal«, sagte Bruce, zog sich den Bademantel aus und stand splitternackt vor mir. Ich war geschockt. Ich hatte noch nie zuvor einen nackten Mann gesehen. Ich wendete meinen Blick ab. Ich wollte nicht da hinsehen. Bruce legte sich zu mir ins Bett und nahm mich in seine Arme. Das war sehr schön. Dann begann er, mich zu küssen. Ich spürte, wie mein Körper zu Stein wurde. Ich war ohne jegliches Gefühl. Zu viele Empfindungen hatten sich aufgestaut, zu viele Aggressionen waren unterdrückt worden. Es war ganz anders als damals, als wir uns im Auto liebkosten. Jetzt wurde Sex von mir verlangt. Ich verabscheute den Gedanken, irgend etwas tun zu »müssen« und besonders den, meinen Körper hinzugeben.

»Ich gehe runter und hole etwas Vaseline«, sagte Bruce.

Er bemühte sich, verständnisvoll zu sein. Auch er war gestreßt. Prima, dachte ich, und wenn wir fertig sind, reibe ich mir damit den Bauch ein, damit ich keine Schwangerschaftsstreifen zurückbehalte! Bruce stand auf, zog sich an und ging hinunter, um Vaseline zu kaufen.

Am nächsten Tag fuhren wir in die Flitterwochen nach Lake Tahoe. Die ersten Stunden des Tages war mir übel. Ich war unglücklich. Mir war klar, daß es »es« an diesem Abend wieder würde tun müssen, und schon der Gedanke daran laugte mich aus.

An unserem ersten Morgen in Tahoe stand ich früh auf. Ich stand in der Schlafzimmertür und sah auf meinen schlafenden Ehemann. Ich muß irgendwie aus der ganzen Sache herauskommen, dachte ich.

Den Rest der Flitterwochen verbrachten wir damit, um den See herumzufahren. Wir fuhren nach Virginia City, Nevada, und ließen uns unter dem Schild des Bucket of Blood Saloon fotografieren. Wir fuhren auch mit dem Skilift. Es war im Grunde eine schöne Zeit. Bruce war ein wirklich netter Kerl, und wir redeten viel miteinander. Es hatte mir immer Spaß gemacht, mit ihm zu reden.

Ich versuchte alles, um über meine Depression hinwegzukommen, aber sobald es Abend wurde, vereiste ich innerlich. Ich suchte nach Gründen, das Ins-Bett-Gehen hinauszuzögern. »Ich muß noch spülen«, sagte ich. »Laß mich eben noch das Essen wegpacken. Ich komme gleich. Ich nehme eben noch schnell ein Bad.« Alles war mir recht, solange es mich von meinen »ehelichen Pflichten« entband.

27

Wir mieteten ein möbliertes Apartment im Richmond District von San Francisco. Bruce brauchte noch zwei Monate, um sein drittes Jahr auf dem College zu beenden. Wir hatten noch genug Geld, um die Miete und das Essen für diese zwei Monate zu bezahlen. Danach wollte er sich einen Job für den Sommer besorgen. Uns fehlten noch 400 Dollar, um das Krankenhaus und weitere 250 Dollar, um den Gynäkologen zu bezahlen.

Dan und seine Frau Mardi boten uns an, uns ihren Kinderwagen und einige alte Babysachen zu leihen. Mardi hatte auch einige Umstandskleider, die sie mir lieh, als ich in meine eigenen Sachen nicht mehr hineinpaßte. Meine Brüste schwollen um vieles schneller an als mein Bauch. Ich mußte mir neue BHs kaufen. Ich trug BH-Größe 90 B. Wenn ich die Straße entlangging, ertönten die Hupen. Das war nicht die Art von Aufmerksamkeit, die ich mir gewünscht hatte. Ich sah niemanden während dieser Zeit. Ich ging meiner Familie aus dem Weg. Ich vermied eine Begegnung mit meinen Schulkameradinnen. Ich saß bloß im Apartment herum und sah fern. Ich putzte auch wie eine Besessene. Das Apartment blitzte vor Sauberkeit. Den Rest des Tages brachte ich damit zu, das Essen zu bereiten. Das machte mir großen Spaß, es war eine kreative Beschäftigung. Bruce schmeckte mein Essen, und das machte mich glücklich.

Wir mußten das Apartment zum 1. Juli verlassen. Wir konnten es uns nicht mehr leisten. Wir fanden eine billige Wohnung auf der Halbinsel in der Nähe des House of Nine, nicht weit von Mr. Bates' Wohnung. Ich hoffte, ich würde ihm nicht über den Weg laufen. Unsere neue Wohnung war eine umgebaute Garage. Die Miete betrug 120 Dollar im Monat. Die Mülltonnen standen direkt vor unserer Haustür. Es stank und wimmelte von Fliegen. Ich versuchte, wieder meinen alten Job im House of Nine zu bekommen. Aber sie wollten nur Leute, die ihre Sachen auch tragen konnten, und in meinem Zustand hätte es einfach nach nichts ausgesehen.

Bruce bekam einen Job auf dem Bau. Er kam abends immer völlig erschöpft nach Hause. Ich erhielt eine Anstellung als Avonkosmetikberaterin. »Ding

Dong!« Die Avonberaterin ist da«, sagte ich immer. Ich trottete mit meinem dicken Bauch und meinem Pröbchenkoffer die steilen Straßen rauf und runter. Ich muß erbärmlich ausgesehen haben. Jeder bat mich sofort ins Haus: »Setzen Sie sich doch und trinken Sie ein Glas Wasser.« Ich verkaufte nicht sehr viele Artikel, aber ich war froh, daß ich jemanden hatte, mit dem ich reden konnte. Menschen, die mich nicht kannten, und die mich nicht aburteilten.

»Ich schätze, Sie freuen sich sehr auf das Baby«, sagten sie.

»O ja«, log ich.

»Sie sehen wirklich noch etwas jung aus, um ein Baby zu bekommen. Sie sehen fast selber noch wie ein Baby aus.«

Ich bekam das häufig zu hören.

Zum September hin zogen Bruce und ich zurück nach San Francisco. Bruce wollte näher an der Schule wohnen. Außerdem hatte er einen Job als Schadenssachverständiger bei einer Versicherungsfirma erhalten. Sie gaben ihm einen Firmenwagen. Es ging uns jetzt langsam etwas besser. Wir nahmen uns eine alte Wohnung an der Turk Street direkt gegenüber vom Lone Mountain College. Ich hatte ein paar alte Möbel von meinen Avonkunden zusammengesammelt.

»Was haben Sie eigentlich mit der alten Couch vor, die in Ihrer Garage steht?« fragte ich. Oder: »Wollen Sie zufällig diesen alten Tisch loswerden?« Und so hatte ich sehr schnell eine alte Couch, einen Eßtisch, sechs Stühle und zwei Beistelltischchen zusammen. Meine Schwester gab mir ihr altes Bett. Danny gab mir ein paar Babymöbel, und von meiner Mutter bekam ich ihren alten grünen Teppich. Ich fing an, die Wohnung zu renovieren.

Mein Dad (ja, man glaubt es kaum) kam eines Nachmittags vorbei, um mir beim Streichen der Wohnung zu helfen. Wir redeten mit keinem Wort über das Baby oder über meinen dicken Bauch. Nur einmal, als ich beim Streichen der Decke zu schwanken begann, kam er zu mir herüber und sagte:

»Hey, du solltest das in deinem Zustand besser nicht machen.«

Ich lieh mir die Nähmaschine meiner Mutter und nähte Vorhänge für das Eßzimmer und das Kinderzimmer. Das Kinderzimmer machte richtig Spaß. Ich strich die Wände aquamarinblau, und die geliehene Korbwiege war aus zartgelbem Organdy mit einem schönen Vorhang darüber, der von der Decke herabhing. Meine Mutter gab mir noch einige S&H-Rabattmarken, so daß ich mir einen flauschigen aquamarinblauen Teppich und eine Babylampe, die zugleich eine Spieluhr war, kaufen konnte.

Ich entwickelte mich zur perfekten kleinen Hausfrau. Die Wohnung war makellos, die Hemdkragen meines Mannes immer sauber. Ich verschlang die Kochbücher nur so und tischte meinem Mann solche Delikatessen wie Beef Stroganoff und Beef Wellington auf. Ich hatte einen Heißhunger auf Sellerie und Erdbeereis. Währenddessen schwollen mein Bauch und meine Brüste weiter an. Es war wie ein Wettkampf zwischen beiden, einen Tag standen meine Brüste mehr heraus, am nächsten Tag hatte der Bauch dann die Brüste wieder überholt. Sie wuchsen und wuchsen. Das Baby strampelte unaufhörlich in meinem Bauch. Es war, als hätte ich einen Fußballspieler in mir. Meine Wangen waren pausbäckig, meine Arme rundlich.

»Sie sehen so herrlich schwanger aus«, sagte die Leute. »So richtig strahlend.«

Na klar, dachte ich. Ich war ohne jedes Gefühl für das kleine Leben, das in mir wuchs, ich hatte nur Vorwürfe und Zorn für mich selbst. Mensch, ich habe mir wirklich alles vermasselt, ging es mir immer wieder durch den Kopf.

28

Ich wartete und wartete, und am Morgen des 8. November 1965 erwachte ich mit dem Gefühl, dringend zur Toilette gehen zu müssen. Ich rannte ständig zum Klo, aber es kam nichts. Ich hatte auch Krämpfe, allerdings nichts Ernsthaftes. Könnte es sein, daß es schon soweit ist, fragte ich mich. Bruce war schon zur Schule gegangen (oder war es zur Arbeit? Ich kann mich jetzt nicht mehr so genau daran erinnern). Ich rief den Arzt an.

»Es ist noch nicht soweit«, sagte er. »Sie werden schon genau wissen, wann es soweit ist.«

Einige Stunden später wußte ich es. Der Schmerz war unerträglich. Ich rief meine Mutter an. »Kannst du rüberkommen und bei mir bleiben, Mom?« fragte ich sie.

»Ich mach' mich sofort auf den Weg«, antwortete sie.

Ich brauchte meine Mutter jetzt dringender als meinen Ehemann. Bis meine Mutter eintraf, war die Fruchtblase geplatzt. Der Arzt sagte mir, ich solle sofort ins Krankenhaus. Ich rief Bruce an. Es schmerzte ungemein, als ob mir jemand die Eingeweide herausrisse. Bruce sah sehr aufgeregt aus. Die Wirklichkeit traf uns wie ein Schock. Uns wurde zum ersten Mal so richtig klar, daß wir ein Baby bekamen, ein richtiges menschliches Wesen.

Ich wurde in den Entbindungssaal gefahren. Ich betete: »Bitte, keine weiteren Schmerzen mehr.«

»Aua!« schrie ich. »Bitte, macht, daß es aufhört.«

»Sie sehen noch so jung aus«, sagte die Schwester im Entbindungsraum. »Wie alt sind Sie denn?«

»Neunzehn«, log ich. Ich war einen Monat zuvor gerade achtzehn geworden.

»Was es nicht alles gibt«, sagte die Schwester. »Ein Baby, das selbst ein Baby kriegt.«

»Auaa!« schrie ich.

»Geben Sie ihr jetzt besser die Rückenmarksbetäubung!« befahl der Arzt. »Sie ist jetzt soweit.«

»Drücken Sie, Suzanne, pressen! Noch fester!«

Ich preßte, so fest ich nur konnte.

»Pressen Sie nochmal, Suzanne. Schauen Sie in den Spiegel. Sehen Sie den Kopf?«

Ich war wie gebannt. Der Kopf! Der Kopf eines richtigen Menschen.

»Sie ist zu eng«, hörte ich den Arzt sagen.

Ich sah, wie er meine Vagina mit einer Schere aufschnitt. Ich spürte nichts. Die Betäubung unterdrückte jeglichen Schmerz. Ich spürte einen enormen Druck, so als ob ich den gewaltigsten Stuhlgang meines ganzen Lebens hätte.

»Feste drücken«, sagte der Arzt. »So ist es gut. Es kommt. Es kommt. Pressen! Feste! Pressen!«

Flop! Es war erstaunlich. Ich fühlte und hörte, wie meine Haut gegen meine Knochen schlug. Der Druck war vorbei.

»Hier haben Sie Ihren kleinen Jungen, Suzanne.«

Sie legten mir das Baby auf die Brust, und mir wurde zum ersten Mal das ungeheure Wunder der Geburt richtig bewußt. In jenem Augenblick fühlte ich die wahrhaftigste, reinste, ehrlichste Liebe, die ich je in meinem Leben gespürt habe. Ich liebte mein Kind. Mein kleines, liebes Baby. Ich weinte. Ich legte meine Arme um das Kind und weinte. »Ich liebe dich, mein Baby«, sagte ich. »Ich werde alles tun, um dir ein schönes Leben zu ermöglichen.«

Dann nahmen sie ihn mit, um ihn zu säubern. Ich fühlte mich wie im Himmel. Ich hatte das Gefühl, auf einem Sternenschiff zu sein, das zum Licht aufstieg, zur Liebe und zur Schönheit. Ich liebte Gott, ich liebte mich, und ich liebte mein Baby.

Wir gaben ihm den Namen Bruce.

»Ich wäre ganz schön stolz, wenn mein Sohn meinen Namen trüge«, hatte Bruce gesagt.

Ich hatte den Namen Bruce nie besonders gemocht.

Aber es war schon in Ordnung. Bruce hatte ohnehin das Gefühl gehabt, bei der ganzen Geburt außen vor zu stehen. Und es war das wenigste, was ich für ihn tun konnte.

29

Ich liebte das Baby, meinen kleinen Bruce. Er war so süß. Es machte mir ungeheure Freude, ihn zu baden. Ich kämmte das wenige Haar, das er schon hatte, zu einer Locke mitten auf seinem Kopf zusammen. Ich steckte ihn in neue Babybekleidung. Die Verwandten gaben ihm als neuem Erdenbürger kleine »Willkommensgeschenke«, so daß er viele kleine Hemdchen und Jäckchen, Strampelanzüge und Mützen hatte. Es war, als ob man eine kleine Puppe anzog. Ich nahm ihn, sobald man mit ihm rausgehen konnte, auf kleine Spaziergänge mit. Ich spürte nichts mehr von der Beschämung und Peinlichkeit, die ich während meiner Schwangerschaft empfunden hatte. Ich war stolz auf mein Baby, sogar glücklich.

»Ist das nicht süß, die Schwester geht mit dem kleinen Bruder spazieren«, sagte eine Frau, die mir beim Spaziergang begegnete.

»Ja«, sagte ich.

Unmittelbar nachdem Bruce geboren wurde, fing ich an, Antibabypillen zu nehmen. Ich hatte bei meiner Schwester gesehen, wie sie ein Kind nach dem anderen bekam. Und genau das wollte ich vermeiden. Ich hatte deswegen ein sehr schlechtes Gewissen. Die Pille war gegen die Regeln der Kirche. Einmal mehr ging ich hin und brach diese Regeln. Aber ich konnte es mir einfach nicht erlauben, gleich noch ein Kind zu bekommen, weder finanziell noch psychisch. Ich muß eben einen Weg finden, mit meiner Schuld zu leben, dachte ich.

Bruce war wirklich sehr beschäftigt, er arbeitete den ganzen Tag und ging abends zur Schule. An den Wochenenden spielte er Golf und ging zu Footballspielen. Ich mochte ihn immer noch sehr, aber es gab kein Prickeln zwischen uns, keine Leidenschaft. Ich saß oft am Fenster unseres kleinen Apartments und sah, wie meine Freundinnen zur Schule gingen und wieder zurückkamen. Meine Freundin Nora kam häufig mit ihren Freundinnen vorbei, um sich bei uns für eine Party umzuziehen.

Nora war das einzige Mädchen aus meiner Schule, das Kontakt zu mir hielt. Wieder war ich in Schande von einer Mädchenschule abgegangen. Ich war Nora sehr dankbar für ihre Freundschaft. Sie liebte den kleinen Bruce und brachte ständig Geschenke für ihn mit – kleine Mäntel oder Strampelanzüge, herrliche Markenartikel, die ich mir selbst nie hätte leisten können.

»Du solltest heute mitkommen«, sagte Nora. »Wir werden bestimmt 'ne Menge Spaß haben.« Sie tuschte sich gerade die Wimpern. Ich warf gerade eine verschmutzte Windel in den Abfall.

»Nee«, sagte ich. »Ich glaub', wir wollen lieber zu Hause bleiben.« Wir hatten kein Geld für solche Abende. Wie hätten wir den Babysitter bezahlen sollen?

Ich fühlte mich unzufrieden und ruhelos. »Ich werde eine Schule für Mannequins besuchen«, verkündete ich eines Tages. »Auf diese Weise kann ich noch zusätzlich etwas Geld für uns verdienen, ohne daß ich das Baby alleinlassen muß. Ich habe gehört, man kann da sechzig Dollar in der Stunde verdienen. Und außerdem ist es bestimmt auch aufregend.« Ich schrieb mich für 110 Dollar in einen Kurs für Mannequins bei der Grimme Modeling Agency ein. Wir lernten, wie man geht, wie man sitzt, alles über Make-up, und vieles, was man als Vorführdame oder Fotomodell wissen muß. Ich war eine gute Schülerin. Es war für mich eine Chance, mich aus meiner Situation zu befreien. Ich wußte, daß ich nicht verheiratet bleiben würde. Ich wußte nur noch nicht, wie ich da wieder herauskommen sollte. Ich lernte, wie man sich das Haar nach der neuesten Mode frisiert, wie man seine Brüste klein erscheinen läßt (damals war Twiggy gerade aktuell), und ich trug besondere falsche Wimpern.

Eines Tages lief der Besitzer der Agentur an mir vorbei, und ich hörte, wie er sagte: »Die wäre ganz gut.« Was? Was?, dachte ich. »Wollen Sie morgen für uns arbeiten?« fragte Jimmy Grimme.

»Ob ich will? Ob ich will? Ja, natürlich!« sagte ich begeistert.

»Gut, seien Sie morgen um sieben Uhr im Palace Hotel. Dort läuft eine Modenschau. Fragen Sie nach Adeline Ross«, sagte er.

»Prima, ich werde da sein.« Ich war außer mir vor Freude. Ein Job! Ein Job! Mein erster Job!

Ich blieb an diesem Abend noch lange auf und übte den Mannequingang: das Becken nach vorn, den Hintern zusammengedrückt (so als hielte man ein Geldstück zwischen den Pobacken), kleine Babyschritte, dann das linke Bein über Kreuz neben den rechten Fuß gesetzt und eine Drehung ausführen, als schwebe man in der Luft. Ich übte es wieder und wieder, ging ungezählte Male meinen kleinen Korridor auf und ab. Ich drehe mir die Haare auf (was zum Schlafen sehr unbequem ist), damit mein Haar am nächsten Tag in langen Locken herabwallte. Dann packte ich meinen Mannequinkoffer mit Make-up, allen Schuhen, die ich besaß, Bändern, Schweißblättern und allem, was mir sonst noch einfiel. Ich fand einen Babysitter, der Bruce, der zur Arbeit gehen mußte, ablösen sollte.

Um Punkt sieben traf ich ein. Ich ging zum verabredeten Ort, aber niemand war da. Ich setzte mich hin und wartete und wartete. Um halb neun trafen schließlich die ersten Modells ein. Sie quetschten sich mit ihren großen Taschen herein und setzten sich auf die Stühle, die vor den Schminkspiegeln aufgereiht standen. Für sie war das alles reine Routine. Sie hatten das schon tausendmal vorher gemacht. Ich beschloß, ihnen alles nachzumachen. Ich setzte mich hin. Ich stellte meine Schuhe fein säuberlich in einer Reihe auf. Ich holte Make-up, Haarspray und Bänder heraus. Ich begann, mir Make-up aufzulegen und an meinem Haar herumzufummeln. Adeline Ross trat auf mich zu. »Wer sind Sie, meine Liebe?«

»Ich bin Suzanne Somers. Ich freue mich wirklich, Sie kennenzulernen, Miss Ross. Ich bin sehr...« Sie schnitt mir das Wort ab.

»Sie sind hier nicht als Model, sondern als Garderobiere angestellt.«

Eine Garderobiere! O mein Gott. Ich kam mir so albern vor. Die Models um mich herum begannen zu kichern. Ich hob meine Schuhe auf, nahm mein Make-up und meine Haarbänder und stopfte wieder alles in die Tasche. Ich kam mir wie ein Idiot vor. Ich verbrachte den Rest des Vormittags damit, Kleider zu bügeln und den Models beim An- und Ausziehen ihrer schönen Kleider zu helfen.

30

Bruce machte im Juni 1966 seinen Abschluß an der Universität von San Francisco. Ich saß da mit meinem Baby und hörte der Abschiedsrede des Dekans zu. Der kleine Bruce war sehr unruhig. Er zog mir ständig an den Haaren und riß an meinen Ohrringen. Dann wurde sein Gesicht puterrot, und er ließ einen großen, übelriechenden Pups los. Es war heiß und stickig im Auditorium. Die Leute, die neben uns saßen, reagierten merklich auf den Geruch. Es war mir so peinlich. So sieht mein Leben jetzt also aus, dachte ich. Sein ganzer Inhalt besteht aus Babygesabbere und schmutzigen Windeln. Das aber reichte mir nicht.

Ich bekam eine Anstellung als Krankenschwester am Kaiser Hospital. Ich arbeitete nachmittags von 14.00 bis 17.00 Uhr, ging dann nach Hause, fütterte das Baby, machte Bruce das Abendessen und ging dann noch einmal bis 22.00 Uhr ins Krankenhaus.

Ich liebte mein Kind wirklich, aber ich war frustriert. Mein Ehemann besuchte jetzt die juristische Fakultät, und er verbrachte jede freie Minute über den Büchern. Ich wollte etwas unternehmen, etwas Aufregendes erleben. Ich fühlte mich eingesperrt. Es machte mich wahnsinnig. Ich war erschöpft. Mein Tagesablauf war sehr ermüdend. Ich mußte sehr früh raus, machte meinem Mann das Frühstück, packte sein Lunchpaket, wechselte die Windeln des Babys, fütterte und badete es, spülte und machte den Hausputz, ging mit dem Kleinen zum Schaukeln in den Park, machte den Einkauf, bezahlte Rechnungen, arbeitete nachmittags im Krankenhaus, bereitete das Abendessen, brachte das Baby ins Bett, ging wieder zurück ins Krankenhaus, kam dann schließlich völlig erschöpft nach Hause, legte mich hin und fing am nächsten Tag wieder von vorne an. Ich war damals achtzehn Jahre alt. Ich hatte das Gefühl, das Leben wäre vorbei, noch bevor es richtig begonnen hatte.

Auch mein Mann arbeitete hart. Er steckte voller Träume und Ambitionen, aber unser gemeinsames Leben war langweilig. Wir hatten praktisch gar keinen Sex. Es lag nicht an Bruce. Aber ich war so voller Wut über meine aussichtslose Situation, daß ich alles auf ihn schob. Wenn es zwischen uns mal zu Sex kam, wurde mein Körper zu einem Eisblock. Ich fühlte nichts.

Ich wollte nichts fühlen. Heute aus der Rückschau weiß ich natürlich, daß es nicht Bruce' Fehler war. Wir waren beide für die Situation verantwortlich, aber damals war ich jung, naiv und dumm. Wir gingen nie zusammen aus. Dafür hatten wir kein Geld. Ich wollte raus! Nur raus! Ich kannte niemanden, der geschieden war. Damals, 1966, war Scheidung noch eine Seltenheit. Ich hatte Angst davor, diese Möglichkeit in Erwägung zu ziehen.

Eines Tages nahm ich mir ein Blatt Papier und schrieb: »Lieber Mr. Bates, ich bin bereit!«

Einfach so! Instinktiv warf ich den Brief ein. Ich wußte, ich hatte einen großen Schritt getan. Ich wußte, daß dieser eine Schritt, diese wenigen Worte, mein Leben verändern würden. Ich wußte, was dieser Brief nach sich ziehen würde – obwohl ich damals nicht über meine Zukunft nachdachte. Unmittelbare Befriedigung, das war es, was ich wollte. Und ich bekam sie. Vier Tage später klingelte mein Telefon.

»Hallo, Suzie«, meldete sich Mr. Bates.

»Hi«, sagte ich. Meine Handflächen schwitzten und mein Herz raste.

»Was bedeutet dieser Brief?« fragte er.

»Ach, nur daß es ganz nett wäre, wenn man sich mal wieder träfe«, entgegnete ich nervös.

»Wann?«

»Wie wäre es... mit heute abend? Ich bin um 22.00 Uhr mit der Arbeit fertig. Wir könnten uns ja draußen treffen. Ich sage meinem Mann, daß ich länger arbeiten mußte.«

»Sehr schön«, sagte er. »Ich bin um zehn da. Ich hab immer noch den weißen Caddy. Bye.«

»Bye«, sagte ich. Ich saß nur da und starrte vor mich hin. Was habe ich getan? Was hab' ich bloß getan? dachte ich. Es kam mir alles plötzlich so falsch vor. Ich ging in die Küche und bereitete Bruce ein wirklich gutes Dinner. ›Das letzte Abendmahl‹. Mein letztes Abendessen als treue Ehefrau. Meine Hände zitterten. Ich nahm ein Bad und wusch mir die Haare. Ich rieb mir Beine und Arme mit Chanel Körperlotion ein. Ich machte das nicht jeden Tag. Es war einfach zu teuer, aber dies war ein besonderer Tag. O Gott.

Ich ging ins Zimmer des kleinen Bruce. Er sah so lieb aus, wie er da brabbelnd in seiner Wiege lag. »Hallo, kleines Baby«, sagte ich. Er sah mich an und lachte mit seinem zahnlosen Mund über beide Wangen. Er gluckste. Gu, gu, ga, ga. Er konnte noch nicht sprechen. Sein Zimmer roch nach Johnsons Babypuder und Babylotion. Ich zog die Spieluhr auf, sie spielte ein Wiegenlied. Ich stupste das Mobile an seiner Wiege leicht an. Er lächelte und gluckste wieder. »Schlaf ein, mein Baby. Schlummere schön. Mommy hat dich so lieb, so sehr.« Ich berührte sein zartes kleines Gesicht, zog ihm das kleine gelbe Oberbett hoch bis unter das Kinn und ging auf Zehenspitzen aus seinem Zimmer. In meinem Kopf schwirrten die Gefühle wild durcheinander.

Ich konnte während der Arbeit nicht nachdenken. Ich arbeitete in der Multiphasics-Abteilung des Krankenhauses. Es bedurfte nicht gerade genialer Fähigkeiten, um das zu tun, was ich machte. Multiphasics ist eine komplette ärztliche Untersuchung, die auch eine Reihe von psychologischen Tests mit einschließt. Ich verteilte die psychologischen Tests. Die Patienten gaben mir im Austausch dafür ihre vollen Becher mit der Urinprobe. »Nein, Mrs. Krupnic. Sie sollten eine *Urin*probe in diesen Becher geben.« O Gott. An manchen Tagen wurde es einem wirklich zuviel. Die Patienten gaben mir dann den Psychotest zurück und ich gab ihn an die Computerabteilung weiter. Der Computer entschied darüber, ob ein Patient gesund oder verrückt war.

»Einige dieser Fragen beantworte ich nicht. Sie sind zu persönlich«, sagte ein Patient.

»Das liegt ganz bei Ihnen«, sagte ich freundlich. Und so verging mein Tag.

Ich hatte heftiges Herzklopfen. Nervöse Schauer durchliefen meinen Körper von den Zehen bis zu den Haarspitzen. Ständig ließ ich etwas fallen.

»Stimmt mit Ihnen etwas nicht?« fragte LaDonna, die Frau, die am Computer arbeitete.

»Nein. Es ist schon in Ordnung«, sagte ich nervös. »Mir geht heute nur so viel im Kopf herum.«

Um fünf Uhr hetzte ich nach Hause, um das Abendessen zu machen. Ich gab mir bei der Dekoration des Tisches besondere Mühe.

»He«, sagte Bruce, »ist heute irgendein besonderer Anlaß?«

»Nein, das nicht. Ich dachte nur, es würde ganz hübsch aussehen«, antwortete ich. Ich wurde rot. Bruce sah mich an, aber auch in seinen wildesten Träumen wäre er auf die wahre Bedeutung nicht gekommen. Klein-Brucie schrie.

»Ach, du meine Güte«, sagte ich. »Es ist wohl besser, wenn ich dich bade, mein Kleines. Du bist ja ganz voll.« Bruce hatte keine Lust, seine Zeit mit Baden zu verschwenden. Er wollte sein Abendessen. Er schrie und strampelte und planschte. Meine Krankenhausuniform wurde von oben bis unten naß. Auch meine Haare waren vorne naß geworden und hingen mir nun formlos ins Gesicht. Ich betrachtete mich im Spiegel. Ich sah nicht mehr so aus wie das Mädchen, das Mr. Bates zuletzt gesehen hatte. Mir war zum Heulen zumute. Ich fühlte mich nervös. Und schuldig.

»Komm, mein Kleiner«, sagte ich zu Brucie. »Mommy trocknet dich jetzt schön ab, und dann bekommst du ein gutes Abendessen.«

Babys sehen immer so süß aus, wenn man sie aus der

Wanne hebt. Ich legte ihn in ein aquamarinblaues, flauschiges kleines Badetuch, trocknete ihn ab, rieb seinen Po mit Babypuder ein. Das ließ ihn immer ruhig werden. Ich zog ihm frische Windeln und einen sauberen Strampelanzug für die Nacht an.

Ich sah auf die Uhr. O Gott. Es war 17.40 Uhr. Ich mußte um 18.00 Uhr zurück im Krankenhaus sein. Ich eilte mit dem Kleinen in die Küche, setzte ihn in den Kinderstuhl und fütterte ihn mit seinen drei Gläsern Babynahrung: Lamm, Gemüse und Obst. Brucie haßte Lamm. Ich schob ihm einen Löffel voll in den Mund, und er spuckte es wieder aus. Dann mischte ich es mit den Karotten, und er schluckte es.

»Du solltest vielleicht schon mit dem Essen anfangen«, sagte ich zu meinem Mann. »Ich bin sehr spät dran, und ich glaube nicht, daß ich noch Zeit genug habe, zu Abend zu essen.«

Bruce aß Boeuf Bourgignon mit Kartoffelpüree und grünen Bohnen. Ich hatte keinen Appetit. Als ich den Kleinen zu Ende gefüttert hatte, sah er aus, als könnte er ein zweites Bad vertragen.

»Könntest du den Kleinen wickeln und ihn ins Bett bringen?« fragte ich Bruce. »Es ist fünf vor sechs, und ich bin sowieso schon zu spät.« Ich küßte beide zum Abschied. Ich kam mir vor wie Judas. Dann machte ich mich schnell auf den Weg.

Ich schlich mich an diesem Abend während der Arbeit immer wieder auf die Damentoilette und versuchte, mein Haar einigermaßen in Ordnung zu bringen. Ich legte mir auch Make-up auf. Normalerweise trug ich während der Arbeit kein Make-up, aber an diesem Abend war es anders. Es war ohnehin schon schwer genug, in einer weißen Schwesternuniform sexy auszusehen. Und ich wollte an diesem Abend unbedingt gut aussehen. Ich sah auf die Uhr: 21.30 Uhr. Ich schluckte. In einer halben Stunde würde ich zur treulosen

Ehefrau werden. Ob Sex wohl zum Bestandteil unseres gemeinsamen Abends würde? Ich hatte mich der Realität immer noch nicht gestellt. Sei nicht so naiv, Suzanne, ging es mir durch den Kopf. Du bist keine vor Scham errötende Jungfrau mehr. Du bist gebrauchte Ware. Es gibt nichts mehr, wofür du dich »bewahren« könntest. Junge, dachte ich sarkastisch, du hast dich ja wirklich prima entwickelt.

Gegen 22.00 Uhr begannen mir die Knie zu zittern. Meine Beine waren wie aus Gummi. Ich ging durch den langen Gang, der zum Seitenausgang führte, als ob ich auf dem Weg zum elektrischen Stuhl wäre. Nichts würde mehr so sein wie früher.

»Hallo, Mahoney«, begrüßte mich Mr. Bates.

»Hallo«, entgegnete ich unsicher. Wir saßen bloß da und sahen uns eine Weile lang an. Ich spürte, wie die Temperatur in meinem Körper stieg. Plötzlich lehnte sich Mr. Bates zu mir hinüber und riß mich an sich. Er küßte mich leidenschaftlich. Es hatte etwas Animalisches. Er roch nach Bourbon. Seine Zunge drückte sich in meinen Mund, tiefer und immer tiefer, so tief und fest es ging. Ich war unglaublich erregt, genau wie er.

»Laß uns woanders hingehen«, sagte er. Er griff mich und zog mich nah an sich heran. Er ließ seinen Arm um mich gelegt und streichelte mein Gesicht, meinen Hals, meine Schultern. Seine Hände fuhren mir immer wieder durchs Haar, so daß es völlig durcheinander geriet.

Wir fuhren nach Pacific Heights, einem Stadtteil von San Francisco und hielten schließlich vor einer Villa unter einem großen Baum. Und dann ließen wir uns gehen. Er stürzte sich auf mich. Es war der reine Wahnsinn. Ich hatte niemals vorher solche Leidenschaft verspürt. Seine Beine preßten sich gegen das Lenkrad. Die Hupe setzte ein. Aber wir machten weiter. Heiße Zungen, feuchte Lippen, wilder, rasender Sex. O mein Gott. Es war das Beste, das Aufregendste, was ich bis dahin erlebt hatte. Es war vorbei, aber ich wollte nicht, daß es aufhörte. Ich wollte, daß es immer und immer weiterging. Ich fühlte mich zum ersten Mal wie eine Frau, hatte Sex zum ersten Mal als etwas Aufregendes erlebt. Es war eine halbe Stunde nach Mitternacht, als wir aufhörten.

»Ich muß jetzt gehen«, sagte ich, meine Lippen auf seine gepreßt. Ich konnte nicht genug kriegen. Während der ganzen Fahrt zurück zum Krankenhaus, wo mein Wagen stand, küßte ich seinen Hals.

»Wann kann ich dich wiedersehen?« fragte Mr. Bates.

»Morgen«, antwortete ich, ohne zu zögern. »Morgen um die gleiche Zeit an der gleichen Stelle.«

»Ich kann es kaum erwarten«, sagte er.

»Ich auch nicht«, antwortete ich.

Ich stieg in mein kleines mieses Auto. Es war ein alter, verbeulter VW. Es war kalt im Auto. Ich betrachtete mich im Spiegel. Ich sah schlimm aus. Meine Haare waren wild durcheinander, mein Make-up verschmiert. Meine Lippen waren geschwollen, und meine Kleidung völlig verknittert. Ich versuchte, mich einigermaßen wieder herzurichten. O Gott, dachte ich, hoffentlich schläft Bruce.

Ich schlich mich auf Zehenspitzen ins Haus. Alles war dunkel und still. Ich ging schnell ins Badezimmer. Du mußt ein Bad nehmen, ging es mir durch den Kopf, dein Gesicht waschen, das Kleid verstecken, am besten im Wäschekorb. Es war eine merkwürdige Mischung aus Angst, Streß, Schuldgefühlen, Aufregung und einer erregten, fast freudigen Spannung. Ich darf mich nicht erwischen lassen, ich darf mich nicht erwischen lassen, ging es mir wieder und wieder durch den Kopf. Es gab keine Zukunft mehr, nur den heutigen und vielleicht den morgigen Tag. Ich mußte mehr kriegen. Ich konnte nicht aufhören. Ich wollte mehr.

Ich ging ins Bett, all die kleinen verräterischen Zeichen der Liebe waren weggewaschen. Ich roch nach Noxzema und Dial-Seife. Nur mein pulsierender Schoß hätte mich verraten können. Aber Bruce schlief die ganze Nacht durch.

Als ich am nächsten Morgen meine Augen öffnete, war mein Mann schon fort. Ich hörte, wie das Baby in der Wiege vor sich hin brabbelte. »Hallo, mein kleines Baby«, sagte ich zärtlich. Brucie war von oben bis unten durchnäßt. »Armes kleines Ding.« Ich badete ihn und zog ihm frische Sachen an. Während er frühstückte, klingelte das Telefon.

»Hallo, Sexbombe«, sagte Mr. Bates. »Du warst großartig gestern nacht. Ich sagte dir ja, du würdest eines Tages soweit sein.«

»Ich kann nicht aufhören, an dich zu denken«, flüsterte ich.

»Heute nacht«, sagte er.

»Ich kann es kaum erwarten«, entgegnete ich. Das Baby fing an zu schreien. »Ich muß jetzt auflegen.«

Der Abend mit Mr. Bates war so wie der vorherige: wild, erotisch und unglaublich leidenschaftlich. Ich konnte es kaum glauben. Ich war nun eine Ehebrecherin von gerade einmal 18 Jahren.

Drei Wochen später fragte mein Mann mich: »Mußt du heute wieder länger arbeiten?«

»Ja«, log ich. »Es kommen im Moment so viele Patienten, die eine Multiphasic-Untersuchung wollen, daß wir erst ziemlich spät schließen.« Es wurde allmählich gefährlich. Aber ich war sehr geschickt. All die Lügen und Heimlichkeiten waren im Grunde nichts Neues für mich.

Meine Affäre mit Mr. Bates entwickelte sich schon bald zu einer ernsten Sache. Wir wollten uns öfter sehen. Wir träumten davon, eine ganze Nacht zusammen zu verbringen. Ich wollte all die normalen alltäglichen Dinge tun dürfen, die Liebende eben tun: am Strand spazierengehen, Essen gehen, mal ein Wochenende wegfahren. Ich mußte ständig darüber nachdenken, daß ich jetzt nicht in dieser schrecklichen, verlogenen Situation stecken würde, wenn ich mich damals im College nicht so dumm verhalten hätte. Ich fühlte mich schrecklich, weil ich Bruce ständig anlog. Dieses ewige Versteckspiel und die ständige Gefahr, entdeckt zu werden. Dabei wäre es doch so einfach für ihn gewesen, die Wahrheit herauszufinden. Eine kurze Autofahrt zum Krankenhaus so gegen elf Uhr, und er hätte gewußt, daß die Multiphasics-Abteilung um diese Zeit bereits geschlossen war. Mein Leben glich einer Wanderung auf einem extrem dünnen Grat – ich wußte, wenn ich nach Hause kam, nie, ob nicht diese Nacht alles ans Licht bringen würde. Aber ich war an solche Gratwanderungen gewöhnt. Mein ganzes Leben war so abgelaufen. Ich hatte gelernt, mich in den ständigen Krisen zurechtzufinden. Ohne diese Krisen verlor das Leben seine Spannung. Und so machte ich mit der Affäre weiter.

»Am Samstag abend gibt es eine Geschenkparty für das Baby, das Pat erwartet«, erzählte ich meinem Mann. Pat war ein Mädchen, das mit mir zusammen im Krankenhaus arbeitete. Es gab natürlich keine Geschenkparty, es war nur eine der vielen Geschichten, die ich mir einfallen ließ, um aus dem Haus zu kommen. Ich war schrecklich aufgeregt. Mr. Bates und ich hatten vor, abends essen zu gehen und danach zu seinem Haus zu fahren. Bis zu diesem Zeitpunkt hatten wir unsere gemeinsame Zeit auf den Vordersitzen seines Wagens verbracht. Die Geschenkparty war eine fadenscheinige Ausrede. Frauen bleiben bei solchen Gelegenheiten nie länger als bis zehn oder elf Uhr. Mir war klar, daß ich durch das Abendessen und die romantische Phase hinterher erst weit nach Mitternacht nach Hause kommen würde.

Am Samstag fütterte ich den kleinen Brucie noch, badete ihn und brachte ihn ins Bett. Danach setzte ich mich und aß mit meinem Mann zu Abend, wobei ich versuchte, möglichst wenig zu essen. Ich freute mich auf mein zweites Dinner. Ich zog mir ein schwarzes Strickkleid an, goldene Ohrringe und schwarze Seidenpumps. Ich ging sogar soweit, eine leere Schachtel in Babygeschenkpapier einzupacken, um meine Lüge glaubhafter scheinen zu lassen.

»Na, gute Nacht dann«, sagte ich. »Und lerne nicht zuviel.« Ich sah Bruce an, und mich überkamen Schuldgefühle und Trauer. Es ist schrecklich, was ich ihm da antue, dachte ich. Er verdient eine solche Behandlung nicht. Er war so gut zu mir. Ich kam mir so gemein vor. Ich dachte daran, die Verabredung abzusagen. Aber ich tat es nicht. Mr. Bates wäre durchgedreht. Es hätte mich nicht gewundert, wenn er bei uns aufgetaucht wäre und laut gegen die Haustür gepoltert hätte. Es war ihm egal, ob er meine Ehe zerstörte. Er wollte sogar, daß sie in die Brüche ging. Er hatte schon begonnen, über eine mögliche Heirat zu reden.

»Wann kommst du nach Hause?« fragte Bruce.

»Oh, so gegen elf, denke ich. Bye.« Dann machte ich mich auf den Weg.

Ich bin so ein mieses Stück, dachte ich. Mein ganzes Leben war von dem einen Gedanken bestimmt gewesen, ein anständiges Mädchen zu bleiben, und was habe ich aus mir gemacht? Das verruchteste aller verruchten Mädchen. Mein Vater hatte recht, ich hatte mich »bumsen« lassen. Ich war eine Ehebrecherin. O Gott, hilf mir, betete ich.

Mein Wagen fuhr in Mr. Bates' Einfahrt. Ich griff in meine Handtasche und holte mir ein paar funkelnde

Ohrringe aus Straß heraus, die ich gegen die goldenen austauschte. Ich besprühte mich mit Chanel No. 5. Ich sah großartig aus. Ich fühlte mich jedoch schrecklich.

»Du siehst super aus, Suzie«, sagte Mr. Bates.

»Ja, aber ich fühle mich nicht so. Ich kann einfach nichts dagegen machen. Ich habe solche Schuldgefühle. Ich halte es nicht mehr aus, dieses ewige Lügen, diese ständige Angst, daß alles herauskommen könnte. Ich bin ein echtes Nervenwrack.«

»Ich weiß, ich weiß. Es ist nicht einfach. Du tust mir wirklich leid«, sagte er. »Ich weiß, wie schwer es ist. Hier, trink ein Glas Wein. Dann geht's gleich besser!«

Wir saßen vor dem Kamin, und Mr. Bates erzählte mir unaufhörlich, wie schön ich war. »Ich liebe dein Haar. Du hast schöne große Augen, und deine Beine sind einmalig.«

Schon bald fühlte ich mich wesentlich besser. Wir gingen in ein traumhaftes, teures italienisches Restaurant. Wir bestellten Pasta, Kalbfleisch, tranken noch mehr Wein und sahen uns während des ganzen Essens tief in die Augen. Lange, verträumte Blicke. Die Leute im Restaurant starrten uns an. Ich sah noch so jung aus, und er sah so alt aus. Es fiel ihnen natürlich auf. Sie bemerkten auch, daß wir ein Liebespaar waren. Es war auch nicht zu übersehen.

Wir bestellten keinen Nachtisch. Wir wußten, daß kein Nachtisch auf der Welt an das herankommen konnte, was uns erwartete, sobald wir wieder zurück im Haus von Mr. Bates waren. Es war wirklich unglaublich: sanft, zärtlich, dann wild, drängend, leidenschaftlich.

Ich sah auf die Uhr. O mein Gott, schon zwei Uhr. »Ich muß jetzt gehen.« Ich war in Panik. Ganz sicher würde er es heute herauskriegen. Ich fuhr wie eine Wahnsinnige nach Hause. Ich muß mir eine Ausrede einfallen lassen, dachte ich. Keine Babygeschenkparty kann so lange dauern. Gott sei Dank war Bruce nicht auf die Idee gekommen, mich zu fragen, wo die Party stattfand, und er wußte Pats Nachnamen nicht. Ich fühlte, wie Panik in mir hochstieg. Vielleicht schläft er ja. Bitte, bitte, schlaf doch. Ich fuhr an unser Haus heran. Das Licht brannte noch.

»Wo bist du gewesen?« fragte Bruce kalt.

»Na ja«, sagte ich, »es gab eine Menge Punsch bei der Geschenkparty. Und wir haben wohl ein bißchen zuviel getrunken, und als wir auf die Uhr sahen, war es plötzlich ein Uhr. Ich hab' dann noch LaDonna nach Hause gefahren. Du weißt, die lebt draußen in den Karpaten, und nachdem ich sie abgesetzt hatte, ging der Wagen einfach aus. Ich bin ausgestiegen und hab' am Motor rumgefummelt. Ich hab' dieses Vergaserding hoch- und runtergeschoben. Ich glaube, es hat geklemmt. Und schließlich kriegte ich den Wagen wieder an, und jetzt bin ich hier!« Bitte glaub mir das, dachte ich. Bitte, glaub mir das.

Bruce sah mich bloß an. Seine Augen waren hart. Nach einer langen Pause sagte er schließlich: »Das nächste Mal solltest du mich anrufen.«

Puh! dachte ich. »Das mache ich, ganz bestimmt, das mach' ich.«

Das war knapp, dachte ich. Was hätte ich gemacht, wenn er es herausgekriegt hätte? Wäre es dann zur Scheidung gekommen? Wollte ich die erste geschiedene Person in meiner Familie werden? In meiner ganzen Stadt? Würde ich damit umgehen können? Was würde ich tun? Wie sollte ich Geld verdienen? Ich hatte bisher nicht einen einzigen Job als Model gehabt. Ich sollte aufhören, mich mit Mr. Bates zu treffen. Es ist einfach zu kompliziert.

Am nächsten Tag sagte mir Mr. Bates: »Ich liebe dich, Suzie. Du kannst nicht einfach aufhören, dich mit mir zu treffen. Ich weiß, daß du mich willst. Verlasse ihn! Laß dich scheiden und heirate mich. Ich werde dem kleinen Brucie ein wundervoller Vater sein. Ich wollte immer ein Kind haben. Ich will dich heute sehen.« Er flehte, war verzweifelt.

»Na gut, reden wir heute abend darüber«, sagte ich.

Mr. Bates holte mich nach der Arbeit ab. Wir fuhren zu unserer üblichen Stelle in Pacific Heights. Nach zwei Minuten Protest waren wir wieder dabei. Ich konnte einfach nicht aufhören, ihn zu sehen. Und ich konnte mich nicht überwinden, Bruce zu verlassen. Das Dilemma, in dem ich steckte, war unerträglich. Denke jetzt nicht daran, dachte ich.

Die Spannung zu Hause wuchs. Bruce wußte nicht, woran es lag, aber er wußte, daß etwas nicht stimmte.

»Ich bin nicht glücklich in unserer Ehe«, sagte ich ihm schließlich. »Ich langweile mich.«

»Vielleicht solltest du zu Pater Schallert gehen und mit ihm einmal darüber sprechen«, schlug Bruce vor. »Er ist Soziologe, einer der führenden im Land. Vielleicht kann er dir helfen.«

Ich griff den Vorschlag auf und verabredete einen Termin mit Pater Schallert. Ich erzählte ihm von meiner Langeweile und von meinem Gefühl, in einen Käfig gesperrt zu sein. Ich sagte ihm, daß ich diese Ehe von Anfang an im Grunde nicht wollte. Ich erzählte ihm davon, wie ich schwanger wurde, ohne daß wir Geschlechtsverkehr gehabt hatten. Ich sprach mit ihm über mein Gefühl, daß mein Leben vorbei sei, darüber, daß ich unzufrieden war und daß ich mehr vom Leben wollte, sogar eine Karriere. Ich sagte ihm auch, daß ich meinen Mann nicht liebte, daß ich ihn gern hatte, aber nicht liebte, und daß ich das meiner Mutter schon am Hochzeitsabend gesagt hätte. Ich erzählte ihm von meiner Angst vor der Scheidung. Aber ich erwähnte Mr. Bates mit keinem Wort.

Pater Schallert dachte eine Weile nach. »Wenn Sie

und Ihr Mann miteinander schlafen, wie lange dauert das etwa?« fragte er.

»So cirka fünf bis zehn Minuten«, antwortete ich.

»O.K.«, sagte Pater Schallert. »Ich möchte, daß Sie beim nächsten Mal, wenn Sie miteinander schlafen, einen Wecker auf zwanzig Minuten stellen. Hören Sie nicht mit der Liebe auf, bevor der Wecker klingelt. Und dann das nächste Mal stellen Sie den Wecker auf fünfundzwanzig Minuten, bis Sie sich in Fünf-Minuten-Schritten auf sechzig Minuten emporgearbeitet haben.«

Ich saß da und wartete auf weiteres. Er sagte nichts mehr.

»Wollen Sie nicht auch über die anderen Dinge reden, die ich Ihnen erzählt habe?« fragte ich ihn.

»Das ist nicht nötig«, sagte er. »Eine Scheidung kommt nicht in Frage. Sie würden exkommuniziert werden. Ich glaube, der Wecker wird Ihr Problem lösen. Versuchen Sie es!« Damit war das Gespräch beendet.

Wie einfach: Zwanzig Minuten vögeln, und deine Ehe ist gerettet. Ich lachte, als ich das Pfarrhaus verließ. Was für ein Arschloch, dachte ich. Wenn die Kirche, in deren Hände ich mein Seelenheil gegeben habe, so aussieht, dann war ich ganz schön dumm. *Exkommuniziert!* Die waren es doch, die mir gesagt hatten, ich müßte heiraten. Ich wollte die Heirat nie. Ach, Scheiße.

Was für eine Zeitverschwendung, dachte ich. Ich werde auf keinen Fall nach dem Takt eines Weckers mit jemandem schlafen. Das Mißlingen meiner Ehe hatte nichts mit der Dauer unseres Beischlafs zu tun. Ich konnte es einfach nicht glauben. Ich schüttete diesem sogenannten Experten mein Herz aus und der sagte mir, ich sollte zwanzig Minuten vögeln! Und was ist mit den Gefühlen? Mit der Liebe? Sind das keine wichtigen Elemente in einer Ehe?

Ich ging nach Hause. Die einzige Botschaft, die ich aus meinem Gespräch mit Pater Schallert für mich herausgezogen hatte, war die Einsicht, daß diese Kirche nicht mehr für mich da war. Ich war und bin ein sehr gläubiger Mensch. Ich glaube an Gott, aber an *meinen* Gott.

All diese Jahre hatte ich schlimme Dinge zu Hause mitansehen müssen: die Gewalt, den ganzen Wahnsinn, die Schuld und die Scham. Und die Kirche hat uns nie irgendwelche Antworten oder Hilfen geboten. Vertrauen Sie auf Gott, erzählten sie meiner Mutter immer wieder. Und sie akzeptierte ihre einfache Lösung. Ich konnte es nicht. Plötzlich wurde mir der Unterschied zwischen meiner Mutter und mir bewußt. Sie hätte den Wecker gestellt. Sie hätte dem Priester gehorcht. Ich war auf meine Reaktion nicht stolz, aber ich wußte, daß ich das nicht konnte.

31

»Na, wie war es?« fragte Bruce.

»Prima«, antwortete ich. »Ich fühle mich jetzt schon viel besser.« Noch mehr Lügen, noch mehr Versteckspielen, noch mehr Heimlichkeiten.

Mr. Bates setzte mich unter enormen Druck. »Verlaß ihn!« sagte er. »Ich will, daß du ihm von uns erzählst. Du gehörst einfach nicht in diese Ehe. Du gehörst zu mir. Werde endlich erwachsen, Suzie. Triff eine Entscheidung!« sagte er mir wieder und wieder.

Ich hielt Mr. Bates immer wieder hin. Ich wußte, ich mußte zu einer Entscheidung kommen, aber ich wußte auch, daß ich Mr. Bates nicht heiraten würde. Die Entscheidung, die ich treffen mußte, war, beide Männer zu verlassen. Es war eine schmerzhafte Entscheidung. Sie würde mich allein dastehen lassen. Ich hatte

Angst. Ich wünschte mir damals, ich würde Mr. Bates genug lieben, um seine Frau werden zu können. Das Leben wäre so viel einfacher gewesen. Aber mir war klar, daß mein Interesse an ihm hauptsächlich körperlicher Natur war. Wenn ich an den Alltag dachte, das tägliche Zusammensein, würde er mir, dessen war ich mir sicher, nicht genügen. Ich wollte mehr. Was mich anzog, war der Kitzel des Verbotenen, den mein Verhältnis mit ihm hatte. Selbst noch in diesem Stadium, bei dem ständigen Druck und der Angst davor, erwischt zu werden, konnte ich dieses Verhältnis nicht aufgeben. Ich brauchte die Krise. Sie gehörte zu meiner Krankheit.

Ich war ein Nervenwrack. Bruce wurde langsam mißtrauisch. Jedesmal, wenn das Telefon klingelte, schreckte ich hoch.

»Wer war das?« fragte Bruce.

»Ach, nur eine Blindenorganisation, die Glühbirnen verkauft«, schwindelte ich. Ich konnte sehen, daß Bruce mir nicht glaubte.

»Du darfst mich nicht mehr anrufen, wenn Bruce zu Hause ist«, flüsterte ich durchs Telefon zu Mr. Bates. Ich nannte ihn noch immer Mr. Bates.

»Doch, das werde ich weiter tun, Suzie«, sagte er. »Ich will, daß er von uns beiden erfährt. Du mußt es ihm sagen. Das geht jetzt schon lange genug so. Ich hab' es satt, dich mit jemandem zu teilen. Ich will dich ganz für mich. Sag es ihm heute abend«, verlangte er.

»Ich versuch's«, entgegnete ich.

Druck, Druck und wieder Druck. Dieser Druck machte Mr. Bates für mich sehr unattraktiv. Ich wollte, daß es so war wie am Anfang. Erotisch. Animalisch. Jetzt sprach er nur noch über die Ehe. Aus der einen Ehe herauskommen und sofort wieder in die nächste springen – das war das letzte, was ich wollte. Ich will überhaupt niemandes Frau sein, dachte ich.

Mr. Bates holte mich abends wieder vom Krankenhaus ab. Mein nächtliches Verhältnis ging jetzt schon so lange, daß Bruce glaubte, ich hätte neue Arbeitszeiten. Ich erzählte ihm, ich würde bis Mitternacht arbeiten. Entweder ist ihm nie aufgefallen, daß die zusätzlichen Stunden nicht in meiner Gehaltsabrechnung auftauchten, oder er wollte einfach nicht danach fragen. Ich glaube, er hatte Angst davor, die Wahrheit zu erfahren.

»Hast du es ihm gesagt?« fragte Mr. Bates.

»Nein, noch nicht. Ich brauche noch etwas Zeit«, sagte ich ihm.

Wir fuhren zu unserer üblichen Stelle in Pacific Heights. Draußen war es kalt und regnerisch. Ich war nicht in Stimmung. Ich kam mir durch die ganze Sache irgendwie billig vor, wie ein Flittchen. Plötzlich hatte die Liebe auf den Vordersitzen seines Wagens etwas Schmutziges bekommen.

»Ich bin einfach müde«, sagte ich zu Mr. Bates. Ich brauchte etwas Zeit, um nachzudenken.

Als ich wieder nach Hause kam, war das Licht noch an. Zum Glück gibt es heute keine Spuren an mir, dachte ich. Ich fuhr den Wagen in die Einfahrt. Mein Herz raste, als ich die Treppe hinaufstieg. Ich öffnete die Haustür. Bruce saß am Küchentisch. Er hatte ein Bier vor sich stehen.

»Hart gearbeitet heute?« fragte er. Er sah seltsam aus, sein Gesicht war hart und regungslos.

»Ja, es war ziemlich viel los heute«, sagte ich vorsichtig.

»Ach, wirklich?« entgegnete Bruce. Seine Stimme klang sarkastisch. »Ich bin heute zum Krankenhaus rübergefahren, um dich zu sehen«, sagte er. Mein Herz stand still. Das war es, dachte ich. Er hat mich erwischt. »Ja, ich hielt vor der Multiphasics-Abteilung, und rate mal, was...? Es war alles geschlossen. Und da war ein Schild. Auf dem stand, daß die Abteilung jede Nacht um 22.00 Uhr schließt«, sagte er vorwurfsvoll.

In meinem Hirn rasten die Gedanken durcheinander. Ich kam mir vor wie ein Tier in einer Falle. »Bist du denn nicht in den 10. Stock gegangen?« fragte ich.

»Wieso?«

»Nun«, log ich, »um 22.00 Uhr wird die ganze Abteilung nach oben verlegt. Es hat etwas mit den Sicherheitsbestimmungen für dieses Gebäude zu tun. Hab' ich dir das nicht gesagt? Wahrscheinlich hab' ich geglaubt, das sei nicht wichtig. Schade, ich hätte dich gerne gesehen. Es wäre bestimmt nett gewesen. Da oben wird es einem so langweilig.« Noch mehr Lügen.

Bruce sah mich bloß an. »Ich glaub' dir nicht«, sagte er leise.

»Warum nicht?« fragte ich entrüstet. »Warum sollte ich dir etwas vorlügen? Meinst du, es macht mir Spaß, jede Nacht so lange weg zu sein? Was glaubst du denn, was ich da treibe?« Meine Stimme klang schrill. Panik erfaßte mich.

»Triffst du dich mit jemandem?« fragte er.

Das ist meine Chance, dachte ich. Meine Chance, aus allem herauszukommen. Noch einmal ganz von vorne anzufangen. Ein neues Leben ohne Lügen, Falschheit und Unmut. »Nein«, antwortete ich unsicher. Warum habe ich das gesagt, fragte ich mich.

»Wenn ich dich erwische, bring ich dich um«, sagte Bruce. Er sah gefährlich aus. Er stand auf und ging ins Schlafzimmer.

Ich war von allen Seiten eingekesselt.

»Sag's ihm endlich«, sagte mir Mr. Bates am nächsten Morgen am Telefon. »Wenn du es nicht machst, tu ich es«, drohte er.

»Nein, bitte nicht. Ich sag es ihm selbst«, sagte ich verzweifelt.

»Sehen wir uns heute abend?« fragte Mr. Bates.

»Ich kann nicht. Wenn Bruce mich erwischt, tut er mir was an. Laß mir ein bißchen Zeit. Bitte!« flehte ich. Ich ertrug es nicht mehr. Ich hatte mich selbst in eine völlig ausweglose Situation manövriert. Es gab niemanden, an den ich mich hätte wenden, bei dem ich hätte Trost finden können. Nicht einmal mehr die Kirche. Meine Kirche, die mir mein ganzes Leben so viel Trost gespendet hatte, sagte mir jetzt, daß ich, welche Richtung ich auch immer einschlagen würde, nicht mehr in ihrer Gemeinde willkommen war. Ich hatte ihre Regeln gebrochen. Die Katholische Kirche kann nur funktionieren, wenn man allen ihren Regeln gehorcht. So blieb mir in dieser Situation nicht einmal mehr das Beten. Ich würde dieses Problem selber lösen müssen.

Ich blieb an diesem Abend zu Hause und täuschte Übelkeit vor. Ich hatte Angst, zur Arbeit zu gehen. Ich fürchtete, Bruce könnte um 22.00 Uhr in den 10. Stock gehen und herausfinden, daß ich ihn angelogen hatte. Wir verbrachten eine wortlose Nacht zusammen. Ich konnte nichts essen. Ich konnte nicht schlafen. Es stürzte alles auf mich ein. Ich wünschte mir, tot zu sein.

Am nächsten Morgen um 8.00 Uhr klingelte das Telefon. »Und?« Was hat er gesagt?« fragte Mr. Bates fordernd. »Hast du es ihm erzählt?«

»Ja«, log ich. »Es hat ihn sehr getroffen, aber er sagt, er möchte, daß wir es noch einmal versuchen.«

Es war alles gelogen. Ich brauchte einfach mehr Zeit. »Ich muß Bruce entgegenkommen«, sagte ich. »Schließlich ist er mein Mann. Ich muß so tun, als ob ich mich bemühte, unsere Ehe zu retten«, log ich weiter.

»Scheiße«, sagte Mr. Bates. »Ich will nicht, daß du mit ihm schläfst. Wie lange soll das denn dauern?« fragte er gereizt.

»Ich weiß nicht genau. Einige Wochen oder auch länger«, sagte ich.

»Nein! So lange kann ich nicht warten. Ich warte jetzt schon seit drei Jahren«, brüllte er. »Zwei Wochen! Keinen Tag länger! Ich meine es ernst. Ich will dich heute sehen. Es sind jetzt schon zwei Tage.«

»Ich kann nicht«, schrie ich. »Ich will dich zwei Wochen nicht mehr sehen. Ich halte den Druck nicht mehr aus. Ich kann nicht mehr weiter lügen. Ich hab' das Gefühl, ich drehe durch. Ich weiß nicht einmal, ob ich dich überhaupt noch sehen will! Das ist kein Witz. Du hast mich so unter Druck gesetzt. Ich weiß einfach nicht mehr, was ich für dich empfinde.« Endlich kam wenigstens eine Spur von Ehrlichkeit aus mir.

Mr. Bates wurde still. »Suzie, du liebst mich doch, oder? Sag, daß du mich liebst.« Er klang verzweifelt.

»Ich weiß es nicht mehr. Laß mich bitte eine Zeitlang in Ruhe.«

Ich empfand eine solche Erleichterung, Mr. Bates erst einmal loszusein. Ich ging an diesem Abend zur Arbeit und war darauf vorbereitet, bis Mitternacht im 10. Stock herumzuhängen, damit meine Ausrede nicht aufflog. Ich war deprimiert. Es fiel mir nicht leicht, während der Arbeit gute Laune zu behalten, denn mein Herz war schwer. Um 17.00 Uhr fuhr ich nach Hause, um für Bruce und das Baby das Abendessen zu machen. Ich stieg die Treppe hoch und versuchte mich daran zu erinnern, ob ich im Kühlschrank noch frisches Gemüse für das Backhähnchen hatte. Ich öffnete die Haustür. Es verschlug mir den Atem. O Gott, auf dem Sofa im Wohnzimmer saßen Mr. Bates und mein Mann. Mein erster Impuls war wegzurennen. Mein Herz raste, mir stockte der Atem. Beide Männer sahen mich an. Das Zimmer war dunkel und bedrohlich. Bruce hatte Haß in den Augen. Mr. Bates sah erbärmlich aus. Er war betrunken.

»Mr. Bates ist gerade mit der Geschichte fertig geworden, wie er dich in jeder Straße in San Francisco gebumst hat«, sagte Bruce kalt.

Mir wurde ganz komisch. Es gab diesmal keinen Ausweg mehr. Es war vorbei. Erwischt. Wut und Angst stiegen in mir hoch. Ich stürzte mich auf Mr. Bates. Ich packte ihn am Hals und grub meine Fingernägel in ihn. »Verschwinde hier, du Arschloch«, schrie ich ihn an. »Verschwinde aus meinem Haus. Ich will dich nie wieder sehen.« Ich trat ihn, schlug ihn, kratzte ihn. Er torkelte betrunken auf die Haustür zu, während er gleichzeitig versuchte, meine Angriffe abzuwehren. »Ich hasse dich! Ich hasse dich! Ich hasse alles an dir!« schrie ich ihm hinterher.

Das Baby begann im vorderen Zimmer zu weinen. Ich rannte los, um es zu beruhigen. Bruce packte mich. »Beib von dem Baby weg«, sagte er. Er gab mir einen kräftigen Schlag ins Gesicht. Dann schlug er mich noch einmal auf die andere Seite. Er packte meine Haare.

»Es tut mir leid! Es tut mir so leid!« schrie ich.

»Du dreckige Hure!« Er warf mich an den Haaren zu Boden. Er trat mich. »Verschwinde hier«, sagte er haßerfüllt. »Verschwinde sofort, oder du wirst dein Kind nie wiedersehen.«

»O nein. Bitte, das nicht. Bitte, bitte! Das Baby braucht mich. Bitte«, schrie ich. »Ich verspreche dir, ich werde gut sein. Ich weiß, daß das dumm war. Bitte, vergib mir. Ich flehe dich an. Bitte!« Ich war völlig verzweifelt.

»Geh zurück zur Arbeit«, sagte Bruce. »Ich brauche Zeit zum Nachdenken.« Er sah gebrochen aus.

Ich hatte mich noch nie in meinem Leben so furchtbar gefühlt. Wenn das Baby nicht gewesen wäre, ich wäre von der Golden Gate Brücke gesprungen. Ich war genau das geworden, was mein Vater mir immer prophezeit hatte: eine wertlose unmoralische Schlampe.

Ich zitterte am ganzen Körper, als ich spät abends nach der Arbeit in unsere Einfahrt fuhr. Ich werde im Kinderzimmer schlafen, dachte ich. Ich kann nicht mehr bei Bruce schlafen. Er ist zu angewidert von mir. Ich wußte nicht, was mir bevorstand. Bruce haßt mich jetzt bestimmt. Ich nehm's ihm nicht übel. Ich wünschte, ich könnte mein Leben noch einmal von vorne beginnen. Ich würde alles anders machen. Nur das mit dem Baby würde ich nicht anders machen. Ich liebte den kleinen Brucie so sehr. Er war das einzige Glück in meinem Leben.

Meine Mutter öffnete *meine* Haustür. »Was machst du denn hier?« fragte ich. Ich war völlig perplex.

»Dein Mann hat dich verlassen. Er hat das Baby mitgenommen«, antwortete sie. Sie sah erschöpft aus.

»O Gott. Nein! Nein! Nein! Wo sind sie? Wo sind sie hin?« Meine schlimmsten Befürchtungen hatten sich erfüllt. Ich spürte einen kräftigen Schmerz in meinem Herzen, als ob mir ein Messer hineingefahren wäre, als ob man mir mein Innerstes herausgerissen hätte. »O mein Gott! O mein Gott!« schrie ich. »Mutter, bitte sag mir, wo sie sind!« schrie ich wieder.

»Ich weiß es nicht«, sagte meine Mutter. »Bruce hat mich angerufen und mir alles erzählt. Er sagte, ich sollte hierher kommen, weil du dir vielleicht das Leben nehmen könntest. Ich schäme mich so für dich, Suzanne. Wie konntest du nur? Habe ich dir denn nichts beigebracht?« Meine Mutter sah mich angewidert an. Das war der absolute Tiefpunkt in meinem Leben. Ich hatte meinen Mann verloren, ich hatte mein Baby verloren, und nun hatte ich auch noch meine Mutter verloren. Meine Mutter! Die beiden Menschen, die mir alles bedeuteten: meine Mutter und mein Baby. Die beiden Menschen, die mir am allerwichtigsten auf dieser Welt waren; ich hatte sie beide verloren. Das Leben war nicht mehr lebenswert. Ich hatte alles falsch gemacht.

Ich vergrub den Kopf in meinen Händen. Ich schluchzte. »Es tut mir so leid. Bitte, vergib mir.« Ich weinte die ganze Nacht ohne Unterlaß. Bitte, bitte, lieber Gott, gib mir noch eine Chance, betete ich. Bitte vergib mir. Laß mich noch einmal von vorne anfangen. Ich bleibe mit Bruce verheiratet. Ich laß mich nicht scheiden. Bitte, gib mir mein Baby zurück.

Gleich am nächsten Morgen rief Mr. Bates an. Meine Mutter ging an den Apparat. »Verschwinden Sie aus unserem Leben, Sie schlechter alter Mann«, sagte sie. »Sie haben uns nichts als Schmerzen und Schande gebracht.« Sie legte den Hörer auf. Sofort klingelte das Telefon wieder. Wir ließen es klingeln und klingeln. Ich wollte nicht mit ihm sprechen. Ich haßte ihn. Er machte mich krank.

Am zweiten Tag wollte ich mich nicht mehr umbringen, aber ich war sehr verzweifelt. Ich rief jeden aus meiner Familie an. »Hast du Bruce und das Baby gesehen?« fragte ich meine Schwester.

»Nein!« antwortete sie. Ihre Stimme klang kalt und vorwurfsvoll.

»Hast du mein Baby gesehen?« fragte ich Dan. Die gleiche Antwort.

Meine Familie hatte sich von mir abgewendet. Sie schämten sich meiner. Was auch immer sonst in unserem Leben geschehen sein mag, es herrschte bei uns immer ein strenger, moralischer Ton. Wir waren eine gut katholische Familie. Dad brachte immer den gesamten Lohn nach Hause. Und egal, wie betrunken er war, er hatte nie mit einer anderen Frau angebändelt.

Ich hatte das Undenkbare getan. Sowohl Maureen als auch Danny waren moralisch entrüstet. Wie hatte ich so tief sinken können? Ich konnte den Standpunkt von Dan und Maureen verstehen und schämte mich. Aber das war mir egal. Ich war so verzweifelt, daß ich sie wieder und wieder anrief. Ich ging nicht mehr zur

Arbeit. Ich konnte nicht arbeiten. Meine Mutter ging nach Hause. Sie machte sich Sorgen wegen Michael. Sie hatte ihn bei Freunden gelassen, weil Dad wieder einmal betrunken und streitsüchtig gewesen war.

Ich war froh, daß sie wieder fort war. Ihre Anwesenheit hatte alles nur noch schlimmer gemacht. Sie konnte mich nicht verstehen. Sie war all diese Jahre bei meinem Vater geblieben, hatte seine betrunkenen, aggressiven Worttiraden ertragen, und ich konnte nicht einmal ein einziges Jahr zu meinem Mann stehen, bloß weil ich ihn nicht liebte. Sie war sehr böse auf mich.

»Das Leben läuft nicht immer so, wie wir uns es wünschen, Suzanne«, sagte sie, als sie ging. »Wir sind in diese Welt gesetzt, um Opfer zu bringen und uns so unseren ewigen Lohn im Himmel zu verdienen.« Dann war sie fort.

Noch mehr von diesem Kirchenmist. Aber sind wir nicht hier, um glücklich zu werden, dachte ich.

Vier Tage vergingen, ohne eine Nachricht von meinem Baby. Mr. Bates rief ununterbrochen an. »Laß mich in Frieden«, sagte ich. »Ich will nie wieder etwas von dir hören oder sehen.« Ich legte den Hörer auf. Beim letzten Mal, als er mich anrief, war er betrunken.

»Ich liebe dich, Suzie«, lallte er in den Hörer. Widerlich! Es machte mich ganz krank. Er klang genau wie mein betrunkener Vater.

Ich hörte nicht auf, jeden aus der Familie anzurufen. Ich rief meine Schwester an. Ich rief meinen Bruder wieder und wieder an. Er sagte: »Die kommen nicht hierher, Suzanne.«

Ich hatte keine Ahnung, wo das Baby war. »Falls du sie siehst, rufe mich bitte an«, sagte ich verzweifelt. Niemand zeigte das geringste Mitleid. Ich verdiente wohl, was mir passierte. Ich hatte nicht einmal mehr

Tränen, nur ein dunkles, leeres Gefühl in mir. Ich kämmte mich nicht mehr. Ich aß nicht. Ich konnte nicht schlafen. Ich betete. Ich betete zu einem Gott, der mich nicht mehr wollte. Ich flehte um seine Vergebung. Ich war ganz allein, eine Ausgestoßene.

Am fünften Tag kam Bruce mit dem kleinen Brucie durch die Haustür. Der Kleine strahlte mich über beide Wangen an und streckte seine Arme nach mir aus. »Ma, Ma!« rief er. Ich rannte auf ihn zu, umarmte ihn und preßte ihn fest an mich.

»Ich liebe dich, ich liebe dich, ich liebe dich so sehr. Mein Baby, mein kleines Baby, mein süßer kleiner Brucie!« weinte und schluchzte ich in einer Tour. »Ich hab' dich so vermißt.« Es war so ein gutes Gefühl, ihn wieder zu berühren, ihn zu riechen. Ich empfand so viel für ihn. »Bitte, nimm ihn mir nicht wieder weg«, flehte ich Bruce an. »Ich bin dir so dankbar, daß du ihn mir zurückgebracht hast.« Ich war wirklich dankbar. »Ich kann ohne ihn nicht leben«, sagte ich.

»Und was ist mit mir?« fragte Bruce. »Kannst du ohne mich leben?«

»Ich weiß es nicht«, sagte ich ehrlicherweise. »Ich kann dir nur sagen, ich hab' den festen Willen, es besser zu machen.«

»Ich habe viel nachgedacht«, sagte Bruce. »Ich bin sehr verletzt, und ich weiß nicht, ob ich je wieder darüber hinwegkomme. Ich weiß nicht, ob ich dir verzeihen kann. Aber als Familie, glaube ich, haben wir doch etwas. Ich will es noch einmal versuchen.« Dann legte Bruce seine Arme um mich und das Baby. Und wir drei standen dort im Flur und umarmten uns.

»Es tut mir leid«, flüsterte ich.

Das Baby begann, unruhig zu werden. Wir lösten unsere Umarmung auf. Das Leben kehrte wieder zur Normalität zurück.

»Ach so«, fragte ich Bruce, als ich den Kleinen in sein Zimmer brachte, »wo habt ihr diese letzten Tage eigentlich verbracht?«

»Im Haus deines Bruders«, sagte er.

32

1967 zogen wir nach Novato in Kalifornien. Bruce und ich beschlossen, neu anzufangen und alle Erinnerungen auszulöschen. Novato war ein Vorort von San Francisco, wo man für ›wenig Geld viel Haus‹ bekam. Es war eine Neubausiedlung draußen im Nirgendwo. Es gab nichts, was man eine Stadt hätte nennen können, nur ein brandneues Einkaufszentrum. Wir hatten Ralph's Supermarkt, den Thrifty Drug Store, einen Waschsalon, eine Chemische Reinigung und ein Sears Versandhaus. Der einzige Ort, zu dem man abends gehen konnte, war ein Bowlingcenter. Novato lag auf halbem Weg zwischen San Francisco und Napa, und es war heiß. Klebrig, schweißtreibend und heiß.

»Passen Sie auf diese Klapperschlangen auf«, sagte uns unser Vermieter. »Seitdem die hierhin gekommen sind und bauen, sind die Klapperschlangen aufgeschreckt, und man weiß nie, wo sie plötzlich auftauchen.« Oh, großartig, dachte ich.

Bruce arbeitete als Schadenssachverständiger in San Francisco. Er brauchte jeden Morgen 45 Minuten, um zur Arbeit zu kommen. Bruce hatte erkannt, daß das Rechtswesen nichts für ihn war. Deswegen hatte er sein Jurastudium aufgegeben und sich entschieden, den Magister und danach den Doktor in Soziologie zu machen.

Unser Mietshaus war ein typisches Neubausiedlungshaus; zwei Schlafzimmer, zwei Badezimmer, ein Wohnzimmer, eine Eßküche und eine Garage für zwei

Autos. Es besaß auch einen kleinen Hintergarten. Die Außenseite des Hauses war in einem undefinierbaren Grün gestrichen. Die Innenseite war dunkel. Ich strich die Wände weiß. Ich verbrachte Tage damit, die Farbe von den Schränken zu kriegen und ihnen mit einer damals beliebten grünen Farbe einen antiken Anstrich zu geben. Mein Bruder Dan besorgte uns ein »echtes Schnäppchen«: selleriefarbene Florteppiche, die wir in allen Zimmern verlegten.

Wir kauften uns auch ein Motorboot. Natürlich konnten wir es uns nicht leisten und kauften es auf Kredit: 1500 Dollar mit einer Anzahlung von 100 Dollar und einer monatlichen Rate von 40 Dollar über drei Jahre. Die Bucht von San Francisco endet in Novato, und es gab da ganz in unserer Nähe einen schönen Platz, wo wir unser Boot vom Stapel lassen konnten. Ich hatte Wasserski schon immer geliebt, und Bruce genoß es, vorne neben seinem Dad zu sitzen und Kapitän zu spielen. Das alles gehörte zu dem »neuen Leben«, das wir beginnen wollten. Bruce und ich waren fest entschlossen, noch einmal ganz von vorn anzufangen und die Vergangenheit hinter uns zu lassen. Wir wollten, daß es diesmal klappte: eine neue Umgebung, ein neues Haus, neue Freunde, neue Regeln. Sogar ein neues Boot. So zogen wir ein. Es würde nicht leicht werden. Es war immer noch viel Unmut zurückgeblieben, viel Beklemmung. Das Vertrauen war schwer angekratzt, und es war sehr schwierig, es wieder aufzubauen.

Bruce und ich gingen sehr vorsichtig miteinander um. Ich versuchte mit Gewalt, Gefühle zu entwickeln. Ich wollte, daß es klappte. Ich steckte voller Schuldgefühle, und um sie zu kompensieren, wurde ich zur perfekten Ehefrau, perfekten Mutter und perfekten Hausfrau. Und währenddessen nagte innerlich die Unzufriedenheit an mir. Ich wußte, es steckte so viel mehr in mir.

Unsere körperliche Liebe war höflich. Ich versuchte auch, zur perfekten Geliebten zu werden. Ich versuchte, eine Erregung zu spüren, die nicht da war. Bruce berührte all die richtigen Stellen, aber meine Nervenenden waren tot. Ich täuschte Ekstase vor.

Eines morgens, nachdem Bruce zur Arbeit gegangen war, klingelte es an der Tür. Es war eine Nachbarin vom anderen Ende der Straße, eine Frau in den Zwanzigern, die etwas Matronenhaftes an sich hatte. Sie hielt eine Kaffeekanne in der Hand. »Hallo«, sagte sie. »Alle Damen aus diesem Block kommen jeden Morgen zu einem Kaffeeklatsch zusammen, und wir würden Sie gerne dazu einladen.«

»Ach, wie nett von Ihnen«, sagte ich.

Mir wurde kotzübel. Hier war ich nun, in dieser unscheinbaren Neubausiedlung, verheiratet mit einem Mann, mit dem ich mich frigide fühlte und wurde von den Frauen meines Wohnblocks zum Kaffeeklatsch eingeladen. War das schon alles, dachte ich. Ist das das Gefängnis, zu dem ich mich im Alter von 19 Jahren selbst verurteilt hatte? O Mist.

Ich ging zu diesem Kaffeeklatsch. Eine der Damen war mit einem Feuerwehrmann verheiratet, und der Mann einer anderen verkaufte Konstruktionspläne für Gefriertruhen. Wir redeten über Windeldienste und darüber, wie wunderbar Backpulver gegen den säuerlichen Geruch von Baby-Erbrochenem hilft.

33

Ich ging nach Hause und rief meine Modelagentur an. »Haben Sie nicht irgendeinen Job für mich?« bettelte ich. »Ich mache auch gern Kataloge und Kongresse.« Kurze Zeit nach diesem Telefongespräch bekam ich meinen ersten Job. Es war für den Amerikanischen Ärzteverband, und er bestand darin, auf ihrem Kongreß drei Tage lang in einem Streckverband herumzuhängen. Ich war begeistert.

Ich war das perfekte Model für Streckverbände. Ich traf jeden Morgen pünktlich ein und ließ mich brav an Armen und Beinen festbinden. Die Ärzte auf dem Kongreß gingen den ganzen Tag an mir vorüber. »Wenn dieser Job vorbei ist, werden Sie fünf Zentimeter größer sein«, scherzte immer wieder einer und lachte. Ich lachte jedesmal, als hätte ich diesen Witz zum ersten Mal gehört. Meine Arbeitgeber, die Streckverbandhersteller, waren begeistert von mir. Sie riefen sogar meine Modelagentur an.

»Sie ist einmalig«, sagten sie. »Sie hat so eine freundliche Ausstrahlung. Wir würden sie schon gerne jetzt fürs nächste Jahr buchen.«

Aufgrund dieser Empfehlung bekam ich schnell einen weiteren Job. Diesmal für den Amerikanischen Walnußverband. Alles, was ich tun mußte, war, mir ein Eichhörnchenkostüm überzuziehen und auf der Market Street in San Francisco Nüsse zu verteilen.

»Möchten Sie 'ne Nuß?« fragte ich wildfremde Menschen. Ich kam mir in dieser Aufmachung wie ein Trottel vor, aber es war Arbeit.

»Ich zeig dir meine Nüsse, wenn du mir deine zeigst«, sagte so ein Schlaumeier auf der Straße.

Ach, was soll's! Ich bekam 150 Dollar am Tag. Und das war die blöde Anmache und die Beleidigungen wert.

Meine Arbeit wurde allmählich etwas besser. Ich bekam einen Job als die hübsche Blondine, die man auf diesen Chevrolet-Werbefotos so gerade noch sehen kann. Die Aufnahmen wurden in Carmel in Kalifornien gemacht. Ich bekam den Job, weil ich blond war und weil ich so eine nette Ausstrahlung hatte. Es würde bestimmt Spaß machen, mit mir zusammen bei den Außenaufnahmen zu sein, hatte man sich wohl gedacht.

Eines Nachts in Carmel nach den Außenaufnahmen polterte Charlie, der Fotograf, gegen meine Moteltür.

»Kann ich in deinem Zimmer schlafen? Ich hab' mich aus meinem Zimmer ausgeschlossen, und ich will Pete nicht aufwecken«, sagte er, um mich zu beschwichtigen.

»Nein«, sagte ich.

Das Gehalt meines Mannes und das bißchen, was ich durch meine Modelaufträge verdiente, reichte vorne und hinten nicht.

»Ich besorge mir einen richtigen Job«, sagte ich zu Bruce. Ich hatte nicht einmal eine richtige Ausbildung.

Ich bewarb mich als Serviererin für die Cocktail Lounge der Villa Roma in Fisherman's Wharf, San Francisco. Es kam von der Arbeitszeit her genau hin. Bruce würde etwa zu der Zeit nach Hause kommen, wenn ich mich auf den Weg machen mußte. Wir brauchten den kleinen Brucie also nicht bei einem Babysitter zu lassen. Ich bekam den Job. Ich hatte wegen meines Alters gelogen.

»Ja, sicher«, sagte ich, »ich habe schon oft in Cocktailbars gearbeitet.«

Der Manager fand mich ganz niedlich, und ihm gefiel meine freundliche Ausstrahlung. Er stellte mich an, ohne irgendwelche Zeugnisse zu verlangen.

Die Arbeit in der Cocktailbar war schwieriger, als ich erwartet hatte. Ich hatte gedacht, ich wüßte alles über Alkohol. Ich war mit Whisky, Bier, Gin-Tonic,

Wodka on the rocks und den gelegentlichen Old-fashioned großgeworden. Ich hatte mit Planter's Punch, Brandy Alexander, Manhattans, Martinis, Daiquiris, Gin Fizz und den anderen hundert Cocktails nicht gerechnet. Aber selbst an diese gewöhnte ich mich mit der Zeit. Es waren die Bestellungen von den Tischen, die mir Probleme bereiteten: »Wir kriegen einen Bourbon and Seven, einen Bourbon mit Wasser, einen Scotch mit Wasser, Scotch pur und Whisky Over.«

Ich wiederholte. »O.K., Bourbon mit Wasser, Scotch and Seven, Whisky mit Soda?«

»Nein!« brüllten sie. »Whisky Over, Scotch mit Wasser!« Ich war völlig durcheinander.

Ein Mann sagte: »Einen Pinch pur, bitte.«

Ich war entrüstet. »Tut mir leid, Sir. Aber so viel zahlt man mir hier nicht.« Ich wußte nicht, daß ›Pinch‹ eine sehr gute Scotch-Marke war, und hatte seinen Wunsch nach einem ›Pinch‹ deswegen als ›Pokneifen‹, was im Englischen »pinch« heißt, interpretiert. Ich mußte auch feststellen, daß ich mit Geld nicht gut umgehen konnte. Ich kam mit dem Wechselgeld so durcheinander, daß ich oft am Ende eines Abends weniger Geld hatte als am Anfang.

Monate vergingen. Es war ein sehr anstrengendes Programm für mich. Ich kam vor drei Uhr morgens nicht nach Hause, und Brucie wachte normalerweise gegen sechs Uhr auf, verlangte sein Frühstück und ein Bad. Aber wir brauchten das Geld, und so machte ich mit meinem nächtlichen Job in der Bar weiter.

Da war ich also wieder und sah zu, wie Alkoholiker sich betranken. Die ewige Geschichte meines Lebens. Es war aber interessant. Es gab eine Gruppe Stammkunden, die jeden Abend zwischen fünf und sechs nach Abwicklung ihrer Geschäfte in die Bar kamen. Es waren gut gekleidete Leute mit mittlerem Einkommen, die in einer höflichen, gesitteten Art zu trinken anfingen und sich mit denen, die um sie herumstanden, vernünftig unterhielten. Gegen neun Uhr setzten sie sich zusammen und tranken, bis sie völlig besoffen waren. Und irgendwann zwischen halb elf und elf verließen sie die Bar pärchenweise, »um eine Kleinigkeit zu essen«, was in Wahrheit nichts anderes bedeutete, als »ein Nümmerchen zu schieben«. Ich fand es faszinierend. Die einzigen beiden Menschen in der Bar, die nicht tranken, waren der Barmann und ich. Unsere Stammgäste spendierten mir zwar ständig Drinks, aber ich bat den Barkeeper, mir statt dessen das Geld zu geben.

Einer unserer Stammgäste begann, sich für mich zu interessieren. Es war ein gutaussehender junger Mann, so ein Typ aufstrebender leitender Angestellter. Er saß den ganzen Abend auf seinem Stuhl da und nippte an seinem Drink, während er gleichzeitig versuchte, in Augenkontakt mit mir zu kommen. Ich wich seinem Blick aus, aber ich konnte nicht verhindern, daß sich in mir Gefühle zu regen begannen. Eines Nachts nach der Arbeit gegen zwei Uhr stand er draußen und wartete auf mich.

»Ich weiß nicht, wie ich mich ausdrücken soll«, sagte er. »Ich bin einfach wahnsinnig verknallt in Sie.«

O Gott, dachte ich. »Bitte nicht«, sagte ich. »Ich bin verheiratet, und ich habe vor, es auch weiterhin zu bleiben.«

»Der Glückliche«, sagte er und ging dann.

Ich wußte damals, daß es nur noch eine Frage der Zeit war, bis ich mich in meiner Ehe zu Tode langweilen würde. Ich wollte nicht noch einmal in so eine heikle Situation kommen. Es war Zeit für mich, auszusteigen.

Bruce war nicht sehr überrascht, als ich es ihm sagte. »Es klappt bei mir einfach nicht. Ich habe es versucht, aber ich empfinde einfach nicht das, was ich empfinden möchte.« Bruce zog aus.

Auch bei ihm klappte es nicht mehr so richtig. Wir hätten gar nicht erst heiraten sollen. Wir waren gute Freunde, die aus falschen Gründen geheiratet hatten. Wir waren beide in eine Lage gezwungen worden, die uns zuviel Belastung aufbürdete. Die Umstände zerstörten unsere Freundschaft, und so blieb uns am Ende nichts mehr. Wir beide empfanden eine tiefe Trauer an diesem Tag. Wir hatten es versucht, und wir hatten versagt. Wir waren noch keine zwanzig und mußten nun mit der ersten großen Niederlage auf dem Buckel versuchen, noch einmal ganz von vorne anzufangen. Ich würde zu einer ›geschiedenen Frau‹ werden. Zur damaligen Zeit herrschte das Vorurteil, eine Geschiedene sei eine verzweifelte und sexuell ausgehungerte Frau. Bruce würde mit dem Wissen weiterleben müssen, daß seine Exfrau ihn an der Nase herumgeführt hatte. Wir beide spürten die schreckliche Last und fühlten uns völlig leer. Es war ein Tiefpunkt in unserem Leben. Ich wünschte ihm Glück. Er küßte mich auf die Stirn und gab dem kleinen Brucie eine lange letzte Umarmung. Ich kämpfte mit den Tränen, als er zur Haustür hinausging.

Ich lebte jetzt allein mit dem kleinen Bruce in dem schlichten, farblosen Haus. Ich begann, mit dem Typ aus der Bar, in der ich arbeitete, auszugehen. Wir unternahmen viele schöne Dinge, und es machte mir Spaß, mit ihm zusammenzusein. Mehr nicht.

Unsere Scheidung war keine dieser erbitterten, zornigen Trennungen, von denen man so oft hört. Wir hatten es versucht, aber tief in unseren Herzen wußten wir beide, daß es vorbei war. Bruce schien nicht böse auf mich zu sein, und ich war glücklich darüber. Er besuchte unser Kind, sooft er konnte. Dann schalteten sich die Rechtsanwälte ein.

Wir brauchten Gründe für unsere Scheidung, und dann war da noch die Frage der Vormundschaft. Ich hatte nie daran gedacht, daß Bruce das Erziehungsrecht beantragen könnte. Als er es aber tat, wuchs die Bitterkeit zwischen uns und steigerte sich bis zu Beleidigungen. Die ganze unterdrückte Wut, die Bruce gegen mich hegte, kam nun zum Vorschein.

Der Scheidungsgrund lautete Ehebruch. Ich war eine Ehebrecherin. Ich spielte mit dem Gedanken, mir ein großes scharlachrotes »E« als Zeichen dafür, daß ich eine verruchte Ehebrecherin war, um den Hals zu hängen. Ich beantragte einen Dollar Unterhaltszahlung pro Monat und 150 Dollar monatlich für das Kind. Ich bekam die Unterhaltszahlung nicht.

Am Morgen der Gerichtsverhandlung saß ich im Gerichtssaal und hörte mir an, wie Bruce' Anwalt mir seelische Grausamkeit gegen meinen Mann vorwarf und mich des Ehebruchs anklagte. Mein Nachbar (der Ehemann, der Gefrierschrankpläne verkaufte) bezeugte für meinen Mann, daß ich eine Ehebrecherin war. Er sagte aus, daß er eine ganze Nacht lang einen grünen Pontiac Firebird in meiner Auffahrt beobachtet hätte.

Und wann haben Sie den Wagen zuletzt in der Auffahrt gesehen?« fragte der Richter.

»Heute morgen«, antwortete mein Nachbar.

»Und stand er die ganze Nacht über da?« fragte der Richter.

»Ja«, antwortete mein Nachbar.

»Das wäre alles«, sagte der Richter.

Der Wagen gehörte übrigens tatsächlich meinem Freund aus der Bar. Da stand es nun schwarz auf weiß in den öffentlichen Akten, und für jeden einzusehen. Ich war offiziell als Ehebrecherin registriert. Aber es war endlich vorbei. Ich empfand eine bittersüße Freude. Ich war jetzt zum ersten Mal in meinem Leben allein. Ich hatte das Sorgerecht für mein Kind erhalten, und das war das einzige, was mir wichtig war. Bruce hatte nicht sehr stark darum gekämpft. Ich würde irgendwie, auf irgendeine Weise, meinem Kind und mir ein gutes Leben bereiten – genauso wie ich es ihm an dem Tage, als es geboren wurde, versprochen hatte.

TEIL ZWEI

34

Wenn ich jetzt so auf diesen nächsten Teil meines Lebens zurückblicke, frage ich mich, wie ich es überhaupt jemals geschafft habe, das alles durchzustehen. Ich war gefühlsmäßig und intellektuell auf die Herausforderungen, die vor mir lagen, überhaupt nicht vorbereitet. Ich hatte keine Ahnung von der Krankheit, an der ich litt. Ich wollte einfach nur überleben. Ich wollte mich in den Augen meiner Familie reinwaschen, wollte, daß meine Mutter, mein Bruder und meine Schwester wieder stolz auf mich waren. Ich wollte meinem Kind zu Hause ein glückliches Leben bereiten. Aber wie sollte ich das bewerkstelligen? Die Tatsache, daß ich kein Geld hatte, belastete mich schwer. Es hatte zwar bisher auch Bruce und mir an allen Ecken und Enden gefehlt, aber wir hatten doch immer genügend Geld gehabt, um die Miete, Gas, Strom, Telefon und das Essen zu bezahlen. Bruce war im August 1967 ausgezogen. Es war nun September, und ich hatte das Geld für die Miete nicht. Ich kündigte meinen Job in der Cocktail Lounge der Villa Roma. Ich konnte Brucie nicht jede Nacht allein lassen, außerdem verdiente ich dort auch nicht genug, um mir zusätzlich zu den normalen Haushaltsausgaben noch einen Babysitter leisten zu können. Das erste, was ich tun mußte, war, zurück nach San Francisco zu ziehen. Ich brauchte ein Apartment mit zwei Schlafzimmern, irgendwo, wo es für ein Kind sicher war.

Es war nicht einfach, ein Apartment in San Francisco zu finden. Alles war sehr teuer. Ich hatte vier Monate lang unentwegt gesucht. Ich war mit meiner Miete im Rückstand, hatte bisher noch keine Unterhaltszahlungen für das Kind erhalten, und mein Vermieter teilte mir mit, ich müsse aus der Wohnung raus.

Ich traf mich ab und zu noch mit dem Mann, den ich in der Cocktail Lounge kennengelernt hatte. Er hieß Fred.

»Ich werde von jetzt an immer nach Newport Beach müssen«, sagte er. »Ich komme nur noch an Wochenenden nach Hause. Sollen wir uns vielleicht zusammen eine Wohnung nehmen?«

Eigentlich wollte ich nicht, aber das Angebot einer geteilten Miete war zu verlockend, besonders, weil Fred gut verdiente und ich wußte, daß sein Teil immer pünktlich überwiesen werden würde. Zudem war ich damals sehr verzweifelt.

Wir fanden eine schöne kleine Wohnung in der Lake Street in San Francisco ganz in der Nähe eines Parks. Wir mußten den Vermietern erzählen, wir wären verheiratet. Es war nicht schwer, sie davon zu überzeugen, daß wir eine kleine glückliche Familie waren. Abermals Lügen. Die Miete betrug 400 Dollar im Monat. Ich war mir sicher, daß ich die 200 Dollar irgendwie zusammenkriegen würde. Das große Problem waren die Schlafzimmer. Es gab nur zwei. Ich sagte Fred, ich würde an den Wochenenden auf der Couch schlafen. Sex war kein regelmäßiger Bestandteil unserer Beziehung mehr. Wir nahmen die Wohnung.

Ich fand ziemlich schnell heraus, daß ich mit Freds Anwesenheit Probleme hatte. Ich hatte einfach nicht richtig nachgedacht. Ich hatte nicht an die Mahlzeiten gedacht und an die alltäglichen Kleinigkeiten, die eine gemeinsame Wohnung so mit sich bringt. Das Abendessen mußte für drei Leute bereitet werden, ebenso das Frühstück. Wir sahen gemeinsam fern. Wir gingen gemeinsam einkaufen. Ich war genau wieder im alten Trott; nur eines der Gesichter war ausgetauscht worden. Ich hatte auch nicht bedacht, daß Fred Alkoholiker war. Tanqueray Gin. Er fing damit normalerweise schon am frühen Nachmittag an und trank dann so lange, bis er völlig hinüber war. Und dann fing er an, mich durch die ganze Wohnung zu jagen. Nun, da er nicht mehr allein war, brauchte er nicht mehr in die Villa Roma zu gehen. Er trank zu Hause. Ich zählte die Stunden bis Montag, wenn er wieder fort mußte.

Während der Woche war es friedlich und wirklich schön. Ich ging jeden Tag mit Brucie in den Park. Ich ging mit ihm zur Schaukel, wir fuhren zusammen Karussell, ich rutschte mit ihm die Rutsche herunter. Wir waren wie zwei Kinder. Der kleine Brucie war der beste Freund, den ich auf der ganzen Welt hatte. Abends las ich ihm eine Geschichte vor und lag so lange neben ihm, bis er einschlief.

Meine Mutter rief an und lud mich für Sonntag zum Abendessen ein. Es war eine gute Gelegenheit, mal von Fred wegzukommen. Mir war nicht ganz wohl bei dem Gedanken, meine Familie wiederzusehen. Ich fühlte mich unsicher, schuldig und beschämt. Seit der Affäre mit Mr. Bates hatte ich meine Familie gemieden, aber es wäre gut für Brucie, mit seinen fünf Cousins zusammenzukommen, überlegte ich mir, und so sagte ich: »Ja, wir kommen gerne.«

Ich borgte mir Freds Wagen, um zu meiner Mutter zu fahren. Der VW, den Bruce und ich damals hatten, war schon längst auseinandergefallen, und Bruce fuhr jetzt einen Firmenwagen. Ich war ohne Auto. Ich hoffte, daß ich über kurz oder lang genug Geld verdienen würde, um mir irgendeins zu kaufen und meine monatlichen Kosten zu decken. Das Geld war wirklich ein großes Problem.

Ich lud Fred nicht mit zu meiner Mutter ein. Ich wollte ihn nicht einladen, ich konnte ihn nicht einladen. »Mein Dad ist tot«, erzählte ich ihm. Das war Teil einer neuen Phantasiewelt, die ich mir erschuf. Ich war jetzt allein. Niemand wußte etwas über mich, und so kam ich auf den Gedanken, meinen Vater einfach sterben zu lassen. Warum sollte ich weiterhin mit der Schmach eines betrunkenen Vaters leben? Ich erzählte jedem, der es wissen wollte, daß mein Vater Arzt gewesen war, einen Schlaganfall erlitten hätte und daran gestorben wäre. Niemand fragte mich danach noch irgend etwas über meinen Vater. Einen gestorbenen Vater zu haben, der Arzt gewesen war, paßte ganz gut zu den renommierten Privatschulen, die ich besucht hatte, und ließ mich in einem respektableren Licht erscheinen. Ich hatte mein ganzes Leben mit dem Gefühl gelebt, für niemanden »gut genug« zu sein. Und jetzt wollte ich mir von Grund auf ein neues Ich verschaffen. Es war der Beginn einer psychisch für mich sehr gefährlichen Zeit.

Brucie und ich traten durch den Hintereingang ins Haus meiner Mutter. Alle machten großes Aufhebens um Brucie.

»Er ist so groß geworden.«

»Guckt mal, wieviele Zähne er hat.«

»Was für ein süßes kleines Sweatshirt er doch anhat.«

»Wie alt ist er jetzt?« fragte mein Bruder.

»Zweieinhalb«, antwortete ich.

Alle benahmen sich, als wäre während der vergangenen Jahre nichts passiert. Auch ich verhielt mich so. Wir erwähnten die Scheidung oder Mr. Bates mit keinem Wort. Ich bin überzeugt, sie versuchten, höflich zu sein und »das Vergangene vergangen sein« zu lassen. Indes war das Verdrängen schon immer der bevorzugte Weg meiner Familie gewesen, mit Problemen umzugehen. Niemand von uns hatte Dad je nach einer seiner »schlimmen Nächte« Vorwürfe gemacht oder ihm vorgehalten: »Du warst wirklich schrecklich.«

Die Regeln waren fest etabliert. Niemand fragte mich etwas über mein Leben. Kein »Wie kommst du zurecht?« war zu hören, denn der Rest des Satzes hätte »seit der Scheidung« lauten müssen. Kein »Hast du genug Geld zum Leben?«, kein »Wo wohnst du denn jetzt?«. Das waren meine Probleme. Ich war für jede Schwierigkeit, in die ich mich brachte, selber verantwortlich. Auch diese Einstellung war typisch für uns. Seit unserer Kindheit war uns eingebleut worden: »Wenn ihr erst einmal aus dem Haus seid, seid ihr für euch selbst verantwortlich.« Ich habe diese Philosophie nie in Frage gestellt.

Auch ich fragte sie nicht, wie es ihnen ging. Es kam mir nie in den Kopf, daß ihr Leben möglicherweise voller Probleme sein könnte. Ich hatte keine Ahnung, daß sie als erwachsene Kinder eines Alkoholikers möglicherweise Langzeitschäden aus einer Kindheit voll Angst und Sorge zurückbehalten haben könnten.

Ich konnte nicht wissen, daß Maureens Trinkerei anfing, zu Hause zu einem Problem zu werden. Ich hatte keine Ahnung, daß Mardi und Danny sich ständig wegen der Auswirkungen seines Alkoholismus in den Haaren lagen – daß seine Verspätungen zum Essen, die Beulen im Wagen, sein Herumziehen mit anderen Kerlen die Atmosphäre zwischen ihnen vergiftete. Die Probleme von Mom und Dad waren offensichtlich, aber was war mit Michael? Wir alle hatten mittlerweile neue Geheimnisse, die wir sorgsam voreinander hüteten. Alle waren da: Maureen, Bill, ihre drei Kinder, Billy, Timmy und Joey. Danny und Mardi mit ihren zwei Kindern, Sean und Erin, und natürlich Mom, Dad und Michael. Bill und Maureen hatten ihren eigenen Gin mitgebracht, den sie sich mit Danny teilten.

Dad trank Bier, aber ich bin mir sicher, er hatte irgendwo eine Flasche Whisky versteckt. Sein Gesicht hatte dieses eigenartige Glänzen, das es von Whisky immer bekam. Alle lachten viel. Es war schön, wieder zusammenzusein. Ich hatte gar nicht bemerkt, wie einsam und abgeschnitten ich gewesen war. Die Kinder tobten wie die Wahnsinnigen durch die Wohnung. Sie bauten sich in jedem Zimmer Forts. Brucies Gesicht war vor Aufregung ganz gerötet und verschwitzt. Mir war nie bewußt geworden, wie wenig Zeit er mit anderen Kindern zubrachte. Zum Abendessen gab es Roastbeef, Kartoffelpüree, Soße, frische Erbsen und die berühmte Zwiebacktorte meiner Mutter. Es war eine Kreation aus Pfirsichen und Vanillepudding mit einer Kruste aus Zwiebackplätzchen. Es war köstlich. Ich genoß dieses Dinner. Es gab mir ein Gefühl von Sicherheit. Das Dinner war sonntags nie so chaotisch wie während der Woche, besonders dann, wenn Vater nicht da war. Mir war aufgefallen, daß Mom Vater an diesem Abend nicht eingeladen hatte. Ich vermute, sie wollte kein Risiko eingehen.

Ich hatte meine Schwester noch nie völlig betrunken gesehen. Ich war richtig erschreckt. Maureen, Bill und Danny hatten zusammen ein ganzes Fünftel des Gins getrunken. Danach tranken sie Wein zum Dinner. Maureens Blick verlor seine Schärfe. Sie sah mich an, aber ihre Augen blickten genau an meinem Kopf vorbei.

Bill wurde ganz ausgelassen. Er schnappte sich seine drei kleinen Jungs auf einmal und wirbelte sie herum. Sie schrien wie am Spieß, aber es gefiel ihnen.

Danny wurde ganz still und melancholisch. Auch seine Augen waren nicht mehr klar.

Bill fing an, sich über Maureen lustig zu machen, indem er sie einen Dummkopf nannte. Maureen wurde böse: »Ach komm, laß das.«

Plötzlich herrschte eine neue Spannung an unserem Familientisch – es war immer noch eine Spannung, die durch Alkohol entstand, aber die Konstellation war neu.

Maureen war durch ihre drei kleinen Kinder körperlich erschöpft. Ihre Nerven lagen blank, und schon der kleinste verbale Angriff durch Bill reichte, sie hochgehen zu lassen.

Sie war wütend auf Bill, weil er sie so viel allein ließ. Sie tat den ganzen Tag nichts anderes, als das Haus sauber zu halten, die Windeln zu wechseln und dem Geplärr der Kleinen zuzuhören. Sie hatte Berge von Wäsche, mit denen sie fertig werden mußte. Bill war immer noch ganz in seine Arbeit vertieft und kam immer erst sehr spät nach Hause. Maureen stellte fest, daß sie nicht jeden Abend bis fünf Uhr warten konnte. Das war etwa die Uhrzeit, wo sie glaubte, sich ohne schlechtes Gewissen einen kleinen Dink genehmigen zu dürfen. Nach zwei Martinis war das Leben gleich ruhiger, lustiger, entspannter. Maureen war abhängig vom Alkohol, aber sie wußte es nicht. Nach zwei Martinis war sie betrunken. Am nächsten Tag hatte sie ein schlechtes Gewissen und arbeitete wie eine Verrückte, um ein makelloses Haus, eine strahlende Küche und geschrubbte und vor Sauberkeit glänzende Kinder vorweisen zu können. Sie wollte nicht, daß es herauskam.

An den Abenden, an denen Bill zum Essen nach Hause kam, tranken sie oft bis neun oder zehn Uhr Cocktails. Manchmal vergaß sie, das Abendessen zu kochen, oder, was noch schlimmer war, sie ließ es anbrennen. Danny kam häufig vorbei, weil er wußte, daß es bei ihnen den Alkohol umsonst gab. Es zweigte sich jede Woche zwanzig Dollar Taschengeld von seinem Gehalt ab und gab es gewöhnlich schon am ersten Tag für Bier oder Gin aus. Den Rest der Woche mußte er dann zusehen, wie er an seine Ration kam. Und Maureens Haus kam ihm da sehr gelegen. Es gab Alkohol in Massen, und die Gesellschaft war angenehm. Nach fünf Uhr nachmittags war in Maureens Haus immer etwas los.

»Trink noch einen Kaffee«, sagte meine Mutter nervös zu Maureen.

»Michael, geh mal in die Garage und hol mir ein Bier«, sagte Dad.

Meine alten Magenschmerzen meldeten sich wieder. Es war Zeit, nach Hause zu gehen. Ich packte Brucie in seine kleine Jacke ein. Es war kalt draußen, feucht und nebelig, das typische Januarwetter für die Gegend um die Bucht.

»Gute Nacht zusammen! Bis bald.« Alle waren in ihrer eigenen kleinen Welt versunken.

Auf dem Heimweg dachte ich die ganze Zeit an Maureen und Danny. »Mit uns wird es nie soweit kommen«, hatten wir uns wieder und wieder gesagt, als wir uns als Kinder im Wandschrank versteckten. Nun ja, Maureen und Danny sind keine Alkoholiker, dachte ich. Aber ich war schon überrascht, sie so viel trinken zu sehen.

Mir tat auch Michael leid. Er war im Grunde ein Einzelkind, das mit unserem verrückten Vater leben mußte. Mom schien noch gestreßter gewesen zu sein als sonst. Ich war mir nicht einmal sicher, ob Dad überhaupt aufgefallen war, daß wir alle zum Abendessen dagewesen waren, so betrunken war er. Michael hatte einen introvertierten und unruhigen Eindruck auf mich gemacht. Er hatte kein Wort gesagt. Seine Augen waren nicht mehr so strahlend wie früher. Na ja, vielleicht war er heute abend einfach nur müde. Ich suchte nach Entschuldigungen. Aber mir war traurig zumute. Es war, als klaffte ein Abgrund zwischen uns allen. Zu viele Gefühle waren verdrängt worden. Wir wußten nicht mehr, wie wir miteinander reden sollten.

Wäre Mom nicht gewesen, hätte sich sicher niemand mehr von uns zu Hause blicken lassen. Es gab nichts, worüber man mit Dad hätte reden können. Er war wie ein Zombie, er war völlig weggetreten, und was er sagte, war ohne jeden Zusammenhang. Es war Mom, die die Familie zusammenhielt. Sie war der Grund, aus dem wir zurückkamen.

35

Meine Modelagentur rief mich an: »Wir haben einen Job für Sie für Passport Scotch.«

»Prima«, antwortete ich.

»Sie werden ein Kostüm tragen müssen, einen Schottenrock«, sagte mein Agent. Nach dem Eichhörnchenkostüm auf der Market Street schien mir das eine Kleinigkeit. »Und man will, daß Sie ein kleines schottisches Lied singen. Sie können doch singen, nicht wahr?«

»O ja«, sagte ich.

»Sie bekommen 100 Dollar am Tag, und man will Sie für vier Tage engagieren.«

Vier Tage! Es war wie ein Geldregen aus heiterem Himmel. Vierhundert Dollar würden für die fällige Miete sowie für das Essen, für Gas und Telefon reichen; und ich hätte immer noch 100 Dollar übrig, die ich für ein neues Apartment anlegen konnte. Ich war hin und weg. Es würde doch noch alles in Ordnung kommen.

In meiner Aufregung vergaß ich zu fragen, was mein Job für Passport Scotch eigentlich genau beinhaltete. Die Arbeit begann am Dienstag morgen. Ich traf pünktlich ein.

»Hallo, Miss Somers«, sagte mein Arbeitgeber. Es war ein älterer Herr mit einem roten Gesicht von der

Art, wie man es bekommt, wenn man jeden Abend trinkt. Er rauchte ununterbrochen, und seine Hände zitterten. Aber er schien ganz nett zu sein. »Bitte seien Sie so nett und ziehen Sie dieses Kostüm an, so daß wir zu Ihrer ersten Arbeitsstelle fahren können.«

Wir fuhren zur nächsten Tankstelle, und ich ging zur Damentoilette, um mich umzuziehen. Ich stand vor dem Spiegel und begutachtete mich.

Ich trug einen kleinen Schottenrock, eine kleine bäuerlich wirkende Samtweste, die vorne geschnürt wurde, eine Schärpe mit Schottenmuster, die vorne auf der Brust wie bei einer Schönheitskönigin drapiert war, und einen Hut, der aussah wie eine Armeemütze und ebenfalls ein Schottenmuster hatte. Ich sah albern aus. Der Mann, für den ich arbeitete, war ein Vertreter für Spirituosen. Alles, was ich zu tun hatte, war, in meiner kleinen Aufmachung in ein Spirituosengeschäft zu gehen, einen Tanz aufzuführen und das Passportlied zu singen.

»Da sind wir«, sagte er.

Plötzlich wurde mir bewußt, auf was für einen albernen Job ich mich da eingelassen hatte. Ich betrat nervös den Spirituosenladen. Der Mann hinter der Theke blickte auf.

»Hallo, hallo! Was haben wir denn da unter diesem Schottenröckchen, Kleines?«

Ich kam mir wie eine totale Idiotin vor. Ich wünschte, ich hätte einen Dudelsack, dachte ich. Ohne jede Musikbegleitung in einem Spirituosenladen voller fremder Menschen ein Lied zum Besten zu geben, ist nicht gerade einfach. Ich begann, nach der Melodie eines alten schottischen Liedes, dem Highland Fling, zu singen:

Liebe Leute, laßt euch sagen:
Passport Scotch macht frei von Sorgen.

Ich sang weiter und zeigte meinen kleinen Tanz. Ich kam mir völlig bescheuert vor.

Das waren die vier längsten Tage meines Lebens. Ich stand sie durch, indem ich an das Geld dachte. Wir gingen jeden Tag in zehn Spirituosenläden. Jedesmal, wenn ich meine kleine Vorführung beendet hatte, sagte ich mir: »Wieder zehn Dollar mehr!«

Der Spiritosenvertreter verteilte in jedem Laden kostenlose Proben. »Nun, hinter den Schottenrock damit«, sagte er zu seinen Kunden, und dann kippten sie das Zeug runter. Am Ende des Tages war mein Arbeitgeber dann völlig betrunken, und ich mußte ihn von Laden zu Laden fahren. Du lieber Mann, dachte ich, ich kann es wirklich nicht mehr abwarten, vom Alkohol wegzukommen.

Ich erhielt meinen nächsten Auftrag. Ich sollte für ein lebensgroßes Werbefoto für Supermärkte posicren. Alles, was ich tun mußte, war, mir einen Bikini anzuziehen, eine Bratpfanne in der einen Hand und eine Schachtel Rice-A-Roni-Reis in der anderen zu halten. Ich bekam 75 Dollar dafür. Ich wünschte mir, ich könnte solche Jobs wie die anderen Mädchen in der Modelagentur bekommen. Sie waren groß und schlank und ohne Busen. Meine Körperformen bestimmten die Art meiner Aufträge. Blonde Haare, ein großer Busen und eine kurvenreiche Figur – mit diesen Voraussetzungen konnte ich den Laufsteg und die Modenschauen vergessen. Ich war eindeutig der Typ des »Sexy-Girl«. Nur ab und zu durfte ich die junge Mutter spielen und eine Schachtel mit Seife in der Hand halten.

Im nächsten Monat wurde ich als Double für den Film *Daddy's Gone A-Hunting* mit Paul Burke und Carol White engagiert. Ich sah Carol White sehr ähnlich und bekam deswegen den Job. Ich wurde gebeten, mir die Haare heller zu färben, damit es ihrer Haarfarbe entsprach. Bis dahin hatte ich meine natürliche Haarfarbe, ein dunkles Blond, getragen. Ich hatte keine Ahnung, daß das Hellerfärben meiner Haare für mich zur lebenslangen Beschäftigung werden sollte. Ich tat es gern. Mir hatte das hellblonde Haar meiner Schwester immer sehr gefallen.

Der Job lief über einen Monat oder etwas länger. Ich bekam 35 Dollar pro Tag und einen Extrazuschlag, wenn ich als Double arbeitete. Wenn eine Szene gefährlich war, oder wenn Carol White in ihr verprügelt und übel zugerichtet werden sollte, sprang ich ein. Wenn ich nicht doubelte, setzte ich mir verschiedene Perücken auf und trat als Statistin auf. Ich war begeistert von allem, was mit dem Drehen zusammenhing. Ich studierte Carol White. Ich lernte den Jargon. Ich war pünktlich und kooperativ.

Ich fuhr Brucie jeden morgen in aller Hergottsfrühe zum Haus meiner Schwester und holte ihn spät abends wieder ab. Ich ließ ihn nicht gern alleine. Seine Unterlippe verzog sich, und Tränen traten in seine Augen, wenn ich mich von ihm verabschiedete. Aber ich mußte arbeiten, wir brauchten das Geld.

Der Regisseur hieß Mark Robson. Eines Tages trat er auf mich zu und sprach mich an. »Heute haben Sie Ihre große Szene. Scott Hyland ist hinter Ihnen her. Sie klettern aus dem Fenster und fangen an, die Feuerleiter des Mark Hopkins Hotels hinaufzusteigen. Sie klettern immer weiter, bis Sie ans Ende der Leiter kommen. Dann arbeiten Sie sich zum Fensterbrett vor, ziehen sich hoch und klettern auf das Dach. Wenn Sie oben sind, machen wir einen Schnitt.«

»Gibt es ein Sicherheitsnetz?« fragte ich.

»Ach, nee. Es ist nicht gefährlich«, sagte er.

Ich schluckte. Bis ganz oben auf das Dach. Ich hatte Angst. Ich ging zum Regieassistenten hinüber. »Wieviel kriege ich für die Szene?« fragte ich ihn.

»60 Dollar extra«, sagte er stolz.

Der Star dieses Films, Paul Burke, hatte zufällig alles mitangehört. Ich sah, wie er zum Regisseur ging und aufgeregt mit ihm sprach. Dann kam er zu mir herüber und sagte: »Ich habe ihn dazu gebracht, Ihnen 600 Dollar zu zahlen!«

»Wow! Danke!« sagte ich. Jetzt lohnte es sich. 600 Dollar! Ein echter Goldregen.

Man gab mir einen langen Leopardenmantel. Ein Mitarbeiter aus der Maske machte sich an mein Gesicht. Der Friseur machte mir das Haar genau wie das von Carol White. Als sie fertig waren, konnte ich es kaum glauben. Ich war bisher noch nie professionell geschminkt worden. Ich sah richtig hübsch aus.

»O.K.«, sagte der Regisseur. »Action!«

Ich machte es genau so, wie man es mir gesagt hatte. Ich kletterte und kletterte und vermied es dabci, nach unten zu sehen. Panik ergriff mich. Es war ganz gut für die Szene, denn ich sollte ängstlich aussehen.

»Schnitt!« brüllte der Regisseur, als ich oben angekommen war.

Ich blickte nach unten. O mein Gott! Es war mir gar nicht bewußt gewesen, wie hoch es war. Unter mir lag ganz San Francisco. Mir wurde schwindelig. Nur nicht darüber nachdenken, sagte ich mir immer wieder.

»Kommen Sie herunter, Suzie«, brüllte der Regisseur.

Gott sei Dank, es ist vorbei, dachte ich. Der Weg nach unten war noch beängstigender als der hinauf. Ich trug hochhackige Schuhe, und sie rutschten auf den Dachpfannen ab.

»Sagt ihr, sie soll den Mantel ausziehen«, schrie die Garderobiere zu mir herauf.

Genau! Daß bloß nichts an den guten Mantel kommt, dachte ich. Ein anderes blondes Double finden wir immer, aber gute Mäntel sind schwer zu kriegen.

Ich nahm mich bei jedem Schritt in acht. Es dauerte eine halbe Stunde, bis ich unten war. Der Boden unter mir schien zu schwanken. Meine Beine waren wie aus Gummi. Mein Herz raste.

»Wir müssen das noch einmal machen«, sagte der Regisseur. »Kameraprobleme.«

O nein, dachte ich. Wir drehten diese Szene an diesem Abend sechsmal. Es wurde kein bißchen einfacher. Ich dachte immer nur an das Geld, um mich abzulenken.

Nach den Dreharbeiten bekam ich sechs Monate lang keinen Job mehr. Nichts. Nicht einen einzigen Job. Ich hatte keinen Pfennig mehr in der Tasche. Fred regte sich sehr auf, weil ich meine Hälfte der Miete nicht bezahlen konnte. Bruce hatte nicht ein einziges Mal den Unterhalt für das Kind überwiesen.

Bei der Scheidung war vereinbart worden, daß ich das Motorboot verkaufen sollte, das Bruce und ich uns während unserer Ehe gekauft hatten, um die 1400 Dollar, die wir der Bank noch schuldeten, zurückzuzahlen. Ich setzte eine Anzeige in die *Free Press.* Keine Antwort. Die Menschen, die in den 60er Jahren die *Free Press* lasen, hatten kein Interesse an Motorbooten.

Mir fiel ein, daß der Barkeeper in der Villa Roma Cocktail Lounge immer über Boote gesprochen hatte. Ich entschloß mich, ihn anzurufen.

»Hi! Suchen Sie immer noch nach einem Boot? Wenn ja, hab' ich da ein Riesenangebot für Sie.«

Zu meiner großen Überraschung zeigte er nicht nur Interesse, sondern kaufte das Boot tatsächlich. Ich fuhr zur Bar, und er gab mir einen Scheck über 1400 Dollar. Verkauft.

»Wo ist der Fahrzeugbrief?« fragte er.

»Ich muß nur noch das Darlehen von der Bank abbezahlen, dann schicke ich Ihnen den Brief zu«, sagte ich.

Ich überwies das Geld erst einmal auf mein Konto. Gott, war es ein gutes Gefühl, Geld auf dem Konto zu haben, selbst wenn man es nicht ausgeben konnte.

Ich bekam ein Schreiben der Telefongesellschaft: *Sie haben 24 Stunden Zeit, Ihre noch ausstehenden Rechnungen zu bezahlen. Andernfalls wird Ihr Anschluß gesperrt.* Gesperrt! O Gott. Ohne Telefon komme ich nie an Arbeit. Na ja, dann werde ich wohl oder übel zahlen müssen. Und von meinem nächsten Lohn zahle ich das Geld zurück auf mein Konto, so daß der Betrag 1400 Dollar bleibt. Ich sollte den Scheck für die Abzahlung des Bootskredits ausstellen, dachte ich. Aber ich tat es nicht.

Wir sehen uns gezwungen, Ihnen Gas und Strom abzusperren, falls die Rechnungen nicht innerhalb der nächsten 24 Stunden beglichen werden. O Gott. Ich stellte einen weiteren Scheck aus. Wir hatten kein Essen im Haus, wirklich und buchstäblich NICHTS. Ich gehe einfach ins Geschäft und schreibe einen Scheck aus, dachte ich. Nur für das Nötigste. Schließlich müssen wir doch etwas essen. Ich ging in den Lebensmittelladen und stopfte den Einkaufswagen bis obenhin voll. Brucie war so glücklich. Er saß in dem kleinen Kindersitz des Einkaufswagens und aß eine ganze Schachtel Tierkräcker.

Es regnete, als ich die Einkaufstüten in Freds Wagen packte. Aber es war mir egal, daß ich naß wurde. Als ich zu Hause war, füllte ich meine Tiefkühltruhe mit Fleisch und Geflügel. Meine Küchenschränke waren jetzt mit den allerbesten Dingen gefüllt: Mehl, Zucker, Cornflakes, Gewürzen, Maismehl, Olivenöl, Pflanzenöl, Dosentomaten, Ketchup, Spaghetti. Ich kaufte Zwiebeln, Kartoffeln, Knoblauch und frisches Gemüse. Es war herrlich. Ich konnte es kaum abwarten, endlich mit dem Kochen anzufangen. Ich werde zum Abendessen einen Braten machen, und für Brucie bakke ich Plätzchen, vielleicht auch einen Zitronenkuchen. Ich war richtig aufgeregt. Ich hatte fast 200 Dollar ausgegeben.

Bruce brauchte unbedingt neue Schuhe. Die, die er trug, wurden ihm zu klein, und ich hatte Angst, sie könnten sich nachteilig auf seinen Gang auswirken. Ich ging mit ihm ins Schuhgeschäft. Er bräuchte Gesundheitsschuhe, sagte mir der Verkäufer. Seine Füße würden sich leicht nach innen drehen. Durch die Gesundheitsschuhe würde er dazu gebracht, gerade zu gehen.

»Selbstverständlich«, sagte ich, »ich kann nicht zulassen, daß er krumm läuft.«

Für die neuen Schuhe, Socken und ein Paar Schuhe zum Spielen schrieb ich einen Scheck über 96 Dollar aus.

Bruce hatte auch Asthma. Er hustete nachts und hatte Probleme mit dem Atmen. Ich ging mit ihm zum Arzt. »Sie werden sich einen Verdampfer besorgen und ihn jede Nacht in seinem Zimmer anschalten müssen«, sagte der Arzt.

»Gut«, sagte ich.

Der Arzt gab Bruce auch eine Spritze und schrieb ihm ein Rezept gegen Blutstau in den Lungen. Ich stellte für den Arztbesuch und die Impfungen einen Scheck über 85 Dollar aus. Ich füllte einen zweiten Scheck für Brucies Medizin und noch einen für den Verdampfer aus. Gott, das Leben ist so teuer, dachte ich.

»Sie brauchen unbedingt einen Auftragsdienst«, sagte mein Agent. »Ich kann Ihnen gar nicht sagen, wie oft wir Sie wegen irgendwelcher Vorstellungsgespräche angerufen haben, und Sie waren nicht da.«

Ach du meine Güte, dachte ich. Ich besorge mir sofort am besten gleich einen Auftragsdienst, sonst kriege ich nie einen Job. Der Auftragsdienst kostete 65 Dollar im Monat bei einer Anzahlung von 100 Dollar.

Anrufrückverfolgungen mußten extra bezahlt werden. Ich füllte einen Scheck aus.

Die Miete war wieder fällig.

»Diesmal zahlst du deine Hälfte der Miete aber«, sagte Fred.

»Ja, ja. Keine Angst.« Noch ein Scheck: 200 Dollar.

Das Telefon mußte wieder bezahlt werden, auch Gas und Strom. In zehn Tagen war die Rate für den Anrufbeantworter fällig.

»Wo ist mein Fahrzeugbrief?« fragte der Barkeeper Joe ungeduldig.

»Haben Sie ihn noch nicht erhalten?« schwindelte ich. »Ich rufe bei der Bank an und frage einmal nach.«

O Gott. Was sollte ich bloß machen? Ich hatte 950 von den 1400 Dollar ausgegeben. Die Bank schickte mir laufend unangenehmere Briefe wegen des Kredits und berechnete zusätzliche Mahngebühren.

»Wo ist das Geld aus dem Verkauf des Bootes?« drängte Bruce.

»Ich hab's«, log ich. »Wo ist das Unterhaltsgeld für das Kind?« fragte ich vorwurfsvoll.

»Ich kann es jetzt nicht zahlen«, antwortete Bruce.

Bruce und ich waren seit unserer Scheidung an einen Punkt angelangt, wo wir ständig sauer aufeinander waren. Wir ließen uns keine Zeit, über die Gründe dafür nachzudenken. Wir waren jung und unerfahren und reagierten so, wie man es von uns erwartete. Wir hatten vergessen, daß wir uns als Freunde auf die Scheidung geeinigt, daß wir versucht hatten, unsere junge Ehe zu retten, daß es uns nicht gelungen war und daß wir beide in die Scheidung eingewilligt hatten. Wir waren an einem Punkt angekommen, wo wir alles aneinander haßten.

Bruce war sauer, weil er Unterhalt für das Kind zahlen mußte. Als er das Sorgerecht für Brucie vom Gericht nicht zugesprochen bekam, kam seine Wut wegen meines Ehebruchs wieder hoch, und er wurde verbittert. Ich fing allmählich an zu begreifen, daß ich das Geld für das Kind von ihm niemals kriegen würde. Ich war wegen der Art und Weise, wie ich meine Ehe geführt hatte, noch immer so schuldzerfressen, daß ich kein Recht zu haben glaubte, ihn wegen des Geldes unter Druck zu setzen.

Bruce hatte bereits wieder geheiratet. Vielleicht versuchte er, so über seine Enttäuschung hinwegzukommen. Seine neue Frau mochte mich und den kleinen Brucie nicht, und sie wollte auf keinen Fall, daß ihrer beider Geld in meinen Haushalt floß.

Der Druck wurde immer größer. Geld! Geld! Geld! Zahlen Sie mir mein Geld! Zahlen Sie dies! Zahlen Sie das! Es wuchs mir alles über den Kopf. Mein ganzes Leben war so unsicher.

»Sie müssen sich neue Bilder von sich besorgen«, sagte mein Agent. »Ich kann Ihnen mit den Bildern, die Sie mir gegeben haben, weder einen Job für Zeitschriften noch für Fernsehwerbungen besorgen. Sie müssen das Geld investieren und richtig professionelle Fotos von sich machen lassen.«

»Wie teuer wird das werden?« fragte ich.

»So etwa 250 Dollar, plus noch mal 100 für die Druckkosten. Ohne gute Fotos können wir Ihnen einfach keine Arbeit besorgen.«

Es war eine echte Zwickmühle. Ach, was soll's, was sind schon weitere 350 Dollar, dachte ich. Ich stecke sowieso schon so tief in Schulden. Vielleicht bekomme ich ja Arbeit, wenn ich das Geld investiere. Und dann kann ich meine Schulden abbezahlen und aus dem ganzen Schlamassel herauskommen. Ich schrieb einen weiteren Scheck über 350 Dollar aus.

Wenn Sie nicht innerhalb der nächsten fünf Tage Ihre Filmstatistengebühren bezahlen, wird Ihnen die Arbeitserlaubnis entzogen! Ich schrieb einen weiteren

Scheck über 65 Dollar aus, um diese Gebühren zu bezahlen.

Ich hatte noch 100 Dollar übrig.

»Ich habe Ihre Entschuldigungen satt«, sagte der Barkeeper Joe. »Wenn ich den Fahrzeugbrief bis morgen nicht habe, wird es Ihnen leid tun.«

Ich hatte Angst. Ich konnte Fred nicht um das Geld bitten. Ich schuldete ihm schon die Miete vom Monat davor. Und ich war zu stolz, jemanden aus meiner Familie zu fragen.

Ich muß mir eine richtige Arbeit besorgen, dachte ich. Ich ging zu einer Stellenvermittlung.

»Was haben Sie gelernt?« fragte die Frau. »Beherrschen Sie Schreibmaschine oder Kurzschrift?«

»Nein«, sagte ich.

»Kennen Sie sich mit Aktenablagen aus?«

»Nein«, antwortete ich wieder.

»Kennen Sie sich mit der Arbeit in einer Telefonzentrale aus?«

»Nein.«

»Es tut mir leid, aber ich kann wirklich nichts für Sie tun«, sagte sie. »Sie sind für Büroarbeit nicht qualifiziert.«

Na ja, ich wollte ohnehin nicht im Büro arbeiten, dachte ich.

Ich bewarb mich für einen Job in einer Telefongesellschaft. »Es tut uns leid, aber Sie sind nicht dafür qualifiziert«, bekam ich zu hören.

Ich bewarb mich als Serviererin bei Denny's. »Können Sie stapeln?« fragte man mich.

Ich wußte nicht, was sie meinten. »Wie viele Teller können Sie tragen?« fragte der Mann ungeduldig.

»Na ja«, sagte ich, »also drei bis vier auf einmal schaffe ich bestimmt.«

»Tut mir leid«, sagte er, »aber Sie besitzen die Qualifikation für diesen Job nicht.«

»Ich hab' jetzt lange genug gewartet«, sagte der Barkeeper Joe.

»Bitte, lassen Sie mir noch ein bißchen Zeit«, bat ich ihn. »Ich hab' das Geld ausgegeben. Mein Mann hat mir den Unterhalt nicht gezahlt, und ich bin auf der Suche nach einem Job.«

»Oh, Scheiße«, sagte Joe. »Ich wußte, daß Sie mir nichts als Ärger machen würden.«

Ich verkaufte meinen Diamantring, den Ring, für den mein Ehemann damals einen ganzen Sommer lang gearbeitet hatte. Ich bekam 600 Dollar dafür und gab das Geld der Bank. Ich schuldete ihr jetzt noch 800 Dollar. Die Bank gab meinen Fall in die Hände eines Inkassobüros, und die stellten mir gnadenlos nach. Sie riefen mich an, schickten mir unangenehme Briefe, und tauchten bei mir zu Hause auf. Und ich mußte immer noch Joe bezahlen.

Allmählich begann ich, mich mit meinem Job als Mannequin durchzuschlagen. Es war nichts Besonderes, kaum genug, um durchs Leben zu kommen. Aber ich war jetzt in der Lage, von Fred wegzuziehen und meine Schulden nach und nach abzuzahlen. Ich mietete mir ein altes umgebautes Kutschenhaus hinter einem wunderschönen Haus in Jackson Heights in San Francisco. Es gab dort eine lange Allee, in der Bruce mit seinem Dreirad fahren konnte, und einen kleinen Lebensmittelladen an der Ecke. Meine ganze Aufmerksamkeit galt dem Geld. Wenn ich nur genug Geld für dieses hätte, wenn ich nur genug Geld für jenes hätte, so träumte ich. Ich fürchtete den Ersten des Monats. Die Miete war dann fällig. Ich hatte nie genug Geld und mußte immer kämpfen, um die 200 Dollar zusammenzukriegen.

»Glauben Sie, ich könnte einen Vorschuß für den Ford-Job haben?« fragte ich meinen Agenten. »Der Job liegt jetzt sechs Wochen zurück, die müßten mir also das Geld jeden Tag überweisen.«

Mein Agent seufzte angewidert. Manchmal gab er mir den Vorschuß, manchmal nicht.

Ich hatte ein paar Werbespots beim Fernsehen laufen, und so kam manchmal eine kleine Nachzahlung mit der Post. Das Geld war meist schon ausgegeben, bevor ich es überhaupt bekam. Jeden Monat schickte mir die Telefongesellschaft Drohbriefe, ebenso die Gas- und Stromgesellschaften. Irgendwie schaffte ich es, genug Geld zusammenzukratzen, um uns das Dach über dem Kopf zu sichern und dafür zu sorgen, daß die Lichter nicht ausgingen.

Ich nahm jeden Job, der mir angeboten wurde. Ich war mir für nichts zu schade. Ich war die attraktive Blondine, die auf Tagungen Broschüren verteilte. Ich sang und tanzte auf Gewerbeausstellungen. Ich trat in jedem Film, der in den 60ern in San Francisco gedreht wurde, als Statistin auf, und ich hatte natürlich meinen totsicheren Kunden – die Firma für Streckverbände. Ich hing jedes Jahr zwei Wochen bei der Tagung des Amerikanischen Ärzteverbandes in Streckverbänden. Auf diese Weise schlug ich mich durch. Ich lebte allein mit dem süßesten, hinreißendsten kleinen Jungen der ganzen Welt. Ich war frei. Es gab keinen Alkohol mehr in meinem Leben, keinen Ehemann, niemanden, der mir sagte, was ich zu tun und zu lassen habe. Ich war ständig pleite, aber irgendwie schlug ich mich durch. Brucie bekam nichts davon mit, daß wir kein Geld hatten. Er bekam jeden Abend sein Essen, hatte Schuhe an den Füßen und ein schönes Bett zum Schlafen. Er verbrachte nur noch wenig Zeit mit Babysittern, weil ich nicht viel arbeitete. Unsere gemeinsame Zeit war etwas ganz Besonderes. Wir gingen überall zusammen hin. Ich nahm ihn auch mit, wenn ich als Statistin in irgendwelchen Filmen benötigt wurde. Man saß da so viel wartend herum, daß wir uns unterhalten und miteinander spielen konnten. Normalerweise sahen es die Filmgesellschaften ganz gern, wenn eine Mutter mit ihrem Kind im Hintergrund der Szene auftauchte, und zum Ausgleich bekam Brucie dafür ein freies Mittagessen. Brucie entwickelte sich zu einer wunderbaren Persönlichkeit. Er saß im Bus und redete mit den übrigen Statisten. Alle mochten ihn. Ich beobachtete ihn oft und strahlte vor Glück. Es war eine Freude, Brucies Mutter zu sein. Wenn ich ihn so ansah, hatte ich nicht das Gefühl, versagt zu haben. Der Anblick meines Jungen bestärkte meinen Entschluß, aus meinem Leben etwas zu machen. Ich wollte ihm das Beste bieten.

»Sie sind bei der Spieleshow »The Anniversary Game« als Assistentin engagiert worden«, teilte mir mein Agent mit.

»O mein Gott. Das ist ja wundervoll«, jubelte ich.

Ich war vor einem Monat bei einem Vorstellungsgespräch gewesen und hatte seitdem nichts mehr gehört. *Das Fernsehen!* Es war, als ob ein Traum Wirklichkeit würde. Ich wollte immer schon im Fernsehen auftreten. Ich konnte es nicht glauben.

»Gehen Sie Montag früh um sieben Uhr zur KGO-Fernsehanstalt und fragen Sie nach Alan Waterson«, sagte mein Agent. »Dort bekommen Sie Kostüme und Make-up.«

Es bedeutete mir so viel. Ein Job. Eine richtig große Sache. Mehr als ich mir jemals erhofft hatte. Bis zu diesem Augenblick hatte ich davon geträumt, bei einem lokalen Sender als Wettermädchen aufzutreten, aber das jetzt war unfaßbar. Im Alter von zwanzig Jahren schien mir die Vorstellung, als Wettermädchen aufzutreten, wie das höchste Glück in der Welt.

Die Sendung »The Anniversary Game« wurde landesweit ausgestrahlt! Sie wurde zur gleichen Zeit, am selben Abend, in jeder Stadt in Amerika gezeigt.

Ich bat einen Freund, mich montags morgens zur

Arbeit zu fahren. Ich hatte noch immer kein Auto. Es kam mir vor wie ein Traum. Dies hier könnte mein ganzes Leben verändern, dachte ich. Ich hatte keine Ahnung, *wie* sehr sich mein Leben durch diesen Job verändern sollte.

Ich war nervös und unsicher, als ich ins Fernsehstudio ging. Ich traf Alan Waterson, und er bat mich, Platz zu nehmen, bis ich mit der Probe an der Reihe war. Ich erkannte zwei Mädchen auf der Bühne – Barrie und Louise – zwei der reizendsten Models der Agentur. Sie waren für diese Show bereits fest engagiert. Bei ihnen stand ein sehr eleganter, gutaussehender Mann. Aus seiner Stimme und seinem Auftreten schloß ich, daß er der Showmaster war. Er trug braune ausgestellte Hosen, die hinten länger als vorne geschnitten waren, und einen roten Alpakapullover. Ich hatte vorher noch nie solche Hosen gesehen. Er maß ungefähr einen Meter achtzig und hatte sandfarbenes Haar. Sein Haar sah aus, als ob es eigentlich lockig wäre, aber glattgefönt und dann mit unendlich viel Haarspray fixiert wäre. Das war in den 60ern die Mode für Männer. Männer trugen die Haare lang und glatt. Ich bin mir sicher, es hatte etwas mit den Beatles zu tun. Der Gastgeber dieser Spieleshow stand eindeutig im Mittelpunkt. Alles scharte sich um ihn.

»He, Al«, sagten sie. »Was hältst du davon, wenn wir dies mal probieren?« oder »Wie gefällt dir das?«

Der Showmaster hatte auf alles eine Antwort. Jeder versuchte, clever vor ihm zu erscheinen, ihn zum Lachen zu bringen.

»Kann ich dir etwas mitbringen, Al«, sagten sie.

»Kennt ihr den schon...?«

»Ha! Ha! Ha! Ha! Ha!«, lachten alle.

Der Showmaster war cool, ausgesprochen selbstbewußt. Man sah genau, daß er sich mit dem Fernsehen auskannte und daran gewöhnt war, im Mittelpunkt zu stehen.

Ich saß still in der ersten Reihe des Zuschauerraumes, sah ihm zu und wartete darauf, daß man mir sagte, wo ich hingehen und was ich tun müsse.

»Laßt uns fünf nehmen«, sagte der Regisseur.

Der Showmaster redete mit dem Produzenten und seinem Assistenten. Ich versuchte, ihn nicht anzustarren, aber ich konnte nichts dagegen machen. Ich konnte mich von seinem Anblick einfach nicht lösen. Er sah zu mir herüber und lächelte, dann kam er auf mich zu.

»Hi, ich bin Alan Hamel«, sagte er. »Wie heißen Sie?«

Ich wurde nervös. Etwas in mir reagierte auf seine Stimme, seine Augen, seine Kraft.

»Suzanne«, antwortete ich. »Ich bin für diese Show engagiert worden.«

»He, das ist prima«, sagte er.

Ich kam mir so klein vor. Ich hatte noch nie zuvor jemanden wie ihn kennengelernt, jemanden, der so selbstsicher, so stark, so sexy war. So etwas passiert doch nur in Filmen, dachte ich. In mir wallten die Gefühle hoch. Ich stellte mir immer wieder vor, wie es wohl mit ihm sein würde. Er war unglaublich. Diese Augen! Seine Augen waren so blau, so glänzend, so weich. Vergißmeinnicht-blaue Augen. Seine Stimme war tief, kraftvoll und melodiös. Er konnte sich gut ausdrücken. Es fiel mir sofort auf, daß er klug und gewitzt war. Er hatte Grips. Ich war völlig hinüber.

Er stellte mir viele Fragen; wo ich herkäme, wie alt ich wäre, was ich machte, ob ich viel herumreiste. Und die ganze Zeit schienen seine Augen mich regelrecht zu verschlingen, diese freundlichen, netten, sensiblen, erotischen Augen. Er war sehr lustig. Er brachte mich zum Lachen, und ich liebte es, zu lachen.

Um zwölf Uhr war Mittagspause. Plötzlich war das

Studio wie leergefegt. Die Lichter waren abgeschaltet, alles wurde still. Ich blickte mich um. Ich war ganz allein. Ich wußte nicht, wohin ich gehen sollte. Ich hatte kein Geld, mir etwas zum Mittagessen zu kaufen. Alan Hamel, der Showmaster, war in seiner Umkleidekabine und redete wieder mit dem Produzenten. Ich wollte nicht aufdringlich erscheinen, deshalb entschloß ich mich, einen Spaziergang zu machen.

Es regnete gerade. Es regnete viel in San Francisco. Zum Glück habe ich den Schirm mitgenommen, dachte ich. Ich konnte einfach nicht aufhören, an Alan zu denken. Der hat doch bestimmt kein Interesse an mir. Der ist doch schon zu viel herumgekommen. Ich bin doch nur ein kleines Provinzmädchen. Ich habe von nichts eine Ahnung. Ich bin erst zwanzig Jahre alt. Der hält mich sicher noch für ein Kind. Na ja, es macht trotzdem Spaß zu träumen.

Ich ging zurück ins Fernsehstudio. Der erste Mensch, den ich sah, war Alan. Er lag in seiner Umkleidekabine auf der Couch, die Türe offen.

»Hi«, sagte er sofort. Er setzte sich auf.

Ich fühlte, wie mein Gesicht heiß wurde.

»Wo waren Sie?« fragte er. »Ich hab' Sie gesucht. Ich dachte, vielleicht könnten wir zusammen Essen gehen«, sagte er.

Mist! dachte ich. Ich habe meine Chance verpaßt. »Ach, ich war wirklich beschäftigt, ich hatte ein Vorstellungsgespräch«, schwindelte ich. Ich wollte nicht, daß er erfuhr, daß ich pleite war und mir kein Mittagessen leisten konnte. Ich stand bloß da und sah ihn an. Die Pause war sehr peinlich.

»Könnten Sie mir eine Tasse Kaffee holen?« fragte Alan. Als der Star der Show war er daran gewöhnt, daß die Leute die Sachen für ihn holten.

»Klar«, sagte ich. Was du willst, dachte ich. Ich hatte keine Ahnung, wo es hier Kaffee gab. Ich fragte einen Mann im Flur.

»Oben in der 4. Etage gibt's 'ne Cafeteria«, antwortete er.

Ich rannte die Treppe hoch. Der Kaffee kostete 25 Cent. Ich suchte in meiner Handtasche. Ich muß irgendwo ein 25-Centstück haben. Ich kramte alles heraus: Kamm, Bürste, Make-up, Brieftasche, ein paar Socken von Brucie, einen Schal, Büroklammern, Haarklammern, einige alte Kekskrümel. Kein Geld. Scheiße! dachte ich. Dann fiel mir ein, daß ich einen Dollar in einem Geheimfach meiner Brieftasche aufbewahrt hatte. Gott sei Dank!

»Eine Tasse Kaffee, bitte«, sagte ich zur Kassiererin. »Zum Mitnehmen.« Ich stürzte nach unten. Als ich zurückkam, war Alan schon auf der Bühne mit einer Tasse Kaffee in der Hand.

»Wo waren Sie denn?« fragte er. »Den Kaffee kriegt man direkt da drüben in der Ecke.«

O Gott. Ich bin so dumm. Was sind schon 25 Cent, dachte ich. Höchstens eine Schachtel Tierkräcker oder eine Packung Maccaroni mit Käse (genug für ein Abendessen) oder eine Überfahrt über die Brücke. Nichts Besonderes!

»Schon in Ordnung«, sagte ich völlig außer Atem. »Kein Problem.«

Wir probten. Alles, was ich tun mußte, war, vor einem Kühlschrank zu stehen. Wenn dann der Preis der Teilnehmer aufgerufen wurde, öffnete ich die Kühlschranktür, deutete auf das Eierfach und tat so, als vergäbe ich jeden Tag Kühlschränke.

Um 16.30 Uhr traf das Publikum ein. Alan ging in seine Umkleidekabine, um sich fertigzumachen. Ich zog mir ein Kleid an, das eine Leihgabe von Saks Fifth Avenue an die Show war, und ging dann in die Maske.

Ich stand neben dem Vorhang und wartete darauf,

daß die Show anfing. Alan trat hinter mich und legte mir die Hand auf meine Schulter. Es fühlte sich an wie ein elektrischer Schlag. Er drehte mich zärtlich zu sich.

»Gehen Sie heute abend mit mir essen«, sagte er. Er sah mir direkt in die Augen.

Ich konnte es nicht glauben. Ich war sprachlos. »Ich... ich kann nicht«, sagte ich. Ich hatte Angst.

»Doch«, sagte er. »Doch, Sie können.«

Dann hörten wir den Ansager: »Heute werden wieder so ein paar Glückspilze um Bargeld und Preise im Wert von über 50000 Dollar spielen...«

»Ich muß jetzt da raus«, sagte er. »Heute abend!«

»Wie wäre es mit morgen?« antwortete ich.

»Nein, heute!«

»Und hier ist der Star unserer Show: *Allll! Hamel!*«

»Jaah«, jubelte alles.

»Heute«, deuteten seine Lippen an.

Ich vermasselte mir meinen Auftritt während der Show gehörig. Man hatte mir gesagt, ich solle in die Kamera sehen, wenn ich den Kühlschrank zeigte. Das tat ich auch. Aber niemand hatte mir gesagt, daß ich in die Kamera blicken sollte, bei der das rote Lämpchen leuchtete. Ich blickte in die Kamera, die direkt vor mir stand. Der Regisseur fuchtelte wild mit den Armen herum. Als ich ihn bemerkte, hatten sie das Bild schon zu der Kamera herübergeschaltet, in die ich hineinblickte. Ich war ein echter Amateur, und sie wußten es nun. Als die Show vorbei war, kam der Produzent zu mir herüber.

»Es tut mir leid, aber es klappt einfach nicht mit Ihnen«, sagte er. »Sie brauchen morgen nicht mehr zur Arbeit zu erscheinen.«

Ich fühlte mich schrecklich. Ich hatte mir meine große Chance verpatzt. Ich wollte nicht, daß Alan mich sah. Ich kam mir so dumm vor. Ich griff mir meinen Mantel und rannte aus dem Studio zur nächsten Bushaltestelle.

36

Mensch, du machst aber auch wirklich alles falsch, dachte ich, als ich in meine Wohnung trat.

»Hi, Mommy«, kreischte Brucie. Er rannte auf mich zu und warf seine Arme um meinen Hals. Er war so ein Schatz, so herzlich.

Plötzlich schienen die Ereignisse des Tages nicht mehr so schlimm. Schließlich gibt es Wichtigeres im Leben. Ich habe dieses wunderschöne kleine Kind, das mich für die Klügste und Größte hält, und wir haben ein Dach über dem Kopf, im Moment wenigstens.

Brucie war ganz aufgeregt, daß ich wieder zurück war. Ich ließ ihn nur selten bei einem Babysitter. »Und was habt ihr heute gemacht?« fragte ich.

»Ich bin mit meinem Fahrrad gefahren, und dann sind wir in den Park gegangen, und Joey hat mich von der Schaukel geschubst, da hab' ich ihn getreten, und dann wurde der Babysitter böse mit uns beiden, und wir mußten nach Hause gehen und schlafen, und dann sind wir aufgewacht, und sie hat uns beim Plätzchenbacken helfen lassen...« Er war erregt. Er kam vom Hundertsten ins Tausendste. Ich hatte ihn so lieb. »Und dann hat Joey wieder Ärger gekriegt, weil er in seine Hose gepinkelt hat...« Ich mußte immer an Alan denken. Der will mich doch sowieso nicht mehr sehen. Der muß mich für einen schrecklichen Amateur halten. Es war albern von mir zu glauben, daß sich zwischen uns etwas ergeben könnte. Ich hab' mir meine Chance verbaut. »Aber ich hab' mir nicht in die Hose gepinkelt, Mommy, nur Joey.« Brucie fuhr mit seiner Litanei fort.

Zwei Wochen später klingelte das Telefon. Ich schätzte, Brucie, der damals drei Jahre alt war, mußte den Hörer abgenommen haben (ich hatte das Klingeln nicht gehört), kurz »Hallo« gesagt haben und dann zum Spielen gegangen sein. Der Hörer baumelte noch in der Luft.

»Hallo?« sagte ich in den Hörer.

»Hallo«, antwortete die erotischste Stimme, die ich je gehört hatte. Es war Alan. »Sie können sich nicht vorstellen, wieviel Mühe ich auf mich genommen habe, um Ihre Adresse herauszubekommen. Ich warte immer noch auf eine Antwort. Gott sei Dank bin ich ein geduldiger Mensch. Gehen Sie heute abend mit mir essen?«

Ich sagte ja, und wir vereinbarten, daß ich ihn an seinem Hotel, dem Miyako, abholen sollte.

Ich dachte den Rest des Tages nur noch an ihn. Ich konnte mich nicht erinnern, mich jemals so sehr auf eine Verabredung zum Abendessen gefreut zu haben. Ich wußte, es würde herrlich werden. Was soll ich anziehen, was soll ich bloß anziehen, dachte ich. Ich probierte alles an, was ich besaß: Röcke stapelten sich auf dem Bett, Schuhe lagen überall verstreut auf dem Boden herum, ein Kleid nach dem anderen wurde verworfen. Nichts schien für diesen besonderen Abend gut genug. Ich entschied mich schließlich für meine neue weiße Wollhose, eine klassische marineblaue Gabardine-Hemdbluse, blau-weiße Schuhe mit hohen Absätzen, die einmal meiner Schwester gehört hatten, und einen schönen Yves-St.-Laurent-Schal, orange und marineblau, ein Geschenk von Fred. Ich wusch mir die Haare mit einem Spezialshampoo, damit sie besonders weich und seidig wurden. Ich hatte immer schönes dichtes Haar gehabt. Und glücklicherweise schien das Färben ihm nicht zu schaden. Ich wollte unbedingt gut aussehen. Ich wollte hinreißend aussehen.

Ich mußte mir Freds Wagen leihen. »Es ist wegen eines Jobs«, log ich. »Bitte! Nur noch dieses eine Mal.« Fred gab widerwillig nach. Gott, ich wünschte nur, ich hätte genug Geld, mir ein Auto zu kaufen. Ich fühlte mich wie festgenagelt. Ich konnte nicht einmal meine Familie besuchen, es sei denn, ich nahm den Bus.

Um 19 Uhr fuhr ich schließlich in die Tiefgarage des Miyako Hotels in San Francisco. Ich blickte in den Rückspiegel. Ich gefiel mir. Ich hatte Wimperntusche aufgetragen, etwas Rouge und einen Hauch von Lippenstift. Ich hoffte, ich würde geküßt werden, und ich wollte nicht, daß ein dick aufgetragener, pinkfarbener Lippenstift dabei störte. Mein glänzendes Haar fiel mir glatt und seidig den Rücken hinunter. Mir wurde ganz schummerig vor Aufregung – es war eine Mischung aus Nervosität und Vorfreude.

Ich stieg aus dem Auto und ging zum Aufzug. Ich gehe wohl erst ins Foyer, dachte ich. Ich haßte es, in Hotels zu gehen.

»Entschuldigen Sie. Könnten Sie wohl in Mr. Hamels Zimmer anrufen und ihm mitteilen, daß Miss Somers auf ihn wartet«, fragte ich den Empfangschef nervös. Ich sah mich um. Ein schönes Hotel, dachte ich.

»Mr. Hamel sagte, Sie möchten gleich raufgehen. Er hat die japanische Suite, Zimmer 1428«, antwortete der Empfangschef.

»Vielen Dank.« Warum haben Empfangschefs immer dieses wissende kleine Lächeln, fragte ich mich. Tja, jetzt ist es soweit. Mein Herz raste. Ich spürte, wie ich nervöse Flecken am Hals bekam. Er ist nur ein Mann, dachte ich. Nein, er ist ein berühmter Mann, und er hat mich zum Dinner eingeladen. Ich ging den langen Flur entlang. Ich klopfte an die Tür.

»He«, sagte er, »kommen Sie rein. Ich telefoniere gerade, aber machen Sie es sich doch gemütlich. Und achten Sie darauf, daß Sie die Schuhe ausziehen. Dies ist eine echte japanische Suite.«

Ich frag' mich, was man in einer echten japanischen Suite sonst noch ausziehen muß. Ach, Mist! Wenn ich mir die Schuhe ausziehe, schleift meine neue weiße Hose zehn Zentimeter über den Boden.

»Und? Gefällt Ihnen mein Zimmer?« Senator Percy

wohnt oft hier, wenn ich nicht gerade drehe«, sagte er.

Das Zimmer war überwältigend. Das Bett bestand aus einer großen japanischen Bettdecke auf einer Strohmatte. Das Licht kam von Kerzen, die überall herumstanden, und von einem Farbfernseher, bei dem das Bild absichtlich so verzerrt eingestellt war, daß es wie eine bunte Welle erschien. Alles in dem Zimmer verbreitete denselben Eindruck: *Sex.*

»Ich habe eine Flasche Saki im Waschbecken warmgestellt«, sagte Alan. »Ich hole sie für uns.«

Im Waschbecken warmgestellt! Junge, ist der abgefahren. Alan reichte mir eine kleine Tasse Saki. Ich kippte ihn in einem Schluck herunter.

»Man muß ihn in kleinen Schlucken trinken«, sagte er.

Gott, er war einfach umwerfend: groß, schlank, schön braun, mit sehr erotischen Augen. Durch den Saki fühlte ich mich warm und leicht beschwipst.

»Hier, versuchen Sie das mal«, sagte er. Er reichte mir ein Stückchen Kuchen.

»Igitt, das schmeckt ja wie Schmutz«, sagte ich.

»Es ist Schokoladenkuchen mit ein bißchen Marihuana drin.«

»Ich hab' so was noch nie vorher probiert«, sagte ich.

Aber ich aß es trotzdem. Ich wollte nicht, daß er denkt, ich lebte hinter dem Mond.

»Ich habe mir erlaubt, uns ein kleines Dinner zu bestellen«, sagte Alan. »Ich bin nach der Show zu Fisherman's Wharf gegangen und hab' meinen Freund Vince dazu gebracht, uns ein paar frische Dungenesskrabben zuzubereiten.«

Alan breitete die Krabben auf Zeitungspapier auf dem japanischen Bett aus. In einer Papiertüte waren geviertelte Zitronen und ein Laib französisches Sauerteigbrot. Er ging zum Kühlschrank und holte eine tolle Flasche Weißwein heraus und zwei eisgekühlte Gläser. Wir saßen auf dem großen Bett, lachten, redeten und knabberten an den Krabben und dem französischen Brot. Der Wein machte mich schwindelig. (Oder war es der Schokoladenkuchen?) Ich habe noch nie so viel gelacht. Alles war lustig. Je mehr ich lachte, desto mehr brachte mich Alan zum Lachen. Ich fühlte mich rundum wohl. Alan beugte sich über mich und küßte mich mitten im Lachen. Mein Lachen verwandelte sich sofort in Leidenschaft. Alles drehte sich – mein Kopf, mein Herz, das Zimmer. Ich wollte nicht, daß der Kuß aufhörte. Das Gefühl war einfach herrlich. Wir lösten uns aus unserer Umarmung. Wir waren beide still. Wir wußten, daß das kein gewöhnlicher Kuß gewesen war.

»Ist das alles dein eigenes Haar?« fragte er mich.

Was für eine Frage, dachte ich. »Ja«, antwortete ich.

»Es ist schön«, sagte er. Er fuhr mit seinen Fingern durch mein Haar. Er berührte jeden Teil meines Gesichtes – meine Lippen, meine Wangen, meine Nase, meine Augen. Dann küßte er mich wieder, es war ein langer, wunderbarer, leidenschaftlicher Kuß. Er griff mit seiner Hand unter mein Haar und zog den Reißverschluß meiner Hemdbluse auf, langsam, lange und bedächtig. Er zog mein Oberteil an einer Schulter herunter, dann legte er die andere Schulter bloß. Meine Hemdbluse rutschte mir auf die Hüften. Seine Hände glitten über meine Schultern, meinen Hals, meine Brüste.

»Du bist so schön«, sagte er mit seiner tiefen heiseren Stimme.

Er drückte mich zärtlich auf die Bettdecke und fuhr fort, mich auszuziehen. Wir liebten uns auf eine Weise, wie ich sie noch nie in meinem Leben erfahren hatte. Nichts würde je wieder daran heranreichen können. Unsere Körper paßten ideal zusammen. Es war langsam, zärtlich, voll genießerischer Bewußtheit. Es war sensibel und sexy. Es war mächtig, animalisch, leidenschaftlich. Als es vorbei war, legte ich meinen Kopf auf seine Brust. Er hatte eine weiche, feste, starke Haut. Seine Brust war tief gebräunt mit einem Haarbüschel in der Mitte. Ich lag einfach da und dankte Gott für diese wunderbare Nacht. Ich kam mir so glücklich vor. Ich wußte, ich würde Alan wahrscheinlich danach nie wiedersehen. Der hat doch so viele Mädchen, dachte ich. Ich bin mir sicher, alle sind hinter ihm her. Ich bin schon froh, daß ich diese eine wunderbare Nacht hatte. Er hielt mich fest und küßte mich auf die Stirn. Dann rollte er sich zur anderen Seite und fiel in einen tiefen Schlaf. Es war vorbei.

Ich lag über eine Stunde lang da. Unsicherheit überkam mich. Ich hatte Angst davor, ihn am nächsten Morgen in die Augen zu sehen. Leise stieg ich aus dem Bett und zog mich an. Leise schlich ich mich aus dem Zimmer. Auf dem ganzen Heimweg ging mir ständig der gleiche Satz durch den Kopf: Ich hätte es nicht zulassen sollen, ich hätte es nicht zulassen sollen. Nun hält er mich bestimmt für eine, die schnell ja sagt. Ich konnte regelrecht hören, was meine Mutter sagen würde, wenn sie es wüßte: »Warum die Kuh kaufen, wenn man die Milch umsonst kriegen kann?« Sie war voll von kleinen Sprüchen dieser Art. Ich konnte nichts dagegen machen, dachte ich. Ich wollte es, ich wollte ihn. Es war schön, einfach göttlich, wie im Märchen. Vielleicht, nur vielleicht, wird er sich noch einmal mit mir treffen. Ich hoffe es so sehr. Lieber Gott, ich hoffe es so sehr!

Am nächsten Morgen um sieben Uhr klingelte das Telefon. »Wo bist du abgeblieben?« fragte Alan. »Ich wurde um drei Uhr wach, hab' meine Hand nach dir ausgestreckt und – nichts! Du warst weg!«

»Ich mußte zurück, damit der Babysitter nach Hause konnte«, sagte ich.

»Du warst umwerfend«, sagte er.

»Du aber auch«, antwortete ich nervös. »Ich hab so etwas noch nie erlebt«, sagte ich ihm aufrichtig.

»Können wir uns heute abend treffen?« fragte er.

»Ja«, sagte ich fassungslos. »Um wieviel Uhr?«

»Komm um sieben in meinem Hotel vorbei. Ich kenne ein sehr gutes kleines Sushi-Restaurant.«

Ich war hin und weg. Mir war es egal, was wir zum Abendessen essen würden. Mein Interesse galt eher dem Nachtisch. Mein Körper, mein ganzes Wesen war stimuliert. Ich dachte den ganzen Tag an ihn. Nachdem Brucie sein Schläfchen gehalten hatte, gingen wir in den Park. Ich schubste ihn auf der Schaukel an. Dann setzte ich ihn auf das Karussell und rannte außen, so schnell ich konnte, mit, damit es möglichst schnell wurde. Dann sprang ich auf. Brucie quietschte vor Vergnügen. Ich hatte solche Freude daran, ihn zum Lachen zu bringen.

»Laß uns ein bißchen im Sandkasten spielen«, sagte Brucie.

Ich stieg mit ihm in den Sandkasten, und da saßen wir und bauten Burgen und formten Sandkuchen. Schon sehr bald kamen andere Kinder dazu. Ich war die einzige Mutter, die mit Lehm und Sand beschmiert war. Aber ich war glücklich, daß es Brucie Spaß machte, und ich wußte, ich hatte eine großartige Nacht vor mir.

Brucie und ich gingen nach Hause und stiegen in die Badewanne. Ich wusch ihm den Sand ab und schamponierte sein Haar. Dann wusch ich mir die Haare. Bruce liebte es, mit dem Seifenschaum zu spielen. Ich duschte uns beide ab und wickelte Brucie in ein großes Handtuch ein. »Kalt«, sagte er. Ich ließ ihn sich vor den Heizofen stellen, während ich mir meinen Bademantel holte. Er zitterte.

Ich machte Brucies Abendessen, sein Lieblingsessen, Maccaroni mit Käse und Spargel. Er nannte es »Spargrass«. Nach dem Abendessen ging er auf sein Zimmer und spielte, während ich mich umzog.

Ich zog ein Kleid an, das ich umsonst für einen Job als Mannequin bekommen hatte. Es war ein Etuikleid aus Kamelhaar mit rotem Fuchsbesatz an den Ärmeln. Dazu trug ich kamelhaarfarbene Schuhe mit hohen Absätzen. San Francisco war eine modebewußte Stadt. Man machte sich fein, wenn man ausging. Selbst der tägliche Einkauf wurde in San Francisco zu einer kleinen Modenschau. Frauen trugen damals noch Hüte und Handschuhe.

Ich trug mein Haar wieder offen. Nicht, daß da nachher irgendwelche Gummibänder im Weg sind, dachte ich. Ich besprühte mich mit Chanel No. 5 (auch ein Geschenk von Fred). Ich war fertig. Und ich war aufgeregt. Ich konnte es kaum abwarten, ihn zu sehen.

»Bye-bye, Brucie. Sei ein lieber Junge und geh zu Bett, wenn Shirley es dir sagt«, sagte ich.

»Mach' ich, Mommy! Ich hab' dich lieb«, sagte Brucie. Er warf seine Arme um meinen Hals und drückte mich fest.

»Oh, Brucie. Ich hab' dich so lieb.« Als ich in mein Auto stieg, stellte ich fest, daß mein Kleid vorne und an den Schultern mit Resten von Schokoladenkeksen verschmiert war. Mist, dachte ich.

Ich fuhr zum Miyako Hotel, wo Alan auf mich wartete. Ich hatte mir den Wagen von dem Babysitter geliehen, einen alten Dodge. Ich wünschte, Alan müßte mich nicht in diesem Wagen sehen. Aber es schien Alan nichts auszumachen. Er stieg in den Wagen.

»Möchtest du, daß ich fahre?« fragte er.

»Sicher«, sagte ich.

Er sprang heraus und lief um den Wagen herum zur Fahrertür. Ich wollte gerade rüberrutschen, aber bevor ich noch den Beifahrersitz erreicht hatte, hatte Alan mich gegriffen und küßte mich leidenschaftlich.

»Ich hab' mir den ganzen Tag vorgestellt, wie ich dich küsse«, sagte er.

»Und ich hab' mir den ganzen Tag vorgestellt, wie du mich küßt«, antwortete ich.

Wir fuhren zur North Beach und hielten vor einem kleinen Restaurant namens Osho.

»Ich habe 1964 sechs Wochen lang bei der Olympiade in Tokio als Kommentator für CBC gearbeitet«, sagte Alan. »Ich hab' jeden Tag Sushi gegessen, und seitdem liebe ich es.«

»Was ist Sushi?« fragte ich, als wir hineingingen.

»Roher Fisch«, antwortete er.

Mein Herz stand still. *Roher Fisch!* dachte ich. Ich mochte noch nicht einmal gekochten Fisch, geschweige denn rohen. Ich konnte den Geruch von Fisch nicht ausstehen, seit mein Großvater uns, als ich noch ein kleines Mädchen war, einmal übelriechendes Fleisch und stinkenden Fisch vom Geschäft mit nach Hause gebracht hatte. Ich aß mittlerweile zwar Fleisch, weil ich es selber kaufte, aber über den Geruch von Fisch konnte ich mich nicht hinwegsetzen. Wie sollte ich dieses Dinner überstehen? Wir saßen an der Sushi-Bar. Direkt vor uns gab es alle nur erdenklichen Fischsorten, mit großen Köpfen und Augenbällen und weit geöffneten Mäulern. Sie sahen aus wie diese Duh-Wap-Hintergrundsänger.

»Versuch diesen mal«, sagte Alan. »Es ist Aal in Seetang.«

Aal! dachte ich. Ich steckte ihn mir in den Mund. Igitt! Es schmeckte widerlich. Da war etwas drin, was mich fast würgen machte. Tränen traten mir in die Augen. Ich hatte noch nie so einen Riesenbissen von irgend etwas in meinem Mund gehabt. Ich kaute und kaute. Es wollte nicht runter. Es schmeckte immer widerwärtiger. Ich merkte, wie der Bissen mir hochkommen wollte. O bitte! Jetzt nicht erbrechen, sagte ich mir immer wieder. Wieder dieses Würgen. Schließlich nahm ich meine Serviette und spuckte diskret den ganzen übelschmeckenden Klumpen hinein. Alan hatte nichts bemerkt. Er war damit beschäftigt, mit dem Sushi-Chef über unsere nächste Delikatesse zu sprechen.

»Ich hätte gerne das einfache Reisgericht mit Seetang«, sagte ich. Es schmeckte ebenfalls scheußlich. Sie hatten irgendeinen übelriechenden Meerrettich hineingetan. Das wird ein langer Abend werden, dachte ich. Ich kann den Kaffee kaum erwarten. Es kam mir einfach nicht in den Kopf, Alan zu sagen, daß ich diese Art Essen verabscheute. Ich hatte Angst, er würde mich dann nicht mehr mögen.

Alan schmatzte noch immer nach jedem kleinen Fischkopf genüßlich mit den Lippen. »Schmeckt's dir?« fragte er.

»Mhhmmm«, schwindelte ich. Ich nippte an dem Wein und aß gedünsteten Reis. Endlich hatte ich etwas gefunden, das genießbar war.

Nach dem Abendessen machten wir einen langen Spaziergang den Broadway entlang und sahen uns die Freaks an. Es war die »Oben-ohne-Zeit«. Carol Doda war damals der große Renner in San Francisco. Sie hatte riesige silicongepolsterte Brüste und tanzte Oben-ohne. Wir gingen auf einen Drink in einen kleinen Club, auf der Bühne tanzten drei Mädchen, die riesige Zylinder trugen. Als ich genauer hinsah, bemerkte ich, daß ich gar nicht in die Augen der Mädchen sah. In die Zylinder waren Löcher geschnitten, und ihre Brüste staken da heraus, wo die Augen sein sollten. Da standen sie also heraus und wippten nach dem Takt von »Me and My Shadow«. Gott sei Dank hab' ich so etwas nie machen müssen, um an Geld zu kommen, dachte ich.

Ich liebte es, mit Alan spazierenzugehen und genoß es, wenn er seinen Arm um mich legte. Jedesmal, wenn wir anhielten, um in ein Schaufenster zu sehen, lehnte er sich gegen mich und drückte sein Gesicht in mein Haar. Seine Berührung, allein schon das Gefühl seiner Nähe, schickte einen Stromstoß durch meinen Körper. Er küßte mich meist nur ganz kurz. Aber manchmal fanden wir uns auch an einer Straßenecke stehend wieder, in einen langen, sinnlichen Kuß vertieft. Es war mir kein bißchen peinlich. Es war mir gleichgültig, wer uns zusah. Ich wußte, daß ich ganz besondere Gefühle empfand, und ich wollte nichts davon verpassen.

Wir fuhren zurück zum Miyako Hotel. Ich setzte mich so nah zu Alan, wie es nur eben ging. Ich küßte seinen Hals, seine Ohren, seine Schultern – was immer meine Lippen erreichten. Ich konnte nicht mehr warten. Ich hatte eine solche Sehnsucht nach ihm. Wir überließen den Wagen dem Hotelangestellten und gingen zum Aufzug. Sobald die Aufzugtür sich geschlossen hatte, zog Alan mich an sich heran und küßte mich leidenschaftlich. Ich wünschte mir, im Empire State Building zu sein, damit die Aufzugtür noch lange geschlossen bleiben würde. Ich war übermannt von Leidenschaft. Wir küßten uns, während wir den langen Flur entlanggingen. Alan fummelte mit dem Schlüssel herum, schließlich waren wir drinnen. Es war dunkel, aber das Mondlicht schien durch die Shoji-Vorhänge.

Alan griff in seinen Koffer und holte eine Kerze heraus, die nach Schokolade duftete. Er zündete sie an, kam zu mir herüber, griff meine Hand und führte mich zu seinem Bett auf dem Boden. Welche Wonne. Welche Lust. Welches Glück. Unser Sex war so unkompliziert, so großzügig, wir beide gaben uns mit ungeheurer Lust einander hin. Ich wollte nicht, daß es endete, aber um zwei Uhr morgens wurde mir klar, daß ich gehen mußte. Der Babysitter wartete darauf, nach Hause gehen zu können.

Alan brachte mich zum Wagen und bezahlte zum Glück den Hotelangestellten. »Können wir uns morgen abend sehen?« fragte er.

»Ich kann's kaum erwarten«, antwortete ich. Wir küßten uns noch einmal, dann fuhr ich los.

Am nächsten Morgen, nachdem Brucie gefrühstückt hatte, rief ich meine Mutter an: »Mom! Ich habe endlich den Mann getroffen, den ich heiraten will. Ich bin total verliebt in den unglaublichsten Mann auf der ganzen Welt.« Es war der Dezember des Jahres 1968.

»Wie wär's mit sieben Uhr in meinem Hotel?« sagte Alan.

»Ich hab' eine bessere Idee«, sagte ich. »Warum kommst du nicht um acht zu mir, und ich mach' uns etwas zu essen. Mein kleiner Sohn geht um acht ins Bett, und wir wären ganz allein.«

»Hört sich prima an«, sagte er.

Ich war froh, daß Alan mit meinem Vorschlag einverstanden war. Ich hätte ein schlechtes Gewissen gehabt, Brucie noch einmal allein zu lassen; drei Abende hintereinander wären zuviel gewesen. Außerdem wurde es langsam schwierig, das Geld für den Babysitter aufzubringen. Ich hatte schon seit zwei Wochen keine Arbeit mehr gehabt. Ich war aufgeregt. Ich hatte Spaß am Kochen. Ich werde ihn mit meiner Kochkunst verführen, dachte ich. Ich zog Bruce sein kleines Jäckchen und seine Mütze an und setzte ihn in seinen Kinderwagen. Es ist im Dezember kalt und feucht in San Francisco. Es ist in den meisten Monaten kalt und feucht in San Francisco. Ein prima Wetter für die Haut, sie bleibt feucht und glänzend.

Brucie und ich gingen am Park vorbei zum Lebensmittelgeschäft. Es war der typische Tante-Emma-Laden an der Ecke, und er hatte eine hervorragende Fleischtheke.

»Haben Sie heute etwas besonders Gutes im Angebot, Simon«, fragte ich den Metzger. »Ich will heute abend unbedingt einen guten Eindruck auf jemanden machen.«

»Nun«, sagte er, »ich hab' hinten ein paar frische Fasane.«

»Fasane! Mensch, prima! Schneiden Sie mir doch bitte einen zurecht und schreiben Sie es mir an.«

Ich kaufte etwas Gemüse und die übrigen Zutaten und eine Schachtel Tierkräcker für Bruce.

»Möchten Sie bar zahlen oder soll ich's anschreiben, Miss Somers?«

»Schreiben Sie es an.«

Ich ging freudig nach Hause.

Bruce liebte es, wenn man seinen Kinderwagen schnell schob und »Wheelies« machte. Einen »Wheelie« zu machen hieß, den Wagen mitten in der Fahrt so schnell anzuhalten, daß die beiden Vorderräder hochgingen. Brucie lachte und lachte! Ich ebenfalls.

Alan traf punkt acht Uhr ein.

»Hi«, sagte ich nervös. Er trug eine schwarze sportliche Wildlederjacke, verblaßte ausgestellte Blue Jeans und ein weißes, offenes Baumwollhemd.

»Hier«, sagte er. »Die sind für dich.« Er gab mir einen Strauß gelber Blümchen. »Und das ist für uns.« Es war eine teuer aussehende Flasche französischen Rotweins. »Du siehst hinreißend aus«, sagte er. »Ein schönes Haus.«

»Danke. Das war einmal ein alter Droschkenschuppen, der umgebaut worden ist. Ich mag es. Ich fühl' mich hier hinter dem Haupthaus sehr sicher. Willst du es sehen?« fragte ich.

»Natürlich«, sagte er.

»Es ist nicht sehr groß«, sagte ich, als wir die Treppe

hochstiegen, »aber es hat viel Charme, und es hat genau die richtige Größe für Bruce und mich. Die ganze untere Etage besteht aus Brucies Schlaf- und Spielzimmer, und oben sind Küche und Wohnzimmer. Ich benutze das Eßzimmer gleichzeitig als Schlafzimmer.« Es war ein schönes Zimmer. Es hatte einen Kristalleuchter und eine sehr schöne alte chinesische Tapete. Man konnte aus meinem kleinen Schlafzimmer den herrlichen Rosengarten des Nachbarhauses sehen. Ich hatte ein Doppelbett, eine Kommode, einen Spiegel, zwei Beistelltischchen, zwei Lampen und einen kleinen Ohrensessel. Auch meine pinkfarbene Bettdecke aus den Collegetagen besaß ich noch.

»Hmm, gefällt mir, das Zimmer«, sagte Alan. Er lehnte sich von hinten an mich und umfaßte meine Hüften. Er küßte mein Haar. Ich drehte mich um und drückte sanft meine Lippen auf seine, ganz sanft, dann heftig und wild. Ich war verrückt nach Alan.

»Wir hören jetzt wohl besser auf, sonst kriegst du dein Abendessen nie«, sagte ich.

Alan folgte mir in die Küche. Ich briet die Fasanenstücke kurz in geklärter Butter an, mit Schalotten und Piment. Als der Fasan angebräunt war, schüttete ich eine kleine Flasche Weißwein hinzu.

»So«, sagte ich, »das kann jetzt eine Weile vor sich hinköcheln.«

»Riecht gut«, sagte Alan. Er küßte mich. Ich fühlte mich einfach himmlisch.

»Möchtest du ein Glas Wein?« fragte ich. Ich goß uns beiden Wein ein. »Erzähl mir ein bißchen von dir«, sagte ich.

»Nun, ich bin in Kanada, in Toronto, zur Welt gekommen. Meine Eltern sind polnische Einwanderer. Meine Mutter wußte noch nicht einmal, daß sie schwanger war, bis die Fruchtblase platzte.«

»Wie kann das denn sein?«

»Sie hatte Probleme, schwanger zu werden. Eines Tages bekam sie schreckliche Bauchschmerzen, und vier Stunden später wurde ich geboren. Ich kam zwei Monate zu früh auf die Welt und wog zweieinhalb Pfund. (Genau dasselbe Gewicht wie mein Dad, dachte ich.) Alle sagten meiner Mutter, ich würde die Woche nicht überstehen. Ich war zu klein, aber ich blieb sechs Wochen lang in meinem Brutkasten, und als ich fünf Pfund wog, brachten sie mich nach Hause. Dort holte ich mir gleich in der ersten Woche Keuchhusten bei meiner Schwester, und wieder sagten die Ärzte meiner Mutter, das würde ich nicht überleben. ›Wenn er das übersteht, wird einmal etwas ganz Großes aus ihm‹, sagten sie. Offensichtlich habe ich's geschafft.« Alan lachte.

»Ich bin in der Pension aufgewachsen, die meine Mutter führte, umgeben von acht chinesischen Brüdern, einem schottischen Priester, einer nigerianischen Prinzessin, die Okwa Chicwa Aika Jani hieß und an der Universität von Toronto studierte, einer französisch-kanadischen Kartographin (sie nahm mich zu meiner ersten Varietévorstellung mit) und einem blinden Trompeter. Und dann war da noch der Schneider Mr. Landau und ein englischer Hausmeister. Sie waren meine Familie. Wir aßen unsere Mahlzeiten gemeinsam, wir lachten und redeten. Wir waren ein merkwürdiger internationaler und bunter Haufen.«

Nicht so merkwürdig wie meine Familie, dachte ich.

»Ich schlief bei meinen Eltern im Eßzimmer, bis ich acht Jahre alt war. Dann zog ich zu Mr. Landau ins Dachzimmer. Ich kann mich noch gut daran erinnern, daß es dort im Winter sehr kalt war und im Sommer sehr heiß. Es war ein winziges Zimmer, in das kaum zwei Feldbetten paßten. Die Decke war so niedrig, daß man nicht aufrechtstehen konnte. Durch die Fenster drangen Schnee und Wind ein, und Mr. Landaus Füße stanken.«

Ich goß Alan noch ein Glas Wein ein. »Erzähl weiter«, bat ich ihn, »es gefällt mir.«

»Bist du sicher, daß ich dich nicht damit langweile?« fragte er.

Nichts an ihm konnte mich langweilen.

»Nun ja, es war ein schönes Leben. Ich war glücklich, aber ich war ein freches, lebhaftes Kind. Schon damals wollte ich etwas erreichen.

Ich habe immer gearbeitet. Meinen ersten Job hatte ich mit fünf Jahren. Ich öffnete und schloß die Tür des Lebensmittelgeschäfts gegenüber unserem Haus. Ich bekam einen Dollar die Woche und gab sie für Süßigkeiten und Comichefte aus – beides Dinge, die bei uns zu Hause streng verboten waren.

Ich hatte kein Spielzeug, aber ich hatte einen Detektorempfänger, den steckte ich mir jeden Abend ins Ohr und schlief damit ein. Wahrscheinlich ist das der Grund, warum ich dann schließlich Radiosprecher wurde.

Als ich sieben war, schickte mich meine Mutter zu einem Klavierlehrer am Royal Conservatory of Music, und mit acht begann ich, jeden Tag die Synagoge zu besuchen. Ich haßte beides, es langweilte mich, aber meine Mutter war eine starke Frau. Sie hatte zu Hause das Sagen, und egal, wie sehr ich bettelte und heulte, ich mußte am Ende gehen. Sie wollte, daß aus mir etwas würde, daß ich Bildung besaß und mir meiner Wurzeln und meiner Kultur bewußt wäre.

Ich habe ununterbrochen gearbeitet. Mit sieben Jahren arbeitete ich als Botenjunge, mit acht trug ich Zeitungen aus und mit neun arbeitete ich im Lager eines Supermarktes.«

»Warum hast du so viel gearbeitet?« fragte ich ihn.

»Der Krieg in Europa war damals in vollem Gange, Luxusartikel waren rar, und ich war unstet. Ich erinnere mich, wie mein Freund Gibby und ich einmal eine

Kiste Lachs aus dem hinteren Fenster des Supermarktes geschmuggelt hatten, um unsere Mütter damit zu überraschen. Meine wurde wütend. ›Bring das sofort zurück und entschuldige dich‹, schrie sie mich an. Sie ließ mir einfach nichts durchgehen.

Es war eine harte Zeit für meine Eltern. Ihre Familien wurden von den Nazis in den Konzentrationslagern ermordet. Ich kann mich noch daran erinnern, wie meine Mutter die Bilder aus den Todeslagern mit der Lupe durchging und ihre Familienmitglieder zu identifizieren versuchte. Es war sehr traurig.«

Alan saß schweigend da und starrte eine Zeitlang in das Feuer. Dann fuhr er fort.

»Es gab eine Menge Antisemitismus in Toronto. Ich wurde jeden Tag nach der Schule von einer Bande Jungs verprügelt, die mich ›dreckiger Jude‹ nannten. Ich kam heulend und blutend nach Hause, und meine Mutter konnte nur sagen: ›Wer ist dreckig? Du oder sie?‹

Meine Mutter wandte sich wegen des Vorfalls an die Schule, aber die unternahmen nichts gegen die Kinder. Meine Mutter wartete jeden Nachmittag vor unserem Haus, um zu versuchen, die Beleidigungen und Angriffe zu verhindern, aber die Jungs versteckten sich in einem anderen Block.

Eines Tages griffen sie mich und schleppten mich zu einer alten, verlassenen Garage. Ich trat und schrie den ganzen Weg über, aber sie hörten nicht auf, mich zu schlagen. Dann holten sie ein Seil hervor und versuchten, mich aufzuhängen. Ich war in Panik. Ich schrie so laut, daß einige Passanten mich hörten und mich retteten. Meine Mutter wurde fuchsteufelswild. Sie geriet in eine blindwütige Raserei – marschierte, noch in ihrer Schürze und mit dem Kochlöffel in der Hand, die Straße hinunter zu dem Haus, in dem einige dieser Kinder wohnten, und begann, sie zu verprügeln.

›Die dreckige Jüdin schlägt uns‹, heulten sie. Die Eltern brüllten: ›Verschwinde hier, Jüdin.‹ Aber meine Mutter antwortete nur: ›Verklagt mich doch!‹

Danach hörte das Prügeln auf – aber ich war verwirrt. Da prügelten sie mich hier in Toronto, weil ich Jude war, und doch kämpften ihre Väter in Europa gegen die Deutschen, weil sie Juden ermordeten.«

Ich saß da und sah diesen Mann an, der so voller Kraft war und sein Leben im Griff hatte und konnte ihn mir nur schwer vorstellen, wie er als Zwölfjähriger diesen Tyrannen auf Gedeih und Verderb ausgeliefert war.

»Mit dreizehn«, fuhr er fort, »fand meine Bar-Mizwa-Feier statt, und ich teilte meiner Mutter mit: ›Jetzt, da ich ein Mann bin, werde ich nicht länger in die Synagoge gehen.‹ Ich gab den Hebräischunterricht und die Klavierstunden auf und bekam einen Job als Verkäufer auf den Zügen der Canadian National Railway. Ich arbeitete während der Schulzeit an den Wochenenden und im Sommer ganzwöchig. Es war ein prima Job. Ich trug eine Uniform und verkaufte Zigaretten, Streichhölzer, Schokolade, Kaugummi, Erdnüsse, Plätzchen und Orangen. Ich vermietete auch Kissen für die Strecke von Toronto nach Vancouver, und auf dem Rückweg drehte ich einfach das Innere nach außen und vermietete sie noch einmal.

Als ich vierzehn war, fing ich an, Schinkenbrote im Zug zu verkaufen. Ich machte sie selbst und machte über 100 Sandwiches aus einem Pfund Schinken. Sie bestanden aus zwei Scheiben Weißbrot mit einer hauchdünn geschnittenen, fast durchsichtigen Scheibe Schinken und kosteten fünfzig Cent. Ich machte zwischen 350 und 450 Dollar in einer Viertagewoche.

Mit achtzehn ging ich von zu Hause weg und ging ans Ryerson Polytechnical Institute, um dort Radio und Fernsehen im Hauptfach zu studieren. Während der Semesterzwischenprüfungen flüsterte mir ein Professor ins Ohr, daß gerade Vorsprechproben für einen Job beim Radio liefen und daß er glaubte, ich hätte eine Chance. Ich legte meinen Stift nieder und ging mitten aus dem Examen raus. Ich bekam den Job. Er war wie für mich gemacht. Ich hatte mich schon so lange mit Musik beschäftigt, daß ich die Namen der klassischen Komponisten und Künstler kannte, ebenso wie die der zahllosen Symphonien, zu denen mich meine Mutter gezerrt hatte. Ich machte großen Eindruck auf die Arbeitgeber«, sagte Alan. Was mich tief beeindruckte, während ich ihm zuhörte, war sein Selbstvertrauen. Er konnte das Risiko eingehen und das Examen sausen lassen – etwas, was ich nie fertiggebracht hätte.

»Dieser Job führte dann zum nächsten, einer Klassikradiosendung, die ich fünf Jahre lang zusammen mit Carl Haas moderierte. Von 1955 bis 1960 lebte ich auf der Kanadischen Seite des Detroit River, machte jeden Morgen meine Radiosendung und ging nachmittags zum Fischen. Ich kaufte mir ein Boot, heiratete und verdiente mir zusätzlich etwas Geld mit Werbung.

Dann zog ich mit meiner Frau zurück nach Toronto, wo ich zum ›meistbeschäftigten Showmaster im Kanadischen Fernsehen‹ wurde.«

Frau? dachte ich. Was für eine Frau?

»Ich leitete mehrere Shows gleichzeitig. Eine Zeitlang waren es sogar elf verschiedene Shows pro Woche. Ich hetzte von Studio zu Studio. Wenn ich nicht gerade im Studio war, reiste ich. Meine Frau sah mich so gut wie nie. Wir entfernten uns voneinander, bevor wir noch die Chance gehabt hatten, uns näherzukommen.

Schließlich machte ich eine Show, die ›Nite Cap‹ (Schlafmütze) hieß. Es war die erfolgreichste Kabarettshow Kanadas, aus der dann das berühmte ›Saturday Night Live‹ wurde. Aber das reichte mir nicht.

Und so zog ich nach Los Angeles – hier gab es schönes Wetter, schöne Mädchen und unbegrenzte Karrieremöglichkeiten. Ich hatte die Möglichkeiten des Kanadischen Fernsehens voll ausgeschöpft«, sagte Alan, »es gab keine Herausforderungen mehr.

Was ist mit dir?« fragte er schließlich. »Erzähl mir ein bißchen von dir.«

Verglichen mit seinem Leben war meines richtig langweilig. Was sollte ich schon erzählen? Daß ich bei einem Trinker aufwuchs, daß ich eine Ehebrecherin war, daß ich ein kleines Kind habe und vorne und hinten nicht zurechtkomme? Auf keinen Fall! Er würde mit Sicherheit sein Interesse an mir verlieren, wenn er dies alles erführe.

»Nun«, log ich, »mein Vater lebt nicht mehr. Er starb vor ein paar Jahren an einer Herzattacke. Es war wirklich traurig. Er war Arzt. Meine Mutter nahm das so sehr mit, daß sie das Geld von der Lebensversicherung nahm und seitdem unstet umherreist. Im Augenblick ist sie in Alaska. Ich erhielt eine Erbschaft von 30000 Dollar, und davon lebe ich jetzt, bis meine Karriere anläuft.« (Es ist wohl besser, wenn er nicht weiß, daß ich völlig blank bin. Ich habe auch meinen Stolz, dachte ich.)

»Und welche Richtung soll deine Karriere einschlagen?« fragte er.

»Ich hätte gerne etwas Sicheres, Wettermädchen oder so etwas«, antwortete ich. »Ich würde auch gerne in einem Broadway-Musical mitspielen und singen, aber das ist nur so ein Traum. Ich weiß, daß so etwas nie geschehen wird.«

Ich erzählte ihm von der Highschool, von *Guys and Dolls,* von Walter Winchell und davon, wie sehr ich diese Erfahrung genossen hatte und daß ich seitdem nichts Vergleichbares mehr erlebt hatte. Es machte mir großen Spaß, mit ihm zu reden.

Er sagte, er kenne den Intendanten des örtlichen Senders ABC und er würde sich freuen, wenn er für mich ein Treffen mit ihm arrangieren könnte. Er sagte, er könnte sich mich gut als Wettermädchen vorstellen. Dann fragte er mich, ob ich eine gute Schauspielerin wäre. »Ja«, antwortete ich.

»Das glaube ich gerne«, sagte er. »Du hast etwas ganz Bestimmtes, etwas sehr Verletzliches an dir.«

»Noch etwas Wein?« fragte ich und goß uns beiden nach.

Ich war so sehr daran gewöhnt, Lügen zu erzählen, daß es mir selbstverständlich erschien, auch Alan zu betrügen. Und jetzt war ich an meine Lügen und Phantasien gebunden.

So sehr ich mir auch wünschte, daß diese Beziehung weiterging, mein Unterbewußtsein hatte entschieden, daß ich nicht gut genug für ihn war. »Laß es unmöglich werden«, mußte mein Unterbewußtsein meinem bewußten Selbst gesagt haben.

Wir aßen unser Dinner bei Kerzenlicht vor dem Kamin. Fasan in Weinsauce, leicht geröstete Zuckererbsen. Wir nahmen einen Bissen zu uns, küßten uns, nahmen wieder einen Bissen...

»Du bist eine unglaublich gute Köchin«, sagte Alan.

»Warte hier«, sagte ich, »ich hole den Nachtisch.«

Ich lief in die Küche und öffnete den Backofen. Perfekt! Stolz kehrte ich mit einem dampfenden Schokoladensoufflé ins Wohnzimmer zurück. Es war gute acht bis zehn Zentimeter über den Rand der Backform gegangen. Ich lief in die Küche zurück, um die Schale mit frischer, ungesüßter Vanilleschlagsahne zu holen.

Alan lag ausgestreckt auf der Erde, während ich ihn mit Löffeln voller heißem Schokoladensoufflé, die ich vorher in die frische Schlagsahne stippte, verwöhnte.

»Wie im Himmel«, sagte Alan genüßlich.

Ich sah deutlich, daß ihm das Essen schmeckte. Wir schoben die Teller zur Seite und legten uns vor den Kamin. Alan hatte seine Arme um mich gelegt. Ich fühlte mich so sicher. Ich war verliebt. Alles war bestens.

»Lebt deine Exfrau noch in Kanada?« fragte ich ihn. Ich wollte, daß sie möglichst weit weg von uns wäre.

»Nein, wir leben in Los Angeles.« Alles, was ich hörte, war das »Wir«. Meine Augen mußten verraten haben, was ich dachte. »Es tut mir leid«, sagte Alan sanft. »Ich dachte, du wärest im Bilde. Tatsächlich muß ich übers Wochenende nach Hause. Wir geben eine Geburtstagsparty für eines unserer Kinder.«

»Wie viele Kinder hast du?« fragte ich völlig überrumpelt.

»Zwei – einen sechsjährigen Jungen und ein Mädchen von sieben Jahren.«

Frau! Kinder! Nicht geschieden! Der Gedanke, daß er Frau und Kinder haben könnte, war mir nie gekommen. Was für ein Schlag!

Meine rosa Seifenblase zerplatzte. Vor wenigen Minuten noch war alles so vollkommen gewesen. Und jetzt plötzlich wurde daraus eine komplizierte, unerlaubte, schmutzige Angelegenheit. Ich wußte nicht, was ich sagen sollte. Und so sagte ich nichts. Ich lag bloß in seinen Armen und wünschte mir, alles würde verschwinden. Ein Fingerschnipp, und seine Frau wäre weg. Die Kinder störten mich nicht. Das könnte sogar Spaß machen. Ich wollte deine Frau werden, dachte ich. Ich weiß, daß wir uns erst dreimal getroffen haben, trotzdem weiß ich, daß ich deine Frau werden will. Jetzt war das natürlich unmöglich. Nun, dachte ich, es gibt zwei Möglichkeiten: sofort aufzustehen und ihn zum Gehen aufzufordern oder zu akzeptieren, daß ich die Nummer zwei bin. Überhaupt mit ihm zusammensein zu können, ist vielleicht besser als nichts. Tief in meinem Herzen wußte ich aber, daß es besser wäre, wenn ich ihn bäte zu gehen. Das wäre das, was ein ›anständiges Mädchen‹ tun würde. Aber das ›anständige Mädchen‹ gibt es doch schon lange nicht mehr, nicht wahr? Du bist nicht die ›kleine Suzie‹, das folgsame Mädchen aus San Bruno. Nein, ich war jetzt eine zwanzigjährige geschiedene Ehebrecherin. Der Gedanke, einmal *sein* Verhalten in Frage zu stellen, zu fragen, warum er mit mir zusammen war, kam mir nicht. Für mich war er ohne Fehl und Tadel.

Alan paßte genau in mein Verhaltensmuster. Ich konnte ihn einfach nicht kritisieren oder ihm böse sein, weil er mir etwas Wichtiges verschwiegen hatte. Ich hatte ihn belogen, und auch er hatte mich durch dieses Verschweigen belogen. Warum hatte ich ihn nicht beim ersten Mal, als wir zusammen waren, gefragt, ob er verheiratet ist? Ich wollte es vermutlich gar nicht wissen. Und nun hatte ich mich in ihn verliebt, und es war zu spät. Ich hatte mich genau in die Lage gebracht, die ich meinem geringen Selbstbewußtsein nach verdiente: Ich war jetzt seine Mätresse, ich verdiente nicht, die Nummer eins zu sein.

»Bist du O.K.?« fragte Alan.

»Ja, sicher«, sagte ich.

»Du bist plötzlich so still geworden«, bemerkte er.

Ich sah ihn an. Durch das Feuer bekam er einen goldenen Widerschein, wie ein goldener Adonis. Er berührte mein Gesicht, meine Lippen, dann küßte er mich zärtlich. Die Zärtlichkeit wurde zur Leidenschaft, und schon bald übermannte uns unser Verlangen nach einander. Ich hatte mich entschieden.

Ich dachte den ganzen nächsten Tag an Alan. Es war jetzt plötzlich alles anders als vorher. Er war bei seiner Frau in Los Angeles. Ich fragte mich, wie sie wohl wäre. Er sagte, sie wären nicht sehr glücklich miteinander. Vielleicht läßt er sich ja scheiden und kommt zu mir. Bis dahin will ich die Zeit, die wir miteinander haben, genießen und jeden Moment auskosten. Ich werde ihn nicht unter Druck setzen. Ich werde ihn niemals bitten, sich scheiden zu lassen, niemals von Liebe und Bindung sprechen. Ich werde ihn so nehmen, wie ich ihn kriegen kann. Alles was ich will, ist, mit ihm zusammenzusein. Zum Glück bin ich gestern abend vor dem Kamin nicht mit einem ›Ich liebe dich‹ herausgesprudelt. Das hätte alles kaputt gemacht, er hätte wahrscheinlich die Flucht ergriffen. Es hatte mir nach jedem Löffel von dem Soufflé auf der Zunge gelegen, es ihm zu sagen. Nein, ich werde es mir nicht zerstören. Wir werden so weitermachen wie bisher. Von montags bis donnerstags gehört er mir, und von freitags bis sonntags ihr. Nur noch drei Tage, bis ich ihn wiedersehen darf. Mein Körper verzehrte sich schon jetzt nach ihm.

37

Bruce und ich gingen jeden Nachmittag vor seinem Nickerchen noch etwas in den Park. Als wir einmal von einem solchen Parkbesuch zurückkamen, hörte ich, wie bei mir das Telefon klingelte. Ich stürzte die Treppen hinauf.

»Hallo«, sagte ich völlig außer Atem.

»Wo ist mein Geld«, sagte der Barkeeper Joe.

O Gott, dachte ich. Ich hatte ihm seit der letzten 600-Dollar-Rate nur noch 200 Dollar zahlen können. Ich schuldete ihm noch 600 Dollar.

»Ich versuche wirklich alles, Joe. Ich hab' schon eine ganze Zeit kein Engagement mehr gehabt.«

»Ich habe ein paar Freunde bei der Mafia, und ich werde dafür sorgen, daß sie dir dein hübsches Gesicht zerschlagen, wenn ich das Geld oder den Fahrzeugbrief nicht innerhalb der nächsten 30 Tage bekomme! Das ist mein Ernst. 30 Tage. Nicht länger!« Er hängte ein.

Ich stand da und blickte auf den Hörer. Ich wurde wieder von allen Seiten bedrängt. Die Miete war fällig, das Telefon, der Anrufbeantworter und Joe mußten bezahlt werden. Was sollte ich bloß tun? Weihnachten stand vor der Tür. Ich brauchte Geld, um Brucie ein paar Geschenke zu besorgen. Ich mußte unbedingt Arbeit bekommen. Und ich brauchte unbedingt einen Wagen.

Ich rief meine Agentur an. »Hallo. Habt ihr irgend etwas für mich?« fragte ich.

»Was für ein Zufall, ich wollte Sie gerade anrufen«, sagte Marsha, das englische Mädchen, das für die Engagements zuständig war. »Joseph Magnin sucht Models, die während der Ferien in einer Boutique ausschließlich für Herren arbeiten. Es ist ein Privatraum, den die Kunden besuchen können, um sich ein oder zwei Drinks zu genehmigen und für ihre Frauen oder Freundinnen Geschenke auszusuchen. Sie würden die Kleider vorführen und für jedes Kleid, das Sie verkaufen, eine Provision erhalten.«

»Hört sich großartig an«, sagte ich.

»Gut! Das Vorstellungsgespräch ist heute nachmittag im Geschäft«, sagte sie.

Ich war fest entschlossen, diesen Job zu bekommen. Das würde mir für fast drei Wochen Arbeit verschaffen. Was sollte ich während dieser Zeit mit Brucie machen, fragte ich mich. Ich haßte den Gedanken, ihn allein zu lassen, aber das war ein Job, bei dem er mit Sicherheit nicht gerne gesehen würde.

Das Telefon klingelte wieder. »Wir haben dich schon so lange nicht gesehen, Liebling«, sagte meine Mutter. »Warum kommst du nicht am Sonntag mit dem kleinen Brucie zum Dinner zu uns? Ich frag' auch

Maureen und Danny. Es wird bestimmt schön. Möchtest du deinen neuen Freund nicht mitbringen?«

»Ach, nein. Es ist noch zu früh, Mom«, antwortete ich. »Ich würde gerne kommen, aber wir haben keine Möglichkeit, zu euch zu kommen. Gott, ich brauche dringend einen Wagen, Mom.«

»Ich komme und hole dich ab«, entgegnete sie. »Wir könnten ja mal mit deinem Vater reden. Vielleicht leiht er dir das Geld für den Wagen.«

»Ach, das wäre wirklich wunderbar«, antwortete ich.

»Wie geht es dir denn?« fragte sie. »Kriegst du genug Aufträge?«

»O ja«, schwindelte ich. »Ich arbeite in einer Tour. Ich bin nur in letzter Zeit ein bißchen in Rückstand geraten, und es braucht ein wenig, bis ich wieder aufgeholt habe. Aber bald hab' ich das Geld für den Wagen.«

Ich wollte nicht, daß sie mitbekam, daß ich von der Hand in den Mund lebte. Sie würde sich nur Sorgen machen. Ich konnte ihr nichts von Joe und dem Geld für das Boot erzählen.

Die ganze Familie hielt mich immer noch für verrückt, weil ich einen so netten Mann so schlecht behandelt hatte. Ich war fest entschlossen, ihnen zu beweisen, daß ich sehr gut allein zurechtkam. Ich brauchte ihre Hilfe nicht. Ich würde es allein schaffen. Ich wollte nicht, daß sie mitbekamen, wie sehr ich mich abstrampeln mußte.

»Übrigens, Mom, wie geht es Dad?«

»Ach, frag nicht.« Ihre Stimme klang niedergedrückt.

Ich hatte meine Familie seit Wochen nicht mehr gesehen. Wir standen uns damals alle nicht gerade nahe. Jeder war mit seinen eigenen Problemen beschäftigt. Jeder ging seinen eigenen Weg, und bei jedem prägte sich die gemeinsame Krankheit auf eine besondere Weise aus.

Als Alkoholikerkind sah Maureen in ihrem Mann eine Art Retter. Es war ihr nicht bewußt, daß sie mit sehr geringem Selbstbewußtsein und hohen Erwartungen in die Ehe gegangen war. Als sie dann von ihrer Ehe enttäuscht wurde, suchte sie Trost im Alkohol. Sie begriff nicht, daß ihr Griff nach dem Alkohol, der ihre Schmerzen und ihre Wut betäuben sollte, zu ihrer völligen Zerstörung führen würde.

Sie wußte nicht, daß sie als Tochter eines alkoholabhängigen Vaters prädestiniert war für diese Krankheit. »Ich werde nie so wie er trinken«, sagte sie oft. Uns war nicht klar, daß auch Dad sich nie für das Trinken entschieden hatte. Die Krankheit zerstörte alles, was an Möglichkeiten für ein erfolgreiches und glückliches Leben in uns steckte.

Danny trank, um Spaß zu haben. Ebenso Maureen. Warum sie ohne Alkohol keinen Spaß haben konnten, hinterfragten sie nicht.

Wir waren allesamt gute Menschen, die ihr Bestes gaben, die versuchten, sich aus einem unsichtbaren Gefängnis herauszukämpfen, dessen enge Wände durch das eigene geringe Selbstwertgefühl abgesteckt waren. Wir hatten für das, was gut in uns war, kein Auge. Wir sahen nur das Schlechte. Die Jahre voller emotionaler Rückschläge hatten uns von unserer Minderwertigkeit überzeugt. Es war traurig, und es war eine solche Verschwendung.

Wenn Maureen nüchtern war, war sie sehr liebevoll und gutherzig. Sie schuf ein trautes Heim für ihre Familie. Sie liebte ihren Mann und war eine treue Ehefrau und gute Katholikin. Sie setzte ihren Kindern strenge moralische Maßstäbe und fühlte sich für den Zusammenhalt der Familie verantwortlich. Wenn sie trank, wurde sie, wie ihr Vater, frustriert und aggressiv. Sie war nicht in der Lage, ihr Problem zu benennen. Und so trank sie, um Klarheit zu gewinnen, brachte sich dabei aber nur um so mehr in Verwirrung.

Danny arbeitete als Teppichverleger. Er sorgte gut für seine zwei Kinder. Wie sein Vater, gab auch er nie das Geld der Familie für Alkohol aus. Er war ein sensibler, gefühlvoller Mann, der große Träume für sich und seine Familie hatte. Tief in seinem Herzen aber wußte er, daß er seine Träume nie würde verwirklichen können. Er wollte, daß das Leben schön wäre. Er liebte Wiesen, Flüsse und Tiere. Alles Sanfte. Wenn er trank, war er mit sich im reinen. Er war dann die Seele einer jeden Party, immer der Fröhlichste, der beste Tänzer, der bestaussehendste Mann. Aber es gab in der Woche höchstens eine Party. Wie sollte er die übrigen sechs Tage ertragen? Er fing an, ständig Sechserpackungen Bier im Wagen zu haben. Am Ende eines jeden Arbeitstages war er ganz auf die Uhr fixiert. Um fünf Uhr erlaubte er sich ein erstes Bier. Bis zum Abend wurde er zum »großen Dan«, zum Mann seiner Träume. Mardi sah, wie ihr Mann Abend für Abend wegdriftete und wurde immer verbitterter. Um sich gegen ihre Vorwürfe zu betäuben, trank Danny noch mehr Alkohol.

Mutter versuchte verzweifelt, Michael so etwas wie ein normales Leben zu ermöglichen, aber er hatte keine Chance. Er sah Dad nie nüchtern. Er kannte seine guten Seiten nicht, den Dad, der Picknicks und Familienfeiern organisierte. Er sah die tanzende Puppe nie oder den großartigen Kerl, der das Publikum bei Schulsportveranstaltungen vor Lachen zum Schreien brachte. Er kannte auch den mutmachenden Dad nicht, der einem sagte: »Du hast eine verdammt gute Stimme« oder »Du bist ein verdammt guter Sportler.«

Michael war allein, und so bekam er die volle Wucht von Dads Krankheit mit, ohne daß er mit anderen Geschwistern darüber reden konnte. Mit zehn Jahren bereits war er sehr still und introvertiert. Er hatte Lernprobleme, was sein ohnehin schon geringes Selbstbewußtsein weiter drückte. Mutter schleppte ihn zu Nachhilfelehrern, Sozialarbeitern und schließlich zu einem Psychiater. Keiner dieser Fachleute war in der Lage zu erkennen, daß seine Mängel und seine Probleme mit der Kommunikation nur Ausdruck von dem waren, was zu Hause geschah. Michael war durch die Krankheit emotional gelähmt. Er war unfähig, dies in Worte zu fassen. Ein wirklicher Fachmann hätte es an seinen Augen sehen können. Aber vor zwanzig Jahren wußten nicht einmal die Fachleute, daß diese Krankheit die gesamte Familie zu emotionalen Krüppeln werden ließ.

Am Sonntag um halb zwei traf meine Mutter ein, um mich zum Dinner abzuholen. Sie sah müde und erschöpft aus.

»Ist alles in Ordnung?« fragte ich sie.

»O ja. Wir hatten nur eine ziemlich schlimme Woche, das ist alles«, sagte sie müde. »Dad hat seinen Job verloren.« Er arbeitete mittlerweile als Hausmeister beim San Bruno Parks Department. »Er wurde betrunken in einem Dienstwagen angehalten«, sagte sie. »Sein Führerschein wurde eingezogen. Ich weiß nicht, was wir jetzt tun sollen. Erst haben sie ihn bei der Brauerei rausgeschmissen und jetzt auch noch beim Parks Department. Ich hoffe, sie geben ihm noch einmal eine Chance. Irgend etwas, wo er nicht zu fahren braucht.«

Arme Mutter, dachte ich. Wie hält sie das nur aus? Warum verläßt sie ihn nicht?

»Trinkt er viel?« fragte ich.

»Ja, er ist wieder in einer seiner Saufphasen. Heute abend wird er wahrscheinlich nicht trinken, weil Sonntag ist, sein Ruhetag!«

»Was willst du tun, Mom?« fragte ich sie.

»Ich weiß es nicht«, antwortete sie.

»Ich denke dauernd daran, ihn zu verlassen. Dann hört er ein paar Tage mit dem Trinken auf, und ich werde weich.«

Ich konnte erkennen, daß ihre Schuppenflechte wieder schlimmer wurde. Ihr Haaransatz war voller Flekken. Ein sicheres Zeichen für Streß und Anspannung. Ich wünschte, es gäbe einen Weg, ihr zu helfen. Aber ich hielt mich ja selbst kaum über Wasser. Ich mußte jeden Monat damit rechnen, aus der Wohnung geworfen zu werden. Ich bekam kaum Aufträge, und mein Ex-Ehemann weigerte sich immer noch, Unterhaltsgeld für das Kind zu zahlen. Auch ich litt an der Krankheit des Alkoholismus, ohne es zu wissen. Und nun hatte ich ein Verhältnis mit einem verheirateten Mann. Wir steckten beide tief im Schlamassel.

Es war wirklich sehr schön, an diesem Abend meine Brüder, meine Schwester und alle Kinder wiederzusehen. Ich hatte schon ganz vergessen, daß Familientreffen etwas ganz Besonderes sein konnten. Meine Schwester lachte über meinen Minirock: »Suzanne, dein Rock ist so kurz, daß man dein Höschen rausgukken sieht«, sagte sie. Es waren die 60er. Miniröcke waren damals eine heiße Sache. Je kürzer, desto besser.

Der kleine Bruce genoß es, mit all seinen Cousins zu spielen. Sie rannten im Haus herum und kreischten. Sie bauten sich überall kleine Forts aus Decken und Tischen, während die Erwachsenen ihre Cocktails zu sich nahmen. Mutter und ich tranken ein paar Gläser Wein, gerade genug, um etwas aufzutanken. Danny, Maureen und Dad griffen nach den harten Sachen. Dad liebte es, Trinkgenossen zu haben. Es war wie ein Wettbewerb. Wer konnte in kürzester Zeit am meisten wegtrinken? Ich achtete auf Dads Verhaltensmuster. Er ließ sein Glas nie aus den Augen. Er erzählte eine lustige Geschichte nach der anderen und goß sich mitten im Satz seinen nächsten Drink ein. Schon bald sah man, wie er zu schielen anfing. Als ich Maureen und Danny sah, stellte ich fest, daß auch ihre Augen sich zu verdrehen begannen. Ich fragte mich, ob auch sie Alkoholiker sein könnten. Wäre das nicht die schiere Ironie, nach den ungezählten Malen, da wir uns als Kinder versprachen, daß wir niemals trinken würden?

»Iß du dein Dinner. Ich habe keinen Hunger«, hörte ich Maureen zu Bill sagen. Ihre Worte waren dahingelallt. Sie goß sich noch einen Gin ein. Sie schien wütend. Es war ganz untypisch für sie, sie war eigentlich ein fröhlicher Mensch und liebte den Spaß. Ich konnte mich nicht daran erinnern, sie vorher jemals aggressiv und feindselig erlebt zu haben.

Danny war einfach nur gut gelaunt. Während Maureen immer unausstehlicher wurde, wurde Danny immer fröhlicher. Auch Dad lachte. Keiner von ihnen hatte Hunger.

»Kommt jetzt zum Essen«, forderte Mom uns auf.

Danny nahm gehorsam sein Glas und ging zum Essenstisch. Maureen und Dad folgten ihm. Bill sprach das Tischgebet, die Kinder brüllten »Amen« und begannen zu essen. Bruce wollte nur die Oliven essen.

»Nimm auch ein bißchen von dem Roastbeef, Schatz«, sagte ich zu ihm.

Timmy begann zu schreien, weil Billy ihn unter dem Tisch trat. »Hör auf«, brüllte Timmy den kleinen Billy an.

»Hör auf, mich zu treten, du Blödmann!« schrie Billy zurück.

»Haltet euren Mund und benehmt euch«, forderte Bill seine Kinder auf.

Joey kippte sein Glas Milch um. Plötzlich herrschte ein großes Durcheinander. Mutter sprang auf, um ein Tuch zu holen.

»Oh, Jesus«, stöhnte Maureen. Sie nippte an ihrem Drink.

Danny lachte. Sein Blick wurde verschwommen. Dad schien von allem nichts mitzubekommen. Dannys kleine Tochter, Erin, begann zu weinen. Der Lärm und das allgemeine Durcheinander machten ihr Angst. Meine Mutter machte einfach weiter, als ob nichts geschehen wäre.

»Noch Kartoffeln?« fragte sie. Das alles war der reine Frieden für Mom. Es gab keine Gewalttätigkeiten. Sie mußte sich keine Sorgen machen, daß Dad sie blamieren könnte. Es war einer der »guten Abende«.

»Wie wär's mit einem Verdauungstrunk?« fragte Dad in die Runde.

»Klar«, sagte Maureen. »Ich nehm 'nen Gin and Tonic.«

»Ich auch«, sagte Danny.

Sie wollten keine Schokoladencreme.

Mom und ich waren allein in der Küche. »Trinken Maureen und Danny immer so viel?« fragte ich sie.

»Na ja, ich mache mir schon ein bißchen Sorgen deswegen«, sagte meine Mutter. »Aber Maureen meint, Bill und sie würden nur ein paar Gläschen vor dem Abendessen trinken. Ich glaube nicht, daß das schädlich ist.«

Sie wußte nicht, daß ›ein paar Gläschen‹ in Wahrheit ein ganzes Fünftel einer Flasche Gin bedeutete. Sie wußte nicht, daß sie sich jeden Abend betranken. Auch Danny fand allmählich Geschmack an dem Brauch, ein paar Cocktails vor dem Essen zu sich zu nehmen. Aber keiner von uns ahnte, daß dies die ersten Warnzeichen eines beginnenden Alkoholismus waren.

Ich war um halb neun wieder zu Hause. Mom hatte mir für ein paar Tage ihren Wagen geliehen. Das Familiendinner hatte ganz schön geschlaucht. Kaum saßen wir im Wagen, legte Brucie seinen Kopf auf meinen Schoß und schlief durch, bis wir zu Hause ankamen. Ich trug ihn vom Auto bis zu seinem Zimmer. Er saß noch halb schlafend auf dem Bett, während ich ihm seinen Pyjama anzog. Sein Gesicht war gerötet, und seine Haare noch immer ganz verschwitzt von all dem Herumgerenne. Ich packte ihn in seine Decke, gab ihm einen Kuß auf die Wange, machte das Licht aus und ging leise nach oben.

Dring! Ich rannte zum Telefon. Ich wollte nicht, daß Brucie aufwachte.

»Hallo«, meldete sich Alan.

»Hallo. Ich bin überrascht, daß du anrufst«, sagte ich.

»Ich konnte nicht aufhören, an dich zu denken, deswegen bin ich schon heute und nicht erst morgen zurückgekommen.«

»Komm gleich rüber«, flüsterte ich in den Hörer.

Alan nahm sich ein Taxi zu mir. Ich begrüßte ihn in der Diele. Ich ließ das Licht aus. Wir standen da im Dunkeln und küßten uns leidenschaftlich. Alan nahm mich bei der Hand. Wir stiegen zusammen die Treppe hoch.

Ich wachte um fünf Uhr morgens auf und sah Alan an. Wir waren im Wohnzimmer auf dem Fußboden eingeschlafen. Das Feuer war ausgegangen, nur ein wenig Glut war übriggeblieben. Er öffnete seine Augen. »Du siehst so wunderschön aus morgens«, sagte er.

Ich liebte seine Komplimente. Niemand hatte vorher so mit mir geredet. »Du bist derjenige, der wunderschön ist«, sagte ich. »Ich mag deine Augen und deine Haut!« Ich liebe dich! schrie es in mir, aber ich durfte es nicht sagen. Er würde davonstürzen. Reiß dich zusammen, Suzanne, sagte ich mir. Genieß einfach den Augenblick. Es gibt keine Zukunft für uns. Ich hatte das akzeptiert. Mein Leben hatte mich gelehrt, niemals auf die Zukunft zu zählen. »Du gehst jetzt besser, bevor Brucie aufwacht«, sagte ich.

»Natürlich. Können wir uns heute abend sehen?« fragte er.

»Sag, wo. Jederzeit nach acht Uhr«, antwortete ich.

»In meinem Hotel«, sagte er.

Dann war er fort.

38

In der nächsten Woche begann ich in der »Wolfsgrube« von Joseph Magnin mit meinem Weihnachtsjob als Model. All die erfolgreichen Geschäftsleute aus der Montgomery Street (der Finanzhochburg in San Francisco) kamen zum Einkaufen in die »Wolfsgrube«. Ich nannte sie »die grauen Anzüge«. Sie kamen in die »Wolfsgrube«, bestellten ein Hors d'œuvre, ein paar Drinks, ließen sich von hübschen jungen Mannequins ein paar Kleider vorführen und sagten dann, sie würden es sich überlegen. Wenn man einen von ihnen fragte, welche Größe sie haben wollten, sagten sie alle »etwa Ihre Größe«. Ich war nur da, um etwas Geld zu verdienen, und so entschloß ich mich frühzeitig, diejenigen Herren, die keine ernsten Kaufabsichten zu haben schienen, zu meiden. Ich sah mich nach den schüchternen, unsicheren Typen um, die wirklich Beratung suchten. Es waren nicht sehr viele.

Je mehr sich Weihnachten näherte, desto betrunkener wurden die Kunden. In der letzten Woche war es wie im Irrenhaus. Jetzt wollten die Herren wirklich Hilfe. Sie hatten bis zur letzten Minute gewartet und brauchten jetzt etwas, das sie unter den Weihnachtsbaum legen konnten. Das Kaufhaus hatte ein begrenztes Angebot an Vorräten und Größen. Ich verlegte mich in meinen Ratschlägen auf Pelzmäntel. Es bestand nur eine geringe Wahrscheinlichkeit, daß das Geschenk zurückgegeben wurde und gewöhnlich paßte allen eine Größe. »Würde Ihre Frau nicht in Begeisterungsstürme ausbrechen, wenn Sie sie mit einem Pelz überraschten?« fragte ich meine Kunden. Je mehr Mäntel ich verkaufte, desto höher wurde meine Provision. Und außerdem verbrachte ich nicht so viel Zeit damit, die verschiedenen Modelle für sie anzuprobieren. Meine Überlegung war, wenn ich einen Ehemann hätte, würde ich mich sehr darüber freuen, wenn ich einen Pelzmantel unter dem Weihnachtsbaum fände. Die Provision für die Vermittlung eines Pelzmantels war etwa so hoch wie die von zehn Kleidermodellen. Ich verkaufte in dieser Woche neun Pelzmäntel.

Die Männer kamen in Scharen. Ich hatte schnell heraus, wer Geld auszugeben bereit war und wer nicht. Ich nahm den Job ernst. Ich brauchte das Geld, und es machte mir Spaß. Ich mochte die Männer, und sie mochten mich, dennoch trug ich einen Ehering am Finger, um möglichen Annäherungsversuchen vorzubeugen. Manchmal blieb ich bei einem Kunden hängen, für den ich das erotischste Kostüm in dem ganzen Laden anziehen mußte, und manchmal kaufte es der Kunde dann sogar. Aber ich wußte, es würde zurückgegeben werden. Und für Rückgaben gab es keine Provision.

Ich flitzte durch das ganze Kaufhaus und schnappte mir Pelzmäntel und Schmuck. Ich benutzte die Treppen, weil der Lift zu lange brauchte. Das Kaufhaus erstreckte sich über acht Stockwerke, und ich lief die Treppen bestimmt fünfzigmal am Tag rauf und runter. Ich war das einzige Mannequin, das am Ende des Arbeitstages naßgeschwitzt war.

Außerdem mußten wir genau wissen, wann wir einen Kunden vom Weitertrinken abbringen mußten.

Da ich mein ganzes Leben mit Trinkern verbracht hatte, wußte ich, wie viele Drinks ich ihnen geben mußte, um sie soweit aufzulockern, daß sie ja sagten, um sie dann, während der Kaufvertrag ausgestellt wurde, vom weiteren Trinken abzuhalten. Ich wollte, daß sie in dem Augenblick, wo sie ihr Paket in die Hand bekamen, das Geschäft verließen, damit ich mich dem nächsten Kunden zuwenden konnte.

Am Weihnachtsabend bei Geschäftsschluß verkaufte ich meinen letzten Pelzmantel. Ich stieg in den Bus nach Hause und war sehr zufrieden mit mir. Ich war erfolgreich gewesen. Ich würde die Miete für diesen Monat zahlen können, und Brucie würde seine Weihnachtsgeschenke kriegen. Ich hoffte, ich würde das Boot abbezahlen und Joe den Fahrzeugbrief geben können.

Die Fernsehshow »The Anniversary Game« hatte über Weihnachten und Neujahr eine dreiwöchige Pause. Ich vermißte Alan schrecklich und war froh, daß ich so viel zu tun gehabt hatte. Er rief mich oft an, aber es waren frustrierende Telefongespräche. Er rief meistens von einer Telefonzelle eines Supermarktes aus an, und unser Gespräch wurde ständig von Kinderstimmen unterbrochen.

»Daddy, kann ich noch ein 25-Cent-Stück haben?«

»Daddy, setz mich auf das Pferdchen!«

»Daddy, kann ich ein Eis haben?«

»Daddy, wann gehen wir endlich?«

Unsere Beziehung war voller Schwierigkeiten.

Der Weihnachtsmorgen mit Brucie war sehr schön. Er war ganz vernarrt in seine heißen Rennwagen und die Rennpiste, die ich ihm geschenkt hatte. Er hatte genug Schienen, um die Piste einmal die Zimmerwände entlang, dann unter sein Bett bis hinauf auf den Flur zu bauen. Gegen ein Uhr mittags nahmen wir ein Taxi zu meiner Mutter. Es kostete mich 28 Dollar.

Es war sehr schön, alle meine Verwandten wiederzusehen: Tante Helen, Onkel Dave, Onkel Ralph und Tante Ann. Dad war betrunken, aber fröhlich. Alle liebten ihn, wenn er so war, sogar wir. Er brachte alle auf Touren. Er ließ den Abend aufregend und lustig werden. Seine Stimmung beherrschte das ganze Zimmer. Wenn er glücklich war, waren wir es auch. Ich liebte Dad sehr. Wenn seine Laune doch nur immer so bliebe.

Dad gab mir einen dicken Kuß. »Fröhliche Weihnachten, mein Schatz«, sagte er. »Du siehst wunderbar aus.«

»Danke, Dad. Fröhliche Weihnachten«, antwortete ich.

»Nein. Seht euch doch nur Brucie an. Was für ein tolles Sportsakko! Einfach großartig!«

Die Kinder fanden Grandpa lustig. Brucie vergötterte ihn geradezu.

Dad fuhr fort, seine Gäste zu begrüßen. Seine Stimme wurde immer lauter. Er reichte Getränke herum. So konnte er sichergehen, daß sie auch wirklich eine starke Mischung enthielten. Er sah es gerne, wenn seine Gäste betrunken waren. Auf diese Weise fiel er nicht so sehr auf.

Vater kam zu mir herüber und legte seine Arme um mich: »Wie geht's dir, Süße?« fragte er.

»Ich schlag mich so durch«, antwortete ich.

»Deine Mutter hat mir erzählt, daß du ein Auto brauchst. Ich kann dir gerne das Geld dafür leihen«, schlug er vor.

»Oh, Vater.« Tränen standen in meinen Augen. »Das würde mein Leben so viel einfacher machen. Lieber Gott, das wäre furchtbar nett von dir. Vielen Dank. Ich hab' dich so lieb«, sagte ich.

»Ich dich auch«, sagte Vater. »Das Geld zahlst du dann in Raten zurück. Wir werden schon eine monatliche Summe finden, die du auch aufbringen kannst«, sagte er.

»Ich kann dir gar nicht genug danken.« Ich küßte ihn und rannte in die Küche, um es meiner Mutter zu erzählen.

Was für eine wunderbare Weihnachtsüberraschung. Ich erzählte Dad nichts davon. Er war immer so eifersüchtig auf Vater, und ich hatte Angst, er würde irgendeinen Weg finden, Vater dafür zu strafen, daß er mir diesen Gefallen getan hatte. Ich habe Dads Verhalten gegenüber Vater nie verstanden. Vielleicht lag es daran, daß Vater von allen so sehr geliebt wurde. Er war gut, freundlich und sehr liebevoll. Er trank kaum, er lebte ein ordentliches Leben, stand sich finanziell gut und liebte seine Kinder und Enkel. Vielleicht befürchtete Dad, daß Mom ihn mit Vater vergleichen und er dabei den kürzeren ziehen könnte. Vater und Dad waren sehr unterschiedliche Typen von Männern. Sie waren beide auf ihre Weise großartig, nur daß Dad an einer schrecklichen Krankheit litt. In seinem jetzigen Zustand wäre er eifersüchtig geworden.

Vater sagte, er würde mir etwa 2500 Dollar für mein Auto leihen. Ich verbrachte die nächsten zwei Tage damit, die Autoanzeigen zu lesen und Anrufe zu tätigen. Ich hatte keine Ahnung von Autos und Motoren. Ich wußte nicht, welche Fragen ich stellen mußte. Ich fand einen Gebrauchtwagen, einen 68er Pontiac Firebird, und weil er einen guten Eindruck auf mich machte, kaufte ich ihn. Es war ein blaues Kabriolett mit weißem Dach, Klimaanlage und einer achtspurigen Stereoanlage. Der Name des Verkäufers war Neil Siedel (Autos gegen bar), und er versicherte mir, der Wagen sei ein »Juwel«. Ich war begeistert, auch Brucie war begeistert. Wow! Unser eigenes Auto. Was für ein Luxus! Wir konnten jetzt mit dem Wagen zum Einkauf, wir konnten spazierenfahren, wir konnten die Familie besuchen fahren. Ich vereinbarte mit Vater, ihm 60 Dollar monatlich zu zahlen. Ich war sicher, daß ich mir das leisten konnte.

Am Sonntag rief ich meine Mutter an, um zu fragen, ob sie Lust hätte, mit mir und Brucie nach Searsville Lake hinauszufahren. Es war ein Naherholungsgebiet, das wir oft besucht hatten, als ich noch klein war. Der See lag etwa dreißig Meilen südlich von San Bruno.

Ich hielt mit offenem Dach vor ihrem Haus. Die Sonne schien. Eydie Gorme sang aus voller Lunge aus der Stereoanlage. Ich fühlte mich großartig. Ich fühlte mich frei, mobil.

Auf halbem Weg zum See roch ich rostiges Wasser. Die Kühlerlampe blinkte auf. Wir hielten an der nächsten Tankstelle an. Kein Zweifel, der Kühler war überhitzt und kochte.

»Sie sollten das einmal nachsehen lassen«, sagte der Tankwart, als er das Wasser nachfüllte.

O Gott, dachte ich. Ich kann mir keine Autoreparatur leisten. Wir mußten auf dem Heimweg noch zweimal Halt machen, um Wasser in den Kühler nachzufüllen.

Am Montag morgen brachte ich den Wagen zu Neil Siedel, damit er ihn reparierte. Er sagte mir, ich müßte das Auto einige Tage bei ihm lassen. Also fuhr ich mit dem Bus nach Hause. Am Donnerstag war der Wagen fertig. Ich hatte noch immer nicht den Fahrzeugbrief. Neil Siedel sagte, die Papiere seien noch nicht bearbeitet. Ich stieg ins Auto und fuhr rückwärts aus der Einfahrt. Ich sah den heranrasenden Wagen nicht. *Krach!* O Gott! O nein! Ich sprang aus dem Wagen.

»Sie blöde Kuh«, schrie der Mann mich an.

»Es tut mir leid«, sagte ich. »Ich habe Sie nicht gesehen.« Der Gedanke, daß er vielleicht zu schnell gefahren sein könnte, kam mir gar nicht erst in den Kopf. Ich nahm automatisch die Schuld auf mich. Und ich hatte noch nicht einmal eine Versicherung für den Wagen.

Neil Siedel kam herausgerannt, um zu helfen. »Machen Sie sich keine Sorgen, Suzie, ich kümmere mich darum.«

Der andere Wagen war an der Beifahrertür völlig eingedrückt. Meine Stoßstange war hinüber. Neil schlug vor, die Reparatur zu übernehmen. Ich willigte ein. Zwei Wochen später erhielt ich eine Rechnung über 750 Dollar. Die Reparaturkosten für meinen Wagen beliefen sich auf 200 Dollar, die für den anderen auf 550 Dollar. Mir wurde schlecht. Ich war mir nicht sicher, wieviel der Scheck für die Provisionen aus meinem Weihnachtsjob betragen würde. Aber die 600 Dollar, die ich Joe schuldete, das Geld für Miete, Gas, Strom, für die offenen Rechnungen im Lebensmittelgeschäft, Anrufbeantworter, dazu die 60-Dollar-Rate an Vater und jetzt noch die Rechnung über 750 Dollar würden den Scheck bestimmt aufbrauchen. Ich mußte mir jetzt schon eher Sorgen machen, ob der Scheck meine Kosten überhaupt würde abdecken können.

»Ich werde die Rechnung in den nächsten Wochen nicht zahlen können«, sagte ich Neil Siedel.

»Nun, dann werde ich Ihre Fahrzeugpapiere als Sicherheit festhalten«, sagte er. »Und sehen Sie zu, daß Sie den Wagen versichern.«

Na klar, dachte ich. Noch 'ne Rechnung.

39

Alan war wieder in der Stadt. Er ließ mich meine Probleme vergessen. Alan wußte nicht, daß ich Schwierigkeiten hatte. Er durfte es nicht wissen. Ich war doch die Erbin! Es gab so vieles, was ich vor ihm verheimlichte. Aber was machte das schon für einen Unterschied? Unsere Beziehung hatte keine Zukunft. Ich war mir sicher, daß meine Heimlichkeiten nie herauskommen würden.

Meine Abende mit Alan blieben märchenhaft. Er verließ das Miyako Hotel und zog in ein schönes Apartment auf Telegraph Hill. Ich war froh darüber, keine Hotelportiers mehr, dafür mehr Privatsphäre. Ich konnte ihn jetzt direkt zu Hause anrufen.

Alan liebte es, für mich zu kochen. Er zauberte so wundervolle Dinge wie Pfeffersteak, Austerneintopf, Rührei mit frischem Spargel und honigbestrichene Lammkoteletts. Er speiste mich, hofierte mich und liebte mich. Es war alles so romantisch. Ich wollte ihn unter allen Umständen, solange ich ihn nur hatte. Ich war hoffnungslos verliebt.

Der Gehaltsscheck mit der Provision von Joseph Magnin traf ein. Es hatte sich gelohnt. Der Scheck belief sich auf über 1200 Dollar. Leider lagen meine Rechnungen zusammengenommen deutlich höher. Ich zahlte dem Barkeeper Joe die letzten 600 Dollar. Gott sei Dank war ich dieses Problem endlich los. Als nächstes mußte die Miete gezahlt werden, und auf Telefon und Anrufbeantworter konnte ich unmöglich verzichten. Das Telefon war mein Verbindungsweg zur Arbeit und vor allem zu Alan. Zack, schon waren 1000 Dollar futsch! Es blieben mir nur noch 200 Dollar. Ich mußte Lebensmittel einkaufen, wieder 86 Dollar. O nein, ich hatte jetzt nicht mehr genug, um Neil Siedels Reparaturrechnung zu bezahlen. Meinen Fahrzeugbrief konnte ich jetzt vergessen, und ohne Fahrzeugbrief würde ich den Wagen nicht versichern können. Ach ja, ich schuldete Vater noch die 60-Dollar-Rate für den Wagen. Ich konnte es nicht glauben, mir blieben nur noch 54 Dollar, und ein Auftrag von der Agentur war nicht in Sicht.

Ich muß mir eine neue Wohnung suchen, dachte ich. Ich kann mir die 200 Dollar monatlich für die Miete einfach nicht leisten. Außerdem wollte ich, daß Brucie endlich in einer passenden Umgebung lebte. Brucies bester Freund war unser Nachbar Jack Hanson. Er war 40 Jahre alt. Ich hatte ihn durch Bruce kennengelernt.

Jack war ein prima Kerl. Er sah gut aus, war zart gebaut und hatte einen wunderbaren Sinn für Humor. Er nahm das Leben von seiner komischen Seite, ohne Illusionen und sehr realistisch. Ich war sehr gerne mit ihm zusammen.

Jack arbeitete manchmal für den lokalen Fernsehsender. Er hatte Kinder- und Nachrichtensender moderiert, hatte Wettervorhersagen gemacht und arbeitete augenblicklich an einem Dokumentarfilm für Wells Fargo. Wir wurden schnell gute Freunde. Jack liebte Bruce abgöttisch, und seine Freundschaft war mir sehr wichtig.

Ich beschloß, in Martin County nach einer neuen Wohnung zu suchen. Es war dort ruhig und friedlich, und das Leben war wesentlich billiger als in San Francisco. Ich ging die Wohnungsanzeigen durch und listete die in Frage kommenden Angebote eines Tages auf, damit ich die 50 Cent Brückenzoll nicht mehr als einmal berappen mußte.

Ich entdeckte ein süßes kleines Häuschen in Sausalito, es hatte zwei Schlafzimmer und einen kleinen Balkon, von dem aus man die Bucht überblicken konnte. Die Miete betrug 150 Dollar im Monat. Es war ideal. Ich brauchte nur noch das Geld für die erste und für die letzte Monatsmiete und 100 Dollar Kaution. Vierhundert Dollar! Wo sollte ich 400 Dollar hernehmen?

Marsha, das Mädchen von der Modelagentur, rief mich an: »Die suchen ein Mädchen für das Titelblatt von *Newsweek*. Sie bekommen 750 Dollar für zwei Stunden Arbeit. Sie müßten sich allerdings nackt fotografieren lassen.«

»Nackt!« sagte ich entgeistert.

»Ja«, sagte Marsha, »aber man wird nicht erkennen können, daß Sie es sind. Das Bild wird psychedelisch ausgeleuchtet und alles, was man wird erkennen können, ist Ihre Körperkontur. Es ist für einen Artikel über Frauen in der Revolte, über Feminismus.«

Im Grunde wollte ich es nicht machen. Der Gedanke, nackt vor einem Fotografen zu stehen, beunruhigte mich. Aber niemand würde mich auf dem Foto erkennen können, und ich brauchte das Geld dringend. »In Ordnung«, sagte ich Marsha.

Ich bekam den Job, und meine Agentur überwies mir das Geld. Eigentlich hätte ich nun die Rechnung von Neil Siedel abbezahlen müssen, aber ich wollte unbedingt nach Sausalito ziehen. Es war bezeichnend für mein Verhaltensmuster. Ich manövrierte mich selbst in die nächste Krisensituation. Neil Siedel begann bereits, wegen des geschuldeten Geldes ungemütlich zu werden. Ich schickte ihm 100 Dollar, bloß um ihn eine Zeitlang loszusein. Ich mußte auch noch Gas, Strom und die Lebensmittelrechnung bezahlen. Aber das würde noch eine Weile warten können. Ich brauchte das Geld für den Umzug und um Telefon und Strom in meinem neuen Haus installieren zu lassen.

Mein Bruder Dan, mein Schwager Bill und mein Freund Jack halfen mir mit dem Umzug. Bill hatte sich von einem Freund einen Laster geliehen, und die drei begannen, meine Sachen in den Laster zu laden. Gegen ein Uhr mittags, als mein Haus schon halb ausgeräumt war, klingelte das Telefon. Es war meine neue Vermieterin.

»Ich habe es mir noch einmal überlegt«, sagte sie, »ich will einfach keine geschiedene Frau in meiner Wohnung haben.«

»Aber ich bin schon mitten im Umzug«, sagte ich fassungslos. »Ich habe meine Wohnung bereits gekündigt und sitze jetzt praktisch auf der Straße.«

»Es tut mir leid«, sagte sie. »Aber das ist nicht mein Problem. Ich habe Ihren Scheck bereits zerrissen.«

Ich begann wieder zu protestieren und merkte dann, daß ich mit dem Wählton sprach. Sie hatte einfach aufgelegt. Was sollte ich jetzt tun? Das Haus, in dem ich bis jetzt gelebt hatte, war bereits wieder vermietet. Der neue Mieter wollte schon am nächsten Tag einziehen.

Ich sagte meinem Bruder und meinem Schwager, sie sollten den Laster weiter beladen. »Ich fahre nach Sausalito und versuche, eine andere Wohnung zu finden.« Mir war eingefallen, daß es dort einen neu eröffneten Apartmentkomplex gab, das ›Anchorage‹. Ich könnte mir ja so lange eine Wohnung dort nehmen, bis ich etwas Besseres finden würde.

Die Anchorage-Apartments waren zu haben. Ich war die erste Mieterin. Die monatliche Miete betrug 125 Dollar, ich mußte die erste und die letzte Monatsmiete und 100 Dollar Kaution zahlen. Also in etwa dasselbe wie bei dem kleinen Häuschen, nur bei weitem nicht so hübsch. Das Anchorage hatte über 100 häßliche weiße Betonwohnungen, denen jeder Charme abging. Aber sie hatten einen Swimmingpool und eine Gemeinschaftssauna, und sie waren bereit, mich sofort einziehen zu lassen. Ich rief meinen Bruder an und gab ihm die Adresse. Drei Stunden später war ich in die neue Wohnung eingezogen. Ich hatte nicht die Absicht, sehr lange zu bleiben, aber es war besser, als auf der Straße zu sitzen.

Ich richtete Brucies Zimmer ein und beließ es dabei.

Ich hängte meine Bilder gar nicht erst auf. Auch mit der übrigen Einrichtung gab ich mir keine große Mühe. Diese Wohnung war sowieso nur für den Übergang.

Ich sparte zwar ein wenig Geld an Miete, aber das wirkte sich nicht großartig aus. Die Aufträge flossen spärlich. Sie würden immer spärlich fließen. Es war einfach zu wenig los in San Francisco. Ich erschien bei jeder Vorsprechprobe von jedem Film, der in der Stadt gedreht wurde, aber das höchste, worauf ich hoffen konnte, war eine Rolle mit ein oder zwei Sätzen, und das auch nur, wenn ich großes Glück hatte. Meistens waren es Statistenrollen. Ich war nicht groß genug, um als Model auf dem Laufsteg geeignet zu sein, und die Aufträge als Fotomodell waren rar und kamen nur in großen Abständen.

Ich blieb anderthalb Jahre in meiner Übergangswohnung. Ich hängte weder die Bilder auf, noch richtete ich die Wohnung richtig ein. Ich machte mir vor, daß ich jeden Moment ausziehen würde, warum also die Mühe auf mich nehmen? Meine Wohnung war genau so wie die Wohnung nebenan, und diese glich exakt der Wohnung daneben. Es waren Durchschnittswohnungen. Aber ich wollte nicht Durchschnitt sein. Ich wollte anders sein. Ich wollte, daß alles in meinem Leben anders, besonders wäre. In mir nagte dieses brennende Gefühl. Ich wußte, ich hatte Talent. Mein Erlebnis in der Highschool hatte das deutlich gezeigt. Ich hatte dieses ekstatische Gefühl, das ich bei meinem Auftritt in *Guys and Dolls* erlebt hatte, nie vergessen können. Ich wollte für mein Leben gern singen, tanzen und schauspielern, aber ich wußte nicht, wie ich es anstellen sollte. Ich war jetzt zwar bei einer Schauspieleragentur, aber ich bekam allenfalls Aufträge für Statistenrollen oder für eine Lokalwerbung. Meine Agentin wußte nicht, daß mehr in mir steckte, und ich hatte keinen Film und kein Demoband, um sie von meinen Qualitäten zu überzeugen.

Die Arbeit als Statistin schien mir erniedrigend. Man bezeichnete uns als »Hintergrund«, so wie eine Herde Vieh. »Tragt keine auffälligen Farben«, sagten sie uns. Sie wollten nicht, daß wir zu sehr auffielen, sie wollten uns als verschwommenen Flecken hinter den wichtigen Leuten im Vordergrund. Ich wollte einer dieser wichtigen Leute sein.

Meine finanzielle Situation wurde immer schlechter. Ich kam vorne und hinten mit dem Geld nicht mehr zurecht. Mein Auto stellte sich als Niete heraus. Immer wenn ich irgendwo mit ihm hinfuhr, ging irgend etwas an ihm kaputt. Mein ganzes Geld ging für Autoreparaturen drauf. Ich hatte den Fahrzeugschein noch immer nicht. Neil Siedel machte mir das Leben zur Hölle. Ich schuldete ihm noch immer 650 Dollar Reparaturkosten, und ich schaffte es einfach nicht, das Geld aufzubringen.

Eines Morgens ging ich nach draußen, um mein Auto zu holen, aber es war weg. Ich konnte es nicht glauben. Ich rannte auf dem Parkplatz herum und suchte es überall. Warum sollte jemand meine alte Karre stehlen wollen? Ich rief heulend bei meiner Mutter an.

»Irgend jemand hat mein Auto geklaut«, schluchzte ich in den Hörer.

»Ach, du liebe Güte«, sagte meine Mutter. »Am besten meldest du das sofort der Polizei.«

Drei Stunden später erhielt ich einen Anruf von der Sausalito-Polizeiwache. »Hier ist Sergeant Collins. Ihr Wagen ist nicht gestohlen worden. Er wurde vom Neil Siedel Gebrauchtwagenhandel wieder in Besitz genommen.«

Ich konnte es nicht glauben. Neil Siedel sagte mir, um den Wagen zurückzubekommen, müßte ich ihm die 650 Dollar plus 400 Dollar Gebühren für die Wieder-in-Besitznahme und noch einmal 300 Dollar Abschleppkosten zahlen, insgesamt 1350 Dollar. Ich konnte unmöglich so viel Geld zusammenbekommen. Ich schuldete Vater noch immer 1800 Dollar und mußte ja meine monatlich anfallenden Kosten begleichen. Ich hatte mein Auto verloren. Ich wollte nicht, daß irgend jemand erfuhr, wie pleite ich war, deswegen sagte ich meiner Mutter, Maureen und Alan, daß mir der Wagen gestohlen worden wäre und ich keine Versicherung hatte. (Das letzte stimmte ja immerhin.)

Ich war wieder da, wo ich angefangen hatte, nur daß ich jetzt in einem einfachen Apartment saß, die Bilder noch auf den Boden gestellt hatte und ohne Auto unmöglich zu Vorstellungsgesprächen nach San Francisco gelangen konnte. Mein Freund Jack war mir während dieser Zeit eine große Hilfe. Er war ebenfalls nach Sausalito gezogen, und an Tagen, an denen ich Vorstellungstermine hatte, fuhr ich mit ihm in die Stadt, setzte ihn an seiner Arbeitsstelle ab und holte ihn abends wieder ab. Es war sehr anstrengend für Brucie. Es machte ihn müde und quengelig, den ganzen Tag mit mir von Bewerbungsgespräch zu Bewerbungsgespräch zu ziehen, aber ein Babysitter kam nicht in Frage. Ich konnte es mir nicht leisten. In einigen Monaten würde er in den Kindergarten gehen. Das würde einiges erleichtern.

Ich mußte meinen kleinen Liebling mit Essen, Kleidung und Unterkunft versorgen. Unterkunft und Bekleidung bekam ich noch hin, aber gelegentlich fehlte mir einfach das Geld für Lebensmittel. Und so begann ich, ungedeckte Schecks auszustellen. Ich schrieb einen Scheck für einige Lebensmittel aus und fragte den Verkäufer: »Ich brauche etwas Bargeld. Könnte ich vielleicht einen höheren Betrag einsetzen und Sie geben mir 50 Dollar?« Und dann betete ich, daß ich irgendwie durch ein Wunder etwas Geld auftreiben würde, das ich auf mein Konto einzahlen könnte, bevor der Scheck platzte. Für den Augenblick aber war ich beruhigt, ich hatte einen Einkaufswagen voller Lebensmittel und etwas Bargeld in der Tasche. Jetzt, da ich kein Auto mehr hatte, konnte ich nur so viel einkaufen, wie ich tragen oder mit einem geliehenen Einkaufswagen nach Hause transportieren konnte. Diese Gewohnheit, ungedeckte Schecks auszustellen, war der Beginn der schlimmsten Krise, in die ich mich selbst manövrieren sollte. Aber sie gehörte zu meiner Lebensweise, die durch einen mangelnden Realitätssinn gekennzeichnet war. Ich lebte mein Leben mehr in der Phantasie als in der Wirklichkeit. Ich entwickelte damals einen echten und tiefen Haß auf meinen Ex-Ehemann. Ich hätte die 150 Dollar Unterhaltszahlung für das Kind gut gebrauchen können. Es waren jetzt dreieinhalb Jahre seit unserer Scheidung vergangen, und ich hatte nicht einen Penny von ihm erhalten. Aber er war noch immer wütend auf mich, und das war seine Weise, es mich spüren zu lassen. Die Zeit heilte die Wunden nicht, sie schien seine Wut eher zu verschlimmern. Ich fühlte mich mies, aber ich konnte das Geschehene nicht wieder rückgängig machen.

In meiner Not nutzte ich jede Möglichkeit zu überleben. Und wenn das bedeutete, daß ich faule Schecks ausschreiben mußte, damit wir etwas zu essen hatten, so tat ich es eben. Krisen über Krisen. Der Stolz ist eine dumme Sache, aber ich war zu stolz, mich an meine Familie zu wenden, und ich wollte unter keinen Umständen, daß Alan jemals etwas von meiner wirklichen Situation erführe.

Ich hatte mittlerweile eine ganze Reihe ungedeckter Schecks ausgestellt, alle an Leute, die nett und voller Verständnis waren. Die Summen lagen immer unter 100 Dollar, so daß niemand allzu wütend wurde. Aber es war ein Spiel mit dem Feuer. Früher oder später würde jemand mit einem meiner Schecks zur Polizei gehen.

Immer wenn das Telefon klingelte, steckte ich in einem echten Dilemma. Es konnte Alan sein, und ich wollte auf keinen Fall auf ein Gespräch mit ihm verzichten. Es konnte ein Angebot von meiner Agentur sein. Es konnte aber auch irgend jemand sein, den ich mit einem ungedeckten Scheck abgespeist hatte.

Es war ein ständiges Auf und Ab. Meine Affäre mit Alan war meine Fluchtmöglichkeit vor der Realität. Natürlich war sie nicht ohne Probleme. Er war verheiratet, und ich war ihm gegenüber nicht offen und hütete alle meine Geheimnisse. Aber ich konnte ihn nicht aufgeben, dafür liebte ich ihn zu sehr. Ich genoß jeden Moment mit ihm, als wäre es das letzte Mal. Es war voller Leidenschaft, denn wir wußten beide, daß er am Wochenende wieder zurück nach Hause fahren mußte. Er gab mir das Gefühl, schön zu sein. Er brachte mich zum Lachen, und ich vergaß in seiner Nähe die traurige Wirklichkeit meines Lebens. Ich war von ihm abhängig, so wie er von mir.

Ich ließ mein Telefon an eine Steckdose anschließen, so daß ich es ausstöpseln konnte, wenn Alan bei mir war. Ich wollte nicht, daß er die vielen Anrufe mitbekam, die jeden Tag von all den Leuten mit meinen ungedeckten Schecks eingingen. »Miss Somers, wir haben Ihren Scheck jetzt noch zweimal eingesandt, und die Bank hat ihn jedesmal wieder zurückgeschickt! Wir verlangen für morgen eine Rückerstattung des Betrages in bar!«

»Oh, tut mir leid«, sagte ich dann. »Ich werde mich sofort darum kümmern.« Darauf rief ich meine Agentur an und bettelte um einen Vorschuß aus meinem letzten Job. Ein Leben an der Grenze, in einer ständigen Krise. Manchmal saß ich im Klo auf dem Boden und heulte. Ich wollte nicht, daß der kleine Bruce mich sah. Er war glücklich. Er wußte von nichts. Er konnte den ganzen Tag mit seiner Mami zusammensein, er hatte ein Zimmer, Spielsachen, Kleidung, sein Essen, und bald würde er zur Schule gehen und Freunde kennenlernen. Er war so ein lieber, guter Junge. Er bekam Alan fast nie zu Gesicht. Wir trafen uns meistens erst, nachdem Bruce schlafen gegangen war. Ich wollte nicht, daß Bruce den Eindruck bekam, er könnte einen neuen Vater kriegen. Ich wußte, daß es für Alan und mich keine Zukunft gab. Dafür hatten schon meine Lügen gesorgt. Ich redete mit Alan nie über seine Frau, und ich setzte ihn nie unter Druck. Ich wollte ihn nicht wegjagen. Ich liebte ihn, und ich war mir sicher, daß auch er mich liebte. Aber keiner von uns konnte es aussprechen. Es hätte unsere Beziehung verändert. Ich wollte kein Risiko eingehen. Außerdem, auch wenn er mich liebte, so liebte er doch im Grunde eine Person, die er nicht kannte. Hätte ich ihm doch nur nicht all diese Lügen aufgetischt. Ich fing an, langsam zu begreifen, daß er mich auch so geliebt hätte. Meine Natürlichkeit zog ihn an. Ich war nicht aufgedonnert, ich war nicht der »Hollywood-Typ«. Und er liebte meine Verletzlichkeit. Er liebte das Kleinstadtmädchen in mir, obwohl ich alles daransetzte, als Großstadtmädchen zu erscheinen. Unsere Affäre ging jetzt ins zweite Jahr.

Die Telefonanrufe hörten nicht auf, mich zu verfolgen. Jedes Gespräch endete mit dem gleichen Satz: »Wir wollen das Geld bis spätestens morgen.« Ich ging jetzt auch meiner Familie aus dem Weg. Ich kam mir ohne Auto dumm vor, und ich wollte Vater nicht über den Weg laufen. Ich hatte ihm jetzt schon seit Monaten nichts mehr zahlen können. Er hätte es verstanden, glaube ich, aber ich zog es vor, mich vor ihm zu verstecken. Ich ertrug es nicht, mich ihm und der Wahrheit zu stellen. Es war einfach zu lügen, auszuweichen, in Phantasien zu flüchten. So sah mein Leben jetzt aus. Ich wußte nicht, wie es dazu gekommen war. Ich wollte nicht so sein, aber ich tat es immer und immer wieder. Es ging immer tiefer abwärts in die Krise und in die Isolation. Ich trug die selbstgemachten Probleme ganz allein. Ich bekam einige Jobs im Monat, was für San Francisco als ganz gut galt. Ich kannte niemand sonst, der in San Francisco versuchte, allein von diesem Geschäft zu leben. Es gab dafür einfach nicht genug Arbeit. Warum ich mir keinen »normalen« Job als Empfangssekretärin oder so gesucht habe, werde ich wohl nie begreifen. Ich vermute, es hätte die Seifenblasen meiner Phantasie zerplatzen lassen. In meinen Träumen war ich ein noch unentdeckter Star. Irgendwann wird irgend jemand mein Talent entdecken. Ich war mir noch nicht einmal sicher, worin mein Talent bestand. Es war noch roh, untrainiert und ungenutzt. Aber ich konnte fühlen, daß es in mir bereitlag. Ich hatte kein Geld für Stunden. Und ich begriff nicht, daß ich bereits dabei war, mich selbst auszubilden. Ich erkannte die hohen Anforderungen an meine schauspielerischen Fähigkeiten nicht, die dazu nötig waren, vor Alan oder meiner Familie die Fassade aufrechtzuhalten. Der einzige Mensch, der meine wirklich verzweifelte finanzielle Situation kannte, war mein Freund Jack. Ich weiß nicht, was ich ohne Jack gemacht hätte. Er war auch Brucie ein guter Freund. Er nahm uns zum Einkaufen mit, lieh mir sein Auto und fuhr an Wochenenden, wenn Alan zu Hause war, mit uns raus. Jack hielt nichts davon, daß Alan sich als verheirateter Mann mit mir traf. Jack begriff nicht, daß ich es war, die es Alan erlaubte, ein Doppelleben zu führen. Ich setzte ihn nicht unter Druck. Ich ermöglichte es ihm, »auf zwei Hochzeiten zu tanzen«, wie meine Mutter es ausgedrückt hätte. Ich weiß heute, daß Alan seit dem Tag, an dem wir uns getroffen hatten, verrückt nach mir war. Ich wußte damals nicht, daß seine Ehe wackelig war und daß er nur nicht der Typ war, der über seine Probleme sprach. Er respektierte seine Frau und liebte seine Kinder. Und solange ich ihm keinen Druck machte, solange konnte er das Unvermeidliche leichter aufschieben. Solange ich das Gefühl hatte, seiner nicht würdig zu sein, solange würde ich ihn nicht bekommen. Ich fragte mich nie, warum ich so wenig von mir hielt.

40

Am Freitag der ersten Augustwoche fuhr Alan auf einen dreiwöchigen Urlaub nach Mexiko. Mir ging's miserabel. Der Gedanke, daß er mit seiner Frau in Urlaub fuhr, war niederschmetternd. Er gab mir einen Abschiedskuß und sagte mir, er würde mich sehr vermissen. Ich glaubte ihm, unsere gemeinsame Zeit war in der Tat immer etwas ganz Besonderes. Ich wünschte, er wäre nicht gefahren.

Ich wälzte mich die halbe Nacht im Bett herum. Schließlich, so gegen vier Uhr morgens, gab mein Körper nach, und ich fiel in einen tiefen Schlaf. Um sechs Uhr morgens, am 23. August 1970, klingelte es an meiner Haustür. Ich sprang auf, noch völlig desorientiert. In Gedanken war ich sofort wieder in den vielen Nächten meiner Kindheit, wo das morgendliche Türschellen bedeutete, daß Dad nach Hause gekommen und wieder einmal völlig betrunken war. Ich spürte Panik in meiner Magengrube. Ich griff mir meinen Morgenmantel und schaute durch den Türspion. O mein Gott! Es war ein Polizeibeamter. Er trug zwar keine Uniform, aber er präsentierte seine Polizeimarke. Ich öffnete die Tür.

»Sind Sie Suzanne Somers?« fragte er. »Ich bin vom

Sausalito Police Department. Ich habe einen Haftbefehl gegen Sie.«

Haftbefehl! Alles in mir begann zu zittern. Mir wurde schlecht. »Was habe ich getan?« fragte ich.

»Die Anklage lautet auf Betrug. Ich kann Ihnen nichts Genaueres sagen, bis wir Sie offiziell auf der Wache registriert haben. Bitte, kommen Sie jetzt mit«, sagte der Beamte.

»Aber das geht nicht«, stammelte ich. »Mein kleiner Junge schläft, und ich habe niemanden, der auf ihn aufpassen könnte.« Meine Phantasiewelt stürzte ein, die Wirklichkeit hatte mich eingeholt.

»Wir werden Ihren Sohn in Verwahrung nehmen und ihn in ein Pflegeheim geben«, sagte er.

»Nein! Nein!« flehte ich ihn an. Ich wußte nicht, was ich tun sollte. »Ich habe eine Nachbarin, Officer«, sagte ich verzweifelt. »Bitte, lassen Sie mich sie anrufen und sie fragen, ob sie auf den Kleinen aufpaßt. Bitte!« Ich konnte meine Tränen nicht unterdrücken. Gott sei Dank hatte der Polizeibeamte ein Herz. Ich rief die Nachbarin an. Ich kannte sie kaum, aber sie hatte einen kleinen Jungen, mit dem Bruce manchmal spielte. Mir blieb nichts anderes übrig, als ihr die Wahrheit zu erzählen und sie um Hilfe zu bitten. Glücklicherweise hatte sie am nächsten Tag frei, und sie sagte, Bruce könnte rüberkommen. Der Officer sagte, er würde solange warten, bis ich mich angezogen und Bruce fertiggemacht hatte. Er ging ins Wohnzimmer. Ich sah, wie er meine Sachen durchstöberte. Ich hatte keine Rechte. Ich konnte nicht einfach sagen: »Entschuldigen Sie, würden Sie das bitte unterlassen!« Ich zog mich an und ging dann widerwillig in Brucies Zimmer, um ihn zu wecken. Ich war mit den Nerven völlig am Ende, aber ich mußte mich zusammennehmen und Ruhe vortäuschen. Bruce war so süß morgens. Sein Gesicht war ganz rosig, und seine Haare standen vom Liegen in alle

Richtungen ab. Er hatte sein kleines Däumchen im Mund. Ich streichelte ihm sanft den Kopf und seinen kleinen Rücken. Tränen liefen mir über das Gesicht.

»Brucie, Liebling. Wach auf«, flüsterte ich. Er machte niedliche kleine Babygeräusche, drehte sich um und schlief wieder ein. »Brucie, Schatz, Zeit zum Aufstehen. Mami muß arbeiten gehen.«

Er öffnete die Augen. »Wo gehen wir denn arbeiten?« fragte er verschlafen.

»Nein, mein Liebling. Heute geht Mami allein arbeiten, und du bleibst bei Brian und seiner Mutter.«

Ich versuchte zu lächeln und Enthusiasmus vorzutäuschen. Ich wollte nicht, daß er mich weinen sah. Ich hielt ihn in den Armen. Ich liebte ihn so sehr. Ich wollte ihn nicht mehr loslassen. Er fühlte sich so gut an. Ich wußte nicht, wann ich ihn wiedersehen würde. Ich wußte nicht, ob ich für immer ins Gefängnis mußte. Ich wußte nicht, ob es ein Jahr dauern würde oder einen Tag. Es war das einsamste, schrecklichste Gefühl, das ich je in meinem Leben empfunden habe. Ich zog Brucie saubere Sachen an. Meine Hände zitterten so sehr, daß ich kaum die Knöpfe an seinem Hemd zubekam. Ich zog ihm seinen warmen Pullover über, wusch ihm das Gesicht und versuchte, seine Haare zu kämmen. Aber keine noch so große Menge Wasser reichte aus, um seine Haare anliegen zu lassen.

Der Polizeibeamte stand an Brucies Schlafzimmertür. »Wir müssen jetzt los«, sagte er.

»Hab' ich noch Zeit, ihm etwas zum Frühstück zu machen?« fragte ich. Ich wollte so viel Zeit wie möglich herausschlagen. Ich wollte jeden wertvollen Augenblick mit meinem Kind nutzen, die letzten Minuten meiner Freiheit auskosten.

»Tut mir leid. Wir müssen los«, sagte er emotionslos.

Ich packte Brucies Pyjama und sein Lieblingsspielzeug ein. »Bleib ich heute nacht weg?« fragte Bruce. Er sah besorgt aus.

»Ich hoffe nicht«, sagte ich. »Das ist nur für den Fall, daß ich heute länger arbeiten muß«, versuchte ich ihn aufzumuntern. »Wenn es wirklich spät werden sollte, sage ich Omi Bescheid, daß sie dich abholen soll.« Bitte, lieber Gott, laß mich heute abend wieder zu Hause sein. Bitte, erhöre mich, betete ich stumm. Ich konnte den Gedanken, daß Bruce ohne seine Mutter wäre, nicht ertragen.

Wir verließen das Haus. Draußen sah ich den Wagen des Beamten. Obwohl er auf den ersten Blick nicht als Polizeiwagen zu erkennen war, hatte er doch deutlich sichtbar ein Gitter zwischen Vordersitzen und Rückbank. Ich fühlte Panik aufkommen. Bruce durfte auf keinen Fall das Gitter sehen. Er war nicht dumm, er würde sofort wissen, daß etwas nicht stimmte.

»Ich geh' mit ihm zum Nachbarhaus«, sagte ich zum Officer. In meinen Augen stand Panik.

Der Officer schwieg. »O.K.«, sagte er schließlich.

Meine Nachbarin sah aus dem Fenster. »Schau, Brucie! Siehst du Brian dort im Fenster?« Ich versuchte, fröhlich zu wirken. Ich ging mit Brucie die Treppe hinauf und wußte, daß jeder Schritt mich dem Abschied näher brachte. Ich kämpfte gegen die Tränen an. Oben umarmte ich Bruce mit aller Kraft. »Ich liebe dich, mein Schatz. Sei ein braver Junge. Tu es für deine Mami. O.K.?«

»Mach ich«, sagte er. »Ich liebe dich auch.«

»Bye-bye, Liebling. Bis bald.« Ich küßte ihn noch einmal. Dann ging er ins Haus. Meine Nachbarin war intelligent und freundlich genug, Bruce vom Fenster fernzuhalten, damit er nicht mitbekam, wie der Polizeibeamte mich hinten in den Wagen setzte und davonfuhr.

Als ich erst einmal im Polizeiwagen saß, ließ die Panik meine Tränen versiegen. Vor mir war das Gitter, und es gab keine Türgriffe. Der Polizeibeamte sagte mir, er hätte mir eigentlich Handschellen anlegen müssen (»Vorschrift, wissen Sie«), aber in diesem Fall hätte er darauf verzichtet. Handschellen! Nur Kriminelle trugen Handschellen. Die Wirklichkeit stürzte erbarmungslos auf mich ein. Ich war eine Kriminelle. Meine geplatzten Schecks für die Lebensmittel waren eine kriminelle Handlung.

Eine Blondine auf dem Rücksitz eines Polizeiwagens erregt eine Menge Aufsehen. Ich duckte mich, um den Blicken auszuweichen. Das war nicht die Art von Aufmerksamkeit, die ich gewollt hatte.

»Sehen Sie morgens immer so schlecht aus?« fragte mich der Polizist.

»Ach, ich habe sehr schlecht geschlafen, und ich hatte in letzter Zeit viel Streß«, sagte ich zur Erklärung. Er konnte sagen, was er wollte. Schließlich hatte ich ja keine Rechte.

Wir hielten vor der Polizeiwache. Sie war fast malerisch zu nennen, ein kleines Gefängnis aus rotem Backstein. »Ich muß Ihnen jetzt Handschellen anlegen«, sagte der Polizist. »Wir wollen doch nicht, daß Sie weglaufen.«

Es machte ihm sichtlich Spaß. Ich stand unter Schock. Ich nahm alles um mich herum nur noch undeutlich wahr.

»He, Berkhouse.« (So hieß der Officer.) »Da ist dir aber heute ein echtes Schätzchen untergekommen, was?«

Die ganze Wache, die gerade beim Kaffeetrinken war, drehte sich nach mir um.

»'Ne Nutte?« fragte einer.

»Nee, geplatzte Schecks.«

Ich war für sie überhaupt nicht da. Sie sprachen über mich, als ob ich taub wäre, als ob ich keine Gefühle hätte. Ich saß zitternd in der Ecke, die Hände mit Handschellen auf dem Rücken gebunden. Mein Polizeibeamter schrieb seinen Bericht: Name, Alter usw. Dann wurde ich in ein kleines Zimmer mit einer Kamera geführt.

»Blicken Sie in diese Richtung.« *Klick!*

»Drehen Sie sich zur Seite.« *Klick!*

Jetzt hatte ich mein Verbrecherfoto. Officer Berkhouse nahm mir die Handschellen ab. Er steckte meinen Daumen in schwarze Fingerabdruckfarbe. Dann preßte er ihn auf ein Blatt Papier. Das machte er mit allen Fingern. Ich spürte Panik, Erniedrigung. Warum war ich nur zu stolz gewesen, mich an meine Familie zu wenden? Warum war ich nur so dumm gewesen? Wie hatte ich nur alles so vermasseln können? Ich wollte meinem Sohn ein gutes Leben ermöglichen. Und nun würde seine Mutter ins Gefängnis kommen. Ich war fast betäubt vor Angst. Ins Gefängnis! Ich hatte schon viele Filme über Frauen im Gefängnis gesehen. Sie waren knallhart. Was, wenn man mich vergewaltigte? Oder wenn man mich zusammenschlug? Ich begann zu schluchzen. Aber Polizisten sind gefeit gegen Tränen. Sie hören sie nicht. Sie sehen sie nicht.

Schnapp! Schon waren die Handschellen wieder dran. Ich saß nun in einem anderen kleinen Zimmer, diesmal für drei Stunden. Dann öffnete der Officer Berkhouse die Tür. »O.K. Gehen wir.«

»Wohin gehen wir?« fragte ich.

»Ins Bezirksgefängnis. Wir haben hier keinen Platz für Sie.«

Also wieder auf den Rücksitz des Polizeiwagens. Keine Türgriffe. Keine Rechte. Keinen Respekt. Auf dem Weg nach San Raphael kamen wir an dem herrlichen Mill Tal und an Fairfax vorbei. Wir fuhren in den unterirdischen Eingang des San Raphael Gerichtsgebäudes. Dies war alles andere als idyllisch. Es wurde jetzt ernst. Ich war noch immer in Handschellen. Wir kamen in einen langen Flur. Ein Fahrstuhl brachte uns drei Stockwerke tiefer. Was passiert jetzt mit mir? Wieder ein Zimmer. Wieder Polizisten. Eine Polizistin. Und wieder eine Kamera.

»Ist das alles Ihr eigenes Haar?« fragte der Beamte hinter der Kamera.

»Nein«, antwortete ich verlegen. In der Eile hatte ich mir mein langes Haarteil aufgesetzt, damit ich mich nicht groß um mein eigenes Haar zu kümmern brauchte. Es war im Stil der 60er Jahre.

»Nehmen Sie es ab«, sagte der Officer kalt. Ich nahm das Haarteil vor all diesen Leuten ab. »Stellen Sie sich hierher.« *Klick!* Noch mehr Verbrecherfotos, von vorne, von der Seite. Und wieder Fingerabdrücke.

Die Polizistin brachte mich in einen kleinen Raum. »Ziehen Sie sich aus«, befahl sie. Ich stand völlig nackt da, während sie meinen Körper überall untersuchte. Ihre Finger gruben sich in mein Haar, in meine Vagina. Ich fühlte mich wie betäubt, wie hohl. Ich war kein menschliches Wesen mehr. »Ziehen Sie das an.« Die Wärterin reichte mir ein graues, nach Krankenhaus aussehendes Kleid. »Sie haben das Recht auf einen Anruf.«

Ich wußte nicht, wen ich anrufen sollte. Meine Mutter? Jack? Ich konnte Alan nicht anrufen. Mir fiel ein Rechtsanwalt ein, den ich kannte, und ich rief ihn an. »Bitte holen Sie mich hier raus«, flehte ich. »Ich dreh' durch, wenn ich hierbleiben muß.« Ich war völlig am Ende. Krisen! Krisen! Krisen! Wie hatte ich mir all das antun können.

Nach meinem Anruf wurde ich in meine Zelle geführt. Ich werde nie das Geräusch der Zellentür vergessen, als sie ins Schloß fiel. *Wumm!* Es war das Geräusch von schwerem Metall. Ich stand zitternd da. Ich war jetzt ganz allein. Ich hatte schreckliche Kopfschmerzen. »Entschuldigen Sie«, sprach ich die Wärterin eingeschüchtert an. »Entschuldigen Sie. Ich habe Kopfschmerzen. Ob Sie mir wohl ein Aspirin holen könnten.« Aber ich sprach zu mir selbst. Die Wärterin ignorierte mich schlichtweg. Ich hatte keine Rechte, ich war eine Kriminelle.

Ich saß den ganzen Tag in der Zelle, den Kopf in meine Hände gestützt. Ich hatte keine Ahnung, was ich tun sollte. Wo sollte ich das Geld herkriegen? Ich mußte unbedingt mehr Geld verdienen. Ich mußte mir einen Job besorgen und vor allen Dingen mußte ich aus dem Gefängnis raus.

Neun Stunden später traf mein Anwalt ein. »Man wird Sie gegen eine schriftliche Verpflichtung Ihrerseits freilassen«, sagte er.

»Was bedeutet das?« fragte ich.

»Das bedeutet, daß sie Sie ohne Kaution rauslassen und daß man darauf vertraut, daß Sie zu Ihrer Gerichtsverhandlung in dreißig Tagen erscheinen werden. Ich rate Ihnen, das Geld für diese Schecks zurückzuerstatten. Die Gesamtsumme beläuft sich auf etwas mehr als 300 Dollar. Ich bin mir sicher, wenn Sie sie bezahlen, wird der Richter Sie noch einmal so davonkommen lassen. Es ist Ihr erstes Vergehen, und Sie haben das alleinige Sorgerecht für Ihr Kind.«

Mir fiel ein Stein vom Herzen. Ich bekam meine Kleidung und mein Haarteil zurück. Mein Anwalt nahm mich bin zum San Raphael Busbahnhof mit.

»Übrigens«, sagte er, als er mich absetzte, »mein Honorar beträgt 750 Dollar. Ich brauche eine Anzahlung von 350 Dollar sofort und den Rest in dreißig Tagen.«

»Ich besorge das Geld«, versprach ich. Dann fuhr er fort.

Ich rief Bruce von einer Telefonzelle aus an, um ihm zu sagen, daß ich in einer Stunde wieder zu Hause wäre. Die Bushaltestelle, an der ich ausstieg, war etwa eine halbe Meile von unserem Haus entfernt. Ich rannte im Dunkeln den Berg bis zu unserem Haus hoch. Ich wollte endlich wieder bei meinem Baby und in der Sicherheit unseres Apartments sein.

Bruce lag schlafend auf der Couch meiner Nachbarin. Er hatte seine Jacke schon angezogen. Ich wußte, er wollte die Nacht nicht dort verbringen, und er wollte wohl sofort startbereit sein, wenn ich käme. Ich dankte meiner Nachbarin von ganzem Herzen und trug Bruce in unsere Wohnung. Den ganzen Weg über drückte und küßte ich ihn. Nachdem ich ihm seinen Pyjama angezogen hatte, legte ich mich zu ihm ins Bett, bis er wieder eingeschlafen war. Ich war so dankbar, wieder bei ihm sein zu dürfen. Ich hatte meine Freiheit vorher nie so richtig zu schätzen gewußt, meinen eigenen freien Willen, die Freiheit zu tun, was ich will und wann ich es will. Ich wollte sie behalten und alles, was ich dazu tun mußte, war, die Regeln zu befolgen.

Ich saß in meinem dunklen Zimmer und war fest entschlossen, aus dieser ganzen Misere herauszukommen. Die Anwaltskosten und meine geplatzten Schecks brachten mich um weitere 1000 Dollar in die Bredouille. Mein Rücken schmerzte und ich hatte Kopfschmerzen. Ich war vollständig erschöpft. Es war ein langer, langer Tag gewesen.

Ich fiel in einen schweren Schlaf. Während der Nacht wachte ich mehrmals schweißgebadet und in nackter Panik auf. Ein neuer Alptraum hatte begonnen: das Gefängnis! Ich wurde von meinem Haus weggezerrt. Brucie schrie: »Geh nicht weg! Geh nicht weg!« Ich streckte meine Arme nach Brucie aus, aber ich konnte ihn nicht berühren. Es war der blanke Horror! Eine große, brutal wirkende, maskuline Frau kam auf mich zu, immer näher und näher. Ich schrie: »Nein! Nein! Nein!« Dann wachte ich schweißgebadet und zitternd auf. Ich hatte Angst, wieder einzuschlafen, ich wollte nicht wieder träumen. Aber mein Körper war einfach zu erschöpft.

Als ich am nächsten Morgen wieder aufwachte, spielte Bruce mit seinen Rennautos auf meinem Rükken. Im Fernsehen lief gerade Captain Kangaroo. Es war wieder alles beim alten, wenigstens für die nächsten 30 Tage. Ich versuchte, nicht daran zu denken, was passieren würde, wenn der Richter mich verurteilen würde. Ich mußte auf jeden Fall das Geld zusammenkriegen, um diese Schecks auszugleichen. Und ich mußte irgendwie Geld für den Anwalt auftreiben. Mein Ex-Ehemann schuldete mir die Unterhaltszahlungen für über dreieinhalb Jahre. Das hätte mich retten können, aber ich wußte, daß es zwecklos wäre, ihn zu fragen. Er würde mir nie auch nur einen Penny zahlen.

Von wem konnte ich mir das Geld leihen? Nachdem Alan in Urlaub gefahren war, hatte ich mich ein paarmal mit einem Mann namens Arthur getroffen. Er gehörte zur High-Society von San Francisco und hatte enorm viel Geld. Durch ihn hatte ich meinen Anwalt kennengelernt. Er würde mir die 1000 Dollar bestimmt leihen. Ich wollte ihn nicht darum bitten, denn er war so ein netter Kerl, aber mir blieb nichts anderes übrig. Besser er hält mich für eine dumme Göre als Alan. Wenn ich Alan gegenüber doch nur aufrichtig gewesen wäre. Er hätte mir das Geld sicher gegeben.

Die Lage, in die ich mich selbst gebracht hatte, war mir ein Greuel. Ich war stolz. Ich wollte keine Hilfe. Ich wollte es allein schaffen. Und so rief ich erst einmal meine Agentur an.

»Wir haben nichts diese Woche«, trällerte meine Agentin fröhlich ins Telefon.

»Ich bekomme noch 600 Dollar aus dem Job für den Macy-Katalog, und ich hab' mich gefragt, ob ich das

Geld nicht schon vorher haben könnte«, schlug ich vor. Das Mannequingeschäft war, was die Bezahlung betraf, sehr langsam. Der Job für Macy lag jetzt schon zwei Monate zurück. Es war unmöglich zu planen, man wußte einfach nicht, ob man das Geld in vier Wochen oder in vier Monaten kriegen würde. Bitte, bitte, dachte ich. Ich brauche das Geld.

»O.K., wir zahlen Ihnen die Hälfte des Geldes im voraus«, sagte meine Agentin kühl.

»Danke«, sagte ich. Besser die Hälfte als gar nichts.

Ich rief meinen Freund Arthur an. »Ich stecke in der Klemme«, sagte ich und erzählte ihm meine Geschichte. Es war so erniedrigend.

»Natürlich helfe ich dir«, sagte er gönnerhaft.

Ich konnte deutlich heraushören, daß er mich für dumm und unreif hielt. Und er hatte Recht. Ich war mir dessen wohl bewußt. Er lieh mir 700 Dollar. Zusammen mit dem Vorschuß hatte ich jetzt die 1000 Dollar für die Schecks und den Anwalt. Nun konnte ich nur noch hoffen, daß das restliche Geld aus dem Macy-Auftrag bald käme, damit ich das Geld für Miete, Telefon und die Lebensmittel zusammenhatte.

41

Es war ein echter Tiefpunkt in meinem Leben. Ich trug mich mit gefährlichen Gedanken und war voller Selbstmitleid. Überall wo ich hinblickte, warteten Probleme auf mich. Ich war so unerbittlich mit mir selbst. Ich war einfach nicht in der Lage zu verstehen, daß ich meine Probleme mit Geld allein nicht lösen würde, daß ich eine Therapie brauchte; jemanden, der mir helfen würde, zu den Ursprüngen meiner Probleme vorzustoßen. Jemanden, der mich den langen Weg zurück zu den wahnsinnigen, gewalttätigen Nächten meiner Kindheit führen würde, damit ich erkannte, daß meine Probleme und mein unsinniges Verhalten dort ihre Wurzeln hatten. Ich hatte damals viel Falsches gelernt. Nun mußte ich umlernen. Was war normales Verhalten? Was war Realität? Mir war beigebracht worden, niemals zu lügen, aber unser ganzes Leben war eine Lüge gewesen, ein unablässiges Bemühen, die Dinge anders erscheinen zu lassen, als sie in Wirklichkeit waren. Ich wurde mit der Wahrheit einfach nicht fertig. Ich konnte mich, so wie ich war, einfach nicht akzeptieren. Ich hatte niemanden, mit dem ich über all das hätte reden können.

Meine übrige Familie steckte in einer ähnlichen Krise. Dads Krankheit hatte jämmerliche Ausmaße angenommen. Sein gesamtes Denken war verbogen und verzerrt und manchmal sogar bösartig. »Der gute alte Ducky, die Seele einer jeden Party« – das war nun endgültig Vergangenheit. Was übrig blieb, war der schwärzeste Teil seiner Seele. Die Krankheit hatte alles Gute in ihm aufgezehrt. Er schimpfte herum, ließ niemanden in Ruhe und beleidigte alle und jeden. Er hielt Mom vor, sie tauge nichts, sei verrückt und die eigentliche Ursache all seiner Probleme. »Die Erniedrigung und Schmach, so von jemandem behandelt zu werden, der einen eigentlich lieben sollte, hat bei mir zu großen Zweifeln an meinem eigenen Wert geführt«, schrieb sie in dem Tagebuch, das sie während dieser Jahre führte. »Ich glaube, daß ich wirklich die Verantwortung für alles trage«, heißt es da weiter. »Und ich bin so schrecklich einsam. Ich kann keine Freunde finden, und es gibt niemanden, mit dem ich reden könnte.« Mutter litt fürchterlich unter dieser Situation, die Farbe war ihr aus dem Gesicht gewichen, und ihre Haut war trocken und von Schuppenflechte überzogen. Ihre Hände zitterten. Sie hatte alle Hoffnung aufgegeben. Ihr einziger Trost, ihr einziger Halt war noch immer die Kirche.

Die Krankheit hatte auch Maureen verändert. Die Person, die sie im Grunde war, diese vibrierende, überschwengliche, stolze Schwester, mit der ich aufgewachsen war, war durch den Alkohol zerstört worden. An ihre Stelle war eine unsichere, aggressive, eifersüchtige und verängstigte Person getreten. Abends nach zwei Martinis war sie nicht mehr zu halten, war sie die absolute Stimmungskanone, aber tagsüber wurde sie ängstlich, wurde sie von Schuld und Reue geplagt. Maureen, Bill, Danny und Mardi gehörten dem San Bruno Lions Club an. Es war wie bei einer studentischen Verbindung – immer lief irgendwo eine Party mit Tanz und viel Alkohol. Es dauerte nicht lange, und Maureen und Danny standen im Mittelpunkt der Aufmerksamkeit. Maureen ließ ihr Haar herunter und legte einen Showtanz aufs Parkett, Bill wurde sauer und ging. Danny tanzte und trank sich in einen Vollrausch. Er war nicht zu bewegen, mit nach Hause zu gehen. Und so ging Mardi meist ohne ihn.

Am nächsten Tag würde sich Maureen dann an nichts mehr erinnern können, aber die eisige Stille im Haus sagte ihr deutlich, daß sie sich mal wieder danebenbenommen hatte. Sie versuchte, es wiedergutzumachen, indem sie wie ein Sklave schuftete, den ganzen Tag auf Händen und Knien verbrachte und den Flur schrubbte mit verzweifelten Augen, die um Vergebung flehten.

Auch in Dannys Haus war es meist still nach solchen Parties. Er hatte riesige Schuldgefühle und schämte sich wirklich sehr. Alles, was er an Dad gehaßt hatte, mußte er nun an sich selber wiederentdecken. Er versprach Mardi dann: »O.K. Das war's. Ab heute trinke ich keinen Tropfen mehr.« Das hielt eine Woche vor, und dann entgleiste er wieder.

Mutter schrieb damals in ihr Tagebuch: »Michael ist schwermütig. Er hält sich für dumm. Er hat keinen

Ehrgeiz und kümmert sich kein bißchen um die kleinen, aber wichtigen Dinge des Lebens. Ich mache mir Sorgen wegen der Freunde, die er sich gesucht hat. Ich fühle mich so schuldig, weil ich nichts unternommen habe, um unser Leben zu ändern.«

Die Krankheit hatte unser aller Leben schmerzvoll und chaotisch werden lassen. Wir waren alle wie gelähmt, weil wir nicht in der Lage waren, zu den Wurzeln unserer Probleme vorzustoßen. Wir alle brauchten dringendst professionelle Hilfe. Wir alle gingen scheinbar völlig normal durch den Alltag, redeten und schienen lebendig, aber um uns herum war Tod – emotionaler Tod und Wahnsinn.

42

Ich vermißte Alan sehr. Ich brauchte jemanden, der mich in den Arm nahm und mir zeigte, daß er mich liebte. »The Anniversary Game« hatte gerade Sommerpause. Alan flog zwar so oft er konnte von Los Angeles herüber, aber es war nicht einfach für ihn, sich loszumachen. Zur damaligen Zeit war er gerade in Mexiko.

Während Alan fort war, ging ich manchmal mit anderen Männern aus. Nichts Ernstes natürlich, obwohl ich mir sicher bin, daß einige von ihnen gerne mehr gewollt hätten. Solange ich mir den Stundenlohn von zweieinhalb Doller für einen Babysitter leisten konnte, sagte ich meistens ja; aber ich konnte nicht vor acht Uhr aus dem Haus. Das war die Zeit, zu der Brucie immer ins Bett ging.

Mit mir konnte man viel Spaß kriegen. Ich lachte für mein Leben gern. Außerdem wußte ich mich zu kleiden, so daß man mich überall mit hinnehmen konnte. Ich war eine gute Gesprächspartnerin, und ich war lustig. Ich hielt diese Qualitäten damals für nichts Besonderes. Das Ausgehen mit anderen Männern war für mich nur eine ideale Fluchtmöglichkeit, eine gute Gelegenheit, in märchenhafte Restaurants und zu Parties ausgeführt zu werden und neue und interessante Menschen kennenzulernen. Es war für mich eine Möglichkeit, meine Probleme für eine Weile zu vergessen. Ich wurde damals von vielen Männern eingeladen; da war mein lieber Freund Jack Hanson, Arthur, Jim, der Dichter war, ein Zahnarzt, ein Bankier und ein Bauunternehmer. Mit Versagern wollte ich nichts zu tun haben, ich traf mich nur mit aufstrebenden, ehrgeizigen oder erfolgreichen Männern, die meistens zehn Jahre älter als ich waren. Ich hatte herausgefunden, daß Männer in meinem Alter (22) mit Kindern und Babysittern nichts anfangen konnten. Ich hoffte immer, es würde einem dieser Männer gelingen, meine Liebe zu gewinnen, aber ich liebte eben Alan. Es gelang keinem dieser Männer auch nur im Entferntesten, seinen Platz einzunehmen. Ich wollte Alan nicht lieben, es war einfach zu kompliziert. Und die Tatsache, daß ich nur seine Mätresse war, ließ mein Selbstbewußtsein nur noch mehr Schaden nehmen. Wenn es mir gelänge, mich in einen von diesen anderen Männern zu verlieben, dachte ich, würde die Last der finanziellen Verantwortung nicht mehr allein auf meinen Schultern ruhen. Aber ich konnte eben nicht allein aus finanziellen Gründen heiraten. Nein, ich mußte schon bis über beide Ohren verliebt sein. Und bis dahin hatte ich solche Gefühle nur Alan gegenüber gehabt. Wer kann die Liebe schon erklären. Richtig oder falsch, wenn man liebt, dann liebt man, und ich liebte Alan.

Unsere Treffen wurden immer leidenschaftlicher, verzweifelter. Ein abgeknapstes Wochenende, hier und da eine Nacht. Er nutzte jede Gelegenheit, um nach San Francisco zurückzukommen. Ich konnte nicht genug von ihm kriegen und er nicht von mir.

Wenn er wieder ging, weinte ich. Es gab so viel, was ich ihm erzählen wollte. Er war klug, er hätte mir bestimmt helfen können, aus dem ganzen Schlamassel herauszufinden; aber das Risiko konnte ich nicht eingehen. Was, wenn ich ihn verlöre? Wenn er mein wahres Ich kennen würde, könnte er sein Interesse an mir verlieren, sich hintergangen fühlen oder mich für krank halten. Ich konnte das einfach nicht riskieren.

Ich mußte die Last der bevorstehenden drohenden Verurteilung allein tragen. Auch an meine Familie wollte ich mich nicht wenden. Wir lebten uns damals mehr und mehr auseinander, jeder trieb einsam auf seinem Meer von Problemen. Dad war jetzt endgültig aus dem Arbeitsleben ausgeschieden. Er war Tag und Nacht betrunken. Um die Familie durchzubringen, arbeitete Mom jetzt ganztags als Arzthelferin. Sie sah schlimm aus, völlig erschöpft und nervös. Sie war emotional wie gelähmt durch dieses ständige Leben in Extremsituationen und Krisen, durch den ständigen Wahnsinn, der sie umgab. Tief in ihr vergraben schwelte die Wut. Aber sie versuchte, jeden Tag, so gut es ging, zu überstehen.

Daß das Leben ihrer Kinder auch nicht gerade zum Besten stand, war nur eine weitere Last auf ihrem schweren Herzen. Sie roch Michaels Alkoholfahne. Er war gerade einmal zwölf. Manchmal bemerkte sie, daß seine Augen tot oder versteinert aussahen. Wenn sie ihn darauf ansprach, leugnete er alles ab, aber ihr Instinkt gab ihr Warnsignale.

Nachts kam es zu neuen Gewalttätigkeiten. Michael fraß gewöhnlich all seine Gefühle in sich hinein, aber wenn er bis an den Rand seiner Belastbarkeit gedrängt wurde, konnte er wie ein Vulkan in die Luft gehen. Dad tobte und krakeelte jeden Abend, bis Michael schließlich explodierte. Sie gingen körperlich aufeinander los. Nicht einmal Mutter konnte Michaels Kraft bändigen. Die Aggressionen, die sich zwischen ihnen aufgebaut hatten, waren enorm.

Mom versuchte, Maureen vorsichtig darauf hinzuweisen, daß sie vielleicht zu viel trinke, und Maureen begann sofort zu wettern: »Ich hab's wirklich nicht nötig, daß du hier mit deiner selbstgerechten Einstellung auftauchst und mir sagst, was ich zu tun habe.« Maureen war von Schuldgefühlen zerfressen. Sie wollte nicht, daß Mom sauer auf sie wäre. Keiner von uns wollte Mom enttäuschen. Und so behielten wir unsere Geheimnisse für uns.

Danny war darin am besten. Wenn Mom zu ihnen zu Besuch kam, traf sie immer ›die perfekte kleine Familie beim Abendessen‹ an. Sie wußte nicht, daß Danny nur darauf wartete, daß alle im Bett waren, um sich dann in die Küche zu setzen und ganz allein ein ganzes Fünftel aus der Ginflasche zu trinken. Er trank so lange, bis er auf dem Küchenboden endete, aber am nächsten Morgen kam er immer wieder hoch, um zur Arbeit zu gehen. Sein Kater, seine schrecklichen Magenschmerzen waren die Strafe für seine nächtlichen Ausschreitungen. Erleichterung erhielt er nur dadurch, daß er diese ganze Prozedur am folgenden Abend wiederholte.

Mom schrieb mir einen Brief, in dem sie mir mitteilte, daß sie von meiner Art mit Geld umzugehen und von meiner Lebensweise insgesamt enttäuscht sei. Ihr Brief löste Wut und Schuldgefühle in mir aus. Ich wußte, daß ich alles falsch machte. Sie brauchte es mir nicht noch zu sagen. Und so brach ich den Kontakt zu ihr ab.

Niemand in meiner Familie hieß meine Beziehung zu Alan gut. »Ach, zur Hölle mit ihnen«, dachte ich. »Den letzten habe ich nur geheiratet, weil sie es mir sagten. Diesmal mache ich es, wie ich es für richtig halte.«

Jetzt waren wir alle voneinander abgeschnitten. Jeder für sich, jeder allein mit seinen eigenen Schmerzen.

43

In den Tagen nach meiner Verhaftung verwandelte sich mein Schock in Entschlossenheit. Ich wußte, ich hatte Begabung, Talent, und ich war entschlossen, es zu nutzen. Ich erhielt einige Aufträge als Model. Die Ausgaben für den nächsten Monat waren also gedeckt. Ich beschloß, meinen Stolz zu überwinden und mich in der näheren Umgebung um einen Job als Serviererin zu bewerben. Aber niemand wollte mich einstellen. Ich versuchte es beim Trident, beim Coffee House, im Pancake House, im Pizzarestaurant. »Wir geben Ihnen Bescheid«, lautete jedesmal die Antwort.

In einer Woche würde Brucie in den Kindergarten kommen. Dadurch war ich morgens frei, um mich um eine Arbeit zu kümmern. Es waren noch zehn Tage bis zu meiner Gerichtsverhandlung. Ich hatte die Schecks abbezahlt, und ich betete zu Gott, daß der Richter mich freisprechen würde. Ich hatte Angst davor, ins Gerichtsgebäude von San Raphael zurückzugehen. »Ziehen Sie sich konservativ an«, riet mir mein Anwalt. Ich hätte alles getan, um nur nie wieder in einer Zelle sitzen zu müssen.

Am Abend vor seinem ersten Kindergartenbesuch war Bruce wie gewöhnlich sehr ängstlich. Er wollte nicht von mir getrennt sein. Wir waren bis zu diesem Zeitpunkt unzertrennlich gewesen. Als Mutter und Sohn waren wir die besten Freunde, wir brauchten einander. Ich versicherte ihm, daß der Kindergarten aufregend sein und viel Spaß machen würde; und daß er dort viele Freunde finden würde. Ich streichelte seinen

Rücken und redete beruhigend auf ihn ein, bis er eingeschlafen war. Ich saß auf seinem Bett und sah ihn voller Liebe an. Alles um mich herum war in Auflösung begriffen, und doch war ich mit diesem wundervollen kleinen Jungen, mit einer solchen Liebe gesegnet. Wir würden es schaffen. Brucie würde ein schönes Leben haben. Ich war fest entschlossen, als Mutter nicht zu versagen.

Am nächsten Morgen weckte ich ihn, badete ihn, wusch ihm die Haare und machte sein Frühstück. Er liebte weichgekochte Eier. An diesem Morgen gab es weichgekochte Eier. Wir hatten nur noch ein Ei, aber das genügte. Er war ganz aufgeregt. Ich sprach die ganze Zeit vom Kindergarten. Es wäre ein Riesenspaß, sagte ich ihm, und aufregend; er würde malen, singen, Ball spielen. Meine Exschwiegermutter hatte ihm einen süßen kleinen Pullover gestrickt. Und ich hatte acht Dollar zusammengekratzt, um ihm ein Paar neue Turnschuhe zu kaufen. Er sah so süß aus in seinem neuen Pullover, den neuen Turnschuhen, dem sauberen weißen Hemd und seiner beigen Cordhose. Man sah ihm nicht an, daß seine Mutter in drei Tagen vor Gericht stehen würde. Wir gingen Hand in Hand zum Kindergarten, hüpften manchmal und sangen sein Lieblingslied »Raindrops Keep Falling on My Head«. Ich war richtig glücklich. Es war für mein Kind der Beginn einer neuen Lebensphase. Ich war stolz auf ihn, ich war stolz auf uns beide. Wir hatten es bis hierhin geschafft.

Mittwochnacht war psychisch sehr belastend für mich. Ich mußte am nächsten Morgen vor Gericht erscheinen und drehte und wälzte mich die ganze Nacht im Bett herum. Mit dem Schlaf kamen die Alpträume, das Getrenntwerden von Brucie, das Gefängnis, die Gewalttätigkeiten.

Ich wachte schweißgebadet und zitternd auf. Ich

wünschte mir, diese Nacht wäre endlich vorbei, andererseits würde mich das nur meiner Gerichtsverhandlung näher bringen. Ich lieh mir Jacks Wagen und setzte Bruce im Kindergarten ab. Dann fuhr ich zum Gericht weiter. Das letzte Mal, daß ich diese Strecke gefahren war, saß ich hinten im Polizeiwagen.

Ich trug ein sehr konservatives, grau-weißes Kostüm mit Goldknöpfen, weiße Strümpfe, weiße Schuhe mit niedrigen Absätzen und dazu eine weiße Handtasche. Ich band mir die Haare zu einem hohen Pferdeschwanz zusammen und steckte mir kleine goldene Ohrringe an. Ich hatte eine wahnsinnige Angst, als ich ins Gerichtsgebäude ging. Der Anblick der Polizeibeamten ließ mir Schauer über den Rücken laufen. Die Polizei hatte für mich immer für Sicherheit und Ordnung gestanden, jetzt repräsentierte sie all das, was mir Angst machte.

»Marin County gegen Somers«, sagte der Gerichtsdiener. Ich war an der Reihe. Ich biß mir auf die Lippen. Ich hielt mich am Geländer fest, um nicht umzufallen, so schwach fühlte ich mich.

»Heben Sie Ihre rechte Hand«, sagte der Hilfsrichter. »Schwören Sie, die Wahrheit zu sagen, die ganze Wahrheit und nichts als die Wahrheit, so wahr Ihnen Gott helfe?«

»Ich schwöre«, sagte ich leise.

Dann ergriff mein Anwalt für mich das Wort. Er erzählte dem Richter, ich sei noch jung und hätte es sehr schwer, meinen Lebensunterhalt zu verdienen. Ich sei eine alleinstehende Mutter und müßte mich ohne Unterstützung um mein Kind kümmern. Er sei überzeugt, daß mir die Schwere meines Verbrechens bewußt wäre und daß ich so etwas nie wieder tun würde. Er wies darauf hin, daß es mein erstes Vergehen wäre und daß ich die Schecks in voller Höhe ausgeglichen hätte. Ich schloß die Augen und senkte den Kopf. Ich betete zu

Gott, hilf mir bitte noch dieses eine Mal. Bitte! Bitte! Bitte! Ich war so tief in meine Gedanken versunken, daß ich gar nicht mitbekam, was der Richter sagte. Ich hörte nur die Worte »Die Klage ist abgewiesen.« Erleichterung überkam mich. Ich war frei. Ich konnte wieder schlafen, keine Alpträume mehr und nie mehr die Angst, daß ich meinen Brucie verlieren könnte. Danke, Gott, vielen Dank. Ich war noch einmal davongekommen. Irgend jemand paßte auf mich auf!

Ich wartete vor dem Kindergarten auf Bruce. Der Himmel war blau, die Luft war frisch und duftete nach Eukalyptus. Ich lief ihm entgegen und drückte ihn von Herzen.

»Hallo, Liebling«, begrüßte ich ihn. »Möchtest du ein Eis?«

»Jaah«, sagte er und strahlte über das ganze Gesicht.

44

Mein Leben wurde allmählich besser. Alan war zurück, und es kamen nun auch mehr Aufträge. Alle hatten die Sommerferien hinter sich gebracht und machten sich mit frischen Kräften an die neuen Herbstprojekte. Die Kongresse kamen nach San Francisco, und das war eine gute Nachricht für mich, denn jeder Kongreß bedeutete mindestens eine Woche Arbeit. Ich verteilte Werbematerial. Ich spielte die charmante Gastgeberin bei einer Cocktailparty der Union Oil, zu der auch Senator Jackson kam. Ich arbeitete für die Kataloge von Macy und Emporium. Ich fühlte mich wieder wie ein Mensch.

Ich liebte den Herbst in Marin County, wenn die Blätter sich färbten, die Luft klar und frisch wurde und nach dem Zedernholz roch, das in den Kaminen knisterte. Ich backte morgens Plätzchen mit Schokoladenstücken für Bruce, wenn er aus dem Kindergarten käme. Er liebte sie, wenn sie noch ganz frisch und warm aus dem Ofen kamen. Ich war glücklich.

Alan zog in ein Hausboot in der Bucht von Sausalito. Es war herrlich. Wir trafen uns, wenn Bruce zu Bett gegangen war, bei ihm. Alan bot mir immer das Geld für den Babysitter an, das ich dankbar annahm. Wir saßen dann auf Deck mit Blick auf die Bucht von Sausalito und Tiburon, unsere Zehen ins Wasser getaucht, Wein trinkend, lachend und redend. Es gab niemanden, mit dem ich lieber zusammengewesen wäre. Alan war von seinem Urlaub und dem Sommer in Los Angeles noch immer goldbraun. Er redete viel über seine Kinder, er liebte sie sehr. Er redete auch über seine Frau mit mir. Die Atmosphäre bei ihm zu Hause sei äußerst gespannt, sagte er. Er hatte das Gefühl, seine Frau wisse, daß er sich mit jemandem trifft und daß eine Scheidung unvermeidbar wäre. Aber der Gedanke, seine Kinder zu verlassen, sei äußerst qualvoll. Die ganze Situation habe dazu geführt, daß er sich jetzt nur noch den Kindern widme, wenn er nach Hause kam, was seine Frau zur Weißglut trieb.

Alan klagte darüber, wie schwer dieses Doppelleben ihm fiel, dieses ständige Lügen und Verheimlichen. Wenn er gewußt hätte, wie ähnlich unsere Verhaltensmuster damals waren. Die Unaufrichtigkeit lag nicht in Alans Natur. Er ist ein grundehrlicher Mensch, der »die Dinge beim Namen nennt«, aber sein Doppelleben zwang ihn, ständig nach Gelegenheiten zu suchen, um sich für ein Telefongespräch aus dem Haus zu schleichen oder auf einen kurzen Trip nach San Francisco zu kommen. Ich bin mir sicher, er hatte große Schuldgefühle. Er wollte ein guter Vater und ein guter Ehemann sein, und es schmerzte ihn, daß er versagt hatte.

Es war das erste Mal, daß Alan sich mir öffnete. Ich

hatte Verständnis und Mitgefühl für seinen Schmerz, aber ich empfand auch große Freude, als er das Wort *Scheidung* erwähnte. Vielleicht gab es doch noch eine gemeinsame Zukunft für uns. Ich hatte nie ernsthaft den Gedanken erwogen, daß ich Alans Frau werden könnte, ich hatte ihn immer unter seinen Bedingungen akzeptiert. Aber was denke ich da? Selbst wenn er sich scheiden läßt – er hat nie von einer gemeinsamen Zukunft gesprochen, dachte ich. Ich konnte es mir nicht erlauben, Hoffnungen in mir aufkommen zu lassen, es wäre zu enttäuschend, wenn nichts daraus würde. Wir gingen ins Hausboot. Alan war ein fabelhafter Koch und hatte uns eine herrliche Bouillabaisse mit viel Meeresfrüchten, Safran und Fenchel zubereitet. Wir saßen in einer mit Teppich ausgelegten Vertiefung vor dem Kamin und stippten frisches Brot aus Sauerteig in die reichhaltige Bouillabaisse. Alan schenkte uns Wein nach. Nach dem Dinner liebten wir uns im Schein des Kaminfeuers und des Mondlichts.

Zwei Monate waren vergangen, und ich kam finanziell tatsächlich über die Runden. Ich hatte genug Aufträge bekommen, um die Ausgaben für diesen und den nächsten Monat (Dezember) zu decken. Und ich hatte schon jetzt wieder den Auftrag bei Joseph Magnin in der »Wolfsgrube« sicher. Und wenn ich mich wirklich wieder ins Zeug legen würde, könnte ich auch dieses Mal bis Weihnachten 1200 Dollar verdienen.

Zwei volle Monate ohne Krise, ohne Polizei im Nakken. Alan und ich trafen uns, wann immer es nur möglich war. Sein Hausboot war für mich wie ein zweites Heim. Tagsüber kümmerte ich mich um die eine große Liebe in meinem Leben, um Brucie, und nachts war ich bei Alan, der anderen großen Liebe meines Lebens. Ich brachte die beiden so gut wie nie zusammen. Warum sollte ich ein Risiko eingehen? Ich wollte Bruce nicht verwirren.

Der November und der Dezember waren für mich finanziell gute Monate. Ich bekam ein paar Jobs als Model, arbeitete auf zwei Kongressen, machte eine Werbeaufnahme für Rice-A-Roni und arbeitete drei Wochen lang bis Weihnachten in der »Wolfsgrube«. Und aus der Werbeaufnahme konnte unter Umständen sogar noch etwas Geld nachkommen. Insgesamt hatte ich über 2000 Dollar verdient. Das war die größte Geldsumme, die ich bis dahin jemals zusammenbekommen hatte. Ich wußte genau, was ich damit anfangen würde. Zuerst würde ich mir einen Wagen besorgen, dann wollte ich aus meiner unscheinbaren Wohnung ausziehen und drittens Vater für meinen letzten Wagen auszahlen. Ich hatte meine Bilder immer noch nicht aufgehängt und auch die Möbel mehr oder weniger einfach so in die Wohnung gestellt. Die Wohnung war für mich immer nur eine Übergangslösung gewesen, auch wenn ich schließlich über zwei Jahre in ihr wohnte. Tief in meinem Innern bin ich ein sehr häuslicher Mensch. Ich liebe es zu kochen, baue mir gerne »Nester«. Aber diese Wohnung gab mir nur ein Gefühl großer Unordnung.

Ich hatte von meinem Apartment aus beobachtet, wie jenseits der Schlucht neue Gebäude hochgezogen wurden. Sie sahen aus wie Berghütten. Ich beschloß, auf die andere Seite zu gehen und sie mir genauer anzusehen. Sie waren halb fertig, und die Bauarbeiter sagten, sie wären in etwa zwei Monaten zu vermieten. Ich verliebte mich sofort in sie, besonders in ein Haus. Es hatte zwei Schlafzimmer, einen großen gemauerten Kamin, Holzdecken und war innen und außen ganz aus Redwood. Das Badezimmer hatte eine riesige Badewanne, in die man vier Leute hineinkriegt, wenn man will. Ich muß das Haus haben, dachte ich. Es war voller Charme. Ich machte es mir zur Aufgabe herauszufinden, wem es gehörte. Ich wollte eine Anzahlung machen, bevor jemand anders es bekam.

»Die Miete für das Haus beträgt 400 Dollar im Monat«, sagte der Bauunternehmer.

Im Grunde wußte ich, daß ich mir das nicht leisten konnte, aber in der für mich typischen Wirklichkeitsfremdheit machte ich mir vor, daß von nun an alle Monate so lukrativ wie der November und der Dezember werden würden.

»Ich nehme es«, sagte ich sofort und schrieb ihm einen Scheck über 800 Dollar aus, die erste und die letzte Monatsmiete.

»Großartig«, sagte der Bauunternehmer.

»Sie werden wohl Ende Februar, Anfang März hier einziehen können.«

Ich war außer mir vor Begeisterung. Ich lief nach Hause, um Bruce zu treffen und ihm die gute Nachricht zu erzählen. Er würde jetzt in einer schönen Umgebung leben und andere Kinder finden, mit denen er spielen könnte.

Am nächsten Morgen wachte ich mit einem Gefühl von Übelkeit auf. Kaum hatte ich zwei Bissen von meinem Toast runter, stürzte ich ins Badezimmer, um ihn wieder loszuwerden. Wie hatte ich mir diese Grippe zugezogen? Ich hatte in letzter Zeit viel Ruhe gehabt und immer tüchtig gegessen. Nach zwei Stunden ging es mir wieder besser. Wahrscheinlich hatte ich etwas Falsches gegessen.

Am nächsten Morgen wiederholte sich der Vorgang. Mir war übel, und ich konnte mein Frühstück nicht bei mir behalten. Zwei Stunden später war es wieder vorbei. Ich stellte fest, daß meine Brüste empfindlich waren. Nein! Bitte nicht! Nein! Nein! Das kann doch nicht sein. Ich kann unmöglich schwanger sein. Ich hatte die Pille regelmäßig genommen, jeden Tag ohne Ausnahme... außer an dem Tag, als ich im Gefängnis saß. Richtig. Ich hatte vergessen, die Pille zu nehmen, als ich verhaftet wurde. Aber der eine Tag konnte doch keinen so großen Unterschied machen. Niemand kann so furchtbar sein. Ich war völlig am Boden zerstört. Jetzt eins nach dem anderen. Ich kann kein Baby haben. Wenn die Umstände anders wären, wenn Alan nicht verheiratet wäre und wenn er mich zur Frau nehmen wollte, würde ich das Baby für mein Leben gern haben. Aber in meiner Situation konnte ich es mir nicht erlauben, ein zweites Kind in die Welt zu setzen – weder gefühlsmäßig noch finanziell.

Die Tage gingen vorüber, und meine morgendliche Übelkeit hörte nicht auf. Auch meine Periode blieb aus. Ich hoffte, daß der Streß der letzten zwei Monate eine Scheinschwangerschaft herbeigeführt haben könnte, aber im Innersten wußte ich, daß es nicht so war. Eine Frau spürt, wenn sie schwanger ist. Es war eine wirklich ausweglose Situation. Eine Abtreibung hätte gegen meine Religion verstoßen. Obwohl ich nicht mehr in die Kirche ging, hatten sich ihre Regeln doch unauslöschlich in mein Bewußtsein gegraben. Ich betete, daß es eine Fehlgeburt würde. Mir fielen die zahlreichen Menschen ein, die keine Kinder haben konnten. Vielleicht könnte ich das Kind ja bekommen und dann zur Adoption freigeben. Aber ich wußte, daß ich das nicht tun könnte. Ich würde das Kind viel zu sehr lieben. Ich würde es niemals abgeben können. Aber wenn ich es wirklich austrüge, wäre das mein finanzieller Ruin. Schwangere Mannequins bekommen keinen Job. Das einzige, was ich tun könnte, war, eine Abtreibung vornehmen zu lassen, und zwar schnell, solange es nur ein Haufen Gewebe war und noch kein Mensch.

Ich betete zu Gott um Vergebung. Aber es war die Kirche, die mich verurteilen würde, nicht Gott. Diese Kirche hatte mich bereits verlassen. Ich hatte gegen ihre Regeln verstoßen, und sie hatte mich rausgeworfen. Mein Gott würde mein Dilemma verstehen.

Alan war sehr verständnisvoll, als ich es ihm erzählte. »Es ist meine Schuld«, sagte ich. »Ich hab' vergessen, die Pille zu nehmen.« Er wußte nichts von meiner Verhaftung. Alan bot sich sofort an, die Kosten zu übernehmen und mich ins Krankenhaus zu begleiten.

Jetzt mußte ich nur noch einen Arzt finden, der auch Abtreibungen durchführte. Es war damals illegal, und ich wollte auf keinen Fall nach Mexiko, um mich dort auf einen Küchentisch zu legen und mir von irgendeinem Metzger mit einem Kleiderbügel das Gewebe aus mir rausreißen und mein Leben in Gefahr bringen lassen.

Ich begann herumzufragen und fand schließlich einen Arzt im Richmonddistrikt in San Francisco. Seine Praxis war alt und vernachlässigt und sah ziemlich heruntergekommen aus. Ich fühlte mich dort sehr unwohl. Es hingen keine Bilder von Babys an den Wänden, es waren keine werdenden Mütter da, die voller Stolz über ihre Schwangerschaften sprachen. Es saß nur noch eine Frau da, die ein blaues Auge hatte und ins Leere starrte. Sie nahm meine Anwesenheit gar nicht zur Kenntnis.

Der Arzt kam heraus. »Miss Somers. Sie sind die nächste.« Keine Sprechstundenhilfe, keine Schwester, nichts. »Legen Sie sich auf den Tisch«, sagte er. »In welchem Monat sind Sie?«

»Ich weiß es nicht so genau«, antwortete ich nervös. »Sie sind der erste Arzt, den ich aufsuche.«

Er untersuchte mich kurz und sagte. »Sie sind eindeutig schwanger. Was gedenken Sie zu tun?«

»Na ja, ich bin nicht verheiratet und hab' nicht viel Geld«, sagte ich verlegen.

»Sie wollen also eine Abtreibung«, unterbrach mich der Arzt kalt.

»Na ja, wenn die Umstände anders wären«, begann ich zu erklären.

Er unterbrach mich wieder. »Hören Sie, ich bin kein Pfarrer. Wenn Sie eine Abtreibung wollen, müssen Sie zu einem Psychiater gehen und ihm erklären, daß Sie sich umbringen, wenn Sie sie nicht kriegen. Hier haben Sie Namen und Adresse eines Psychiaters, den ich kenne. Ich schlage vor, Sie suchen ihn sofort auf. Je länger Sie warten, desto schwieriger wird die Operation. Das Honorar für heute beträgt 50 Dollar. Sie können mit einem Scheck oder bar bezahlen.«

Ich war entlassen. Ich saß ein paar Minuten einfach so da. Dann streifte ich mir mein Höschen über und zog mich an. Was für ein nervenaufzehrendes Erlebnis. Ich ging nach Hause und rief den Psychiater an. Zwei Tage später ging ich dann zu ihm und erklärte ihm, ich würde Selbstmord begehen, wenn ich keine Abtreibung machen lassen könnte. Es war wohl die schlechteste Vorstellung meines Lebens. Ich hing am Leben; was auch immer passierte, ich würde mich niemals umbringen. Was für eine selbstsüchtige Handlungsweise. Wie sollte Bruce jemals ein schönes Leben haben, wenn seine Mutter sich das Leben nahm? »Ich bringe mich um«, sagte ich dem Psychiater ohne jedes Gefühl, so als hätte ich ihm gesagt: »Ich hätte gern ein Eis.« Es war mir egal, ob er mir glaubte. Für ihn war nur entscheidend, daß er diese vier Worte hörte, damit er rechtlich einwandfrei seinen Befund ausstellen konnte. Er war sowieso ein widerlicher Typ. Was für eine Art Arzt mußte er sein, daß er sich auf diese Weise seinen Lebensunterhalt verdiente? Er gab mir ein Stück Papier mit den Worten, ich sei psychisch labil und sollte eine Abtreibung vornehmen lassen. Die ganze Prozedur widerte mich an. Ich griff mein »Rezept« und verließ die Praxis. Ich ging nach Hause und nahm ein Bad.

Ich sollte um sechs Uhr abends im Krankenhaus erscheinen, um mich auf die Operation am nächsten

Morgen vorzubereiten. Alan und ich verbrachten den ganzen Tag zusammen. Ich hatte große Angst und war traurig. Alan spürte das und war sehr vorsichtig mit mir. Er sagte, es täte ihm sehr leid, daß ich all dies durchmachen müßte. »Ich wünschte, ich könnte dir das abnehmen«, sagte er immer wieder. Er machte das Mittagessen, und danach saßen wir auf der Couch und hielten uns in den Armen. Wir schliefen nicht miteinander. Es war nicht der richtige Moment. Ich wollte nur, daß er bei mir war. Ich wollte spüren, daß ihm etwas an mir lag. Er streichelte in einem fort mein Haar. Ich wurde von Gefühlen übermannt und begann zu weinen.

Ich war völlig verwirrt. Ich fühlte mich sehr unwohl bei dem Gedanken, das Kind abtreiben zu lassen. Ich hätte so gerne ein Kind von ihm gehabt.

»Da ist etwas, das ich dir unbedingt sagen möchte, aber ich habe Angst davor«, sagte ich ihm.

»Was ist es? Sag's mir«, sagte Alan zärtlich.

»Ich habe solche Angst. Ich habe Angst, daß du dann nichts mehr von mir wissen willst.«

Die Gefühle stiegen in mir hoch. Ich konnte es nicht mehr zurückhalten.

»Bitte, sag es mir«, sagte Alan.

»Ich liebe dich«, flüsterte ich ihm ins Ohr. Jetzt war es raus.

Alan hielt mich ganz fest. »Ich weiß«, flüsterte er. »Ich liebe dich auch.«

Er hatte es tatsächlich gesagt. Er liebte mich. Er *liebte* mich. Er küßte mich voller Zärtlichkeit. Wir hatten beide Tränen auf den Gesichtern. Ich wußte nicht, ob es meine oder seine waren. All die lang angestauten Gefühle flossen heraus.

»Ich hab' dich immer schon geliebt«, sagte Alan.

»Warum hast du es mir nie gesagt?« fragte ich.

»Es schien mir nicht fair«, antwortete Alan.

Diese Worte zu hören, bedeutete mir unendlich viel. Sie nahmen unserer Beziehung das Unrechte. Wie konnte sie verderblich sein, wenn wir uns doch liebten.

Alan fuhr mit mir ins Krankenhaus. Nachdem ich mich angemeldet hatte, bat ich ihn zu gehen. Er hatte einen Flug nach New York gebucht. »Du kannst hier nichts mehr für mich tun«, sagte ich ihm.

»Nein, ich bleibe«, sagte er.

»Das ist doch wirklich nicht so wichtig«, sagte ich. »Was kannst du in einem Hotel oder von meinem Apartment aus für mich tun? Flieg ruhig nach New York. Mir passiert schon nichts. Es ist eine einfache Operation. Ruf mich morgen an, wenn alles vorbei ist.«

Alan war hin- und hergerissen. Er wollte bei mir bleiben, sich um mich kümmern; auf der anderen Seite mußte er nach New York. Er hatte eben eine wütende Ehefrau zurückgelassen, um zu seiner schwangeren Freundin zu gehen. Seine Kinder waren enttäuscht, weil er »schon wieder weg mußte«. Es war eine emotional schwierige Zeit für ihn. Er wußte, daß er bald zu einer Entscheidung kommen mußte. So konnte er nicht weitermachen.

»Ich liebe dich«, sagte er. Er küßte mich und berührte zärtlich mein Gesicht. »Ich rufe dich heute abend an. Wir sehen uns nächste Woche.« Dann ging er.

Ich lag an diesem Abend im Bett und versuchte, nicht an den Grund zu denken, der mich ins Krankenhaus geführt hatte. Ich dachte nur an Alan. Alan liebte mich.

Meine Mutter holte mich am nächsten Tag vom Krankenhaus ab. Sie kümmerte sich um Bruce. Ich erzählte ihr, ich hätte eine Zyste. Aber ich glaube nicht, daß sie mir glaubte, sie verhielt sich mir gegenüber auffallend kalt und gefühllos. Für die katholische Kirche war Abtreibung Mord. Mom setzte keinen Fuß ins

Krankenhaus. Sie wollte es nicht »wissen«. Sie wartete draußen im Auto. Hätte sie wirklich geglaubt, daß ich mich einer gynäkologischen Operation unterzogen hätte, sie wäre mit Sicherheit ins Krankenhaus gekommen. Sie hätte sich Sorgen gemacht. Ich hatte es automatisch vorgezogen, sie zu belügen, statt ihr zu vertrauen, und sie hatte es vorgezogen, nichts von der Wahrheit zu wissen. Sie war zu schmerzhaft für sie.

Ich fühlte mich sehr schwach und müde. Ich blutete stark und wollte nach Hause. Dad war betrunken, und ich war einfach zu erschöpft, um ihn zu ertragen.

»Ich weiß, es ist ein weiter Weg, Mom, aber könntest du Bruce und mich nach Sausalito fahren? Ich brauche einfach einen Tag Ruhe, morgen geht es mir schon viel besser.«

Aber am nächsten Tag ging es mir nicht besser. Ich fühlte mich immer noch sehr schwach. Ich wachte auf und lag in einer Blutlache. Es kostete mich alle Kraft, die ich besaß, aufzustehen und das Laken zu wechseln. Mir wurde mulmig, und ich rief den Arzt an.

»Ist das normal?« fragte ich.

»Ja«, antwortete er ungeduldig.

Ich machte Bruce ein paar Cornflakes, drehte den Fernseher an und legte mich wieder ins Bett. Um sechs Uhr abends wachte ich wieder auf. Bruce rüttelte an mir.

»Wach auf, Mom! Du hast den ganzen Tag geschlafen. Ich hab' Hunger.«

»Tut mir leid, mein Liebling. Mami hat die Grippe und fühlt sich sehr müde.«

Ich stand auf und war fassungslos, als ich abermals eine Blutlache im Bettlaken sah. Ich hatte nur zwei Laken. Ich nahm das unterste zuoberst und tat das obere nach unten. Mir war sehr schwindelig, als ich aufstand. Ich wankte in die Küche.

»Wie wär's denn mit einem Hot Dog, Brucie?«

Ich hatte nicht die Kraft, ihm etwas anderes zu machen. Ich machte ihm eine Hühnersuppe aus der Dose, ein Hot Dog und ein Hostess Twinkie. Brucie fand das Abendessen großartig. Aber ich hatte ein schlechtes Gewissen. Sobald es mir besser geht, bekommt er ein richtiges Abendessen, dachte ich.

Danach legte ich mich wieder ins Bett. Um zehn Uhr abends wachte ich wieder auf. Bruce lag immer noch wach in meinem Bett und sah fern.

»Du mußt jetzt ins Bett, Liebling«, sagte ich.

»Ich will, daß *du* mich ins Bett bringst, und ich hab' noch nicht gebadet«, sagte er. Er war durch meine Krankheit ganz durcheinander. Sie machte ihn wütend.

»Ich kann dich heute nicht baden. Mir geht es nicht gut. Morgen geht es mir schon viel besser.«

Bruce zog sich seinen Pyjama allein an. Irgendwie schaffte ich es, in sein Zimmer zu gehen und ihn in sein Bett zu packen.

»Gute Nacht, Liebling. Ich liebe dich«, sagte ich.

»Gute Nacht, Mami. Alan hat dich heute ganz oft angerufen. Ich hab' ihm gesagt, daß du schläfst.«

Ich war froh, daß Alan angerufen hatte. Dann fiel ich wieder in einen tiefen Schlaf. Am nächsten Nachmittag wurde ich durch ein anhaltendes Klingeln an der Wohnungstür geweckt. Der Fernseher lief, Bruce mußte also darauf gewartet haben, daß ich aufwachte. Ich hörte, wie mein Name gerufen wurde. Es war Jack. Ich fühlte mich sehr schwach. Ich fiel wieder auf mein Bett zurück. Brucie mußte versucht haben, die Tür zu öffnen, aber ich hatte die Kette vorgelegt und er kam nicht an sie heran. Jack sagte Bruce, er sollte auf einen Stuhl klettern und die Tür öffnen.

Ich bekam nur wie von ferne mit, daß Jack an meinem Bett stand. »Wer ist dein Arzt«, sagte er immer wieder. Ich versuchte, ihm zu antworten, aber es kam nur ein Murmeln heraus. Jack brachte mich ins Badezimmer. Überall war Blut. Ich konnte nicht sehen. Und ich konnte nichts sehen. Jack legte ein nasses Handtuch auf mein Gesicht.

Brucie weinte. »Ist meine Mami O.K.?« fragte er immer wieder.

Das kalte Handtuch brachte mich wieder einigermaßen zu Bewußtsein. »Ruf deinen Arzt an«, sagte Jack bestimmt. Ich sagte ihm, wo er die Telefonnummer finden würde, und er wählte die Nummer.

Ich hörte die ungeduldige Stimme des Arztes: »Ja«, sagte er.

»Es geht mir sehr schlecht, und es hört nicht auf zu bluten«, sagte ich mit schwacher Stimme.

»Es ist normal, daß man nach einer Abtreibung blutet«, sagte er nur.

»Aber es fühlt sich nicht normal an. Es ist so viel Blut.« Meine Stimme war sehr schwach.

»Was wollen Sie von mir hören?« sagte er wütend. »Daß Sie nicht verbluten?«

»Ja«, sagte ich matt. Die Tränen liefen mir übers Gesicht.

»Gut, Sie werden nicht verbluten!« sagte er ungehalten. »Bleiben Sie einfach im Bett und ruhen Sie sich aus.«

»So ein Idiot«, sagte Jack. »Ich bring dich ins Krankenhaus.«

Danach erinnere ich mich an nichts mehr. Ich blutete stark. Der Arzt in der Notaufnahme sagte, ich hätte wohl nicht länger als die nächsten zwei Stunden überlebt. Jack blieb für die folgenden drei Tage bei mir. Ich war völlig wirr und verbrachte die meiste Zeit in einem tiefen, tiefen Schlaf. Jack machte Bruce das Essen, wechselte meine Laken, machte meine Wäsche, fütterte mich, wechselte meine Sachen und pflegte mich gesund.

Er nahm auch meine Anrufe entgegen. Es war jedesmal Alan. Jack mochte Alan nicht besonders, er hatte das Gefühl, daß Alan bei mir hätte sein müssen. Aber er sagte Alan gegenüber nichts davon, wie krank ich war. Auch ich sagte nichts.

»Ich kann nichts dagegen machen«, sagte ich schwach, als ich einmal wieder zu mir kam. »Ich liebe ihn.« Dann fiel ich wieder in einen tiefen Schlaf.

Am vierten Tag begann es mir besser zu gehen. Ich blutete noch immer sehr stark und ich fühlte mich schwach, aber ich war nicht länger im Delirium. Ich dankte Jack dafür, daß er der beste Freund war, den ich je in meinem Leben gehabt hatte. Er mußte wieder zur Arbeit. Ich sagte ihm, er solle sich keine Sorgen machen, noch eine Woche Ruhe und ich wäre wieder auf dem Damm. Ich hatte einen lukrativen Job in zwei Wochen und wollte ihn auf keinen Fall verpassen. Ich konnte mir den Luxus der Rekonvaleszenzphase nicht erlauben. Jeder Dollar war wichtig für mich.

Alan nahm ein Flugzeug, um mich am Wochenende zu sehen. Er regte sich darüber auf, wie schlampig der Arzt bei meiner Operation gearbeitet hatte. Er riet mir, ihn zu verklagen. Ich verstand nichts von Rechtswesen, ich hatte nur Angst, daß eine Klage sich irgendwie gegen mich kehren und ich diejenige sein könnte, die im Gefängnis landet.

»Ich will einfach nichts mit Gerichtssachen zu tun haben«, sagte ich. »Es ist jetzt vorbei, und ich würde die ganze Sache lieber vergessen.«

Alan hielt mich für verrückt. Normalerweise hätte er auf diesem Punkt bestanden, aber er schien mit anderen Gedanken beschäftigt zu sein.

»Worüber denkst du nach?« fragte ich ihn.

»Nun, ich habe erfahren, daß ›The Anniversary Game‹ aus dem Programm genommen wird.«

Wir wußten beide, was das bedeutete. Wir saßen

schweigend da. Es würde jetzt alles anders werden. Aber tief in meinem Herzen wußte ich, daß das nicht das Ende war. Wir liebten uns. Wir würden einen Weg finden, zusammenzusein.

»Ich arbeite an einem Pilotprojekt für eine neue Fernsehserie«, sagte Alan. »Wir werden die erste Show in San Francisco drehen, und wenn der Sender sie kauft, arbeite ich wieder hier.«

Wenigstens blieb uns die Hoffnung. Ich wünschte mir, Alan würde seine Frau verlassen. Ich wurde zwischen zwei Unmöglichkeiten hin- und hergerissen. Ich konnte ihn nicht verlassen, und ich konnte ihn nicht haben.

Am Ende des Monats zog Alan ohne viel Aufhebens aus seinem Hausboot aus. Wir wollten beide keine große Sache daraus machen. Wir wollten uns das Ende der Möglichkeit, uns problemlos zu sehen, nicht eingestehen. Wir wollten nicht, daß diese schöne Zeit vorüber wäre. Wir waren füreinander eine Fluchtmöglichkeit gewesen. Jetzt, wo wir uns trennten, würde jeder zu seinen eigenen Problemen zurückkehren. Wenn wir uns regelmäßig sehen wollten, mußte Alan einige grundsätzliche Veränderungen vornehmen; und ich wußte nicht, ob er dazu bereit war.

Der Gedanke, seine Kinder zu verlassen, bereitete ihm große Schmerzen. Wir waren beide damals emotional nicht in der Lage, uns auf den anderen festzulegen. Es hätte für mich bedeutet, völlig aufrichtig zu sein, und schon der Gedanke erschreckte mich. Ich fühlte Trauer und Unsicherheit angesichts der Möglichkeit, daß sich unsere Situation ändern könnte. Das Unbekannte ist immer erschreckend.

45

Alan ging nach Los Angeles zurück, um mit der langen und mühsamen Arbeit der Organisation einer Fernsehshow zu beginnen. Er mußte eine Crew anheuern, sich um das Drehbuch kümmern und die Anlage und die notwendigen Hilfsmittel zusammenstellen. Wir telefonierten jeden Tag miteinander, aber ich hatte ihn schon seit über einem Monat nicht mehr gesehen.

Er verschaffte mir damals die Möglichkeit, kostenlos einen Chrysler zu benutzen. Alan wußte, daß ich darunter litt, kein Auto zu haben, und er mußte tief im Inneren geahnt haben, daß ich in Wirklichkeit nicht gerade im Geld schwamm. Er erzählte den Chryslerleuten, ich wäre seine Produktionsassistentin und bräuchte den Wagen, um Drehorte für seine Fernsehserie auszukundschaften. Als Gegenleistung räumte Alan ihnen einen Werbekredit in seiner Show ein. Sie waren sehr angetan von diesem Geschäft, und ich natürlich auch. Für eine Werbezeile im Abspann bekam ich von ihnen zwei Wochen lang einen Wagen umsonst gestellt. Zwei Wochen waren besser als nichts. Ich versprach ihnen, den Wagen nach zwei Wochen zurückzubringen. Alan gab ihnen als Produktionsleiter seine Adresse und Telefonnummer, aber für den Wagen mußten mein Name und meine Führerscheinnummer eingetragen werden.

Es war herrlich, wieder einen eigenen Wagen zu haben. Alles wurde plötzlich so viel einfacher, die Einkäufe und der Weg zur Arbeit waren mit einem Mal kein Problem mehr. Ich setzte Bruce oft an der Schule ab und fuhr einfach so aus Spaß herum.

Sonntags fuhren Bruce und ich zu meiner Schwester zum Essen. Alle waren da. Das Haus meiner Schwester war zum Zentrum unserer Familie geworden. Sie fehlte mir, ich wollte nicht von ihr abgeschnitten sein. Immer wenn ich wieder nach Hause zurückkehrte, war ich überwältigt davon, wie sehr ich sie doch im Grunde alle liebte. Sie waren die einzigen Menschen, bei denen ich mich wirklich wohl fühlte. Ich verstand ihre Launen. Natürlich hatten wir alle unsere Fehler, aber wir akzeptierten sie gegenseitig.

Ich war gerne bei Maureen, Bill und den drei Kindern. Ich beneidete sie um ihr Familienleben, das so sicher und geborgen schien. Aber auch ihre Ehe war schon vom Alkoholismus angegriffen. Allerdings sah ich das damals nicht so. Ich hatte immer noch nicht verstanden, daß der Alkohol die Grundfesten einer Familie *unausweichlich* bröckelig werden und das ganze Gebäude zusammenstürzen läßt. Ich hatte immer noch nicht verstanden, welche Macht der Alkohol besaß. Ihr Leben schien mir stabil. Maureen war großartig, wenn sie nüchtern war, sie hatte sichere Instinkte und einen gesunden Menschenverstand. Sie war sensibel, liebevoll und hilfsbereit. Ihre Familie war meine Familie geworden, genau so wie Dan, Mardi und ihre beiden Kinder.

Mom, Dad, Michael und Vater kamen nach mir an, und innerhalb weniger Minuten war der Geräuschpegel ohrenbetäubend geworden. Alle lachten, redeten und tranken. Das war die schöne Phase, die ersten Stunden unserer Familienzusammenkunft.

Der Alkohol ließ jeden seine Sorgen vergessen, und alle fühlten sich wohl. Für die nächsten Stunden war mit mieser Stimmung nicht zu rechnen.

Dad befand sich im Anfangsstadium seiner Trunkenheit, in der lockeren, lustigen Phase. Er unterhielt uns mit seinen Anekdoten aus der Metzgerstadt und seinen früheren Eskapaden mit Red und Beechie Bozio. Seine Enkelkinder fanden ihn großartig, wenn er so erzählte.

Ich trank ein Glas Wein und dann noch eines. Es war ein gutes Gefühl, sehr entspannend. Die letzten Monate waren ein echter Alptraum gewesen. Ich hatte niemandem aus meiner Familie von meiner Verhaftung oder der Abtreibung erzählt. Wieder Heimlichkeiten. Diese allerdings waren von der düsteren Sorte. Ich trank noch ein Glas Wein. Es machte mich ein bißchen beschwipst, aber das war mir egal. Wein ließ mich die Wirklichkeit vergessen. Ich lachte viel und scherzte mit den anderen. Nach dem Dinner überredete mich meine Schwester, etwas zu singen: »Something in the Way He Smiles«. Ich sang sonst nie vor anderen Leuten. Ich war zu verklemmt, obwohl ich wußte, daß ich eine schöne Stimme hatte.

»Ach komm«, drängte mich Maureen. »Sing doch für uns.«

Ach, was soll's, dachte ich. Ich hatte gerade genug Wein getrunken, um meine inneren Widerstände zu überwinden.

»Jaaah«, jubelten alle.

Ohne Musikbegleitung sang ich: »Something«.

»Zugabe!« Alles klatschte.

Ich sang noch ein Lied, trank noch einen Wein, sang dann wieder ein Lied – und so ging ich das ganze Repertoire meiner Lieblingsalben von Barbra Streisand, Laura Nyro, Carol King und meine Lieblingsstücke vom Broadway durch.

Nur Dad sagte nichts. Ich sah zu ihm herüber, er war schon in seine »miese Phase« eingetreten. Er kicherte und lallte »zwei freundliche Worte«, das war seine Weise zu sagen, daß er nichts von einem hielt.

»Es ist mir egal, was du sagst, Daddy«, sagte ich. »Eines Tages werde ich ein großer Star sein! Warte ab!«

»Du Arschloch«, brüllte er. »Du hast doch keine Ahnung!«

Die Stimmung im Raum war umgeschlagen. Alles wurde ruhig. Es war mir peinlich. Ich hatte meinen Traum vorher nie offen auszusprechen gewagt, nicht einmal vor mir selbst. Ich hatte zuviel Wein getrunken und mich wie eine Idiotin benommen. Ich wußte genau, was ihnen durch den Kopf ging: »Für wen hält die sich eigentlich mit ihren größenwahnsinnigen Ideen?«

Ich trank zwei Tassen Kaffee, um wieder nüchtern zu werden, und brachte Brucie zum Wagen. Ich wollte dort weg.

»Ach, übrigens«, sagte Maureen, als ich ging, »wann bringst du denn mal deinen Freund mit und stellst ihn uns vor?«

»Vielleicht das nächste Mal«, sagte ich schnell. Wie hätte ich ihn hierhin mitbringen können? »Danke fürs Essen.« Dann fuhr ich los.

Zwei Wochen später fragte mich Alan, ob ich Lust hätte, mit ihm übers Wochenende wegzufahren. Ich schlug den Lake Tahoe vor. Ich kannte dort eine Hütte, die wir mieten konnten. Ich fragte meine Schwester, ob Brucie so lange bei ihr bleiben könnte. Ich sagte ihr, ich müßte arbeiten. Ich war für mich zu dem Schluß gekommen, daß sie mein Wochenende mit Alan nicht gutheißen würde. Ich hatte den Eindruck, sie hinkte der Zeit hinterher. Es waren die 60er. Die »braven Mädchen« waren out. Es war die Zeit des Friedens, der Harmonie und der freien Liebe. Das »Zeitalter des Wassermanns«. Die Frauen trennten sich von ihren BHs. Tatsächlich hätte meine Schwester es sicher vorgezogen, wenn ich ihr die Wahrheit gesagt hätte. Im Grunde war ich es, die an der Vorstellung des »braven Mädchens« festhielt. Lügen, Heimlichkeiten – die immer gleichen Auswirkungen meiner Krankheit, der Krankheit, die sich langsam, aber stetig in mir weiterfraß.

Es war abgemacht, daß ich den geliehenen Wagen an dem Freitag, an dem ich mit Alan übers Wochenende wegfuhr, zurück zu Chrysler bringen sollte. Aber wie sollte ich Brucie dann zu meiner Schwester bringen? Und wie sollte ich ihn Sonntags abends wieder abholen? Die drei Tage werden schon keinen großen Unterschied machen, dachte ich. Montag morgen bringe ich den Wagen dann zurück.

Zwei volle Nächte mit Alan. Die Vorfreude war riesig. Wir packten seinen Leihwagen voll mit Eßwaren und Leckerbissen. Er nahm viele Cassetten für die Stereoanlage und etwas von seinem besonderen Schokoladengebäck mit.

»Ach übrigens«, sagte er eine Stunde, nachdem wir San Francisco verlassen hatten, »hast du den Wagen zurückgegeben?«

»Ja, klar«, log ich unwillkürlich. Warum soll ich ihn beunruhigen? dachte ich. Montag bringe ich ihn zurück.

Wir kamen am frühen Morgen an der Hütte an. Das Schlafzimmer hatte kein Flair, und so entschieden wir uns, die Matratzen direkt vor den Kamin ins Wohnzimmer zu legen. Es war viel romantischer so. Wir verstauten unseren Vorrat an Schinken, Eiern, englischen Muffins, Rose's Limonenmarmelade und frischer, süßer Butter im Kühlschrank. Zum Abendessen kauften wir eine gute Flasche Rotwein, zwei Steaks und Kartoffeln zum Backen. Ich wollte es möglichst einfach halten. Keine Tournedos Rossini diesmal, dafür war die Zeit zu knapp.

Wir aßen auf dem Balkon. Alan grillte die Steaks. Dann legten wir uns vor den Kamin. Ich spürte, daß Alan starke Gefühle für mich hatte, aber ich spürte auch, daß ihn irgend etwas beschäftigte.

»Ist alles in Ordnung?« fragte ich.

»Ja«, antwortete er leise. »Ich denke gerade über meine Kinder nach.« Er berührte mein Gesicht. »Ich liebe dich sehr«, sagte er.

Am nächsten Morgen stand Alan vor mir auf und sagte, er ginge »mal eben einkaufen«. Ich wußte, daß dieses »Einkaufen« nichts anderes bedeutete, als daß er sich bei seiner Frau meldete. Das war der Teil, den ich haßte. Ich fühlte mich dadurch schuldig und irgendwie billig. Alans Freund Hank hatte mir Fotos von Alans Frau gezeigt, und ich war überrascht, wie schön sie war. Ich hatte immer gehofft, sie wäre eine gemeine, alte, häßliche Hexe, aber die Fotos klärten mich über die Wahrheit auf. Sie war blond und schön. Und sie war Künstlerin.

Ich wußte, daß nicht alles zwischen ihnen stimmte. Alan erzählte mir oft von ihren Meinungsverschiedenheiten und Streitigkeiten. Er sagte, sie wären dabei, sich in unterschiedliche Richtungen zu entwickeln. Ich hoffte für mich, daß das so bleiben würde. Als Alan wieder zurückkam, war sein Gesicht kreidebleich. Er sah mich ernst an. »Hast du den Chrysler zurückgebracht?« fragte er.

Panik überfiel mich. Ich wußte, ich hatte mich einmal mehr selbst in eine kritische Situation gebracht. Sag die Wahrheit! Sag die Wahrheit! sagte ich mir selbst. »Nein«, antwortete ich leise.

»Warum hast du mich belogen?« fragte er.

Ich konnte nicht antworten. Ich stand bloß da und fühlte mich schrecklich. In mir schrie es: *Du hast gelogen, weil es das ist, was du seit dem ersten Tag, als ihr euch kennengelernt habt, getan hast! Alles ist nur Lüge – außer deinem Gefühl zu ihm.* Ja, warum habe ich das nur getan? fragte ich mich. Warum machte ich mir immer alles selbst kaputt? Damals fehlte mir noch die Fähigkeit, die Dinge in einem weiteren Rahmen zu sehen. Ich begriff nicht, daß die Lügen und Phantasien für mich so selbstverständlich wie das Atmen waren. Ich hatte, seit ich ein kleines Mädchen war, Heimlichkeiten gehabt und immer eine freundliche Maske aufgesetzt. Ich hatte nach außen hin immer den Eindruck zu vermitteln versucht, daß mein Leben besser wäre, als es in Wahrheit war.

»Wenn du mir die Wahrheit gesagt hättest, hätte ich problemlos eine Verlängerung bekommen können«, sagte Alan. »So haben sie meine Frau angerufen, um an dich heranzukommen, und ihr gesagt, daß ich den Wagen auf deinen Namen gemietet habe. Meine Frau hat mich angeschrien und wollte wissen, ob du diejenige bist, mit der ich eine Affäre hätte.«

»Es tut mir so leid«, sagte ich wieder und wieder. Ich fühlte mich furchtbar. Ich wollte Alan nie in irgendwelche Schwierigkeiten bringen.

»Wir müssen sofort zurück«, sagte Alan.

Wir sammelten schnell unsere Sachen ein und begannen unsere halsbrecherische Rückreise. Es war eine schreckliche Fahrt. Alan raste wie wild, und wir sprachen kein Wort miteinander. Es war so ein Kontrast zu der Hinfahrt, als ich mich eng an Alan geschmiegt hatte, meinen Arm um seinen Hals gelegt, küssend und redend. Die Rückfahrt war trist und nervenaufreibend. Ich preßte mich an die Beifahrertür, und beide waren wir in unsere eigenen schmerzhaften Gedanken versunken.

Alan setzte mich schnell an meinem Apartment ab und fuhr zum Flughafen von San Francisco weiter. Ich fühlte mich miserabel. Jetzt bin ich ihn los, dachte ich. Ich habe ihn durch meine eigene Dummheit verloren. Ich stieg in den Wagen, der mich in den ganzen Schlamassel gebracht hatte, und fuhr zu meiner Schwester, um Brucie zu holen. Ich fühlte mich so einsam. Ich wußte, es war alles vorbei.

46

Tage vergingen, ohne daß Alan mich anrief. Ich konnte kaum das Haus verlassen aus Angst, das Telefon könnte klingeln, und ich wäre nicht da, den Anruf entgegenzunehmen. Ich wollte noch einmal Alans Stimme hören. Ich sehnte mich nach ihr. Vielleicht könnte ein Gespräch ihn umstimmen. Der Gedanke, ohne ihn zu sein, hinterließ ein unendlich leeres Gefühl in mir. Ich wollte ihm alles erzählen. Die ganze Wahrheit. Ich hatte nun nichts mehr zu verlieren.

Aber nach zwei Wochen holte mich die Realität wieder ein. Ich mußte noch einmal von vorne anfangen. Ich mußte raus aus meinen vier Wänden und neue Leute kennenlernen. Bis auf Jack hatte ich keine Freunde. Ich mußte vergessen. Ich hatte kein Interesse an anderen Männern. Verglichen mit Alan blieben sie alle blaß. Der Verlust von Alan und die Auflösung meiner Familie ließen diese Phase zu einem weiteren Tiefpunkt meines Lebens werden.

Ich ging mit Bruce zum Pool unseres Wohnblocks, um ein bißchen zu schwimmen. Er liebte es, sich für ein paar Minuten in die Sauna zu setzen, um sich aufzuwärmen und dann zum Becken zu laufen und hineinzuspringen. Er machte das wieder und wieder. Im Schwimmbecken war ein Mann, den ich vorher noch nie gesehen hatte.

»Sie sehen so traurig aus«, sprach er mich an.

Ich hatte nicht die Absicht, mein Herz einem Fremden auszuschütten, aber bevor ich wußte, wie mir geschah, hörte ich mich von »seiner Frau« erzählen und daß »ich schon seit Wochen nichts mehr von ihm gehört habe.« Ich erzählte diesem wildfremden Mann meine ganze Geschichte. Er war ein Psychiater aus New York und hatte seine Methoden, einen zum Reden zu bringen. Er erzählte mir, er stecke gerade in einer ziemlich chaotischen Scheidungssache und sei nach

Kalifornien gekommen, um vor seinem Schmerz zu flüchten. Er lud Bruce und mich für abends zum Essen ein, und noch bevor der Abend vorbei war, hatte er sich wahnsinnig in mich verliebt. Er sagte es mir geradeheraus. Ich empfand nichts für ihn. Am nächsten Tag kamen Rosen. Und später wurde ein romantischer Zettel unter meine Tür geschoben. Er war sehr nett, aber nicht mein Typ. Er besuchte mich in meinem Apartment, um mir das neueste Kochbuch von Julia Child zu bringen. Wir hatten über meine Liebe zum Kochen gesprochen. Wie hätte ich ihm ein Dinner ausschlagen können? Ich fühlte mich irgendwie verpflichtet. Er war wirklich sehr nett.

Wir aßen im Ondine, einem sehr schönen, teuren Restaurant in Sausalito, das direkt am Wasser lag. Ich liebte gutes Essen, und während er dasaß, seine Martinis trank und mich anhimmelte, schlang ich meine Scholle Quenelles, Kalbsbries und Spargelspitzen hinunter. Zum Nachtisch bestellte ich ein Schokoladensoufflé. Er trank noch einen Martini.

»Ich fahre morgen nach New York«, sagte er. »Ich fände es schön, wenn Sie mich besuchen kämen.«

Ich hielt mit dem Essen inne und starrte ihn an. Ich kenne dich doch kaum, dachte ich. So legt man jemandem goldene Handschellen an. Ich war vorher noch nie in New York gewesen. Das war für mich die Möglichkeit für einen kostenlosen Aufenthalt in New York. Aber wenn er für alle Kosten aufkam, würde ich mit ihm schlafen müssen. Igitt! Der Gedanke widerte mich an. Ich wollte keinen anderen Mann. »Ich werde darüber nachdenken«, hörte ich mich sagen. Ich gab ihm an der Haustür einen höflichen Kuß, dankte ihm für das herrliche Essen und ging in mein Apartment. Ich zahlte dem Babysitter acht Dollar. Brucie lag fest schlafend auf seinem Bett, um sich herum alle Stofftiere, die er besaß. Es war kaum noch genug Platz für ihn da. Ich liebte es, ihm beim Schlafen zuzusehen. Er schnarchte und gluckste und hatte die merkwürdige Angewohnheit, mit leicht geöffneten Augen zu schlafen. Ich deckte ihn zu, ordnete seine Stofftiere und ging leise aus dem Zimmer.

Ich lag im Bett und dachte über New York nach. Ich wäre gerne woanders hingezogen. Vielleicht würde ich in New York einen Agenten für Werbeaufträge finden. Brucie und ich könnten dann nach New York ziehen, und ich würde viel Geld verdienen. Wir könnten ein neues Leben anfangen. Ich könnte Alan in New York vergessen. In einer so kultivierten Stadt würde es bestimmt einen wundervollen Mann für mich geben. Warum sollte ich diese Chance nicht nutzen. Also sagte ich meinem Psychiaterfreund zu, als er am nächsten Tag anrief. Ich hatte mich entschlossen, mich um das »Beischlafproblem« zu kümmern, wenn ich erst einmal da wäre.

Alan fehlte mir sehr. Der Schmerz, der in mir saß, wurde mit jedem Tag größer. Ich brauchte etwas, um mich abzulenken. Meine Mutter sagte mir, Dad würde diese Woche nicht so viel trinken, und sie würde gerne auf Brucie aufpassen. Ich ließ Brucie nur ungern bei Dad. Ich wollte nicht, daß er dem gleichen Terror ausgesetzt wäre, mit dem ich aufgewachsen war. Aber diesmal schien es ungefährlich.

Alles war soweit arrangiert. Ich wünschte, Alan würde mich anrufen, bevor ich fahre, dachte ich. Ich beschloß, ihm eine Nachricht bei meinem Anrufservice zu hinterlassen, »nur für den Fall«, daß er anrief.

»Lieber Alan«, sagte ich. »Es tut mir sehr leid, daß ich Sorgen in dein Leben gebracht habe. Ich hatte nie die Absicht, dir weh zu tun. Ich bin mit einem anderen Mann nach New York gefahren, in der Hoffnung, dich zu vergessen. Die Zeit, die wir zusammen hatten, war für mich das schönste, wundervollste Erlebnis meines

Lebens. Ich vermisse dich von ganzem Herzen, und ich werde meine Erinnerungen immer wie einen Schatz in mir bewahren.« Es hörte sich albern an, als die Vermittlung diese romantische Botschaft noch einmal vorlas. »Gut«, sagte ich. »Bitte sorgen Sie dafür, daß er diese Nachricht erhält, falls er anruft.«

Mein Flugticket war erster Klasse. Ich sollte ins Plaza Hotel gehen, in dem ein Zimmer auf meinen Namen gebucht war. Ich kam am Kennedy-Flughafen an und hörte, wie mein Name ausgerufen wurde. Ich lief zum gebührenfreien Weißen Telefon.

»Ja«, sagte die Telefonistin, »ein gewisser Alan Hamel versucht, Sie zu erreichen. Er hat keine Nummer hinterlassen.«

Ich war frustriert. Ich hatte keine Ahnung, wo er steckte; ich wußte nicht, wie ich an ihn herankommen konnte. Ich wartete im Flughafen, in der Hoffnung, er würde noch einmal anrufen. Woher wußte er, wo ich war? Warum hat er mit seinem Anruf bis heute gewartet? Ich war ganz durcheinander. Vielleicht hätte ich doch nicht fliegen sollen, dachte ich. Ich stieg gedankenverloren in ein Taxi. New York breitete sich vor mir aus. Ich war sehr aufgeregt. Der Taxifahrer gab Gas, die Autobahnen waren verstopft, und vor mir lag das Empire State Building. Ich dachte an den Broadway, das Lincoln Center, Bergdorf Goodman und das Museum of Modern Art, den Central Park, Sardi's! Ich konnte es nicht fassen. Ich hatte mich seit zwei Wochen nicht mehr so gut gefühlt. Wir steckten in einem dicken Verkehrsstau fest. Mir war das egal. Überall wurde gehupt. Mein Taxifahrer lehnte sich aus dem Fenster, um einem anderen Fahrer unanständige Sachen zuzubrüllen. Es war herrlich, genau wie in den Filmen.

Das Plaza Hotel war unglaublich. In großen chinesischen Vasen standen riesige Palmbäume, alles schien zu glitzern, überall Spiegel und Kristall. Die Teppiche waren zu schön, um darauf zu laufen. Ich versuchte, nicht auf das Muster zu treten. Das Mobiliar war mit Brokat und Samt überzogen. Männer in weißen, steifgestärkten kurzen Jacken brachten wunderschön gekleideten Menschen, die an taftbedeckten Tischen saßen, auf silbernen Tabletts Getränke. Im Hintergrund spielte die Art von Musik, die man in Versailles erwarten würde.

Ein Page trug meine schäbig aussehenden Taschen in mein Zimmer. Es war ganz in Eisblau gehalten, überall Satin, Brokat und Samt. Von der Decke hing ein Kristalleuchter. Das ganze Badezimmer bestand aus funkelnden weißen Kacheln und hatte eine riesige Badewanne, die auf kleinen Füßen stand. Auf der Frisierkommode stand ein Korb mit Frühlingsblumen und einem Zettel: »Bis heute abend.« O Gott, dachte ich. Meine Phantasieblase zerplatzte. Das war die Wirklichkeit: »Bis heute abend!« Nun war ich an der Reihe, meine Gegenleistung zu erbringen. Er ist ein Gentleman, dachte ich. Vielleicht ist er verständnisvoll und drängt mich nicht. Es bestand ja keine Eile. Ich war die ganze Woche über da.

Drring! Das Telefon klingelte. Ich sprang auf, um den Hörer abzunehmen. Vielleicht hat Alan ja herausgefunden, wo ich stecke, hoffte ich.

»Hallo!« Es war der Psychiater. »Ist alles O.K.?« fragte er.

»Oh, ja! Es ist wirklich schön und sehr aufregend. Ich war noch nie vorher in New York«, sagte ich.

»Na, großartig. Ich werde es sehr genießen, es Ihnen zu zeigen«, sagte er. »Wie wäre es, wenn ich in einer Stunde vorbeikäme und wir zu Abend äßen?«

»Schön. Bis dann.«

Fünf Minuten nachdem er eingetroffen war, klingelte es wieder an der Tür. Ein Kellner kam herein und stellte einen silbernen Sektkübel und zwei Gläser ab. »Ich habe mir erlaubt, Martini für uns zu bestellen.«

Martini, dachte ich. Ein Martini und ich wäre betrunken. Ich mochte den Geschmack von scharfen Spirituosen nicht. Vielleicht beruhigt es ja meine Nerven, dachte ich. Josh trank innerhalb einer Stunde drei Martinis. Ich sah, wie seine Augen sich trübten. Darin kannte ich mich aus. Ich hatte mein ganzes Leben lang mit angesehen, wie Augen auf diese Weise trüb wurden.

Wieder klingelte es an der Tür. Diesmal schob der Kellner einen Wagen mit Silbertabletts voller Speisen ins Zimmer. »Ich weiß, wie gerne Sie essen. Deswegen habe ich mir erlaubt, dies für Sie zu bestellen«, sagte Josh.

»Das heißt wohl, daß wir hier essen«, sage ich nervös. Eine Flasche Martini, gebratene Wachtel mit Champagnertrauben, Herzoginkartoffeln, gebratene Tomatenhälften mit frischen Erbsen, Minze und Silberzwiebeln und eine Silberschale mit frischem Limoneneis. Ein weiterer Silberteller war voll mit Petits fours, Blätterteig und schokoladenüberzogenen Florentinern.

Ich begann zu essen. Josh trank noch einen Martini. Ich wollte das Essen so lange wie möglich ausdehnen. Vielleicht trinkt er ja so viele Martinis, daß er einschläft, hoffte ich.

Das Abendessen war köstlich. Es war meine erste Wachtel. Ich leckte mir nach jedem Bissen die Finger. Josh beobachtete mich und grinste. Ja, laß sie sich erst einmal stärken, dachte ich sarkastisch. Die Kartoffeln waren voll mit Butter und Schalotten. Ich zog sie durch die Wachtelsoße, dann nahm ich eine Gabel voll Tomate, und die Erbsen zersprangen mit einem leichten Knacken zwischen meinen Zähnen. Er war herrlich.

Das Eis schmeckte nach einer Mischung von Limonen und Sahne. Ich nahm einen Löffel davon auf die Spitze eines knusprigen Schokoladenplätzchens und steckte es mir in den Mund.

Ich bekam schließlich keinen Bissen mehr runter. Ich wollte nur noch in diese große Badewanne und danach ins Bett fallen. Es war deutlich zu sehen, daß Josh sich das ganz anders gedacht hatte. Er hatte glänzende Augen und große Pläne für diese Nacht.

»Komm, wir setzen uns auf die Couch«, schlug er vor.

O Gott, dachte ich. Jetzt geht's los. Er setzte sich neben mich und begann, meine Haare zu streicheln.

»Du hast so was Rührendes und Verletzliches an dir. Ich liebe es, dich anzusehen«, sagte er.

»Das ist nett«, antwortete ich.

Er schob meine Haare zur Seite und fing an, meinen Nacken zu küssen. Ich fühlte seinen schweren Atem.

»Ich könnte mich leicht in dich verlieben«, flüsterte er mir ins Ohr.

Ach du liebe Güte, dachte ich. »Ich weiß nicht, was ich genau fühle«, sagte ich. »Ich brauche Zeit.« Ein geschicktes Ausweichmanöver.

»Ich werde dich nicht bedrängen«, beruhigte er mich.

Als ich wieder aus dem Badezimmer kam, lag Josh auf meinem Bett. Na prima, dachte ich. Gut, daß er mich nicht bedrängt.

»Komm, leg dich neben mich«, sagte er. Er hatte seine Krawatte gelöst. Ich zögerte, ich fühlte mich in der Falle.

»Ich mache nichts«, versprach er.

Ich setzte mich auf die Bettkante. Er zog mich runter und begann, mich leidenschaftlich zu küssen. Ich fühlte nichts. Das waren nicht die Küsse, nach denen ich mich sehnte. Ich wollte Alans Arme fühlen. Ich paßte nicht zu diesem Mann. Plötzlich machte er sich über mich her, zupfte an meiner Kleidung und versuchte, mich auszuziehen. Ich hatte das Gefühl, ich ersticke.

»Du bist der glatte Wahnsinn«, sagte er immer wieder.

»Bitte, nicht!« sagte ich leise. Er hörte mich nicht. Seine Leidenschaft übertönte alles andere.

»Ich muß dich haben«, sagte er immer wieder. »Ich hab' mir das immer wieder vorgestellt, seit ich dich zum ersten Mal sah.«

Ich hielt es nicht mehr aus. Die ganze New-York-Reise war all das nicht wert. Ich hätte mir das Ganze genauer überlegen sollen. »Bitte! Nein!« schrie ich. Ich schob ihn weg. »Es ist noch zu früh«, sagte ich, »ich bin noch nicht soweit. Bitte!«

Josh setzte sich auf. Er sah aus wie ein Hündchen, mit dem man geschimpft hatte. »Tut mir leid«, sagte er. »Ich wollte nicht...«

Ich unterbrach ihn. »Ich weiß. Es ist O.K. Ich verstehe das. Ich wollte Sie wirklich nicht irreführen, aber ich kann einfach nicht mit einem Mann schlafen, wenn ich emotional nicht soweit bin.« Schweigen.

»Nun ja. Ich finde dich wirklich sehr nett«, sagte er. »Ich werde jetzt gehen und komme morgen früh wieder. Dann können wir zusammen frühstücken.«

Ich war so erleichtert. Nun konnte ich endlich in die große Badewanne steigen.

Josh traf am nächsten Morgen um zehn Uhr ein. Es gab Rührei mit Toastspitzen, frische Himbeeren und köstlichen Kaffee. Während des Frühstücks klingelte das Telefon.

»Hallo«, sagte Alan.

Ich wußte nicht, was ich sagen sollte. Ich hatte so lange auf diesen Anruf gewartet, und jetzt war ich so sprachlos. Es war eine unangenehme Situation. Josh war nicht dumm. Er konnte sich ausrechnen, wer da anrief.

»Bist du allein?« fragte Alan. In seiner Stimme war eine merkwürdige Mischung aus Wärme und Kälte.

»Nein«, antwortete ich leise.

»Ich habe alle Hotels angerufen. Ich wußte, ich würde dich finden«, sagte er.

Ich wollte ihm sagen, daß mir dieser Typ nichts bedeutete. Ich wollte ihm sagen, daß ich niemanden als ihn wollte.

»Ich möchte, daß du heute zu mir kommst«, sagte Alan.

»Ich... ich kann nicht«, stammelte ich.

»Ich bin in Toronto«, sagte er. »Ich habe New York gerade verlassen, und ich habe meine Frau verlassen.«

Ich konnte es nicht glauben. Ich hatte so lange darauf gewartet, diese Worte zu hören. Es war keine Frage für mich, was ich tun würde.

»Ich komme«, sagte ich. Josh sah zu mir hoch. Auf seinem Gesicht zeigte sich Resignation. »Es tut mir leid«, sagte ich, als ich den Hörer auflegte. »Ich muß zu ihm gehen. Ich liebe ihn. Ich werde versuchen, Ihnen alle Ihre Ausgaben zurückzuzahlen.«

»Nein«, sagte Josh. »Das ist nicht nötig. Du schuldest mir nichts. Ich habe die kurze Zeit, die wir miteinander hatten, genossen.«

Was für ein netter Mann, dachte ich. »Danke für Ihr Verständnis.« Dann ging er.

Nun war ich allein, frei und auf dem Weg zu dem Mann, den ich liebte und der jetzt unverheiratet war. Wir würden uns nicht mehr verstecken müssen, und es würde nichts Billiges und Unerlaubtes mehr an sich haben. Endlich konnte ich ihn ohne Bedenken lieben und er mich. Ich war glücklicher und aufgeregter, als ich es je zuvor gewesen war.

Ich rief meine Mutter an und fragte, ob sie sich noch ein paar Tage länger um Bruce kümmern könnte. Bruce kam an den Apparat. Er war enttäuscht.

»Ich will, daß du nach Hause kommst. Ich vermisse dich«, sagte er traurig.

Ich fühlte, wie es in mir kämpfte. Auch ich vermißte ihn. Ich enttäuschte ihn nur ungern. Er verließ sich rückhaltlos auf mich.

»Es sind nur ein paar Tage mehr, Schatz«, sagte ich zärtlich. »Nächsten Samstag bin ich wieder da. Und dann werde ich lange Zeit nicht mehr weggehen.« Ich sagte ihm, wie sehr ich ihn liebte und legte mit schlechtem Gewissen auf.

Ich packte meine Tasche und buchte den Flug. Ich benutzte mein Rückflugticket für den Flug nach Toronto. Alan würde mir das Geld später wiedergeben.

Ich konnte es nicht glauben, daß ich schon bald wieder bei Alan sein würde. Ich empfand eine merkwürdige Mischung aus Vorfreude und Nervosität. Toronto war Alans Heimatstadt. Würden wir uns verstecken müssen? Und was, wenn wir zufällig jemandem aus seiner Familie begegneten? Na, darüber mache ich mir später Gedanken, dachte ich.

Ich betrachtete mich im Spiegel. Ich hatte mir das Haar gewaschen, das war also in Ordnung. Es hing in langen blonden Strähnen herab. Aber die Sachen sind nichts, dachte ich. Ich hatte für Josh einen Rock angezogen, der mir bis zu den Knöcheln ging, und darüber einen übergroßen, unförmigen Baumwollpullover. Ich hatte ihn durch nichts animieren wollen. Ich durchstöberte meine Sachen und entschied mich für mein pfirsichfarbenes Krepphemd und die braunen Samtjeans. Alan hatte diese Hose immer sehr gefallen. Er mochte es, wenn ich mich leger anzog. Er fand, daß Make-up und tolle Kleider bei mir unnötig wären.

Ich wollte alles so vollkommen wie möglich haben. Ich wollte, daß Alan nur einen Blick auf mich werfen mußte, um zu wissen, daß er sich richtig entschieden hatte. Ich war leidenschaftlich in ihn verliebt. Noch drei Stunden, und wir würden zusammensein. Ich konnte es kaum erwarten.

Ich verließ das Plaza Hotel. Es war ein herrlicher Frühlingstag. Die Luft war frisch und klar. Die Vögel sangen, die Autos hupten. Der leichte Wind spielte in meinem Haar. Es war, als ginge ich auf Wolken. Ich war glücklich und aufgeregt.

»Guten Morgen, Sir«, sagte ich fröhlich zu dem Taxifahrer.

»Wohin soll's gehen, Ma'am?« fragte er.

»Kennedy Airport«, antwortete ich.

Während des Flugs malte ich mir aus, wie es wohl sein würde. Es schien eine Ewigkeit, seit ich ihn zuletzt gesehen hatte. Ich konnte es kaum abwarten, ihn wieder zu berühren. Ich konnte es kaum erwarten, ihm wieder in seine Augen zu sehen, in diese unglaublichen, glänzenden, erotischen blauen Augen.

Ich sah auf die Uhr. Noch dreißig Minuten bis zur Landung. Ich fühlte mich erhitzt. Meine Hände waren vor Nervosität ganz feucht. Die Vorfreude war riesig.

»Ladies und Gentlemen«, sagte die Stewardeß über die Bordlautsprecher, »wir sind im Anflug auf Toronto. Bitte legen Sie die Sicherheitsgurte an.«

Ich betrachtete mich ein letztes Mal im Taschenspiegel meiner Puderdose. Mein Hals war übersät mit nervösen Flecken. Ich konnte fühlen, wie die Unsicherheit in mir hochstieg. Was, wenn er es sich anders überlegte und zu dem Schluß käme, daß ich es nicht wert bin, dachte ich. Ich spürte Angst und Anspannung.

Ich stieg aus dem Flugzeug und ging den langen Gang zur Zoll- und Einwanderungsbehörde hinunter. In der endlosen Schlange wurde ich unruhig. Macht schnell, schnell, dachte ich. Zum Glück brauchte man für die Grenzabfertigung nur den Führerschein, denn ich hatte meinen Paß nicht dabei. Ich war vorher nie im Ausland gewesen.

»Welcher Art ist Ihr Aufenthalt?« fragte der Zollbeamte.

»Von der angenehmen«, antwortete ich lächelnd.

»Nun, einen schönen Aufenthalt dann«, sagte er.

Den werde ich haben, dachte ich, als ich auf der Rolltreppe stand. Noch ein langer Flur. Aber diesmal waren die Wände aus Glas, und Menschen preßten ihre aufgeregten Gesichter auf der Suche nach ihren Lieben gegen die Fenster.

Mein Blick überflog die Menschenmenge. Wo ist er? Wo ist er? Plötzlich tauchte in diesem Meer von Gesichtern seines auf. Ich blieb stehen. Unsere Blicke trafen sich. Wir lächelten. Er begleitete mich auf der anderen Seite der Glasscheibe; so nah und doch so fern. Ich blickte nach vorn – noch etwa 25 Meter. Der Rest war wie in Zeitlupe, als ob man unter Wasser wäre, die Geräusche gedämpft und wie aus weiter Ferne. Wir beide waren die einzigen Menschen auf der Welt. Noch zehn Meter. Wir gingen immer schneller. Noch einen kurzen Augenblick und ich war bei ihm. Alan war vor mir an dem Durchgang. Ich blieb stehen. Ich konnte mich nicht mehr bewegen. Alan machte einen Schritt nach vorn und zog mich an sich. Ich fiel in seine Arme. Wir standen da und hielten uns, überwältigt von all den angestauten Emotionen, in den Armen.

»Entschuldigen Sie bitte«, sagte eine Stimme hinter uns ungeduldig.

Die Peinlichkeit löste unsere Umarmung auf. Alan griff sich mit einem Arm meine Tasche und legte den anderen um meine Hüfte. Arm in Arm machten wir uns auf den Weg zu seinem Wagen. Er hatte mich immer noch nicht geküßt. Wir waren beide sprachlos und ungeschickt. Als wir dann endlich in seinem Wagen saßen, zog er mich an sich. Unsere Lippen berührten sich ganz leicht, dann preßten sie sich leidenschaftlich aufeinander. Die ganze Anspannung fiel von meinem

Körper ab. Ich fühlte mich schwach und hilflos in seinen Armen.

»Gott, wie ich dich vermißt habe«, flüsterte er.

Alan und ich verbrachten drei wundervolle Tage im alten Hotel Vier Jahreszeiten. Er versicherte mir, daß das Vergangene erledigt wäre. Er hatte seine Entscheidung getroffen, und er war zufrieden mit seiner Wahl. Ich hatte zum ersten Mal das Gefühl, daß es die Möglichkeit einer echten Bindung zwischen uns gab. Beziehungen bauen auf kleinen Schritten auf. Wir hatten einen vorsichtigen Schritt nach vorne getan.

Alan stellte mich seiner Schwester Cecile und ihrem Mann Lewis vor. Ich mochte sie und hatte gleich das Gefühl, daß sie mich akzeptierten. Ich war überrascht von der Zärtlichkeit und Zuwendung, die Alan mir in ihrem Beisein zukommen ließ. Er brauchte sich nicht länger zurückzuhalten. Er hatte sich freigemacht und durfte seine Gefühle nun offen zeigen. Mein Traum erfüllte sich. Es war ein so gutes Gefühl, endlich mit dem Versteckspielen aufzuhören.

Alan und seine Frau hatten all die Schmerzen und Qualen erlebt, die zwei Menschen durchmachen, wenn sie sich scheiden lassen wollen: Zorn, Tränen, Vorwürfe und sentimentale Erinnerungen. Am Ende sahen beide ein, daß es vorbei war, und das nicht erst seit kurzer Zeit.

Am vierten Tag flogen wir nach New York zurück, mieteten uns einen Wagen und fuhren nach Bridgehampton. Alan hatte einen guten Freund dort und wollte, daß ich ihn kennenlernte. Auf dem Weg dorthin machten wir Halt und kauften frische Long-Island-Enten. Der Abend mit Alans Freund sollte ein Fest werden. Im Wagen lachten wir darüber, wie die Dame von der Telefongesellschaft ihm meine Nachricht übermittelt hatte. Alan meinte, sie mußte jeden Satz, jedes Komma, jede Pause einstudiert haben.

Sie war wie Ingrid Bergmann in ihren dramatischsten Filmen.

Ich mochte Sascha sofort. Er nannte mich seine kleine »Mary Sunshine«. Er war Musiker und stark vom Jazz beeinflußt, ohne sich allerdings auf Jazz zu beschränken. Er war in jeder Hinsicht kreativ. Er malte, und er hatte gerade eine Schallplatte fertiggestellt. Er hatte sein schönes und sehr geschmackvolles Haus auf Long Island selbst gebaut. Ich wollte das Haus gar nicht mehr verlassen. Es war aus diesem Zedernholz gebaut, das in der Seeluft grau wird. Es hatte unten ein großes rechteckiges Zimmer mit einer Menge Glas, einen Kamin aus Stein und einer sehr schönen Holztreppe, die zu den beiden Schlafzimmern hochführte. Es war geschmackvoll möbliert, in einem New Yorker Stil, mit Sofas aus grauem Wollflanell, folkloristischen Teppichen, einigen Kiefernmöbeln und ausgesuchten Keramikgegenständen. Überall war Musik. Wir tranken einen sehr guten Rotwein, aßen die gebratene Ente und tanzten Swing bis spät in die Nacht.

Bridgehampton ist ein wunderbarer Ort. Seine Bewohner legen viel Wert auf Kunst, und die schöpferische Atmosphäre nimmt einen sofort gefangen.

Wir verbrachten den Rest der Woche damit, die einfachen Dinge des Lebens zu genießen. Wir gruben in den bereits abgeernteten Kartoffelfeldern, um die kleinen Babykartoffeln zu finden, die wegen ihrer Größe übriggeblieben waren. Wir fuhren nach Montauk, um frische Cherrystone-Venusmuscheln und einen Hummer zu kaufen. Wir setzten uns auf die Sanddünen, tranken Champagner und sahen schweigend dem Sonnenuntergang zu. Die Abende verbrachten wir bei herrlicher klassischer Musik vor dem Kamin.

Ich sog das alles in mich ein. Es waren neue Erfahrungen für mich, und doch war das alles mir nicht völlig unbekannt. Ich fühlte, daß ich in dieser stimulierenden Umgebung am richtigen Platz war. Sie kam dem Lebensstil, den ich mir erträumte, am nächsten. Bridgehampton war sowohl kultiviert als auch einfach. Die Menschen hier waren stimulierend. Das war genau das, was ich suchte, und nun, da Alan seine Frau verlassen hatte, wer weiß, vielleicht würde ich es auch bekommen.

Es war eine unvergleichliche Woche. Ich kam überschwenglich zu Hause an, einen Korb frischer Enten in der einen Hand und einen Sack spanischer Zwiebeln in der anderen. Sascha hatte mir ein Buch mitgegeben und eine Cassette mit seiner LP, einer Instrumentalimpression von Long Island. Unter den ausgewählten Stücken waren »Pheasant Walk« und »Montauk Bay«. Er konnte einen durch seine Musik in diese Landschaft versetzen, so daß man sie sehen, riechen, hören und fühlen konnte. Ich hörte mir diese Cassette über Jahre hinweg regelmäßig an, bis sie am Ende kaputtging.

Ich war bereit, ein neues Leben anzufangen. Ich arbeitete eine Woche für Ford Lastwagen, und dann konnte ich in mein neues Haus ziehen. Ich fühlte kein Bedauern, als ich mein fades, schlichtes Apartment verließ. Ich hatte keine guten Erfahrungen dort gemacht. Es war der Ort gewesen, an dem ich die Tiefpunkte meines Lebens durchgemacht hatte: die Verhaftung, die Abtreibung, die Nähe des Todes, die Angst, Bruce zu verlieren und die Angst, Alan zu verlieren. Auf Wiedersehen! Oder besser vielleicht: Auf Nimmerwiedersehen! Ich konnte es kaum erwarten, von diesem Apartment wegzukommen.

47

Es war ein unproblematischer Umzug. Ich hatte meine Sachen im Grunde nie richtig ausgepackt, sie standen noch immer in Kisten im Wohnzimmer herum, und auch die Bilder waren nie aufgehängt worden. Mein neues Haus erinnerte mich an Saschas in Bridgehampton – überall Holz, unten ein großer Raum und oben zwei Schlafzimmer. Brucie war ganz aufgeregt. Wir arrangierten seine Möbel und all sein Spielzeug. Ich holte mein Werkzeug heraus und brachte die alten Redwoodfensterläden an, die ich aus seinem Zimmer in San Francisco mitgenommen hatte. Sie paßten genau in sein neues Fenster. Wir bauten uns aus alten Orangenkisten Regale und hängten seine Lieblingsbilder an die Wände. Es sah goldig aus.

Meine alten Möbel sahen im neuen Wohnzimmer gut aus. Ich ließ mir meinen schokoladenbraunen Teppich auf eine Größe von achteinhalb mal viereinhalb Meter zuschneiden. Mein Bruder Dan gab mir eine Schaumstoffunterlage für den Teppich. Das abgenutzte Leinensofa und die Stühle paßten ausgezeichnet zum Teppich, dem Boden und den Wänden aus Redwood und dem Steinkamin. Ich schmirgelte den Eßtisch und die Stühle aus meinen alten Avontagen bis aufs Holz herunter und entdeckte, daß sich unter dem Stoff der Sitze wunderbares schwarzes Leder befand. Das Haus sah nicht aus wie das von jemandem, der kein Geld hat. Von meinem Schlafzimmer aus konnte man das ganze Wohnzimmer überblicken. Das einzige Möbelstück, das ich besaß, war mein Bett. Ich machte mir aus Orangenkisten zwei Beistelltischchen, und als Lichtquelle benutzte ich eine alte Lampe. Aber das war mir egal. Ich fand es herrlich. Später, wenn ich mehr Geld hätte, würde ich das Zimmer richtig einrichten. Was ihm jetzt an Luxus fehlte, glich es durch Charme und Romantik aus.

Alan kam mich an meinem ersten Wochenende in dem neuen Haus besuchen. Er verliebte sich sofort in dieses Haus. Er war zu Hause ausgezogen und teilte sich jetzt mit seinem Freund Leonard ein Haus in Bel-Air.

Leonard war ein guter Freund von Alans Exfrau (bzw. baldiger Exfrau) und hatte mich bereits als »Familienschreck« bezeichnet. Es war ein neues Etikett. Aber ich konnte gut mit ihm leben, es war immer noch besser als »Mätresse« oder »Ehebrecherin«.

Es war das erste Wochenende, an dem ich Bruce und Alan zusammenbrachte. Sie hatten sich vorher schon öfter gesehen, aber nie genug Zeit miteinander verbracht, um sich richtig kennenzulernen. Und das würde wohl, wie ich deutlich sehen konnte, noch einige Zeit dauern. Alan war Bruce gegenüber freundlich, aber ohne echte Wärme. Ich vermute, er hatte Schuldgefühle, weil er seine Zeit mit meinem Kind statt mit seinem eigenen Sohn zubrachte, der im gleichen Alter wie Brucie war. Brucie wußte nicht so recht, was er von diesem neuen Mann halten sollte, der jetzt in Mommys Bett schlief. Daß ich auf diese Weise mit jemandem zusammen war, war eine neue Erfahrung für ihn. Er war daran gewöhnt, ohne weiteres und jederzeit Zutritt zu meinem Schlafzimmer zu haben. Die neue Situation machte ihn eifersüchtig. Ich krieg' das Problem zwischen den beiden schon irgendwie in den Griff, dachte ich. Es braucht nur etwas Zeit und Gewöhnung. Schon bald wird Alan seine eigenen Kinder mitbringen können, und dann wird alles gut.

Trotz der leichten Spannung zwischen Bruce und Alan war es ein sehr schönes Wochenende. Wir hatten die ganze Zeit über den Kamin an. Das Haus roch herrlich, die Holzwände hatten noch immer einen durchdringenden Geruch, und das Haus war von großen, alten, wohlriechenden Mammutbäumen umgeben. Ich hatte mir vorgenommen, einen Gemüsegarten anzulegen und Blumen zu pflanzen. Ich wollte uns ein richtiges Heim bereiten.

Ich kochte an diesem Wochenende wie eine Wilde. Mittags gab es Käsesoufflé und Feldsalat und abends gefüllte Lammkoteletts in Blätterteig. Alan war ganz hingerissen von meinem Essen. Ich genoß es, ihn zu bekochen und zu verwöhnen. Es gab keine Versprechungen oder Garantien für diese Beziehung. Alan hatte nie zu mir gesagt: »Jetzt, da ich meine Frau verlassen habe, werde ich dich heiraten.« Aber das war nicht schlimm. Ich kam jetzt viel besser mit unserer Beziehung zurecht als zu der Zeit, als er verheiratet war.

Nach vier Monaten in meinem neuen Haus holte mich die Realität wieder ein. Ich hatte bisher jeden Pfennig zusammengekratzt, um die 400 Dollar für die Monatsmiete zusammenzukriegen. Aber nun war ich doch einen Monat in Rückstand geraten. Mein Vermieter tauchte sofort an meiner Wohnungstür auf, verlangte seine Miete und drohte mir andernfalls mit Kündigung.

»Es tut mir so leid«, sagte ich.

»Meine Gehaltszahlung hat sich in diesem Monat etwas verspätet. Ich werde bei meinem Arbeitgeber anfragen, ob er mir das Geld solange vorschießen kann. Es wird bestimmt nie wieder vorkommen«, versicherte ich ihm.

Mit diesem Typ war nicht zu spaßen. Er würde sich gar nicht erst auf irgendwelche Faxen einlassen. Ich mußte Arbeit finden. Aber im Modelgewerbe war im Sommer nicht viel los. Der Vermieter gab mir »ausnahmsweise und nur dieses eine Mal« eine Schonfrist.

Ich arbeitete jetzt für meine Miete. Ich mußte mindestens 500 Dollar zusammenbringen, um meine fixen Kosten zu decken, wobei das Essen darin noch nicht einbegriffen war. Und ich hatte noch immer keinen Wagen. Ich muß nur irgendwie den Sommer überstehen, dachte ich. Im Herbst ist die Auftragslage immer etwas besser. Ich wußte, daß es nicht einfach werden würde. Ich wünschte nur, ich könnte mit meinem Talent Geld verdienen, dachte ich. Ich kann singen, tanzen, und ich liebe Komödien. Statt dessen muß ich mich in einem Gewerbe durchschlagen, in dem mir ständig gesagt wird, ich sei zu klein, zu vollbusig, zu blond, ich hätte keine Wangenknochen, ich sähe nicht wie das Mädchen von nebenan aus oder, noch schlimmer, ich sähe so aus. Wenn ich mein Talent zur Geltung bringen könnte, wäre es egal, wie ich aussähe. Niemand hatte Barbra Streisand engagiert, weil sie eine so große Nase hatte. Wenn ich 300 Dollar in der Woche verdienen könnte, käme ich prima über die Runden. Ich sah mir regelmäßig im Fernsehen die regionale Wettervorhersagerin an. So etwas könnte ich auch, dachte ich. Da ist doch nichts dabei. Man nimmt einen Stock, zeigt auf verschiedene Städte, liest die Temperatur ab, holt sich am Ende einer jeden Woche seinen Scheck ab und ist eine lokale Größe. Ich träumte wieder; tief in meinem Inneren aber wußte ich, daß dieser Traum niemals Wirklichkeit werden würde. Es waren immer nur die anderen Mädchen, die solche Jobs bekamen, nicht so jemand wie ich.

48

Gegen Ende des Sommers fuhr ich mit Bruce, meiner Mutter und Michael auf einen kurzen Urlaub in die Berge. Maureen hatte uns eingeladen, mit ihr ein paar Tage in der Hütte ihrer angeheirateten Verwandten zu verbringen. Es war herrlich, ein paar Tage mit meiner Mutter wegzufahren. Ich hatte selten die Gelegenheit, mit ihr allein zu sein. Das Verreisen war für mich eine einzigartige Fluchtmöglichkeit. Aber auch Mom war viel entspannter, wenn sie von Dad wegkam.

Er war wieder in einer seiner Tobsuchtsphasen und so betrunken, daß er vermutlich gar nicht bemerkt hatte, daß sie weg war.

Michael war sehr zurückgezogen und verdrießlich geworden. Jetzt war er Dads Sündenbock. »Michael ist ein Trottel«, lautete einer seiner Standardsprüche. Und es war Michaels Gesichtsausdruck anzusehen, daß er es glaubte. Ich empfand solches Mitleid und zugleich eine große Hilflosigkeit ihm gegenüber. Ich lud ihn, so oft ich konnte, zu mir ein, aber nichts konnte die grausame Realität seines Lebens ausgleichen. Er litt sehr stark unter den brutalen, wahnsinnigen und feindseligen Ausbrüchen seines alkoholabhängigen Vaters. Selbst ich litt noch darunter, und ich lebte nicht einmal mehr mit ihm zusammen.

Meine Mutter war psychisch durch ihr Zusammenleben mit Dad dermaßen erkrankt, daß sie sich aus Selbstschutz in die dunklen Winkel ihrer inneren Welt verkroch. Sie schaffte es zwar noch, Michael einen regelmäßigen Tagesablauf zu ermöglichen, Frühstück um acht, Mittgessen in einer braunen Papiertüte und Abendessen um fünf. Aber nur allzuoft endete das Abendessen mit Gewaltszenen und dem Herumschmeißen von Essen. Sie waren alle dabei, langsam durchzudrehen.

Der kleine Ausflug in die Berge war also für uns alle eine Erholung, eine willkommene Möglichkeit, unseren jeweiligen Problemen zu entfliehen. Wir lachten und erzählten, aßen bei einem Straßenhändler Wassermelonen, hielten an einem Flohmarkt vor einer Tankstelle an und kauften für acht Dollar einen alten Eichhörnchenpelzmantel. Der Mantel fiel schon auseinander, aber wir fanden ihn gerade richtig, um daraus eine

Decke oder Pelzkragen zu machen. Es war eine Riesengaudi. Wir lachten und waren glücklich.

Wir brauchten den ganzen Tag, um zu der Hütte zu kommen. Als wir endlich ankamen, war Maureen mit ihren drei Kindern und der Verwandtschaft auf dem Balkon und bereitete den Grillabend vor. Ich war so glücklich, Timmy, Joey und den kleinen Billy zu sehen. Ich liebte Maureens Kinder, als wären es meine eigenen. Bruce quietschte vor Begeisterung, als er sie wiedersah. Michael blieb auf dem Rücksitz des Wagens und war erst nach langem Zureden dazu zu bewegen, ihn zu verlassen.

Nichts riecht so gut wie Hähnchen, die über der offenen Glut brutzeln. Wir saßen auf dem Balkon, blickten über die Mammutbäume und schlürften unsere Aperitifs. Meine Mutter und ich tranken Weißwein, Maureen Gin and Tonic. Ich konnte ihr ansehen, daß sie schon vor unserer Ankunft etwas getrunken hatte. Was soll's, dachte ich. Sie hatte Ferien. Maureen hatte mit ihren drei Jungs, die alle so kurz hintereinander gekommen waren, eine Menge Arbeit. Sie stand unter einem enormen Druck. Wir tranken noch ein Gläschen. Es war ein wohltuendes Gefühl. Ich mochte es, »high« zu sein. Auch meine Mutter war ein bißchen beschwipst. Ich war froh darüber, ich sah sie gerne so entspannt. Sie trank selten, wenn sie mit Dad zusammen war. Vermutlich war ihr klar, daß einer im Haus die Kontrolle behalten mußte. Maureen goß sich noch ein Glas ein. Ich beobachtete, wie sie das Glas halb mit Gin füllte, ein bißchen Tonic hineingoß und dann ein paar Eiswürfel hineintat. Harte Mischung, dachte ich. Ihr Blick fing an, verschwommen zu werden. Die Kinder rasten schreiend und quietschend im Kreis herum, aber das war ihr mittlerweile egal. Sie war sehr entspannt. Maureen rührte unser köstliches Dinner kaum an, statt dessen genehmigte sie sich noch einen Drink, und als wir alle unseren Kaffee nahmen, trank sie noch ein Glas.

Mom, Maureens Schwiegermutter und ich machten den Abwasch und räumten auf. Maureen blieb draußen auf dem Balkon in der kühlen Bergluft und trank ihren Gin. Als wir fertig waren, gingen Mom und ich zu ihr nach draußen, um ihr gute Nacht zu sagen.

Mein ganzer Körper verkrampfte sich, als ich meine Schwester ansah. Sie war betrunken, sturzbesoffen. Und zu meinem großen Schrecken sah sie genauso aus wie Dad. Ihre Augen hatten genau den gleichen bösartigen, feindlichen Ausdruck, den auch Dad hatte, wenn er betrunken war.

»Vielleicht solltest du jetzt auch zu Bett gehen«, sagte ich zu Maureen.

»Das werde ich nicht«, brüllte sie. Es war wie ein Déjà-vu-Erlebnis, nur daß die Haarfarbe eine andere geworden war.

»Möchtest du vielleicht einen Kaffee?« fragte Mom.

»Ich brauche euch und eure Fürsorge nicht«, sagte Maureen feindselig. Mom und ich wußten nicht, was wir tun sollten.

»Komm, Liebling. Komm zu Bett«, sagte Mom zärtlich.

»Laß mich allein«, lallte Maureen. Sie stand von ihrem Stuhl auf und drückte Mutter zur Seite.

»Hör auf«, schrie ich Maureen an. »Hör auf, dich so zu benehmen.« Ich zitterte.

Maureen fing an, uns anzubrüllen. »Haut bloß ab. Ihr beide haltet euch für so verdammt gut, oder nicht? Zwei Engel, was? Ich kann euch und eure ständigen Beweise, wie gut ihr seid, hier nicht gebrauchen. Ich hab' es satt, daß ihr mich ständig kontrolliert. Also verschwindet aus meinem Leben und hört auf, eure verdammte Andacht für mich zu halten.«

Maureen war hysterisch, schrie und hatte einen echten Tobsuchtsanfall. Die Kinder beobachteten alles aus den Fenstern.

»Geht sofort wieder ins Bett«, schrie ich sie an.

Maureen rannte in Richtung des Waldes los. Mom hinter ihr her. Ich folgte den beiden. Ich konnte nicht glauben, was da passierte. Wir holten Maureen ein und fingen an, sie zum Haus zurückzuziehen, während sie stolpernd um sich schlug und trat. Als wir sie schließlich wieder im Haus hatten, begann sie zu schluchzen.

»Ich liebe dich, Mom«, wiederholte sie in einer Tour. »Ich tauge nichts. Bitte geht und laß mich allein.« Schließlich schlief sie dann ein.

Ich konnte es nicht fassen. Arme Maureen. Sie hatte eine schreckliche Krankheit geerbt. Sie hatte sich unbewußt dafür entschieden, ihr nachzugeben und Spaß zu haben. Aber »Spaß zu haben« war nur der Köder, das unwiderstehliche Gefühl, das einen in die Abhängigkeit trieb. Ich lag im Bett und dachte über das Geschehene nach. Es war eine exakte Wiederholung unserer Kindheit! Trunkenheit, Bösartigkeit und Gewalt. Nur das Gesicht hatte sich geändert. Ich wußte jetzt, daß Maureen Alkoholikerin war.

Maureen trank das restliche Wochenende nichts mehr. Sie hatte zu große Schuldgefühle. Natürlich redeten wir nie wieder über das Geschehene. Mutter und ich taten so, als ob alles normal und in bester Ordnung wäre. Wir hatten Jahre des Trainings hinter uns.

49

Der Herbst kam. Bruce, der jetzt sechs Jahre alt war, kam in die erste Klasse, und ich hatte mir Aufträge für einige Kongresse verschafft. Ich entdeckte einen alten VW, der zum Verkauf angeboten wurde und noch in einem guten Zustand war. Er kostete 950 Dollar. Ich fragte meine Mutter, ob sie bei einem Kredit, den ich aufnehmen wollte, bürgen würde. Zu meiner großen Überraschung bewilligte die Bank meinen Antrag. Ich hatte endlich einen Wagen. Die monatliche Rate betrug 46 Dollar, und ich kam in der Woche mit Benzin für fünf Dollar aus. Diesmal würde ich den Wagen nicht wieder verlieren.

Bruce hatte mit einem kleinen Jungen aus unserer Straße Freundschaft geschlossen. Er hieß Thomas und war ein süßer kleiner, sehr magerer Junge mit blonden Haaren und einer riesigen Hornbrille. Ich mochte ihn sehr, und schon bald wurden Bruce und er unzertrennlich. Thomas' Mutter, Doris, war eine großartige Frau. Sie und ihr Mann, Don, wurden schon bald gute Freunde von uns und waren fast so etwas wie eine erweiterte Familie.

Alan war damals viel in New York. Er versuchte, seine Fernsehshow im Handel zu verkaufen. Ein großer Teil seiner Zeit ging dafür drauf, Kontakte zu knüpfen. Er hätte mich gerne die ganze Zeit in New York dabeigehabt, aber meine Pflichten als Mutter machten mir das unmöglich. Ich besuchte ihn, so oft ich konnte. Es war ein großes emotionales Hin und Her. Ich vermißte Alan und sehnte mich schrecklich nach ihm, aber immer wenn ich ihn besuchen fuhr, zitterte Brucies Unterlippe, und große Tränen liefen seine Wangen herunter. Ich konnte ohne beide nicht leben.

Ich war unglücklich, wenn ich Bruce verließ, um Alan zu besuchen, und ich war unglücklich, wenn ich Alan wegen Brucie nicht sehen konnte. Ich konnte Doris, die

Mutter von Thomas, als Babysitter gewinnen. Sie brauchte das Geld, und Bruce fühlte sich in ihrem Haus sehr wohl. Sein Leben und sein schulischer Alltag wurden dadurch nicht durcheinandergebracht.

Mein Leben war ein einziger Widerspruch. Wenn ich in New York bei Alan war, war Geld überhaupt kein Thema. Wir gingen nur in die besten Restaurants. Wir sahen Liza Minelli im Persian Room und Benny Goodman im Rainbow Grill. Wir waren viel mit Alans Geschäftspartner, Dick Clark, zusammen und teilten uns mit ihm zu dritt ein Apartment in Gramercy Park. Während Alan arbeitete, verbrachte ich meine Tage damit, die Madison Avenue entlangzuwandern und all die wundervollen kleinen Boutiquen zu durchstöbern, von denen ich in der Zeitschrift Vogue gelesen hatte. Alan gab mir meist ein wenig Geld, damit ich mir etwas davon kaufte, aber ich steckte es immer in meine Brieftasche, denn ich wußte, daß ich damit den Babysitter und die Stromrechnung bezahlen konnte.

Meine Familie war insgeheim skeptisch, was meine Reisen nach New York betraf. Sie wußte nicht, wer »dieser Alan« war, dem ich ständig hinterherreiste. Aber alle waren sich sicher, daß er »nur hinter einer Sache her« sein konnte, weil er keine Anstalten machte, mich zu heiraten.

»Der wird dich nie heiraten«, lallte meine Schwester bei einem unserer Sonntagsdinner betrunken.

Ich konnte nichts darauf sagen. Im Grunde glaubte ich auch nicht daran, daß er mich heiraten würde. Ich hielt mich nicht für gut genug. Aber ich liebte ihn und wollte ihn unter allen Umständen behalten.

50

Es wurde Dezember, und ich arbeitete wieder in der »Wolfsgrube« bei Joseph Magnin. Es kamen jedes Jahr die gleichen Typen, und wie immer versuchte ich, während der drei Wochen so viel Geld wie möglich zu machen.

Alan kam ein Wochenende zu einem Besuch nach Sausalito. Während ich das Abendessen vorbereitete, saß er im Wohnzimmer vor dem Kamin. Auch wenn ich mir das Haus im Grunde nicht leisten konnte, war es doch sehr schön. Der Kamin war riesig, und das ganze Haus glänzte, wenn das Feuer loderte. Alles roch nach Kiefer und Redwood. Im Hintergrund sang Carol King: »You're So Far Away«.

Alan kam mit einem seltsamen Gesichtsausdruck in die Küche. Er hielt eine Weihnachtskarte in der Hand. O mein Gott! Die hatte ich völlig vergessen.

»Was ist das?« fragte Alan.

»Nun, weißt du«, stammelte ich, »meine Mutter ist ein bißchen verrückt. Sie hat Dads Tod nie akzeptiert. Deswegen unterzeichnet sie noch immer alle Karten mit ›In Liebe Mom und Dad‹. In mir schrie es: *Hör auf zu lügen! Sag ihm die Wahrheit! Das ist deine Chance!*

Alan stand nur da und sah mich an. »Du bist ganz schön verkorkst, nicht wahr?« fragte er leise.

Ich konnte ihn nicht ansehen. Ich blickte zur Erde. Ich war beschämt. »Ja«, sagte ich schließlich mit immer noch niedergeschlagenen Augen. »Ich bin ganz schön verkorkst. Mein Vater ist nicht tot. Und ich habe auch kein Geld.« Ich konnte ihm nicht in die Augen blicken, aber Erleichterung überkam mich. »Dad ist ein krakeelender, übellauniger, gewalttätiger Alkoholiker.« Ich sah Alan in die Augen. Ich erzählte ihm alles, erzählte von der ganzen Scham und der Erniedrigung, davon, wie ich von zu Hause fortgegangen war und ein neues Leben beginnen wollte. Davon, daß ich mich nicht gut genug für ihn gefühlt hatte, als wir uns kennenlernten, und daß ich deswegen so tat, als sei ich jemand anderes, besseres. Ich sagte ihm, wie schrecklich es gewesen war, ihn all diese Jahre zu betrügen, aber ich hatte mich so in mein Lügennetz verstrickt, daß ich nicht mehr wußte, wie ich da herauskommen sollte. Ich schluchzte. Ich erzählte ihm meine ganze Geschichte. Wir sprachen bis spät in die Nacht. Ich sagte ihm, ich hoffte, er könnte mir verzeihen, denn das einzige aufrichtige Gefühl in meinem ganzen Leben wäre meine Liebe zu ihm.

Als es vorbei war, hielt er mich lange in seinen Armen. »Ich wußte immer, daß da etwas nicht stimmte«, flüsterte er. »Aber es ist nicht schlimm. Es hat dir sicher mehr weh getan als mir. Ich verstehe, warum du dich so verhalten hast. Ich liebe dich auch. Laß uns ganz von vorn anfangen und von jetzt an ehrlich zueinander sein.«

»Ich habe dich so lieb«, flüsterte ich ihm ins Ohr. Ich dankte Gott von ganzem Herzen, daß er mich heil durch diese Situation geführt hatte. Ich war fest entschlossen, die Wahrheit über mich selbst endlich in den Griff zu kriegen. Ich war nicht mein Vater. Nicht ich war der Alkoholiker. Ich mußte mein eigenes Leben leben, und vielleicht würde dieses Leben nun auch Alan mit einschließen. Wir sanken vor dem Kamin ineinander verschlungen in einen tiefen, friedlichen Schlaf.

Bruce und ich verbrachten ein wunderbares Weihnachten miteinander. Alan war mit seinen Kindern nach Mexiko in Urlaub gefahren. Ich hatte einen guten Schnitt in der »Wolfsgrube« erzielt und war in der Lage, Bruce den heißersehnten Plattenspieler und ein paar Platten zu kaufen. Brucies Vater schenkte ihm ein Scooter Board, eines dieser Dinger, auf denen man mit dem Bauch liegt und deren beide Vorderräder man mit den Händen lenkt. Es schien mir ein sehr gefährliches Spielzeug, aber Bruce liebte es und war ganz aufgeregt.

Zwei Tage nach Weihnachten wurde es draußen eisig kalt. Ich legte Holz im Kamin nach, um das Haus etwas aufzuheizen, und machte die Weihnachtskezren an, denn es war einer dieser düsteren Tage. Ich ließ Wasser in die Badewanne laufen; ein schönes ausgiebiges Bad, und ich würde mich schon wieder wärmer fühlen.

»Mommy, ich will raus und mit meinem Scooter Board spielen«, sagte Brucie.

»O.K., aber ich geh' jetzt in die Badewanne, also spiel nur in der Auffahrt, bis ich komme. Hast du gehört? *Nur in der Auffahrt!*« sagte ich streng.

»Versprochen, Mommy.«

Ich zog ihm seinen marineblauen Matrosenmantel und eine Jeans an, zog ihm eine warme Pudelmütze über, und dann rannte er nach draußen. Bevor ich in die Wanne stieg, versicherte ich mich noch einmal durchs Fenster, daß Brucie auch wirklich in der Auffahrt spielte. Danach nahm ich ein herrlich entspannendes Bad. Ich war gerade dabei, mich abzutrocknen, als ich ein aufgeregtes, lautes Klopfen an meiner Haustür hörte. Mein Instinkt sagte mir, daß etwas Schreckliches geschehen war. Ich rannte zum Fenster, und da lag er mitten auf der Straße, mein Brucie, das Gesicht zur Erde gewandt. Blut lief die Anhöhe hinunter, als hätte jemand einen Hahn geöffnet. Er war ganz allein. Etwa fünfzehn Meter weiter stand ein Wagen mitten auf der Straße, die Fahrertür weit offen. Überall, in jedem Haus dieser Sackgasse standen die Leute an ihren Wohnzimmerfenstern und sahen auf die Straße, aber niemand kam herausgerannt, um dem Kind zu helfen. Ich griff mir meinen Bademantel und rannte barfuß auf die Straße. Bis heute weiß ich nicht, ob es ein Mann oder eine Frau war, der an meine Tür gehämmert hatte. Ich hörte nur das: »Ihr Sohn ist von einem Auto überfahren worden.« Ich stürzte an dieser Person vorbei mitten auf die Straße. O mein Gott. O mein Gott.

»Es ist O.K., Brucie. Mommy ist da«, sagte ich immer wieder.

Ich wußte nicht, ob Bruce noch lebte oder nicht. Überall war Blut.

Ich legte seinen kleinen Kopf auf meinen Schoß. Blut floß aus seinem Kopf, strömte über sein ganzes Gesicht.

»Mommy«, sagte Bruce mit schwacher Stimme.

Gott sei Dank, er lebt, dachte ich. Dann verlor er das Bewußtsein. Ich betete, daß er nur das Bewußtsein verloren hatte.

»Es ist O.K., mein Baby. Es ist O.K., Mommy ist da. Mommy kümmert isch um dich. Bitte, kann nicht jemand einen Krankenwagen rufen!« schrie ich hysterisch.

Ich wickelte den unteren Teil meines Bademantels um seinen Kopf, um die Blutung zu stoppen. Tränen liefen mir das Gesicht herunter.

»Ich liebe dich, Brucie. Alles wird wieder gut. Mommy ist ja da.« Ich weiß nicht, wie oft ich das sagte. Ich hielt ihn und schaukelte hin und her. Ich weiß nicht, wie viele Menschen dawaren.

Ein Krankenwagen kam. Ich bin mir sicher, er hatte eine Sirene. Aber ich hörte nichts. Ich bin mir sicher, daß die Leute um mich herum redeten. Aber der Schock unterdrückte, jeden Laut. Der Sanitäter stieg aus, um Brucie auf eine Bahre zu legen. Ich wollte ihn nicht loslassen.

»Bitte, tun Sie ihm nicht weh«, schrie ich. »Bitte, seien Sie ganz vorsichtig, sein Kopf ist verletzt.«

Als sie seinen kleinen Körper hochhoben, sah ich, daß seine Hose und die Jacke in Fetzen herunterhingen und keine Haut mehr auf seinem kleinen Hintern war.

»Lieber Gott, mach, daß er wieder in Ordnung kommt«, betete ich laut.

Ich stieg in den Krankenwagen und hielt seine schwache kleine Hand. Er war bewußtlos. Sie legten

Schläuche in seinen Hals. Sie öffneten seine Augen und untersuchten mit einer Lampe seine Pupillen.

»Wird er wieder gesund?« fragte ich verzweifelt.

»Das kann Ihnen nur der Arzt sagen«, erwiderte der Sanitäter. »Das Kind scheint einen Schock erlitten zu haben.«

»Alles wird wieder gut, Brucie. Mommy ist da. Mommy kümmert sich um dich. Alles wird wieder gut. Ich liebe dich, mein Schatz. Es wird alles wieder gut.« Ich sprach diese Worte wieder und wieder in Brucies kleines Ohr in der Hoffnung, daß er mich hören konnte, daß ich ihm Kraft geben und mich selbst dadurch stärken könnte. Ich habe nie in meinem Leben solche Angst empfunden.

Als wir in der Notaufnahme ankamen, wurde Bruce von mir getrennt. Ich wollte bei ihm bleiben.

»Bitte, lassen Sie mich mit ihm gehen, bitte«, flehte ich.

»Lassen Sie ihn uns erst saubermachen. Dann können Sie wieder zu ihm«, sagte die Krankenschwester.

Ich saß dreißig Minuten lang da und betete.

»Sie können jetzt kommen, Mrs. Somers.«

Als ich ihn sah, bekam ich einen Schock. Bruce war nackt, sein Kopf war teilweise rasiert worden und hatte ein großes Loch, die Knochen in seinen Knien lagen frei und staken heraus, das Fleisch war ganz weg, sein Mund war weit aufgerissen, er hatte überhaupt kein Fleisch mehr auf seinem Gesäß.

»Wir haben den Kies aus seinen Wunden entfernt und ihn geröntgt«, sagte der Arzt. »Wir brauchen Ihre Einwilligung, um ihm den Schädel und den Mund zu nähen. Er hat dort keine ernsthaften Verletzungen erlitten. Seine Knie und das Gesäß werden nur langsam und sehr schmerzhaft verheilen, aber sie werden heilen. Allerdings hat die Röntgenaufnahme innere Verletzungen gezeigt. Ich fürchte, seine Nieren und die

Milz sind in Mitleidenschaft gezogen. Der Wagen muß richtig über ihn drübergefahren sein. Wir müssen ihn sofort operieren und sehen, was wir tun können, um ihn zu retten.«

»Ihn zu retten«, sagte ich. »Wie meinen Sie das? Wird er sterben?«

»So wie es im Augenblick aussieht«, sagte der Arzt behutsam, »hat er eine fünfzigprozentige Überlebenschance.«

51

Ich fühlte mich so allein, so zerschmettert. Der Gedanke, daß ich meinen kleinen Brucie verlieren könnte, war mir unerträglich. Ich rief Alan an. Er war noch immer mit seinen Kindern in Mexiko, aber sein Wohnungsgenosse, Leonard, sagte, er würde versuchen, ihn per Telex zu erreichen. Es gab damals nur wenige Telefone in Puerto Vallarta. Ich rief Brucies Vater an. Ich rief meine Eltern an. Ich rief Jack an.

Ich saß einsam und tief in meine schmerzlichen Gedanken versunken im Wartezimmer des Krankenhauses, als Jack eintrat. Erst als ich das Erschrecken auf Jacks Gesicht sah, wurde mir klar, daß ich barfuß war und mein Bademantel, meine Beine, Füße und Hände immer noch voller Blut waren.

»O«, sagte Jack. Ich vergrub mein Gesicht in seiner Brust und schluchzte: »Ich bin so froh, daß du gekommen bist, ich habe solche Angst«, sagte ich.

Jack ging mit mir auf die Damentoilette und half mir, mich zu waschen. Wieder einmal war Jack da, um mir das Blut abzuwaschen. Ich wußte immer noch nichts Genaueres über den ganzen Hergang des Unfalls. Aber darum würde ich mich später kümmern. Ich war so dankbar, meinen Freund Jack bei mir zu haben und mich an ihn anlehnen zu können.

»Er wird wieder gesund werden. Er schafft es«, wiederholte ich unentwegt.

Brucies Operation war für Mitternacht angesetzt. Er sah so zerbrechlich aus. Ich durfte ihn jede Stunde kurz auf der Intensivstation sehen. Man verabreichte ihm intravenös Glukose und Morphium. Überall um ihn herum standen Computer, die jeden seiner Körperteile überwachten. Die Krankenschwester ließ mich ihn nicht berühren. Seine Haut, die normalerweise eine gesunde Farbe hatte, war völlig fahl, sein Gesicht war geschwollen und voller Schürfwunden. Er sah leblos aus.

Ich wandte mich wieder an meinen Gott. »Ich weiß, ich habe viele Fehler gemacht«, betete ich, »aber ich muß dich noch einmal um etwas bitten. Bitte, bitte, laß dieses gute Kind nicht sterben. Ich weiß, ich verdiene deine Gnade nicht, aber mein Kind hat doch noch sein ganzes Leben vor sich, und ich will, daß es lebt.«

Mein ganzer Körper bebte unkontrollierbar vor Angst. Ich hätte ihn nicht allein rausgehen lassen sollen. Ich fühlte mich so schuldig. Warum hatte ich das nur getan? Warum hatte ich das nur getan? Wenn ich diese Entscheidung doch noch einmal treffen könnte.

»Fahr nach Hause«, hörte ich Jack sagen. »Nimm meinen Wagen und fahr nach Hause. Zieh dich um. Ruh dich aus. Der Arzt sagte, er würde mindestens fünf Stunden im OP sein. Ich bleibe hier, und wenn es irgend etwas Neues gibt, ruf' ich dich an.«

Ich wollte nicht weg, aber ich mußte mir saubere Sachen und ein paar Schuhe anziehen. »Du bist ein echter Freund, Jack«, sagte ich ihm.

Es kam noch Jacks Freund Don Gold, und die beiden blieben während der Operation meines Sohnes im

Krankenhaus, während ich nach Hause ging, um mich etwas zu sammeln.

Ich trat aus dem Krankenhaus in die feuchte, dunkle, nebelige Nacht. Es war so viel während der letzten acht Stunden passiert.

Ich kam zu Hause in meiner Wohnung an, in unserer Wohnung, unserem Zuhause, das ich mit Brucie teilte. Ohne ihn schien es so leer, so leblos. Ich warf meinen Bademantel in den Abfall, ich wollte ihn nie wieder sehen. Dann ließ ich heißes Wasser in die Wanne ein, um zum zweiten Mal an diesem Tag ein Bad zu nehmen. Während das Wasser lief, ging ich in Bruce' Zimmer. Seine Spielsachen lagen verstreut auf seinem Bett, das völlig zerwühlt war, denn er hatte daraus ein »Fort« gemacht. Ohne es zu bemerken, fing ich an, sein Bett abzuziehen. Ich nahm seine Bettwäsche mit nach unten in die Waschmaschine. Ich holte meine ganzen Reinigungsmittel und Putzlappen aus der Küche und begann wie eine Besessene, Brucies Zimmer zu putzen. Ich stellte die Möbel in die Raummitte, damit ich die Fußleisten abwaschen und desinfizieren konnte. Ich leerte Brucies Wandschrank und staubte jeden einzelnen Gegenstand ab, desinfizierte ihn und stellte ihn wieder liebevoll an seinen Platz. Ich putzte seine Fenster, obwohl es draußen dunkel war und ich nicht sehen konnte, ob irgendwelche Streifen auf der Scheibe zurückblieben. Ich putzte und putzte. Ich wollte, daß sein Zimmer blitzblank war, wenn er nach Hause kam. Ordentlich. Schön. Perfekt. Ich staubte seine Fensterläden ab, wusch die Redwoodwände mit warmer Seifenlauge ab, polierte alle Möbel und ordnete seine Platten. Ich muß auch die Tagesdecke wasche, dachte ich. Ich bezog sein Bett frisch. Es war nun sauber, glatt, faltenlos. Das wird ihm gefallen, dachte ich. Drei Stunden später war ich mit allem fertig.

Ich saß mitten in dem tadellosen Zimmer und weinte. Bitte, lieber Gott, laß ihn schnell wieder nach Hause kommen, bitte!

Plötzlich lief Wasser in Brucies Zimmer. Wo kommt das denn her, fragte ich mich. O mein Gott! Ich hatte vergessen, das Badewasser abzustellen. Das Wasser hatte das Badezimmer überschwemmt und lief nun die Treppe hinunter. Ich rannte wie eine Wahnsinnige mit Aufnehmer und Handtüchern die Treppe hoch und runter und versuchte, das Wasser zu stoppen. Immer hin und her und wieder hoch und runter.

Drring! Ich blieb stehen. Ich sah auf das Telefon, dann auf die Uhr. Es war vier Uhr morgens. *Drring!* Das Telefon erschallte wie die Feuersirene in der Schule. Vielleicht war es nur der Alarm, den ich in mir fühlte. Ich nahm den Hörer ab.

»Er ist O.K.«, sagte Jack. »Es ist nicht so schlimm, wie sie zuerst dachten. Sie haben seine Niere gerettet. Er kommt wieder in Ordnung.«

»Gott sei Dank«, sagte ich. »Gott sei Dank.« Eine Woge der Erleichterung überkam mich. »Ich mach mich sofort auf den Weg.«

»Nein, laß«, sagte Jack. »Don fährt mich zu dir, damit ich meinen Wagen abholen kann. Bruce wird frühestens heute abend oder morgen aus der Intensivstation verlegt. Man wird dich ihn nicht einmal sehen lassen, und der Arzt ist schon nach Hause gegangen. Bleib zu Hause. Ruh dich aus.«

Ich dankte Jack und setzte mich aufs Bett, den Kopf in die Hände gestützt. Die Nacht war vorüber, Tageslicht drang durch die Fenster.

Um acht Uhr morgens kam ein aufgeregter und besorgter Anruf von meinen Eltern. Sie beide liebten Brucie sehr. Und ich sollte in den nächsten Monaten feststellen, daß alle in meiner Familie eine besonders intensive Beziehung zu Brucie hatten. Er war das einzige Kind in unserer Familie, das aus einer zerbrochenen Ehe kam, und er tat allen leid.

Es tat sehr gut, daß meine Eltern vorbeikamen, um nach mir zu sehen. Ich brauchte jetzt jemanden, der sich um mich kümmerte. Wenn er nüchtern war und sich Sorgen machte, konnte Dad noch immer großartig sein. Ich wollte umgehend ins Krankenhaus, auch wenn Bruce noch auf der Intensivstation lag. Vielleicht lassen sie mich wenigstens einen kurzen Blick auf ihn werfen, dachte ich.

Ich verbrachte einen Monat lang jeden Tag im Krankenhaus. Bruce war ein sehr tapferer Patient. Er hatte große Schmerzen, aber er klagte nie. Wenn sie ihn auf den Rücken legten, war sein Schmerz kaum zu ertragen. Legten sie ihn auf den Bauch, hatte er arge Schmerzen in den Knien und an der Operationsnarbe, die vom oberen Brustteil bis unterhalb des Nabels ging. Sein Kopf war mit sehr vielen Stichen genäht worden und sah aus wie eine Straßenkarte mit ein paar Haarbüscheln dazwischen.

Bruce bekam jeden Tag Besuch. Danny und Mardi waren ständig da. Danny liebte Bruce abgöttisch, und als er ihn das erste Mal sah, mußte er in den Flur, um zu weinen. Bruce war so ein glückliches, bescheidenes Kind, immer lächelnd, immer fröhlich, voll Witz und Persönlichkeit. Er steckte alle, mit denen er zusammen war, mit seiner Fröhlichkeit an. Ich war sehr gerührt, als ich sah, wie sehr Danny ihn liebte.

Auch Brucies Vater besuchte ihn. Bis zu diesem Zeitpunkt hatte er sich nur selten sehen lassen, aber in Krisensituationen steht eine Familie im allgemeinen zusammen.

Jedesmal, wenn ich ins Krankenhaus kam, war Bruce' Vater entweder schon dagewesen oder er hatte angerufen, um zu sagen, daß er später kommen würde. Die beiden lachten, redeten und spielten zusammen.

Ich sah, wie wichtig dieser männliche Einfluß für Bruce war. Und ich war erleichtert, daß Bruce seinen Vater wiederhatte.

Brucie haßte es, wenn ich ihn abends allein im Krankenhaus ließ. Er hatte dann Angst, und so blieb ich, bis er einschlief und versuchte morgens, noch bevor er aufwachte, wieder zurückzusein. Es war schwer für mich als Mutter, ihn in diesem Zustand zu sehen. Ich wünschte mir, ich könnte ihm die Schmerzen abnehmen, damit er nicht soviel litt. Ich dankte Gott unentwegt, daß er ihn leben gelassen hatte. Irgendwie würde ich es Ihm danken, daß Er mir mein Baby wiedergegeben hatte.

Ich war nun endlich in der Lage, den Hergang des Unfalls zu rekonstruieren. Bruce hatte genau in dem Moment, als ein Auto auf der Anhöhe unserer Straße erschien, die Kontrolle über sein Scooter Board verloren und war mit seinem Brett auf die Straße hinausgeschossen. Der Wagen fuhr über Bruce hinweg, erfaßte mit der Stoßstange seine Jacke und schleifte ihn den ganzen Weg bis zum Fuß der Anhöhe mit. Die Frau, die den Wagen fuhr, hatte davon nichts mitgekriegt. Erst als sie am Ende der Sackgasse angekommen war und den Wagen anhielt, bemerkte sie, was geschehen war und rannte unter Schock in ihr Haus. Bis heute habe ich kein Wort mit ihr geredet. Ich ging eines Abends, nachdem ich von Bruce aus dem Krankenhaus kam, bei ihr vorbei, um ihr mitzuteilen, daß es Bruce gutginge, aber sie ging nicht an die Tür. Kurz danach zog sie fort.

Die Haftpflichtversicherung dieser Frau belief sich auf maximal 20000 Dollar. Meine eigene Versicherung war unbrauchbar, weil ich nicht genug Geld verdiente, um mir eine Versicherungsstufe zu leisten, die auch eigene Schadensfälle abdeckte. Die Versicherung meines Exmannes zahlte nur einen kleinen Betrag. Für den Rest würde ich selbst aufkommen müssen.

Das Krankenhaus präsentierte mir eine Rechnung von zusätzlichen 15000 Dollar, die zudem noch weiter stieg. Ich starrte sie bloß an.

»Das kann ich nicht bezahlen«, sagte ich zu der Angestellten.

»Nun, dann müssen wir Ihren Sohn so lange hierbehalten, bis Sie es können«, sagte sie kurz angebunden.

»Dann wird er für immer hier leben müssen«, sagte ich rundheraus. Was sollte ich jetzt bloß tun?

Geld! Geld! Geld! Immer wieder zieht es einen runter.

Die Frau, die Bruce überfahren hatte, schien noch weniger Geld zu haben als ich. Sie hatte ihren Job als Stewardeß verloren und bezog jetzt Arbeitslosenhilfe.

Ich unterschrieb einen Schuldschein an das Krankenhaus und durfte Bruce mit nach Hause nehmen. Ich brauchte jetzt dringender einen Job als je zuvor, aber Bruce mußte den ganzen Tag gepflegt werden.

Was meine Probleme noch schlimmer machte, war ein Brief, den ich von meinem Exmann erhielt. Er versicherte mir, wie sehr er Brucie liebte, aber am wichtigsten im Leben wäre für ihn das Funktionieren seiner zweiten Ehe.

Bruce' Vater stammte aus einem streng katholischen Milieu. Seine Entscheidung hatte ihn sicher große emotionale Überwindung gekostet. Aber seine zweite Ehe schien in die Brüche zu gehen. Er durfte das nicht zulassen.

Mein Sohn konnte seine Stiefmutter nicht ausstehen. Immer wenn er bei ihnen zu Besuch gewesen war, kam er schmollend und unglücklich wieder nach Hause. Bruce' Vater stand genau zwischen den Fronten. Er wußte nicht, wie er sich verhalten sollte. Am Ende entschied er sich dafür, seine Energien in die Stabilisierung seiner Ehe zu investieren. Um seinen Sohn würde er sich später kümmern.

In seinem Brief teilte er mir mit, daß er sich nicht länger um das leibliche und seelische Wohl seines Sohnes werde kümmern können. Ich fühlte mich sehr allein gelassen.

Ich fuhr jeden Tag an Bruce' Schule vorbei, um seine Hausaufgaben abzuholen. Ich wollte nicht, daß er das Schuljahr wiederholen mußte.

Bruce war ein sehr angenehmer Patient. Er war noch zu schwach, um viel aus dem Bett zu wollen. Es machte mir großen Spaß, mich um ihn zu kümmern. Ich dekorierte sein Essen auf dem Tablett und machte ihm nur sein Lieblingsessen, besonders Vanillesoße. Er liebte Vanillesoße!

Bruce sah so süß, so zerbrechlich aus. Sein Haar begann wieder, in Büscheln zu wachsen. Seine Lippen waren verheilt und hatten nur eine kleine Narbe zurückbehalten. Auf Knien und Gesäß hatte sich eine neue, zarte rosa Haut gebildet. Die Narbe auf seinem Bauch sah aus wie ein Reißverschluß, der vom Hals bis zum Nabel reichte.

Seine Genesung erfüllte mich immer noch mit unendlicher Dankbarkeit – trotz der vielen Rechnungen und all der Unannehmlichkeiten, die jetzt auf mich zukommen würden. Schon ein Blick auf sein hübsches, vertrauensvolles kleines Gesichtchen war all diese Schwierigkeiten wert.

Nachts streichelte ich seinen Rücken, bis er einschlief, dann saß ich im Dunkeln und lauschte seinem gleichmäßigem Atem. Seit Schwester Jean mich wegen meiner Liebesgedichte von der Highschool geworfen hatte, hatte ich kein einziges Gedicht mehr geschrieben; aber damals, während der Zeit von Brucies Genesung, wachte die Poetin in mir wieder auf.

Manchmal seh' ich meinen Sohn an

Manchmal seh' ich meinen Sohn an
Und erinnere mich an die Zeiten,
Als ich dachte, ich hätte versagt.
Denn so viele sagten mir,
Daß die Mutter, die den Sohn gebar,
Seinen Vater nicht fortschicken darf.

Manchmal seh' ich meinen Sohn an
Und erinnere mich an die Schmerzen
Der ungeliebten Schwangerschaft
Und an den Verdruß, den ich manchmal empfand,
Weil ich ihn allein erziehen,
Und auf die Freiheit, die mir zustand,
Verzichten mußte.
Es gab Tage, da war ich ein Kind wie er
Und brauchte jemanden, der mir die Liebe gab,
Die ich ihm widerwillig schenkte.
Tage, wo wir gemeinsam das Leben lernten
Und beide voller Fragen waren.

Manchmal seh' ich meinen Sohn an
Und wünschte, ich hätte genügend Kraft,
Ihm die Stärke und den Mut zu geben,
Die ich selbst nur selten habe,
Die Kraft, ihm zuzuhören, obwohl mein Schmerz
Sich doch auch nach einem Zuhörer sehnte,
Die Kraft, ihn zu halten, auch wenn ich selber
einsam war.

Und doch – manchmal seh' ich meinen Sohn an,
Seh' das Vertrauen in seinen Augen,
Das sonst niemand mir gab,
Sehe das Lächeln in seinem leuchtenden Gesicht,

Und dann weiß ich, ich hab' nicht versagt,
Keine unverzeihlichen Fehler gemacht,
Seh' das Lächeln, das nur von Gutem spricht,
Von Erinnerungen an Liebe und Fürsorge.

Manchmal seh' ich meinen Sohn an,
Und es rührt mich an geheimen Stellen.
Dann weiß ich, es ist alles gut
Und wird es immer sein.
Manchmal seh' ich meinen Sohn an –
Und ich liebe ihn.

52

Alan verkaufte schließlich seine Fernsehshow. Sie hieß »Mantrap« (»Männerfalle«) und verstand sich im Sinne der Frauenbewegung. Drei charmante, redegewandte Frauen sollten Streitgespräche mit berühmten männlichen Gästen führen. Alan war Gastgeber und Gesprächsleiter. Es wurden jede Woche neue Frauen eingeladen, und als die Show erst einmal lief, fragte Alan mich, ob ich nicht auch Lust hätte, einmal mitzumachen. Ich war begeistert von dem Vorschlag. Es war der bisher größte Job, der mir angeboten worden war. Die Sendung lief im überregionalen Fernsehen, vielleicht war das meine Chance, endlich bekannt zu werden, eine Möglichkeit, meine Karriere in Gang zu bringen. Am wichtigsten aber war, daß die Gage 900 Dollar betragen würde. Alan wußte, daß ich kein Geld von ihm nehmen würde, und ich bin mir sicher, er wollte mir durch sein Angebot unter die Arme greifen.

Die Show wurde in British Columbia in Vancouver gedreht. Ich ließ Bruce nur ungern allein. Aber meine Freundin Doris sagte, sie würde sich, solange ich weg war, um Bruce kümmern, und es waren ja nur vier Tage.

»Mommy muß weg und etwas Geld verdienen, damit wir leben können«, erklärte ich Bruce.

Er sah es ein, aber er war noch immer sehr labil. Bruce hatte in letzter Zeit häufig Alpträume gehabt. Oft hörte ich ihn mitten in der Nacht schreien. Er war schweißgebadet und zitterte; er hörte erst wieder auf, wenn ich ihn in meine Arme nahm und hin und her wiegte.

Würde das Leben denn nie leichter werden? Alan befand sich mitten in einer chaotischen Scheidung und durchlebte all die Depressionen und Schuldgefühle, die damit einhergehen. Seine Mutter sagte ihm: »Anständige Männer verlassen Frau und Kinder nicht.« Seine Kinder konnten nicht verstehen, warum er ihre Mutter verließ.

»Ist Mummy nicht hübsch genug?« fragte ihn seine Tochter Leslie.

Alan wußte nicht, was er seinen Kindern sagen sollte. Wie sollte er es ihnen erklären? Er haßte es, sie so verstört zu sehen. Sie weinten, wenn er am Telefon mit ihnen sprach. »Komm wieder nach Hause«, flehten sie. Seine Freunde ergriffen durchweg die Partei seiner Frau. Alan war der untreue Ehemann, der Lump.

Seine Mutter war sehr unzufrieden mit ihm. Alan und seine Mutter hatten eine sehr enge und intensive Bindung zueinander. Es ging ihm sehr schlecht, weil er wußte, daß er sie enttäuscht hatte.

Alans Leben war ein einziges Durcheinander. Er war außerstande, sich damals an mich zu binden. Wenn wir zusammen waren, wollte er nichts, als eine schöne Zeit mit mir verbringen, sich entspannen, lachen und Spaß haben. Er wollte nicht über Zukunft und Bindung und erst recht nicht über Heirat reden. Er wollte seine Probleme vergessen, wenn er bei mir war.

Mein Leben drehte sich ganz um den Unfall, die

Alpträume und nun auch eine ganze Schar Schuldeneintreiber. Die 900 Dollar aus der Serie »Männerfalle« würden sie mir vom Hals schaffen – wenigstens eine Zeitlang.

Vancouver war wunderschön. Es war herrlich, einmal eine Weile von dem ganzen Trauma wegzukommen. Es war immer sehr aufregend für mich, wenn ich mit Alan allein sein konnte. Schon wenn ich ihn sah, schoß mir das Blut in den Kopf.

Alan stellte mich als die »gutaussehende und talentierte Schauspielerin Suzanne Somers« vor. Nur gut, daß mich niemand nach meinen schauspielerischen Verdiensten fragte. Was hätte ich sagen sollen? Daß ich an der Highschool in *»Guys and Dolls«* aufgetreten bin? Die anderen Frauen, die in der Show mitmachten, waren Margot Kidder und die Autorin Jacqueline Susann. Sie waren beide wirklich sehr nett. Margot trug keinen BH, und Jacqueline trug ein Goldamulett um ihren Hals. Jacqueline hatte gerade das Drehbuch für *Valley of the Dolls* geschrieben und den Film dazu auch produziert.

Ich war gut in der Show. Ich war zwar sehr nervös, aber Alan meinte, das würde meinen Charme nur noch stärker hervortreten lassen. Alan hat die Gabe, in allem das Positive zu sehen. Als ich meine Anfangsnervosität erst einmal abgelegt hatte, machte ich mir einfach selber vor, ich säße nicht vor einer laufenden Kamera und hätte ein ganz normales Gespräch mit diesem Mann. Ich konnte immer schon gut reden und hatte nie irgendwelche Kommunikationsprobleme mit Menschen gehabt. Und so klappte alles ganz gut.

Wir machten neun Shows mit neun verschiedenen Männern. Ich sprach mit Autoren, Schauspielern und Doktoren. Es machte mir ungeheuren Spaß. Und ich hoffte, Alan würde mich für eine weitere Show engagieren.

Eines Abends waren wir bei Jacqueline Susann zum Dinner eingeladen. Sie verlor nie ein Wort darüber, daß sie damals an Krebs litt und daran sterben würde. Als ich das Goldamulett an ihrem Hals bewunderte, nahm sie es ab und legte es mir um. »Es bringt Glück«, sagte sie.

»Ich kann das wirklich nicht annehmen«, sagte ich. Ich konnte einfach nicht glauben, daß jemand etwas so Wertvolles verschenkte. Sie bestand darauf, daß ich es nahm, und noch heute bewahre ich es zusammen mit meinen größten Kostbarkeiten auf.

Im Laufe unseres Gesprächs erwähnte ich, daß ich manchmal Gedichte schriebe, und ich hatte tatsächlich einige mitgenommen, um mir die Zeit im Flugzeug etwas zu verkürzen. Jacqueline fragte mich, ob ich ihr nicht ein paar Gedichte zeigen könnte. Es war mir sehr peinlich. Ich sagte, ich glaubte nicht, daß sie etwas taugten. Aber sie bestand darauf.

Vier ganze Tage und Nächte mit Alan – ich wollte nicht, daß es endet, aber ich mußte zu Bruce zurück. Alan blieb in Vancouver, er mußte noch weitere Shows produzieren. Als ich mich gerade auf den Weg zum Flughafen machen wollte, rief Jacqueline mich an.

»Diese Gedichte sind einfach wunderbar«, sagte sie. »Sie sind zwar noch etwas roh und müssen bearbeitet werden, aber es ist Gefühl in ihnen. Sie sollten Ihr Talent in dieser Richtung weiter verfolgen. Sie sind wirklich sehr gut.«

Ich verließ Vancouver mit einem wunderbaren Gefühl. Ich hatte einen Freund in San Francisco, der Gedichte veröffentlichte. Vielleicht könnte er mir helfen, an meinen Gedichten zu feilen. Vielleicht hatte ich ja wirklich etwas zu sagen.

53

Als ich zu Hause ankam, wartete der Vermieter vor meiner Haustür. »Sie sind mit Ihrer Miete einen Monat im Rückstand, und die Miete für diesen Monat ist morgen fällig.«

Und schon war ich meinen 900-Dollar-Scheck wieder los. Der Vermieter gab mir hundert Dollar raus, und ich war wieder pleite. Die Wirklichkeit hatte mich wieder. Ich mußte unbedingt eine andere Wohnung finden. Ich konnte mir dieses Haus einfach nicht mehr leisten. Ich erinnerte mich daran, daß Doris mir von einem Zweifamilienhaus gleich um die Ecke erzählt hatte, das bald frei werden würde. Die Miete betrug 190 Dollar. Das konnte ich mir leisten. Ich hinterlegte eine Kaution von hundert Dollar für die neue Wohnung und gab meinem Vermieter die Kündigung.

Am Ende des Monats zogen wir um. Ich bekam meine Kaution für die alte Wohnung zurück und konnte davon die erste Miete der neuen Wohnung bezahlen. Sie war einfach wunderbar: zwei Schlafzimmer, ein Badezimmer, eine kleine Küche und ein Wohnzimmer mit einem Balkon und einer Fensterfront, von der aus man die Bucht von Sausalito überblicken konnte. Auf dem Balkon stand eine Hollywoodschaukel. Ich hatte das Gefühl, endlich eine Heimat gefunden zu haben. Irgendwie würde ich es immer schaffen, die 190 Dollar monatlich für die Miete zusammenzukriegen.

Mein Bruder Dan besorgte mir nochmal einen schokoladenbraunen Teppich und verlegte ihn im Wohnzimmer. Er paßte gut zu dem alten Naturleinensofa und den Stühlen. Ich hatte noch die Eßzimmergarnitur mit den schwarzen Ledersitzflächen und meinen Kronleuchter. Ich warf meine Hippiekissen auf das Sofa und vor den Kamin. Das Leben wird hier besser werden, dachte ich.

Bruce war glücklich. Er wohnte jetzt praktisch direkt neben seinem besten Freund Thomas, und beide besuchten einander ständig. Bruce ging es jetzt wesentlich besser. Er spielte den ganzen Tag. Die Nächte jedoch waren noch schwierig. Seine Alpträume waren schlimmer geworden, und ich wußte nicht, was ich tun sollte. Er warf und wälzte sich im Bett herum, schrie und weinte. Es war immer der gleiche Traum: Nacht für Nacht wurde er wieder von einem Auto überfahren. Er hatte panische Angst, allein über die Straße zu gehen. Wenn ich mit ihm die Straße überquerte, war seine Hand schweißnaß und zitterte. Nacht für Nacht wiederholte es sich: Schreie und panische Angst. Ich wußte nicht, wie ich meinem Kind helfen sollte.

Ich saß im Wohnzimmer und hörte meine damalige Lieblingsplatte *»Tapestry«* von Carol King: »Wenn du ganz unten bist, voller Probleme und eine Hand brauchst, die dir hilft, und nichts, aber auch nichts klappen will...«

Du sagst es, Carol, dachte ich. Nichts, aber auch nichts klappt. Ich hatte die Schuldeneintreiber wieder am Hals, und stärker als jemals zuvor, Bruce schlief keine einzige Nacht durch, ich bekam einfach keinen Job, kam vorne und hinten nicht zurecht, und ich war in einen Typen verliebt, der eine absolute Panik vor der Ehe und vor jeder echten Bindung hatte.

Ich rief meinen Ex-Ehemann an und erzählte ihm von Brucies Alpträumen. Er riet mir, einen Therapeuten aufzusuchen, und dafür werde ich ihm ewig dankbar sein. Es sollte mein Leben verändern.

Ich konnte mir keinen privaten Therapeuten leisten, aber mein Ex-Ehemann erzählte mir vom Marin Community Mental Health Center, einem therapeutischen Gemeindezentrum.

»Worüber muß ich mit der Ärztin sprechen?« fragte Brucie. Er war nervös.

»Erzähl ihr einfach von deinen schlechten Träumen,

mein Liebling. Sie wird dir helfen, die Träume loszuwerden«, sagte ich aufmunternd.

Der Name unserer Therapeutin war Mrs. Kilgore. Sie verbrachte eine Sitzung mit mir und eine mit Bruce.

»Ich möchte, daß sie beide jede Woche eine Stunde zu mir kommen«, sagte sie.

»Ich sehe ein, daß Bruce jede Woche kommen soll, aber warum denn ich?« fragte ich sie.

»Wenn Sie verstehen wollen, was mit Bruce los ist, müssen Sie seine Therapie begleiten. Ich werde im Verlauf der Therapie Informationen von Ihnen benötigen. Wir werden Bruce von seinen Träumen befreien, aber es wird wohl ein Jahr dauern, bis er soweit ist. Das Honorar wird Ihrer Zahlungsfähigkeit angepaßt«, sagte sie.

Ich klärte sie über meine finanzielle Situation auf, und wir einigten uns auf einen Dollar pro Sitzung. Die Therapie für uns beide kostete also acht Dollar monatlich.

54

Bruce und ich begannen also mit unseren Therapiesitzungen. Ich hatte damals noch keine Ahnung, welche Auswirkungen das auf mein Leben haben sollte. Ich wollte nur, daß Bruce endlich von seinen Alpträumen befreit würde. Ich wußte nicht, daß dies meine Chance werden würde, ein verkorkstes Leben voller Chaos und Konfusion zu entwirren. Ich wußte, daß vieles mit mir nicht stimmte, aber ich hatte diese Schwierigkeiten als unveränderliches Schicksal akzeptiert. Ich ahnte nicht, daß ich durch eine Therapie meine Probleme nach und nach freilegen und zu einem klareren Selbstverständnis gelangen würde.

Die Therapie begann sehr einfach. Wir fingen damit

an, Informationen über mein Leben seit Brucies Geburt zu sammeln. Ich erzählte Mrs. Kilgore von meiner Ehe, von der Schmach und Erniedrigung, die ich damals empfand, weil ich heiraten »mußte«, von meinem unerfüllten Wunsch nach einer Karriere, von meiner Affäre mit Mr. Bates, der Beschämung und Schuld, die für mich aus ihr hervorging. Ich erzählte ihr auch von meiner Scheidung und von meinen finanzillen Problemen. Mein Leben hörte sich ziemlich trostlos an. »Aber ich bin eine gute Mutter«, sagte ich selbstbewußt. »Bruce hat ein gutes Leben gehabt, obwohl er aus einem kaputten Elternhaus kommt. Keine Mutter könnte ihr Kind mehr lieben.«

Bruce und Mrs. Kilgore arbeiteten mit Puppen. Jede Puppe erhielt einen Namen: Mommy, Daddy, Bruce, Alan, Mary (die Frau seines Vaters), Jack, Thomas, Doris, Grandpa und Grandma. Mit den Puppen spielten sie dann einzelne Szenen durch. Ich durfte bei Brucies Sitzungen nicht mit dabeisein. Brucie freute sich auf Mrs. Kilgore. Sie war seine Freundin und interessierte sich für alles, was er fühlte und dachte. Er redete gerne mit ihr. Sie war ein Stück Beständigkeit für ihn, er sah sie jede Woche am selben Tag und um die selbe Zeit. Er mochte regelmäßige Abläufe. Zu Hause aßen wir immer um halb sechs zu Abend, und um halb neun ging er ins Bett. Diese Regelmäßigkeit gab ihm ein Gefühl der Sicherheit.

Mir war es peinlich, zu einem Therapeuten zu gehen. Damals galt jeder, der zu einem »Seelenklempner« ging, als geistig krank. Man redete nicht laut darüber. Zu einem »Klapsendoktor« zu gehen, bedeutete, daß man nicht ganz richtig war.

Auch meine Familie verstand das nicht. Ich war nicht verrückt, warum sollte ich also zu einer wildfremden Frau gehen und ihr all meine Probleme erzählen.

Aber ich mochte Mrs. Kilgore. Sie war Mitte vierzig,

in Größe und Gewicht durchschnittlich und trug ihr kurzes braunes Haar unauffällig frisiert. Sie benutzte kein Make-up und kleidete sich konservativ, meistens graue Hemdblusenkleider oder marineblaue Röcke mit weißen Blusen. Hinter ihrer schwarzen Hornbrille versteckten sich freundliche, sensible und verständnisvolle Augen, und sie waren es, die uns einander näher brachten.

Ich lernte sie allmählich kennen, und ich war überrascht, daß ein anderer Mensch mir so viel Aufmerksamkeit schenkte. Sie schien wirklich Interesse an mir und meinem Wohlergehen zu haben. Man konnte gut mit ihr reden, und das gab mir das Selbstvertrauen, mich immer eingehender mit meiner eigenen Entwicklung zu beschäftigen. Ich hatte begonnen, mich weniger vor der Person zu fürchten, die ich in Wirklichkeit war. Mrs. Kilgore gab mir ein Gefühl von Stabilität und Geborgenheit. Wir redeten in unseren Sitzungen nur selten über Bruce, was mich überraschte. Schließlich war mit mir doch alles in Ordnung. Aber sie schien es für wichtig zu halten, mehr über mich und meine Selbsteinschätzung zu erfahren. Und schon bald weihte ich sie in meine größten Geheimnisse ein. Ich erzählte ihr von meiner Verhaftung, von der Abtreibung, und wir sprachen auch über Alan.

»Warum geben Sie sich bei Alan mit so wenig zufrieden?« fragte sie.

»Ich bin so glücklich, daß ich ihn überhaupt habe«, erklärte ich ihr. »Ich bin noch nie einem Mann wie ihm begegnet, und alle, die ich treffe, reichen nicht einmal im Entferntesten an ihn heran. Ich liebe ihn.«

Wir redeten viel über meine finanziellen Probleme, auch über die 15000 Dollar Krankenhausrechnung. Ich erzählte ihr, daß die Bank of America mir eine Kreditkarte zugeschickt und ich sie sofort dazu benutzt hatte, meine Garderobe etwas aufzufrischen.

»Suzanne, wir müssen uns mit dem Problem Ihres Kaufzwanges auseinandersetzen«, sagte Mrs. Kilgore. »Sie sind unrealistisch. Auf der einen Seite sagen Sie mir, Sie haben nicht genug Geld für Lebensmittel, und auf der anderen Seite geben Sie 1500 Dollar für Kleidung aus«, fuhr sie fort.

»Aber ich brauche sie für die Arbeit«, protestierte ich.

»Aber das ist unrealistisch, Suzanne! Sie können es sich nicht leisten, sich Kleidung zu kaufen. Wir müssen über diesen Kaufzwang, an dem Sie leiden, sprechen.

Wie wollen Sie aus den Schulden herauskommen? Haben Sie sich schon einmal Gedanken darüber gemacht? Haben Sie irgendeine Strategie?« fragte sie.

»Ich werde die Schulden eben nach und nach abbezahlen«, antwortete ich.

»Aber Sie verdienen doch so schon kaum genug, um die Wohnung und das Essen zu bezahlen«, warf sie ein. »Haben Sie schon einmal über andere Möglichkeiten nachgedacht, Geld zu verdienen?«

Mrs. Kilgore brachte mich zum Nachdenken. Jede Woche, wenn ich ihre Praxis verließ, hatte ich etwas Neues, über das ich nachdenken konnte. Instinktiv erkannte ich, wie wertvoll es war, sich Schicht für Schicht den eigenen Problemen anzunähern. Zum ersten Mal in meinem Leben fing ich an, mich der Wahrheit über mich selbst zu stellen. Ich hatte einen weiten Weg vor mir, aber zum ersten Mal hatte ich keine Angst, ihn zu gehen. Ein erster Schimmer von Selbstvertrauen begann sich zu zeigen. Es war nicht sehr viel – ich hatte zu lange unter dem Bewußtsein meiner eigenen Wertlosigkeit gelitten, jeder Aufstieg würde notwendig langsam und mühselig werden – aber ich sah in der Ferne ein kleines Licht schimmern.

Therapeuten zeigen einem die Verhaltensmuster auf, von denen man bestimmt wird. Mrs. Kilgore brachte mich dazu, all das Destruktive zu erkennen, das ich mir selbst immer wieder zumutete. Mein Leben war finanziell und emotional aus den Fugen geraten. Sie versuchte, mir einen Rahmen abzustecken, in dem ich meine Probleme lösen und ein vernünftiges Leben führen konnte. Ich mußte mich der Wirklichkeit stellen und sie in den Griff kriegen. Und ich mußte meinen Wert als Mensch erkennen.

Zum ersten Mal begann ich, so etwas wie Wut Alan gegenüber zu empfinden. War ich nur ein Zeitvertreib für ihn? Sein Spielzeug? Er hielt sich aus meinen Problemen heraus. Das war meine Sache. Ich hatte mein Leben, und er hatte seines. Warum konnte er mir nicht ein wenig Hoffnung darauf machen, daß wir irgendwann in der Zukunft zusammensein würden? Hoffnung auf irgend etwas, an das ich mich klammern könnte.

Er hatte seinen Kindern nichts von mir erzählt. Einmal, als ich noch in San Francisco lebte, lernte ich seinen Sohn Stephen kennen, aber Alan stellte mich als jemanden vor, »mit dem Daddy arbeitet«. Sein Sohn war ein echter Schatz, aber er war sehr verzogen. Während des Mittagessens, Alan und ich unterhielten uns gerade miteinander, fiel Stephen plötzlich vom Stuhl, krümmte sich und hielt sich vor Schmerzen den Bauch. Alle Gäste im Restaurant kamen herbeigestürzt.

Alan kniete neben Stephen und sagte immer nur: »Stephen, was fehlt dir? Stephen, geht's dir nicht gut? Ruf doch jemand bitte einen Arzt!« Plötzlich begann Stephen hysterisch zu lachen. Er hatte nur unsere Aufmerksamkeit erregen wollen. Alan lachte und sagte »Du Frechdachs!« Ich war wütend. Ich konnte einfach nicht verstehen, daß er so etwas Schreckliches machen konnte, aber Alan ließ es ihm durchgehen.

Im Laufe der Jahre hatte ich mich dafür entschieden, mich solchen Dingen gegenüber blind zu stellen. Ich entschloß mich, die Tatsache, daß Alan Bruce wie einen Fremden behandelte, einfach zu ignorieren. Er zeigte niemals irgendwelches Interesse für ihn. Er wollte sich da ganz heraushalten. Ich hatte eine wahnsinnige Panik davor, die Möglichkeit, daß wir ja vielleicht eines Tages heiraten könnten, auch nur anzudeuten. Wie hätte ich das denn auch gekonnt? Alan hatte ja oft genug gesagt: »Ich werde nie wieder heiraten. Unter keinen Umständen!« Ich wollte das Risiko, ihn zu verlieren, nicht eingehen – und so hielt ich den Mund.

Mrs. Kilgore brachte mich soweit, daß ich selbst begann, mir Fragen zu stellen. Warum nicht das Risiko eingehen, ihn zu verlieren? Was bot er mir denn? Sollte mein Leben von nun an immer in dieser unsicheren Schwebe bleiben? Alan kannte meine Situation, und er nutzte sie aus.

Brucies Alpträume kamen immer seltener. Auch Brucies Vater war jetzt in Therapie, und so kam es, daß er seinen Sohn nun regelmäßiger besuchte. Er kam immer nach der Schule vorbei, einmal, manchmal auch zweimal in der Woche. Es ärgerte mich, meinen Exmann in meinem Haus zu haben, ihn mein Badezimmer und meinen Kühlschrank benutzen zu sehen, denn er zahlte immer noch keinen Penny Unterhalt für Bruce. Aber der kleine Brucie war so glücklich über den Kontakt mit seinem Vater, daß ich unmöglich etwas sagen konnte. Bruce brauchte seinen Vater, und Alan würde diese Lücke mit Sicherheit nicht füllen.

Jack war immer zur Stelle, wenn wir ihn brauchten. Ich wünschte, die Gefühle zwischen Jack und mir wären romantischer Natur, dachte ich damals oft. Jack wäre ein wundervoller Ehemann und ein guter Vater. Aber ich konnte meine Gefühle für Alan einfach nicht abstellen. Es war das Jahr 1972. Alan und ich waren jetzt vier Jahre zusammen, aber meine Liebe zu ihm wurde nicht schwächer, sondern eher noch stärker.

Mrs. Kilgore riet mir, Bruces' Vater so oft wie möglich zu Besuch kommen zu lassen. Sie sagte, die Szenen, die sie und Bruce mit den Puppen durchspielten, zeigten deutlich, daß Bruce sich seinen Vater und seine Familie zurückwünschte. Sie sagte, Bruce legte oft die Mommy- und die Daddypuppe zusammen ins Bett, und dann käme Jack vorbei und spielte mit der Brucepuppe. Er spielte nie mit der Alanpuppe. Er erzählte ihr, Alan sei immer weg. Wenn Mrs. Kilgore die Mommy- und die Daddypuppe einmal trennte, wurde Bruce sehr ungehalten.

Ich fuhr gern zu meinen Therapiesitzungen. Ich fuhr mit einem Wust zorniger Gedanken zur Therapie, und Mrs. Kilgore half mir dann, sie zu ordnen. Und sie brachte mich dazu einzusehen, daß ich für mein Leben selbst verantwortlich war. Wenn es mir nicht gefiel, wie Alan mich behandelte, lag es an mir, dies zu ändern.

Meine ständigen Geldnöte waren ein weiteres Problemfeld. Ich hatte Schwierigkeiten, sie als Resultat meiner eigenen Verhaltensweise zu begreifen. Ich fühlte mich als Opfer. Ich wollte unbedingt ins Showbusineß und versuchte es auf die einzige mir bekannte Weise; zu allem anderen fehlte mir die Begabung.

»Sie haben wirklich ein sehr geringes Selbstwertgefühl«, sagte sie mir oft.

Ich wußte nicht, was sie meinte. Ich dachte immer, ich würde mich mögen.

Überraschenderweise sind wir in all unseren Sitzungen nie auf die entscheidenden anfänglichen Jahre meiner Persönlichkeitsentwicklung zu sprechen gekommen. Wenn wir es einmal taten, konnte ich mich an nichts mehr erinnern oder belog sie und erzählte ihr die Geschichte von meinem verstorbenen Vater, der

Arzt gewesen war. Ich verdrängte diese Phase meines Lebens einfach und alle Seelenwühlerei brachte nichts darüber zu Tage. Damals hatte ich nicht das Gefühl, daß mein Vater irgendeine Bedeutung für mein Leben gehabt hatte. Ich gab ihm keine Schuld an meinen Problemen. Ich begriff einfach nicht, daß die Tatsache, daß ich mit einem alkoholabhängigen Vater aufgewachsen war, auch mein Verhalten als erwachsene Frau beeinflußte. Meine Therapeutin hätte vielleicht in der Lage sein müssen, dieses Bild schneller zusammenzusetzen. Ein geringes Selbstwertgefühl ist ein klassisches Symptom für ein Alkoholikerkind, ebenso wie mangelnder Realitätssinn und Zwangshandlungen. Aber der Blick für diese Symptome hat sich erst in jüngster Zeit ausgebildet. Vor achtzehn Jahren galten die Mitglieder einer Familie, in der eines der Elternteile trank, noch nicht als co-abhängig. Der Begriff der Krankheit wurde nicht auf sie ausgedehnt. Nur der Alkoholiker selbst galt als hilfsbedürftige Person. War er erst einmal geheilt, würde alles wieder zur Normalität zurückkehren.

Aber was war Normalität? Die Krisensituation war meine Normalität, das geringe Selbstwertgefühl, Isolation und Einsamkeit, die Lügen und die Flucht in Phantasiewelten – all das war für mich Normalität. War das eine ausreichende Vorbereitung auf ein Leben in der Gesellschaft?

Brucies Unfall hatte für mich eine Situation herbeigeführt, in der ich Woche für Woche, Monat für Monat mit dieser Frau redete, die mir so entscheidend dabei half, das emotionale Chaos dieser Jahre aufzuarbeiten. Das Wunder aber war meine Bereitwilligkeit, dies alles mitzumachen. Ich war offen für Hilfe und bereit, an mir zu arbeiten. Aber es würde Zeit brauchen.

»Warum sind Sie in Geldsachen so unrealistisch?« fragte Mrs. Kilgore. »Warum bringen Sie sich unentwegt selbst in Schwierigkeiten?« Nach und nach brachte sie mich dazu einzusehen, daß ich für meine Probleme selbst verantwortlich war, daß ich psychisch quasi von Krisensituationen lebte. Mein ganzes Leben war voll von solchen Situationen gewesen. Es war fast, als könnte ich ohne Krisen nicht glücklich sein.

Alan engagierte mich wieder für die Fernsehsendung »Männerfalle«, diesmal zusammen mit Phyllis Diller und Jacqueline Susann. Noch einmal 900 Dollar, Gott sei Dank.

Jacqueline fragte mich, was mein Schreiben machte. Ich erzählte ihr, daß ich mich mit meinem Freund Jim, dem Dichter, getroffen hätte und daß er mir bei der Form und dem Layout der Gedichte half. Je mehr er mir beibrachte, desto bewußter wurde mir, wieviel ich noch nicht wußte.

Sie bat mich darum, ihr meine letzten Arbeiten vorzulesen, und sagte, sie hätte das Gefühl, sie wären reif für die Veröffentlichung. Sie bot mir an, ein Treffen mit ihrem Verleger zu arrangieren.

Jacqueline war wirklich ermutigend, sie war mir eine große Stütze. Aber leider war mein Selbstbewußtsein so gering, daß ich das Gefühl hatte, nicht gut genug zu sein, um eine Veröffentlichung wagen zu können. Ich sagte ihr also, daß ich das Gefühl hatte, erst ein größeres Repertoire haben zu müssen und daß ich gerade daran arbeitete.

Letzteres stimmte auch. Seitdem ich die Therapie begonnen hatte, hatte ich viel zu Papier gebracht. Ich entdeckte, daß das Schreiben von Gedichten mir dabei half, Klarheit über vieles zu gewinnen. Ich war auf der Suche nach Antworten, und mein Schreiben half mir, sie zu finden.

Ich hatte wieder Schulden: im Lebensmittelgeschäft, bei der California Medical Collection Agency, bei der

Apotheke, bei der Bank of America. Ich war mit meiner Telefonrechnung im Rückstand und hatte eine letzte Zahlungsaufforderung erhalten mit der Drohung, man werde mir nach 24 Stunden das Telefon sperren. Und auch die Miete, Gas und das Auto mußten noch bezahlt werden. Die 900 Dollar würden nicht lange reichen. Das Inkassobüro schickte mir jetzt Vertreter ins Haus, um mich zu schikanieren: Man konnte mich telefonisch nicht mehr erreichen.

»Ich werde erst gehen, wenn Sie mir das Geld oder einen Scheck geben, oder den Betrag irgendwie sonst begleichen«, sagte der Inkassovertreter.

»O.K., ich schreibe Ihnen einen Scheck aus«, sagte ich müde.

Ich hatte meine monatlichen Rechnungen bezahlt und hatte gerade noch genug, um ihm einen Scheck über 150 Dollar zu geben. Ein Tropfen auf den heißen Stein, gemessen an der riesigen Summe von 15000 Dollar. Die Bank of America würde sich gedulden müssen. Mrs. Kilgore sprach mir wegen meines verantwortungsvollen Umgangs mit meinen 900 Dollar ein dickes Lob aus.

55

Meine Filmagentin rief mich an: »Sie suchen nach einer Blondine für den Film *American Graffiti.*« Sie gab mir Adresse und Uhrzeit: »Morgen um halb drei.«

Meine Agentin hatte die Warmherzigkeit eines Iglus. Kein ›Hallo, wie geht's Ihnen‹. Nichts, nur die Fakten. Ich war nicht gerade eine Goldgrube für die Agentur. Ich brachte ihnen nur ein paar hundert Dollar im Jahr ein, was kaum das Geld für die Telefonanrufe ausglich.

Mein größtes Problem war, die 50 Cent Brückenzoll

und die Parkgebühren für den nächsten Tag zusammenzukriegen. Ich durchsuchte alte Handtaschen und brachte es so auf einen Dollar und fünfzig Cent.

Ich wusch und legte mir die Haare und zog mir meine neue St.-Laurent-Seidenbluse an, die ich, wie mir sehr wohl bewußt war, mir nicht hätte kaufen sollen. Warum gebe ich nur immer Geld aus, das ich gar nicht habe, fragte ich mich. Die Bank of America rief an und schickte mir wegen meiner Schulden zweimal in der Woche Briefe. Wenigstens hatte ich durch Mrs. Kilgore angefangen, etwas gegen meine Probleme zu tun.

Als ich zu dem Gebührenhäuschen an der Golden Gate Bridge kam, sagte ich dem Zolleinnehmer, ich hätte meine Brieftasche vergessen. Ich brauchte mein Geld für die Parkgebühren.

»Fahren Sie bitte an den Rand und gehen Sie ins Häuschen«, sagte er.

Damit hatte ich gerechnet. Gut, daß ich früher losgefahren bin, dachte ich. Drinnen sagte der Beamte mir, ich bräuchte etwas, das ich als Pfand zurückließe.

»Wie wär's mit meinem Lippenstift?« fragte ich.

»Prima«, sagte er.

Ich speicherte das in meinem Gedächtnis: Immer einen alten Lippenstift als Pfand für den Brückenzoll im Wagen mitführen. Ich kicherte leise vor mich hin, als ich das Häuschen wieder verließ. Ich hatte eben etwas Neues gelernt.

Der Warteraum für das Bewerbungsgespräch war gerappelt voll. Jede Blondine aus der Bay Area war erschienen, und jede einzelne von ihnen sah umwerfend aus. O Gott, dachte ich, das ist hoffnungslos. Ich wartete eine halbe Stunde. Das waren bereits 75 Cent an Parkgebühren. Wenn ich jetzt gehe, bleiben mir noch 75 Cent. Davon könnte ich uns ein Stück frische Seezunge fürs Abendessen kaufen. Ich ging zu dem für die Rollenbesetzung zuständigen Agenten. Er hieß Gino.

»Es tut mir leid«, sagte ich, »aber ich kann einfach nicht länger warten.«

»Können Sie nicht vielleicht noch fünf Minuten länger warten? Der Regisseur war von Ihrem Bild sehr beeindruckt«, sagte er.

»Wirklich?« Ich war einfach baff. Ich hätte mir neben all diesen Schönheiten nie auch nur die geringste Chance ausgerechnet.

»Sie können jetzt reingehen, Suzanne«, sagte Gino nach einigen Minuten.

Hinter einem großen Schreibtisch saß ein kleiner Mann. Sein Name war George Lucas. Er lächelte und fragte mich, ob ich einen Wagen fahren könnte. Ich kicherte und sagte ja. Dann sah er mich einige Minuten lang bloß an. Ich fühlte mich sehr unwohl, ich konnte es kaum erwarten, wieder gehen zu dürfen.

»Vielen Dank fürs Kommen«, sagte George Lucas.

Ich schätzte, ich habe die Rolle wohl nicht bekommen, dachte ich. So ein Mist! Jetzt ist das Geld für die Seezunge auch futsch. »Danke für die Einladung«, sagte ich und ging.

Ich raste nach Hause. Bruce war allein, und der Gedanke beunruhigte mich. Als ich die Wohnung betrat, sagte Bruce: »Deine Agentur hat angerufen.«

»Sie kriegen die Rolle«, sagte meine Agentin kühl.

»Wirklich?« kreischte ich.

Ihre Stimme war kalt und sachlich. »Es ist ein Job für einen Abend, Gehaltstufe SAG, d. h. Sie bekommen 137 Dollar und 25 Cent. Sie haben morgen Anprobe, und am nächsten Abend wird gedreht. Sie werden um acht Uhr abends zu Hause abgeholt. Die Dreharbeiten dauern die ganze Nacht.« *Klick.*

»Danke«, sagte ich zu dem Wählton.

Ein richtiger Film! Auch einen Satz würde ich sprechen müssen.

Zwei Tage später pünktlich um acht Uhr wurde ich von zu Hause abgeholt. Im Wagen saß noch ein anderes Mädchen. Sie hieß Cindy Williams.

»Sind Sie Schauspielerin?« fragte sie.

»O ja«, sagte ich keck.

»So viele von den Kleinen hier sind keine richtigen Schauspielerinnen«, bemerkte sie.

»Tatsächlich?« Ich versuchte, erstaunt zu wirken.

Wir kamen in Petaluma an und ich mußte in die Maske, zum Friseur und zu den Kostümen. Meine Haare wurden zu einem glatten Pagenschnitt frisiert, das Make-up war sehr dezent und das Kostüm bestand aus einem Gingamkleid mit Spaghettiträgern – etwa in dem Stil, wie meine Schwester es früher zum Tanzen trug. Jemand sagte: »Warten Sie drüben in dem Wohnwagen.«

Der Wohnwagen war voller Jugendlicher. Sie waren alle sehr nett und wirklich lustig. Aber sie hatten schon eine Zeitlang zusammen gearbeitet und man spürte ihre Vertrautheit. Ich kam mir vor wie das neue Kind an seinem ersten Schultag. Ich war zudem auch sehr unsicher. Wieder und wieder sagte ich in Gedanken meinen Satz: »Ich liebe dich. Ich *LIEBE* dich! Ich liebe *DICH*. Ich – liebe – dich!«

Die Namen der Jugendlichen waren Richard Dreyfuß, Ron Howard, MacKenzie Phillips, Cindy Williams, Candy Clark und Paul LeMat. George Lucas kam herein und gab jedem Anweisungen. Das waren also die Stars dieses Films. Was für ein Haufen Versager, dachte ich. Sie sahen alle so normal aus. George sagte mir, daß meine Rolle in dem Film sehr wichtig sei. Ich war die große Phantasie. Der Traum. Mich zu sehen, war in dem Film der Dreh- und Angelpunkt für Richard Dreyfuß. Ich brauchte die Worte nicht laut zu sprechen, ich sollte sie nur sinnlich mit meinen Lippen andeuten. Mist, dachte ich. Mein erster Satz in einem Film, und ich darf nur so tun, als spreche ich ihn. George sagte mir, jeder würde sich an die hübsche Blondine in dem weißen 57er Thunderbird erinnern.

Am nächsten Tag war wieder alles beim alten. »Ihr Scheck war nicht gedeckt«, sagte der Mann vom Inkassobüro. »Wir geben Ihnen 24 Stunden, bei uns im Büro zu erscheinen und den Betrag zu begleichen. Andernfalls müssen wir Sie wegen Betrugs gerichtlich belangen.«

»Bitte, bitte, machen Sie das nicht!« Panik überkam mich. Wie war das nur möglich? Ich hatte doch ausgerechnet, daß genügend Geld übrig war. Ich mußte bei meiner Agentur darum betteln, daß sie mir die 137 Dollar und 25 Cent für die Rolle in *American Graffiti* vorstreckte. Den Rest bekam ich von Jack geliehen.

Ich war wieder völlig verzweifelt. Es war ein ewiges Auf und Ab.

Alan wußte, daß ich nicht viel Geld hatte, aber er glaubte, ich verdiente genug, um über die Runden zu kommen. Ich ließ ihn in dem Glauben. Es war Teil meiner Krankheit. Ständig Lügen und Heimlichkeiten. Ich wollte nicht, daß er mich als elende, bemitleidenswerte und mittellose arme Seele sah, die darauf wartete, daß er sie zu sich rief. Ich wollte unabhängig und autark erscheinen. Ich hatte meinen Stolz. Ich bat Alan nie um Geld. Aber jetzt hatte ich dringend welches nötig. Ich mußte aus meiner finanziellen Misere herauskommen. Ich hatte es mittlerweile auf über hundert Seiten Poesie gebracht, und ich beschloß, all meinen Mut zusammenzunehmen und zu versuchen, meine Gedichte zu verkaufen.

Ich ordnete die Gedichte und entschied mich für *Touch Me* (Berühr mich) als Titel für den Gedichtband. Es war ein passender Titel. Die Gedichte hatten alle mit Empfindungen und Emotionen zu tun, mit Einsamkeit, Trauer, Liebe und Freude.

Was hatte ich zu verlieren? Ich fragte meinen Freund Jim, den Dichter, ob er für mich einen Termin mit seinem Verleger arrangieren könnte.

Zwei Tage später rief er mich zurück: »Sie wollen sich am Donnerstag um zwölf Uhr mit dir zum Lunch treffen.«

Ich war völlig aus dem Häuschen vor Freude. Ich hörte gar nicht auf, ihm für diese Chance zu danken.

»Hey«, sagte er, »ich kann dir nur die Tür öffnen, alles übrige mußt du mit deinem Talent schaffen.«

Ich dankte ihm für seine Hilfe, und er sagte mir noch, er glaubte, meine Gedichte hätten eine gute Chance, veröffentlicht zu werden.

Ich rief Alan an und erzählte ihm von meiner Verabredung.

»Großartig«, sagte er. »Ich hole dich vom Flughafen ab.«

Ich war mit dem Leiter des Nash Verlags verabredet. Wir wollten uns in seinem Büro treffen und dann gemeinsam zum Mittagessen gehen. Ich trug meine gute pfirsichfarbene Seidenbluse von Yves St. Laurent und dazu einen schwarzen, engen, kurzen Wollrock und hochhackige Schuhe. Mein Haar war einfach frisiert und in der Mitte gescheitelt.

Ich zitterte innerlich, als ich sein Büro betrat. Aber er war sehr nett und locker. Wir sprachen über Jacqueline Susann und wie tragisch es war, daß sie erst zwei Tage zuvor an Krebs gestorben war. Ich war immer noch schockiert von dieser Nachricht. Ich hatte erst im Flugzeug aus der Zeitung davon erfahren.

»Sie war eine wunderbare und großherzige Frau«, sagte ich. Ich erzählte ihm, wie sehr sie meine Arbeit ermutigt und unterstützt hatte.

»Lassen Sie uns jetzt essen gehen«, sagte der Verleger. Es kamen noch drei andere Herren mit uns. Wir spazierten über den Sunset Strip zum Cock 'n' Bull. Es war eines dieser lauten, alkoholschwangeren, dunklen Lunchlokale. Ständig klirrten Gläser, und Serviererinnen brüllten lauthals: »Nummer Vier für Tisch sieben.«

Mitten in all diesem Lärm fragte mich der Verleger: »Wovon also handelt Ihr Buch?«

»Na ja«, sagte ich kleinlaut, »es handelt von Empfindungen und Emotionen.«

»Entschuldigen Sie bitte«, unterbrach die Kellnerin, »wer hatte Scotch-Soda?«

»Es geht um das Berührtwerden«, fuhr ich fort, »nicht das körperliche natürlich.« Ich sah, wie ihre Augen an mir vorbeistarrten.

»Hm. Sehr rührend!« sagte einer von ihnen.

»Es ist eine gute Masche, dazu noch Ihr Aussehen und so.«

»Hören Sie, geben Sir mir das Manuskript mit. Wir geben's an eines unserer Mädchen weiter zum Durchsehen, und dann reden wir noch einmal darüber.«

Wir aßen zu Ende, und das war's dann. Von denen höre ich bestimmt nichts mehr, dachte ich.

»Und? Wie ist es gelaufen?« fragte Alan. Er hatte draußen auf mich gewartet.

»Ich weiß nicht. Nicht so gut, glaube ich. Es war alles so laut, und sie haben mir kaum Fragen gestellt.«

»Nun, wenn sie clever sind, kaufen sie dein Buch. Deine Gedichte sind klasse, so was läßt sich gut verkaufen.«

L.A.-Gerede. Ich durchschaute es nicht. Ich hoffte einfach, daß mein Buch veröffentlicht würde.

Ich verbrachte das restliche Wochenende mit Alan, wobei ich auch seine Tochter endlich kennenlernte. Stephen, der jetzt acht Jahre alt war, ignorierte mich, und Leslie, zehn Jahre alt, begutachtete und umschlich mich wie ein vorsichtiges Tier. Das wird alles andere als einfach werden, dachte ich.

Sie haben an diesem Tag wahrscheinlich an die hundertmal »Mummy« erwähnt. »Mummy dies und Mummy das, Mummy sagt...« Und Alan fragte sie immerzu »Weiß Mummy das? Hat Mummy euch erlaubt...?« Mummy! Mummy! Mummy!

Wir fuhren zum Segeln zum Newport Beach hinaus. Nach dem Segeln gingen wir Go-Kart fahren, nach dem Go-Kartfahren auf ein paar Pommes zu McDonald's, nach McDonald's zu Baskin-Robbins. Und nach Baskin-Robbins sagte Stephen: »Ich will zur Krabbenbude.« Also gingen wir auch noch dorthin. Wir bestellten uns jeder eine sämige Muschelsuppe, die niemand wirklich wollte. Wir waren einfach zu voll, um noch etwas zu essen. Nach der Krabbenbude ging's zum Karussell auf dem Santa Monica Pier. Dann setzten wir die Freunde von Alans Kindern zu Hause ab. Und schließlich brachten wir seine eigenen Kinder »zurück zu Mummy«. So viel über den Superdad! Und so viel auch über Schuldgefühle. Ich konnte es kaum erwarten, mit Mrs. Kilgore über diesen Tag zu reden.

Plötzlich war es still im Auto. Einen ganzen Tag lang nur schreiende, nörgelnde Kinder. O Gott! Ich freute mich riesig darauf, bald in Alans Wohnung zu kommen und ein Bad nehmen zu können. Ich wollte allein mit ihm sein. Ich fing langsam an, die drückende Last seiner Schuldgefühle zu verstehen.

56

Ich begann allmählich, die Dinge positiv zu sehen. Bruce erging es genauso. Er ging jetzt schon ein Jahr zu Mrs. Kilgore.

»Ich glaube, er ist jetzt über den Berg«, sagte sie mir. »Er ist wirklich ein netter Junge. Ich denke, er ist in der Therapie viel von seiner Verwirrung losgeworden. Er wirkt jetzt viel glücklicher, selbstbewußter und sicherer, und er weiß, Sie sind ihm bisher eine gute Mutter gewesen.«

Diese Worte taten mir gut. Ich wollte Bruce unbedingt eine gute Mutter sein. Ich hatte ihm an dem Tag, als er geboren wurde, versprochen, ich würde dafür sorgen, daß er ein gutes Leben hätte. Und ich wollte in diesem Punkt auf keinen Fall versagen.

»Allerdings würde ich *Sie* gerne noch etwas länger in Therapie behalten«, fuhr sie fort. »Sie müssen noch viel an sich arbeiten. Ihr Selbstbewußtsein ist kaum gewachsen, und sie scheinen noch immer nicht mit dem Leben fertigzuwerden. Dabei könnten Sie wirklich erfolgreich sein. Ich glaube nur, Sie müssen dazu emotional etwas stabiler werden.«

Ich frage mich nur, wie es mit mir überhaupt so weit gekommen ist, dachte ich.

Mrs. Kilgore brachte mich dazu, über andere Möglichkeiten, Geld zu verdienen, nachzudenken. »Was macht Ihnen Spaß? Worin liegen Ihre Begabungen? Worin sind Sie gut?« fragte sie mich.

»Ich kann sehr gut nähen, und ich bin eine gute Köchin«, antwortete ich.

»Denken Sie doch einmal in dieser Richtung weiter«, riet sie mir. »Vielleicht können Sie aus Ihren Hobbys Profit schlagen.«

Ich beschloß, Desserts zu machen und an ein Restaurant zu verkaufen. Ich machte eine wunderbare Schokoladencremespeise, die ich mit Schokoladenblättern dekorierte. Ich ging zu jedem Restaurant in ganz Sausalito. Aber niemand zeigte Interesse. Ich ging ein zweites Mal, aber diesmal mit Proben. Alle waren von Aussehen und Geschmack des Desserts beeindruckt. »Wieviel verlangen Sie dafür?« wurde ich gefragt.

»Die Zutaten für die Schokoladencreme kosten mich acht Dollar«, sagte ich. Ich nahm die gute dunkle belgische Schokolade und Sees weiße Schokolade, frische

Sahne, Butter, Zucker, Eier und Amarettolikör. »Ich könnte Ihnen die Torte für zwanzig Dollar geben. Es sind acht Portionen.«

»Wenn ich drei Dollar das Stück nähme, würde ich an der ganzen Torte vier Dollar verdienen. Das lohnt sich für mich nicht«, sagte der Besitzer.

Ich erhielt in jedem Restaurant eine Absage. Ich beschloß, etwas anderes zu versuchen. Meine Mutter hatte mir das Nähen beigebracht und ich kam auf die Idee, Mädchenkleider zu entwerfen und selber herzustellen. Ich ging los und kaufte mir englische Baumwolle mit einem feinen, blauen, pink- und lavendelfarbenen Blumenmuster. Ich besorgte mir schmale Satinbänder in den gleichen Farben als Besatz. Ich machte ein putziges kleines Kleidchen im viktorianischen Stil mit Puffärmeln und einer Empiretaille. Es war wirklich zum Verlieben. Ich ging mit ihm zu einem Geschäft in Mill Valley, und der Besitzer nahm es sofort in Kommission. Ich hatte 25 Dollar für das Material ausgegeben und anderthalb Wochen daran gearbeitet, und so verlangte ich fünfzig Dollar dafür, damit es sich rentierte.

»Es gibt nicht viele Leute, die für ein Kinderkleid fünfzig Dollar zu zahlen bereit sind. Aber wir werden ja sehen«, sagte der Besitzer.

Ich ging wieder nach Hause und setzte mich an das zweite Kleid. In kürzester Zeit hatte ich vier Kleider fertig. Keines von ihnen wurde verkauft.

»Jeder, der herkommt, verliebt sich sofort in diese Kleider«, sagte der Besitzer, »aber keiner will den Preis zahlen.«

Ich konnte es mir nicht leisten, weitere Kleider zu machen, bis die anderen verkauft waren. Ich mußte meine neue Betätigung auf Eis legen. Es war sowieso keine so gute Idee, dachte ich.

Zwei Monate später erhielt ich einen Brief mit der

Post: »Wir würden Ihren Gedichtband sehr gerne veröffentlichen. Bitte melden Sie sich doch bei uns.« Ich schwebte über den Wolken. Ich konnte es nicht glauben – ich war von der Ehebrecherin zur Autorin aufgestiegen. Sie boten mir 2500 Dollar Vorschuß.

Ich rief sie sofort an und akzeptierte ihr Angebot. Alan sagte mir, das wäre dumm von mir gewesen.

»Wenn die dir 2500 Dollar bieten, heißt das, daß die bis mindestens 5000 Dollar gegangen wären. Du hättest mich die Verhandlungen führen lassen sollen.«

Aber er freute sich für mich. 2500 Dollar waren ein schöner Batzen Geld.

DRRING! »Wir können Ihnen wirklich keinen Aufschub mehr gewähren. Wenn wir unser Geld bis Ende dieser Woche nicht haben, müssen wir ein Lohnpfändungsverfahren gegen Sie in die Wege leiten.«

»Bitte gedulden Sie sich noch ein wenig«, flehte ich. »Es kann nicht mehr lange dauern, bis ich etwas Geld kriege.«

Meine Seifenblase war im Nu zerplatzt. Ohne meine wöchentlichen Besuche bei Mrs. Kilgore wäre ich vielleicht durchgedreht. Der finanzielle Druck wurde unerträglich. Ich war die meiste Zeit über wütend und deprimiert. Meine ganze Hoffnung ruhte nun auf meinem Buch.

Mrs. Kilgore erhöhte ihr Honorar für die Therapiesitzungen. »Warum tun Sie mir das an?« fragte ich sie. »Sie wissen doch am besten, wie pleite ich bin.« Ich war sauer auf sie.

»Sie verdienen genug Geld, um Ihre Ausgaben zu decken und die Schuldeneintreiber zufriedenzustellen«, sagte sie. »Ich weiß, daß sie zwanzig Dollar Honorar monatlich für mich aufbringen können. Das sind nur fünf Dollar pro Sitzung.«

»Aber warum?« fragte ich fassungslos.

»Weil ich will«, sagte sie, »daß die Therapie für Sie

an erster Stelle steht. Ich will, daß Ihre Gesundung für Sie das wichtigste in Ihrem Leben wird. Sie haben sich in der letzten Woche ein neues Paar Schuhe gekauft. Ich bin sicher, die haben mehr als zwanzig Dollar gekostet. Ich will, daß Ihnen die Therapie wichtiger ist als ein neues Paar Schuhe. Ich versuche, Ihnen in Geldsachen ein Gefühl für Prioritäten zu vermitteln. Deswegen werden Sie von nun an, wenn Sie hierherkommen, fünf Dollar mitbringen. Wenn nicht, wird es keine Therapiesitzung geben.«

Ich konnte es nicht glauben. Auch meine Therapeutin saß mir jetzt im Nacken. Sie begann, mich herumzukommandieren. Ich hatte allerdings keine andere Wahl. Irgendwie mußte ich die zwanzig Dollar extra im Monat zusammenkriegen. Ich *mußte* mit meiner Therapie weitermachen.

Ich sah Jack jetzt weniger. Die Inkassovertreter hatten so erbarmungslos Jagd auf mich gemacht, daß ich Jack bat, mit mir zusammen einen Konsolidierungskredit über 5000 Dollar aufzunehmen, den ich jetzt nicht zurückzahlen konnte. Auch das gehörte zu meiner Krankheit – mein völliger Mangel an Realitätssinn. Wie konnte ich mir nur einbilden, ich könnte 5000 Dollar zurückzahlen? Wie um alles in der Welt konnte ich nur glauben, daß 5000 Dollar mir weiterhelfen würden? Ich hatte 15000 Dollar Schulden, und der Vorschuß für mein Buch betrug 2500 Dollar. Sie waren bereits weg, bevor ich sie überhaupt hatte.

Jedesmal, wenn Jack eine Rate für unseren Kredit zurückzahlen mußte, wurde er mißmutiger. Wer konnte es ihm verdenken? Ich hatte ihm vorgemacht, ich würde ach-so-viel Geld mit meinem Buch machen, ich würde *überhaupt keine Schwierigkeiten* haben, den Kredit zurückzuzahlen. Und nun hatte ich mir die Beziehung zu meinem besten Freund vermasselt.

Was finanzielle Dinge betraf, machte ich überhaupt

keine Fortschritte. Es war einfach zu viel für mich. Ich hatte so lange so tief im Dreck gesteckt, daß ich nicht mehr wußte, wie ich da wieder herauskommen sollte.

Alan behandelte mich, wenn wir zusammen waren, wie etwas ganz Besonderes. Er sagte mir unzählige Male am Tag, daß er mich liebte. Wenn ich morgens aufwachte, lag er neben mir und sah mich an.

»Du bist wirklich schön«, das waren meist seine ersten Worte.

Wenn ich bei ihm in Vancouver war, folgte ich ihm von der Umkleidekabine ins Studio und sah ihm ehrfurchtsvoll vom Bühnenrand zu. Er war wirklich gut, wenn er vor der Kamera stand, so wortreich und so charmant. Er hatte die seltene Gabe, Frauen zu begeistern, ohne gleichzeitig die Männer vor den Kopf zu stoßen. Er war darin ein bißchen wie Johnny Carson. Er konnte mit jedem über alles reden. Und er war ausgesprochen witzig.

Ich lernte damals eine ganze Menge von ihm. Er hatte sehr viel Elan. Statt sich in seiner Scheidungssache mit seiner Frau um »Kaninchenköttel«, wie er es nannte, zu streiten, überließ er ihr einfach alles.

Er war entschlossen, ganz von vorne anzufangen und Riesenerfolg zu haben. Eine nochmalige Heirat oder auch nur der Gedanke, mit mir zusammenzuleben, lag ihm wirklich fern. Ich hatte nicht die geringste Sicherheit, und ich lebte über 400 Meilen von ihm entfernt.

Die Möglichkeit, daß ich ihn verlieren könnte, quälte mich unentwegt. Ich hatte keine Kontrolle über unsere Beziehung. Immer wenn ich ihn in Los Angeles besuchte, konnte ich nicht umhin, all die hübschen Frauen zu bemerken. Ich war sehr verunsichert. Wie sollte ich mit denen konkurrieren? Ich hatte kein Geld und konnte mich also demnach auch nicht hübsch anziehen. Gott sei Dank waren es damals die 60er Jahre, die Zeit der Blumenkinder. Wenn ich nicht gerade arbeitete, trug ich einen peruanischen Poncho und Bluejeans, offenes langes Haar und ein frischgepflücktes Gänseblümchen hinter einem Ohr. Die Mode der Hippies kostete nicht viel, und eine andere konnte ich mir nicht leisten.

Wie lange würde ich warten müssen, bis ich Alan *wirklich* besaß. »Er wird Sie in den nächsten zehn Jahren bestimmt nicht heiraten«, sagte Mrs. Kilgore. »Wenn Sie ihn wirklich wollen, müssen Sie bereit sein, so lange zu warten.«

Zehn Jahre! Der Gedanke, so lange warten zu müssen, erdrückte mich. Und die Vorstellung, meine hoffnungslose, Tag für Tag sich hinschleppende Existenz noch weitere zehn Jahre durchhalten zu müssen, deprimierte mich.

Ich dachte an die anderen Mädchen, die ich kannte. Keine von ihnen hatte solche Probleme wie ich. Sie hatten alle Ehemänner, die für sie sorgten. Sie wohnten in aparten Häusern in Sausalito, trugen hübsche Kleider und fuhren schöne Autos. Sie brauchten sich keine Sorgen darüber zu machen, wie das Essen auf den Tisch kommen oder woher sie das Geld für die Miete nehmen sollten. Ich wußte nie genau, wann ich mein nächstes Engagement bekommen würde. Ich mußte ständig irgendwelche Schuldeneintreiber vertrösten, ständig bei meiner Agentur um einen Vorschuß betteln. Und die behandelten mich wie den letzten Dreck. »Was wollen Sie denn jetzt schon wieder?« fragte meine Agentin angewidert. Wahrscheinlich lachte man in der Agentur über mich.

»Gibt es eine gemeinsame Zukunft für uns?« fragte ich Alan oft.

»Es ist gut, wie es ist«, antwortete er dann.

»Ich werde anfangen, mit anderen Männern auszugehen«, sagte ich ihm in der Hoffnung, ihn dadurch aufzurütteln.

»Geht in Ordnung«, sagte Alan. Heute weiß ich, daß er nur bluffte.

Ich war so entmutigt – und wütend!

»Er behandelt mich wie ein Stück Dreck«, erzählte ich Mrs. Kilgore.

»Sie lassen es zu, daß er Sie so behandelt«, entgegnete sie.

»Wenn ich mit ihm zusammen bin, habe ich das Gefühl, etwas ganz Besonderes zu sein. Sobald ich wieder wegfahre, ist alles weg.« Es war ein ständiges Auf und Ab.

»Sobald Sie etwas mehr Selbstwertgefühl entwickelt haben, wird alles ganz anders sein«, sagte sie wieder.

Wenigstens Bruce war glücklich. Er bekam nichts mit von dem Druck, der auf mir lastete. Er liebte unser Haus und die Nachbarschaft. Er spielte auf dem Schulhof Baseball in der Kinderliga, und ich meldete ihn im Sausalito Arts Center, das gleich auf der anderen Straßenseite lag, für einen Kinderkurs in freiem Töpfern an. Bruce war ständig unterwegs. War er zu Hause, lud er oft seinen Freund Thomas zum Schaukeln auf unserem Balkon ein, und ich gab den beiden Plätzchen. Bruce bekam jeden Mittwoch 25 Cent Taschengeld, und er und Thomas gingen dann in den großen Supermarkt und kauften sich eine kleine Dose Fritos Bean Dip und eine kleine Portion Pommes Frites. Für ihn war es der große Konsumrausch. Bruce führte ein glückliches Leben, und das wiederum machte auch mich glücklich.

Und ich machte endlich auch Fortschritte in therapeutischer Hinsicht. Ich hatte jetzt öfter das Gefühl, daß ich die guten Dinge, die sich in meinem Leben ereigneten, auch verdiente. Dieses neue Selbstwertgefühl veränderte auch mein Verhalten in meiner Beziehung zu Alan. Ich fühlte mich jetzt stark genug, ihn zu fragen, ob die Ehe Bestandteil unserer gemeinsamen Zukunft werden würde. Ich sagte ihm, daß ich ihn von ganzem Herzen liebte, aber nicht bereit sei, ewig nur seine Geliebte zu sein.

Ich begann, mit anderen Männern auszugehen. Es waren unverbindliche Verabredungen ohne Sex, nur Dinner und Gespräche. Ich wurde eine immer bessere Gesprächspartnerin. Meine Therapie ermöglichte es mir, mich zu öffnen. Ich versuchte nicht mehr, mich und mein wirkliches Selbst zu verstecken. Ich erkannte, daß ich war, wie ich war und daß man mich so akzeptieren mußte. Wie immer konnte keiner dieser Männer Alans Platz einnehmen. Er war die große Liebe meines Lebens. Mir fielen Mrs. Kilgores Worte wieder ein: »Sie werden sich zehn Jahre gedulden müssen, bevor er soweit ist.« Ich hoffte, ich würde so lange warten können.

Mein großer Traum erschien mir jetzt nicht mehr so lächerlich wie vorher. Vielleicht würde er ja wahr. Vielleicht hatte *ich* wirklich das Zeug zu einer erfolgreichen Karriere. Gott sei Dank gab es Mrs. Kilgore. Immer wenn ich an mir zu zweifeln begann, zwang sie mich, meine guten Seiten zu sehen.

Ich bekam eine kleine Rolle in einem Clint-Eastwood-Film, *Magnum Force.* »Sie haben die Rolle«, sagte meine Agentin trocken. »Ich schicke Ihnen das Drehbuch zu. Die Dreharbeiten sind nächste Woche in Tiburon.«

Ich sollte ein Flittchen auf einer Gangsterparty spielen. Wir wurden von einer Polizeirazzia überrascht, und ich sollte am Ende durch einen Schuß in die Brust getötet werden. Mir wurde erst bei den Dreharbeiten klar, daß der Schuß in meine Brust das Oberteil des Kleides zerfetzen würde, so daß meine blutigen Brüste für jedermann zu sehen wären.

»Aber Sie sind tot!« sagte der Regisseur. »Es ist doch nicht so, als drehten wir eine Nacktszene«, brüllte er.

»Sie haben wahrscheinlich recht«, sagte ich resigniert.

Es wurde ein langer Drehtag. Eine Vorrichtung mit falschem Blut wurde an meiner Brust angebracht, und jedesmal, wenn wir die Szene drehten, ließ ein Mann hinter der Kamera sie per Fernbedienung explodieren. Eine kleine Menge Schießpulver explodierte (es fühlte sich an, als ob man von einer Spielzeugpistole an der Brust getroffen worden wäre), und das falsche Blut floß an meiner Brust herunter. Das war für mich das Zeichen, daß ich getroffen worden war, und ich fiel rückwärts in den Pool und stellte mich tot.

Diese Szene erregte bei den Anwohnern viel Aufsehen. Außer Clint Eastwood, zwei Hubschraubern, zwei Feuerwehrwagen und genügend Feuerwerk, um damit einen kleinen Scheinkrieg spielen zu können, gab es für die Zuschauer noch die Attraktion der kleinen Blondine, der das Oberteil des Kleides abgeschossen wird, so daß man die Brüste sehen kann.

Ich wurde Clint Eastwood vorgestellt, aber ich war zu schüchtern, um mit ihm zu sprechen.

Als die Sonne unterging, konnten wir nicht weiterdrehen, und mir wurde gesagt, ich könnte nach Hause gehen. Ich war müde und erschöpft von dem wiederholten Sturz in den Swimmingpool. Ich war auch genervt. Es war nicht gerade ein schönes Gefühl, all diesen fremden Menschen meine nackten Brüste zu zeigen. Ich war mir billig vorgekommen.

Ich ging an der gaffenden Menge vorüber und hörte, wie sie flüsterten: »Wer ist sie?« »Wer ist das?« Ich kam mir vor wie ein großer Filmstar. Ich erkannte, daß sich aus ihrer Sicht die ganze Handlung um mich gedreht hatte. Sie hielten mich für jemand Besonderen!

Ich wurde um Autogramme gebeten. Das machte mir großen Spaß!

Dann aber fiel mir mein Auto ein. Ich hatte meinen alten VW oben auf dem Berg geparkt, für den Fall, daß er mal wieder nicht anspringen sollte. Die Fahrertür war mit einem Stück Tau festgemacht, weil sie nicht richtig schloß. Ich kletterte über den Beifahrersitz und ließ den Wagen an. Nichts. Ich versuchte es noch einmal. Kein Ton. Ich mußte also versuchen, ihn im Rollen anzukriegen. Wie erniedrigend. Vor all diesen Leuten. *Tucker, tucker, tucker.* Ihre Gesichter machten einen angewiderten Eindruck, als mein Auto an ihnen vorbeistotterte. Mir kam ein Zitat von Andy Warhol in den Kopf: »Wir alle erlangen für fünfzehn Minuten Berühmtheit.« Na ja. Ich mußte zurück nach Hause und für Bruce das Abendessen kochen.

Ich wurde zu einer Privatvorstellung von *American Graffiti* eingeladen. Sie fand im Sausalito-Theater statt. Geladen waren nur die Mitarbeiter und die Schauspieler. Es war ein guter Film. Alle jubelten, schrien und applaudierten. Meine Rolle schien so unbedeutend. Mir fielen die Worte von George Lucas wieder ein: »Jeder wird sich an die hübsche Blondine in dem weißen 57er Thunderbird erinnern.« Ich war mir nicht so sicher, ob er damit recht hatte. Es schien mir, als wären da viele andere Dinge im Film, die weit eher unvergeßlich waren als gerade diese kleine Szene.

Mein Buch würde erst in einem Jahr erscheinen. Langsam schwante mir, daß das Veröffentlichen von Büchern ein Geschäft war, das sich nur sehr zögernd bezahlt macht. Ich hatte meinen Vorschuß noch immer nicht erhalten, und es waren schon drei Monate vergangen. Ich wollte meinem Verleger nicht durch mein Nachfragen auf die Nerven gehen, und wollte ihn mir »warmhalten«.

»Sie haben ein Engagement bei der Mexicana Airlines«, sagte mir Marsha, meine Agentin. »Die Aufnahmen sind nächste Woche in Puerto Vallarta. Sie sind für einen Reiseprospekt. Es scheint, die sehen gerne Blondinen auf ihren Stränden sitzen. Sie bekommen 150 Dollar pro Tag. Das Ganze dauert vier Tage.«

»Wahnsinn«, sagte ich: 600 Dollar und eine kostenlose Reise nach Mexiko. Das bedeutete, daß ich Miete, Gas, Telefon, das Auto und die Versicherung für den nächsten Monat zahlen konnte. Die 15000 Dollar Krankenhausrechnung waren ein Riesenberg, der nicht kleiner werden wollte; aber ich versuchte, ihn zu ignorieren, so gut es ging.

Puerto Vallarta war einfach umwerfend, genauso wie unsere Unterbringung. Die Werbeagentur hatte eine große Villa mit Personal gemietet, das für uns kochte, saubermachte und uns jeden Wunsch von den Augen ablas. Das Essen war göttlich: Jeden Morgen gab es frisch Huevos Rancheros mit Riesentellern voller süßer, reifer Wassermelonen, Mangos und Papayas. Zum Lunch gab es hausgemachte Enchiladas oder grünen Chili Tamales, und zum Dinner meist sogar noch exotischere Gerichte.

Nachmittags, wenn wir mit unserer Arbeit fertig waren, saßen wir dann am Swimmingpool und tranken Margaritas mit viel frischer Limone. Ich hatte eine Menge Spaß.

Die Werbeagentur sorgte für die Garderobe, die ich bei den Aufnahmen tragen sollte. Sie bestand hauptsächlich aus ziemlich knappen Bikinis und Strandtüchern. Der Fotograf und ich gingen morgens in aller Frühe direkt nach dem Frühstück los, um das Morgenlicht auszunutzen. Ich mußte den Strand entlanglaufen, so daß mein langes blondes Haar im Winde wehte, unter einer Kokospalme Pina Coladas schlürfen und am Riff im Meer tauchen. Wir machten all die Fotos, die bei den Menschen zu Hause in den Staaten den

Wunsch auslösen sollten, ihr fades Alltagsleben hinter sich zu lassen und in dieses Paradies zu fliegen.

Denn es war ein Paradies, warm, tropisch und erotisch. Der Hibiskus und die Bougainvillea standen überall in Blüte, und die Menschen waren braungebrannt und sahen entspannt aus.

Ich hätte Alan so gerne bei mir gehabt. Ich versuchte, ihn anzurufen, aber es gab in Puerto Vallarta nur ein Telefon, und es war sehr schwierig, eine Verbindung zu bekommen.

»Ich würde morgen gerne ins Inland fahren«, sagte der Fotograf. »Es gibt dort einen herrlichen Wasserfall, und ich möchte einige Aufnahmen von Ihnen machen, wie Sie unten am Wasserfall stehen.«

Er hatte nicht übertrieben. Der Wasserfall war atemberaubend schön. Er gab mir einen hauchdünnen Body, den ich überstreifen sollte.

»Aber man kann doch alles dadurch sehen«, protestierte ich.

»Nicht so, wie ich die Fotos mache«, antwortete er.

Ich fühlte mich sehr unwohl dabei.

»Setzen Sie sich auf diesen Felsen da drüben«, schrie er zu mir herüber. »Und jetzt zurücklehnen! Knöpfen Sie Ihr Oberteil auf! Lassen Sie es offen! Sie sehen klasse aus!«

Es machte mir einen Riesenspaß! Wir waren kreativ, wir schufen etwas – die Glätte des Felsens, des Wasserfalls, die Glätte meiner Haut.

»Die werden super«, sagte er immer wieder. »Lassen Sie uns einen Moment Pause machen.«

Der Fotograf kam zu mir herüber. »Ich mache auch Fotos für den *Playboy,* wissen Sie. Diese Bilder werden wirklich einmalig. Wenn Sie mich hier vor dieser Kulisse Nacktfotos machen lassen, wird man Sie sicher zum Playmate des Monats küren. Sie könnten so 15000 Dollar verdienen.«

15000 Dollar! Da war sie, diese magische Zahl. Genau die Summe, die ich brauchte, um meine Schulden abzubezahlen. Alles, was ich dafür tun mußte, war, mich auszuziehen. Keine Schuldeneintreiber mehr. Keine Belästigungen. Die Chance, neu anzufangen. Ich brauchte nur die Sachen auszuziehen. Es war ein echtes Dilemma. Das hier wäre nicht so wie bei dem Foto für die *Newsweek,* auf dem man mich nicht erkennen konnte. Nein, diesmal würde jeder genau sehen, daß ich es war. Ich schwankte lange, ob ich annehmen sollte.

»Ich mache Ihnen einen Vorschlag«, sagte der Fotograf. »Wir machen die Fotos einfach, und wenn Sie sich später entscheiden sollten, die Sache nicht durchzuziehen, brauchen Sie den Nutzungsvertrag für die Bilder ja nicht zu unterschreiben.«

Ich hatte also immer noch die freie Wahl. »In Ordnung«, sagte ich, aber ich war dennoch sehr nervös.

Als ich wieder in Sausalito war, erzählte ich Alan davon.

»Na ja«, sagte er, »wenigstens hast du noch die Gelegenheit, darüber nachzudenken. Die Bilder wirst du dein ganzes Leben lang nicht mehr los.«

Es war nicht zu überhören, daß er nicht gerade begeistert davon war. Und offen gesagt, fühlte ich mich auch nicht sehr wohl bei der ganzen Sache. Ich wollte nicht, daß Bruce aufwuchs und irgendwann Nacktfotos von seiner Mutter sehen mußte. Ich wußte auch, daß meine ganze Familie schockiert sein würde. Aber 15000 Dollar würden mein Leben mit einem Schlage viel weniger hektisch und chaotisch werden lassen.

Alan hatte eine Frau als Talentsucherin für die »Männerfalle« angestellt. Sie hieß Bonnie. Als die Show nach der zweiten Saison zu Ende war, entschloß sie sich, sich als Managerin in diesem Gewerbe selbständig zu machen. Sie hatte unter ihrer rauhen Schale ein weiches Herz, ein typisches New Yorker Mädchen.

»Ich würde Sie gerne managen«, meinte sie zu mir. »Ich glaube, Sie haben das Zeug zu einem großen Star.«

Niemand hatte mir vorher je so etwas gesagt. Im Grunde glaubte ich ihr nicht, aber ich dachte, wenn sie die Zeit investieren will, schaden kann es nicht. Wir kamen schnell überein, und sie ließ mich einen Vertrag unterzeichnen.

Bonnie meinte, daß sich meine Auftritte in der »Männerfalle«, meine Rolle in *American Graffiti* und das Buch, das bald erscheinen mußte, durchaus in etwas Großes ummünzen ließen.

»Wunderbar«, sagte ich enthusiastisch.

Sie arrangierte Vorstellungsgespräche mit verschiedenen Agenturen, unter anderem auch Filmagenturen. Ich flog, so oft ich konnte, nach Los Angeles und mußte feststellen, daß das Geld für die Miete auf diese Weise für die Flugtickets draufging. Ich fing an, Los Angeles zu mögen. Ich hatte meinen Freund dort, einen persönlichen Manager und eine Reihe richtiger Vorstellungsgespräche. Außerdem war Los Angeles für mich eine gute Fluchtmöglichkeit. Hier gab es keine Schuldeneintreiber, keinen Vermieter, keine Drohungen, mir Strom oder Telefon abzusperren – und ich konnte bei Alan sein.

Die Agenturen waren nicht allzu beeindruckt von mir. »Lassen Sie uns noch einmal darüber sprechen, wenn der Film herauskommt«, hieß es. Ich hatte weder einen Film, noch ein Band, noch sonst etwas vorzuweisen, und sie wußten, daß ich mich schwer vermitteln lassen würde.

Bonnie und ich schleppten uns so durch. Mrs. Kilgore arbeitete weiter an meinem Selbstbewußtsein, und ich begann allmählich daran zu glauben, daß ich es *tatsächlich* schaffen könnte. Bonnie vermittelte mir weitere Vorstellungsgespräche. Ich bekam zwar nie den Job, aber alle mochten mich. Sie sahen in mir ein nettes und unkompliziertes Mädchen. »Wir werden an Sie denken«, hieß es überall. Das war mir erst einmal genug.

Wir schmuggelten uns aufs Filmgelände und aßen in der Schauspielerkantine zu Mittag. »Zieh dir deine heißesten Sachen an«, riet mir Bonnie. Ich versuchte mein Bestes, mich gut und zugleich sexy zu kleiden. Meine Bluse von Yves St. Laurent war genau das richtige dafür. Ich fand einen pfirsichfarbenen engen Wollrock, der sehr gut zur Bluse paßte. Meine »Arbeitskleidung« – so taufte ich diese Kreation. Mit meinen langen blonden Haaren und meiner pfirsichfarbenen Kombination fiel ich wirklich auf. Ich hatte noch immer keinen Job, aber Aufmerksamkeit.

»Das ist in Ordnung«, sagte Bonnie. »Wenn du am Ende bei denen zum Vorstellungsgespräch auftauchst, werden sie denken, sie kennen dich irgendwoher.«

In den Universal Studios sah ich Poster von Maria Muldaur aus *Midnight at the Oasis*. Ach, Gott, wie gerne wäre ich auf so einem Poster in einem der großen Filmstudios, dachte ich.

In der Woche darauf rief mich Bonnie an. »Du mußt morgen unbedingt ein Flugzeug nach Los Angeles nehmen«, schrie sie in den Hörer. »Du hast eine Vorsprechprobe für eine Fernsehkomödie mit Dom DeLuise.«

»Du machst Witze«, schrie ich zurück.

Es war die perfekte Rolle für mich. Ich sollte ein naives, schüchternes, erotisches Kleinstadtmädchen spielen. Dom DeLuise verliebt sich über beide Ohren in sie. Ich mußte mich gar nicht groß verstellen.

Ich wartete im Außenbüro des Produzenten und ging meine Sätze wieder und wieder durch. Ich wollte die Rolle unbedingt haben.

»Sie können jetzt reingehen, Miss Somers«, sagte die Sekretärin. Ich kam in einen Raum mit lauter gutaussehenden Männern.

»Hallo, ich bin Sam Denoff, und das ist mein Partner Bill Persky.«

Ich wurde gefragt, welche Erfahrungen ich in diesem Beruf vorzuweisen hatte, und ich konnte auf die beiden Filme hinweisen, bei denen ich gerade mitgespielt hatte. Sowohl *Magnum Force* als auch *American Graffiti* waren echte Kassenschlager geworden. Glücklicherweise hatten beide die Filme noch nicht gesehen, und so wußten sie nicht, daß ich nur eine Minirolle darin gespielt hatte. Sie waren beeindruckt von dem, was ich gemacht hatte.

Ich las meine Rolle mit Sam als Partner. »Sehr schön«, sagte er. »Sie spielen die schüchterne Naive wirklich überzeugend. Wir haben noch ein paar andere Mädchen zum Vorsprechen herbestellt. Warum gehen Sie nicht so lange in die NBC-Kantine und trinken einen Kaffee?«

Bonnie und ich saßen aufgeregt in der Kantine und malten uns die verschiedenen Möglichkeiten aus. Stell dir vor, du kriegst die Rolle. – Vielleicht gefällst du ihnen so sehr, daß sie dich fest engagieren. – Vielleicht muß ich ja nach Los Angeles umziehen.

Plötzlich trat Johnny Carson mit seinem Produzenten Fred DeCordova in die Kantine. »O mein Gott! Sieh jetzt nicht hin. Rate mal, wer gerade hier hereingekommen ist?« flüsterte ich Bonnie aus dem Mundwinkel zu. Ich konnte nicht glauben, daß ich ihn leibhaftig vor mir sah. Sie setzten sich direkt uns gegenüber.

Johnny sagte hallo und lächelte. Ich spürte, wie mein Gesicht die Farbe meines rosa Pullovers annahm. Auf dem Weg zur Cafeteria-Schlange blieben sie an unserem Tisch stehen. »Was treibt euch Mädchen denn hierher?« fragte Fred.

»Ich warte darauf zu erfahren, ob ich die Rolle in Dom DeLuises neuer Show bekommen habe«, sagte ich.

»Na dann viel Glück«, sagte Fred.

»Ich hoffe, Sie kriegen sie«, sagte Johnny. Dann gingen sie weiter.

Ich konnte es nicht glauben. »Du mußt ihnen unbedingt dein Buch zuschicken. Vielleicht laden sie dich zur ›The Tonight Show‹ ein«, sagte Bonnie.

»Mich?« fragte und ungläubig. »Na ja, warum soll ich es nicht probieren?« sagte ich schließlich selbstbewußt.

Um ein Uhr gingen Bonnie und ich zurück zum Büro von »Lotsa Luck«. »Herzlichen Glückwunsch. Sie haben die Rolle«, sagte der Produzent.

»Wirklich?« kreischte ich, sprang hoch und gab ihm einen Kuß. Er lachte. Er schickte mich zum Regieassistenten, wo ich weitere Anweisungen erhalten sollte.

Ich kann es kaum erwarten, Alan davon zu erzählen, dachte ich. Nachmittags wurden mir die Kostüme angemessen, danach ging ich zum Friseur und dann zum Drehbuchassistenten. Bonnie ließ Johnny Carson, Fred DeCordova und allen Sekretären und Sekretärinnen, die im Büro der »The Tonight Show« arbeiteten, ein Exemplar meines Buches zukommen.

Alan freute sich riesig für mich. »Ich glaube, du wirst das wunderbar machen«, sagte er. Wir gingen zum Dinner aus, um meinen Erfolg zu feiern, ohne allerdings allzulange zu bleiben. Die Proben begannen schon am nächsten Morgen, und ich wollte ausgeschlafen sein.

Die Proben gingen in einer sehr entspannten und lustigen Atmosphäre vor sich. Es war herrlich, mit Dom zusammenzuarbeiten. Ich erzählte allen, daß ich zum ersten Mal im Fernsehen auftrat, und jeder bemühte sich, mir, so gut er konnte, unter die Arme zu greifen.

Meine Therapie erwies sich als ein wirklicher Segen. Noch ein Jahr zuvor hätte ich nie das Selbstbewußtsein besessen, einfach in den Probenraum zu spazieren. Ich hätte den Mut, es einfach auszuprobieren, niemals aufgebracht. Jetzt hingegen hatte ich mehr Zutrauen zu mir und meinen Fähigkeiten. Ich arbeitete mich auf meinen Weg nach oben Stück für Stück vor. Ich hatte ganz unten angefangen, und jetzt war ich bei der NBC in Burbank und spielte bei einer Komödie mit.

Ich traf Freddy Prinze auf dem Flur, und wir redeten eine Weile miteinander. Er war wirklich nett. Ich sah auch Don Rickles, und Dean Martin war weiter unten in der Halle und arbeitete an einem Sonderprogramm. Helen Reddy probte auf der Bühne der »Tonight Show« ihren Hit »I am a woman«.

Am dritten Tag der Proben rief Bonnie mich an: »Du wirst es nicht glauben. Du wirst es nicht glauben«, kreischte sie.

»Was denn? Was?« fragte ich aufgeregt.

»Die von ›The Tonight Show‹ haben gerade angerufen. Du sollst nächsten Freitag in ihrer Show auftreten!«

»O mein Gott!« sagte ich. »O mein Gott.« Es war herrlich, unfaßbar! »Denen haben meine Gedichte *tatsächlich* gefallen.« Das war mehr, als ich in meinen kühnsten Träumen zu hoffen gewagt hatte. »The Tonight Show«! Und »Lotsa Luck«! Und das alles in einer Woche! Das waren 750 Dollar für meinen Auftritt in »Lotsa Luck« und 300 für »The Tonight Show«. Über tausend Dollar für eine Woche Arbeit! Natürlich hätte ich die Shows auch umsonst gemacht. Bonnie und ich waren ganz aus dem Häuschen. Vielleicht hatte sie ja recht; vielleicht könnte ich ja tatsächlich ein großer Star werden.

Ich rief Bruce an. Ich rief bei Mom an. Und ich rief Mrs. Kilgore an. Alan holte mich nach der Probe ab, und ich stürmte kreischend auf sein Auto zu, um ihm alles zu erzählen. Wir lachten auf dem ganzen Heimweg.

Gleich nach den Aufnahmen für »Lotsa Luck« flog ich zurück nach San Francisco. Ich war schon über eine Woche nicht mehr zu Hause gewesen. Ich mußte zu Bruce zurück. Er fehlte mir so, und ich wollte meine Freude und Aufregung mit ihm teilen. Es machte mir großen Spaß, mit Dom DeLuise zusammenzuarbeiten. Er schenkte mir eine Flasche Christian-Dior-Parfüm als ein kleines Dankeschön. Ich freute mich riesig darüber. Ich gab ihm zum Abschied einen Kuß und sagte ihm, daß es die aufregendste Woche meines Lebens gewesen wäre.

»Hallo, Mommy!« rief Bruce überschwenglich, als er in meine Arme lief. Ich wünschte nur, ich bräuchte ihn niemals allein zu lassen.

»Komm, erzähl mir alles, was du erlebt und gemacht hast, während ich weg war.«

Bruce fing an, all seine Aktivitäten aufzuzählen. Er war so ein glückliches, gutmütiges Kind. Er hatte immer ein Lächeln auf den Lippen, und in seinen Augen spielte ein Glitzern. Ich bin doch eine beneidenswerte Frau, dachte ich. Ich danke dir aus vollem Herzen, lieber Gott.

Ich konnte mich in der folgenden Woche auf nichts konzentrieren. Freitag sollte ich in der »Tonight Show« auftreten. Die ganze Nachbarschaft bangte mit mir.

Ich mußte mir unbedingt ein Kleid besorgen. Ich hatte für Johnny Carsons Show nichts Passendes anzuziehen. Ich hatte die Gage von »Lotsa Luck« noch nicht erhalten, wußte aber, daß die Gewerkschaft eine Zahlung innerhalb von vierzehn Tagen verlangte. Ich hatte kein Geld. Aber ich brauchte das Geld. Ich schreib' einfach einen Scheck, dachte ich. Bis das auffliegt, habe ich das Geld von meiner Gage schon längst eingezahlt. Ich wußte, daß das nicht ungefährlich war. Ich wußte, Mrs. Kilgore würde mir eine Standpauke halten, wenn sie davon erführe. Ich sagte meinen Termin mit ihr ab. Das war die zweite Woche, in der wir uns nicht sahen.

Ich fand für die Show ein meerblaues Strickkleid. Es war hauteng und aufregend, ging bis auf den Boden und ließ eine Schulter nackt. Ein paar Straßohrringe waren der einzige Schmuck, den ich besaß.

»Du siehst umwerfend aus«, sagte Alan bewundernd.

Das Kleid hatte 175 Dollar gekostet. Ich wußte, ich konnte es mir nicht leisten, aber ich rechtfertigte es vor mir selbst als Investition.

Alan fuhr mich zur NBC und hielt meine schweißnasse Hand, während ich im »grünen Zimmer« auf meinen Auftritt wartete. Ich schwankte zwischen Nervosität und Vorfreude. Das war der »Anfang von etwas Großem«.

»Es ist soweit, Suzanne«, sagte mein Talentmanager Howard Papush.

Ich gab Alan einen Kuß. »Viel Glück. Ich liebe dich. Du wirst es großartig machen«, sagte er. Dann ging ich los.

Hinter dem Vorhang zu stehen und darauf zu warten, in der »Tonight Show« vorgestellt zu werden, war mit das Schrecklichste, was ich an Erlebnissen durchgemacht habe. Ich hatte Angst, daß ich mich vor den Augen ganz Amerikas würde übergeben müssen. Howard blieb bei mir und hielt meine Hand.

Ich wußte, daß mein Vater und meine Mutter zusehen würden. Ich dachte noch viel über meinen Vater nach. Trotz allem, was passiert war, bedeutete mir seine Anerkennung noch sehr viel. Das kleine Mädchen in mir war immer noch da. Ich sagte Doris, sie solle auf keinen Fall vergessen, Bruce zu wecken, wenn die Sendung anfing. Er hatte vorher noch nie von Johnny Carson gehört.

»Und nun«, hörte ich Johnny sagen, »kommen wir zu einer sehr hübschen jungen Schauspielerin. Sie hat eben ein Buch geschrieben, das den Titel »Touch me« (»Berühre mich«) trägt, und ich hätte nicht schlecht Lust, genau das zu tun! Ha, ha, ha! Sie alle kennen sie als die hübsche Blonde in dem 57er Thunderbird aus dem Film *American Graffiti.* Ich freue mich, Ihnen Suzanne Somers vorstellen zu können!«

»Jaah!« kreischte das Publikum. Es war eine ungeheure, donnernde und sehr überraschende Reaktion. Ich konnte es kaum glauben. Ich setzte mich in den berühmten Gästestuhl und war völlig perplex.

»Alle haben sich gefragt, wer wohl diese hübsche Blonde in dem Thunderbird war, und nun haben wir Sie gefunden«, begann Johnny.

Ich erinnerte mich daran, daß George Lucas mir genau dasselbe gesagt hatte. Es war schon erstaunlich.

Johnny fragte mich, wo ich herkäme und wie lange ich schon in Los Angeles wäre.

»Eine Woche«, sagte ich wahrheitsgemäß.

»Na, Sie nutzen Ihre Zeit aber recht ordentlich«, sagte er lachend.

Ich dachte an all die Jahre, die meinem Auftritt bei ihm vorangegangen waren, an die ganzen Schmerzen, die Verzweiflung, die ich oft verspürt hatte, an die Träume, an das Trauma, das mein Leben begleitet hatte. Und nun war ich hier. Ein Traum wurde wahr.

»Wie haben Sie die Rolle in *American Graffiti* bekommen?« fragte Johnny.

»Na ja«, sagte ich. »George Lucas hat mich gefragt, ob ich fahren kann, und ich sagte ja.«

»Und das war's?« fragte Johnny. Das Publikum lachte.

»Ja, ich war auch überrascht.« Wieder lachte das Publikum.

Johnny war ein wirklich angenehmer Gesprächspartner. Er hörte mir zu, ich hörte ihm zu, und unser Auftritt war vom ständigen Gelächter des Publikums begleitet.

»Nun, Sie sind wirklich ein sehr charmantes Mädchen. Ich würde Sie gerne wieder einmal zu meiner Show einladen. Würden Sie irgendwann noch einmal vorbeischauen und uns hier einen Besuch abstatten?« fragte Johnny abschließend.

»Ob ich das gerne würde?« fragte ich überrascht. »Aber liebend gern.«

»Du warst phantastisch«, sagte Alan. Wir hielten uns lange in den Armen. »Du warst ungeheuer sympathisch, und du sahst einfach unglaublich aus.«

Nachdem die Show abends gesendet worden war, rief ich Bruce an. »Hast du Mommy im Fernsehen gesehen?« fragte ich.

»Ja, du warst gut«, sagte er.

Jahre später erzählte Bruce mir, ich hätte ihm damals, als Doris ihn zu dieser Show weckte, sehr leid getan. Er hatte sich nicht vorstellen können, daß irgend jemand so lange aufbleibt, und glaubte deswegen, niemand würde mich im Fernsehen sehen.

Am nächsten Tag flog ich zurück nach Hause. Als ich aus dem San Francisco International Airport kam, rief mir ein Polizist zu: »Hey, Suzie! Ich habe Sie gestern in der Carson-Show gesehen! Sie waren großartig!« Ich strahlte über das ganze Gesicht.

»Als Sie letzte Woche vor unserer Verabredung gekniffen haben«, sagte Mrs. Kilgore, »war mir sofort klar, daß Sie in einer labilen Verfassung sind.« Ich konnte ihr nichts vormachen. Sie sah mich durchdringend an. »Wann werden Sie endlich erwachsen? Wann stellen Sie sich endlich der Wirklichkeit und lernen, in

Gelddingen Prioritäten zu setzen? Warum hören Sie nicht damit auf, sich selbst in Krisensituationen zu bringen? Es ist unreif und unrealistisch, Geld auszugeben, das man nicht hat. Sie sind aus genau diesem Grunde schon einmal ins Gefängnis gesteckt worden. Das nächste Mal kommen Sie nicht so ungeschoren davon.«

Sie hatte recht. Ich bemühte mich wirklich, aber ich hatte immer wieder diese Rückfälle. »Ich werde es nicht wieder tun«, hörte ich mich sagen. Ich hörte mich exakt so an wie die Alkoholiker in meiner Familie.

»Gehen Sie nach Hause und machen Sie eine Liste, in der Sie Ihre finanziellen Dinge nach Wichtigkeitsgraden ordnen«, sagte sie.

»Rechnen Sie aus, wieviel Sie zum Leben benötigen, und geben Sie keinen Penny mehr aus, bis Sie Ihre finanziellen Angelegenheiten geregelt haben. Sie haben so große Fortschritte gemacht«, sagte sie freundlich. »Sie haben eine echte Chance, ein erfolgreiches, glückliches und ausgefülltes Leben zu führen, wenn *Sie* wollen. Es hängt nur von Ihnen ab. Sie sind für Ihr eigenes Leben verantwortlich. Sie haben alle Möglichkeiten. Sie haben so hart daran gearbeitet. Verderben Sie es sich nicht.«

Ich dachte den ganzen Heimweg über das nach, was sie mir gesagt hatte. Bis heute habe ich nicht aufgehört, mir Gedanken darüber zu machen. Ich war fest entschlossen, es zu schaffen. Ich war fest entschlossen, endlich erwachsen und realistischer zu werden. Ich will eine glückliche, zufriedene und erfolgreiche Frau sein, dachte ich. Ich werde es mir nicht wieder verderben.

Ich entschied mich, das Angebot vom *Playboy* auszuschlagen. Ich hatte ein Schreiben von ihnen erhalten, in dem mir mitgeteilt wurde, daß ich als Kandidatin angenommen worden wäre. Ich sollte mit ihnen einen Termin vereinbaren und nach Los Angeles fliegen, um die offiziellen Fotos zu machen. Um Kostüme, Frisur und Make-up würden sich ihre Fachkräfte kümmern.

Es war einfach nicht das, was ich wollte. Ich wußte, daß ich durch mein Buch eine echte Möglichkeit hatte, mir als Dichterin einigen Respekt zu verschaffen. Ich wollte mich nicht selbst entwerten. Es wäre natürlich schön gewesen, das Geld zu bekommen und mich mit einem Schlag aus meinen finanziellen Fallstricken zu befreien, aber ich mußte eben einen anderen Weg finden.

Alan war froh über meine Entscheidung. »Ich bin wirklich erleichtert«, sagte er. »Wenn du dich darauf eingelassen hättest, wärest du den Ruf des Playgirls nie mehr losgeworden.«

Vielleicht, dachte ich, wird mein Buch ein großer Erfolg, wenn es herauskommt, und mein ganzes Leben ändert sich dadurch. Es war der einzige Traum, an dem ich mich festhalten konnte. Nur ich allein würde mein Leben ändern können. Und das Buch war meine einzige Hoffnung.

Im April 1973 kam mein Buch heraus. Es war eine sehr aufregende Zeit. Ein Buch galt etwas. Ich konnte nun sagen, ich wäre eine »Autorin«. Die Leute waren beeindruckt. Ich wurde zum Kongreß der American Book Association eingeladen, um dort signierte Exemplare meines Buches zu verteilen. Den Leuten gefiel es. Manchmal kamen sie am nächsten Tag und sagten mir: »Ich habe Ihr Buch gestern abend gelesen. Ich habe mich in allem so wiedergefunden.« Andere wieder sagten: »Gut geschrieben, Ihr Buch.«

Ich sah nicht wie eine »Dichterin« aus, und so bekam ich viel Aufmerksamkeit von den Medien. Ich gab Interviews für Fernsehen und Presse. Es war eine schöne Zeit. Alan war sehr stolz auf mich. Ich verschenkte Tausende von Büchern. Ich wünschte, ich hätte mehr für mich zurückbehalten.

Mein Leben begann sich zu verändern. Ich wurde gebeten, in Cafés Lesungen zu halten. Kaufhäuser richteten Autogrammstunden für mich ein. Unglücklicherweise ist Poesie nicht gerade ein Verkaufsschlager. Aus dem vielen Geld, das ich mir in meiner Naivität erhofft hatte, wurde also nichts.

Ich habe es satt, so zu leben, dachte ich. Ich habe es satt, immer am Telefon zu sitzen. San Francisco ist einfach nicht der richtige Ort, wenn man vom Showgeschäft leben will. Was hielt mich noch hier? Warum ziehe ich nicht weg? Um bei meiner Familie zu sein? Die Familie war längst zersplittert; jeder war in seine eigene persönliche Krise abgesunken. Wir sahen immer weniger voneinander. Ich sollte die Chance nutzen und nach Los Angeles ziehen, dachte ich. Ich sollte versuchen, dort Karriere zu machen. Ich hatte dort schon Erfolg gehabt. Wenn ich da wäre, irgendwo wo wirklich noch was los war, hätte ich bestimmt mehr Erfolg. Ich wäre so gerne eine Berühmtheit. Ich würde gerne Schauspielerin werden, in Komödien mitspielen. Ich würde gerne wieder singen und tanzen. Ich habe so viel tiefes Gefühl in mir verborgen, ich weiß, daß ich schauspielern kann. Aber in San Francisco ist einfach nichts zu machen. Wenn ich hierbleibe, werde ich nie aus den Schulden herauskommen. Bonnie wäre bestimmt begeistert, wenn ich nach L.A. zöge. Alan auch? Er hatte das Thema nie zur Sprache gebracht. Alan gefiel alles so, wie es war. Auf diese Weise hatte er mir gegenüber keine Verpflichtungen. Er hakte mich einfach ab. Ich hatte mehr verdient. Nach sechs Jahren, in denen ich ihn über alles liebte, verdiente ich etwas Engagement von seiner Seite.

Ich hatte ein neues Selbst entwickelt. Nie zuvor hatte ich solche Gedanken gehegt. Mein verkümmertes Selbstwertgefühl hätte mich vorher nie auch nur die Möglichkeit erwägen lassen, ich könnte groß herauskommen. Mein schwaches Selbstbewußtsein hatte es Alan ermöglicht, diese unverbindliche Beziehung weiterzuführen. Ich fühlte eine neue Stärke in mir, eine positive Einstellung zu mir selbst. Ich *war* gut genug. Ich *hatte* Talent.

Mrs. Kilgore war begeistert, als sie mich so reden hörte. »Was haben Sie jetzt vor?« fragte sie.

»Ich überlege, ob ich den großen Schritt wagen und nach Los Angeles umziehen soll. Es ist gefühlsmäßig nicht einfach. Ich werde meine Mutter schrecklich vermissen. Ich fühle mich nicht wohl bei dem Gedanken, sie hier zurückzulassen. Ich werde meine Neffen vermissen und den regelmäßigen Kontakt mit meinen Geschwistern, auch wenn unsere letzten Begegnungen alles andere als befriedigend verliefen. Ich habe auch ein schlechtes Gewissen, daß ich Bruce aus seiner vertrauten Umgebung reiße. Er fühlt sich so wohl da, wo wir leben. Er wird seinen Freund Thomas sehr vermissen. Er liebt sein Zimmer und das Kunstzentrum, den Sportplatz und die Schlucht. Er hat jetzt ein Gefühl der Sicherheit. Ich würde ihn ungern dort herausreißen.«

»Um diese Entscheidungen kommen Sie nicht herum. Überlegen Sie es sich gut. Sie werden sicher das Richtige tun«, sagte Mrs. Kilgore.

57

Genau um diese Zeit herum machte jeder aus meiner Familie seine eigene persönliche Hölle durch. Die Sonntagsdinners hatten aufgehört. Maureen trank zuviel, als daß sie das noch hätte schaffen können, und Mom war mittlerweile ein bloßes Nervenbündel.

Eines Tages machten Bruce und ich eine Spazierfahrt zur Oma. »Alles in Ordnung mit dir?« fragte ich meine Mutter, als wir dort eintrafen. Sie sah schrecklich aus, müde und gestreßt. Ihre Schuppenflechte war schlimmer denn je.

»Ach, wir haben gerade eine schlimme Nacht hinter uns. Dad ist richtig gewalttätig geworden. Michael und ich mußten im Auto übernachten. Um drei Uhr morgens bin ich dann noch einmal ins Haus, um nachzusehen, und Dad war auf dem Boden eingeschlafen. Er hatte alles vollgekotzt. Und nachdem Michael und ich ihn ins Bett geschleppt hatten, brachte ich eine Stunde damit zu, das Erbrochene wegzuwischen. Außerdem hatte er das ganze Essen aus dem Kühlschrank in der Küche herumgeschmissen.«

Ich blickte meine Mutter an. Es hatte sich nichts verändert. Sie erwartete nichts mehr vom Leben. Sie hatte keine Tränen mehr angesichts dieser lebendigen Hölle, nur noch Resignation. Dad war dabei, meine Mutter langsam umzubringen. Ich haßte ihn deswegen. Ich wünschte, er würde sterben. Das war mein innerster, dunkelster Gedanke. Er würde sich nie ändern. Damals hatten Alkoholiker kaum eine Chance. Es wurde nur immer schlimmer mit ihnen – und mit denen, die um sie herum lebten.

Unser süßes kleines weißes Häuschen sah nun nicht mehr so gut aus. Im Inneren des Hauses herrschte die reinste Unordnung. Es stank nach abgestandenem Bier und kaltem Zigarettenqualm. Es war alles ohne Leben, ohne Liebe. Auch außen konnte man jetzt Spuren der Vernachlässigung entdecken. Offenbar trank Dad nun auch an den Wochenenden.

Wir hatten schöne Zeiten zusammen gehabt. Mir fielen unsere Campingtouren im Sommer ein. Ich erinnerte mich an den Stolz, den ich empfand, als ich Dad beim Training der Baseballmannschaft zusah. Ich erinnerte mich an meine Aufgeregtheit, als Mom mich ins Theater mitnahm, an die Spannung, wenn sie mir ein neues Kleid nähte. All das war jetzt endgültig Vergangenheit. Die ganze Familie hatte sich zu einer einzigen Tragödie entwickelt.

Maureen war wieder schwanger und trank jeden Abend. Was für ein Leben wartete auf dieses Baby? Maureen hatte eine panische Angst, daß sie betrunken sein könnte, wenn sie niederkäme. Sie fühlte sich schuldig, und sie schämte sich, aber sie konnte nicht aufhören zu trinken.

Vater kam gar nicht mehr zum Dinner zu meiner Mutter. Ich schätze, er konnte es nicht mehr ertragen, mitansehen zu müssen, wie das Leben seiner Tochter zerstört wurde. Er aß jetzt dreimal die Woche zu Mittag im Haus meiner Schwester – und sah zu, wie *sie* sich betrank.

Mein Bruder Danny trank ebenfalls jeden Tag, aber er war ein stiller Trinker und beherrschte sich, bis jeder im Haus schlief. Nachdem er auf dem Küchenboden eingeschlafen war, stand Mardi auf und schleppte ihn ins Bett.

Meine Mutter und Mardi wußten damals nicht, daß sie in gewissem Sinne mit dazu beitrugen, daß ihre Männer tranken. Sie wußten nicht, daß sie ihren Ehemännern zum Weitertrinken verhalfen, indem sie ständig hinter ihnen saubermachten, sie immer wieder ins Bett schleppten und fortfuhren, sie mit Entschuldigungen in Schutz zu nehmen. Sie gaben ihr Bestes, versuchten, gute Ehefrauen und gute Mütter zu sein. Sie wollten die Probleme nicht noch schlimmer machen. Sie versteckten ihre Gefühle und wollten nichts sagen, was die Alkoholiker wütend machen könnte. Sie reagierten im Grunde nur noch auf das Leben – ohne selber wirklich zu leben.

Wer in einer solchen Situation professionelle Hilfe einholte, war damals genau so schlecht angesehen wie der Alkoholiker selbst. Es war einfach demütigend, und so fuhren sie fort, mit ihren Geheimnissen zu leben.

Danny und Maureen wußten nicht, daß wir in Wirklichkeit alle potentielle Alkoholiker waren. Das ist die Ironie an dieser Krankheit. So sehr wir es auch haßten, Dad trinken zu sehen, so machtlos waren wir alle doch gegen diese Krankheit. Ohne Aufklärung und Bewußtsein, wie wir es damals waren, konnten wir uns selber nicht helfen, und so schleppte sich die Krankheit fort.

Ich begriff nicht, daß Kinder von Alkoholikern unter einem lebenslangen Minderwertigkeitsgefühl zu leiden haben, wenn sie keine professionelle Hilfe erhalten. Ein Alkoholikerkind hat Schwierigkeiten mit der Realität, Probleme, Menschen näherzukommen und erfolgreich zu sein. Es sollte noch Jahre dauern, bis ich erkannte, was für ein Glück es letztlich gewesen war, daß ich fast mein Kind verloren hatte: Dieser Umstand hatte mich zu der Therapie geführt. Ohne die Therapie hätte ich wohl den Rest meines Lebens mit dem Gefühl zugebracht, unnütz, ungeliebt und wertlos zu sein.

Ich konnte damals nicht verstehen, daß Mrs. Kilgore mit aller Macht versuchte, mich dazu zu bringen, meinen Wert als Mensch zu erkennen. Bis ich dazu nicht in der Lage war, würde ich mich als Person nicht weiterentwickeln können. Ich würde weiterhin das Gefühl haben, »nichts wert zu sein«.

Wenn wir damals nur gesehen hätten, was der Alkohol direkt und indirekt aus uns gemacht hatte. Wenn wir nur gewußt hätten, wie verzweifelt und machtlos Dad, Maureen und Danny sich mit ihrem Alkoholproblem fühlten. Sie wollten nicht trinken. Sie versprachen unzählige Male, »es nie wieder zu tun«. Sie waren im Grunde gute Menschen, die ohne eigenes Verschulden an einer schrecklichen Krankheit litten, die ihnen genetisch vererbt worden war. Viele Menschen trinken Cocktails, ohne daß ihr Leben außer Kontrolle gerät.

Worin bestand der Unterschied? Was löste sie aus – diese Zwanghaftigkeit, diese Besessenheit? Diese Krankheit untergrub ihre Werte, nahm ihnen ihren Stolz und ihr Gefühl für Verantwortung und Anstand. Sie alle hatten als Gesellschaftstrinker begonnen, aber die Krankheit ließ sie schnell die verschiedenen Stationen von Spaß und Ausgelassenheit über Ausreden für das Trinken (wie z. B.: Es war ein harter Tag, Streß usw.) zu schließlicher Ohnmacht und totalem Kontrollverlust durchleben. Sie griff ihre physische und psychische Gesundheit an. Sie hatten am nächsten Tag einen schweren Kater und waren extrem nervös. Sie wollten geliebt werden, aber die Krankheit machte es unmöglich, sie zu lieben.

Jeder war wütend auf jeden. Bill war von Maureen angewidert. Mardi war wegen der fortschreitenden Krankheit ihres Mannes unglücklich und entnervt.

Das rosige Gesicht meiner Mutter war verhärmt und angespannt. Niemand lachte mehr. Niemand liebte mehr. Wir alle kämpften ums emotionale Überleben.

Es war erstaunlich, wie alle in der Familie versuchten, sich mit den Umständen abzufinden. Michael hatte es von uns Kindern am schlimmsten erwischt. Er stand ganz allein den Problemen gegenüber und zog sich immer mehr in sich zurück. Er fraß alle Verletzungen und Demütigungen in sich hinein. Er sprach nun mit niemandem mehr. Immer wieder bekam er seinen Rappel. Er schrie und brüllte, warf mit Sachen um sich, schloß sich in sein Zimmer ein und hatte seinen Koller. Wir alle dachten, er hätte eben schlechte Manieren. Keiner hörte sein Weinen, seinen Schrei nach Hilfe. Meine Mutter ging mit ihm zum Psychiater, aber er schaffte es, selbst den Arzt zu täuschen, indem er immer das Richtige sagte. Er ließ niemanden an sich heran.

Weil Alkoholismus damals noch nicht als Krankheit

angesehen wurde, konnten nicht einmal die Ärzte helfen. Ärzte und Therapeuten verstanden den Alkoholismus nicht, und auch nicht seine Auswirkungen auf die Familie.

Heute ist es allgemein bekannt, daß Alkoholismus, *wenn er nicht behandelt wird, immer* in Tod oder Wahnsinn endet. Aber damals wußten wir das noch nicht. Wir erkannten nicht, wie nahe jeder von uns dem Abgrund war.

58

Alan verbrachte die Saison in Montreal und produzierte seine neue Show: »The Sensuous Man« (Der sinnliche Mann). Er lud mich oft ein, weil er mich sehen wollte. Montreal war wunderschön, wahrscheinlich die interessanteste Stadt, die ich je gesehen habe. Tagsüber ging ich auf Erkundungstouren. Ich nahm die U-Bahn und fuhr in die entlegendsten Winkel der Stadt. Die Mode in Montreal war fabelhaft, sogar eleganter als in New York. Alles kam aus Paris – der letzte Schrei. Wenn ich doch nur Geld hätte. Es gab so viele Sachen, die ich mir gerne gekauft hätte. Aber es ging eben nicht. Ich wollte keinen Penny ausgeben, der für wichtigere Dinge benötigt wurde, und ich brauchte buchstäblich jeden Penny.

Abends gingen Alan und ich in wundervolle, romantische französische Restaurants. Ich hatte noch nie so köstliche Gerichte gegessen. Unser Lieblingsrestaurant hieß Le Colibri. Es war mit seinen acht Tischen winzig klein und wurde von einem Ehepaar und ihrem Sohn geführt. Wir bestellten warmen Lauch mit Vinaigrette, frisch in der Pfanne geröstete Wachteln mit Schalotten, Pilze in Rotweinsoße, und ein köstliches Gemüse, das sich Salsifis nannte und das ich vorher noch nie probiert hatte. Zum Nachtisch bestellten wir Café und frische

Creme Caramel. Gott, was für eine Freude mir gutes Essen bereitete. Wir teilten uns zum Essen eine Flasche Rotwein und blickten uns tief in die Augen. In solchen Situationen vergaß ich für gewöhnlich meine Wut auf Alan, meine Unzufriedenheit über die Unverbindlichkeit, die er in unsere Beziehung brachte. Ich liebte ihn. Er war aufregend. Er öffnete mir die Augen für neue Welten und neue Menschen – und er war ein *wahnsinnig* guter Liebhaber. Was für eine Mischung! Kein Wunder, daß ich ihn nicht aufgeben wollte.

Ich liebte Montreal. Und ich liebte es, mit Alan zusammenzusein. Aber ich hatte ein schlechtes Gewissen, Bruce bei Doris zurückzulassen, nur um meinem eigenen Vergnügen nachgehen zu können. Und ich hatte Schuldgefühle wegen der Schulden, die ich zurückließ. Ich wollte sie endlich loswerden – und in Montreal Urlaub zu machen, würde mir dabei bestimmt nicht helfen können.

»Ich hätte gerne, daß du mir einen Job gibst«, sagte ich zu Alan. »Es gibt vieles, was ich in deiner Show tun könnte. Ich könnte die Dichterin aus der Nachbarschaft spielen und dem ›Sensuous Man‹ Liebesgedichte vorlesen! Und wenn ich nicht gerade vor der Kamera stehe, könnte ich beim Make-up und mit den Requisiten helfen. Ich kann es mir einfach nicht leisten, immer hierher zu fliegen und dich zu besuchen, ohne etwas Geld zu verdienen.«

Alan war sehr verständnisvoll, und gleich am nächsten Tag stand ich auf der Gehaltsliste. Ich bekam genau die Aufgaben zugewiesen, von denen ich Alan tags zuvor erzählt hatte.

Der »Sensuous Man« wohnte in der Serie in einem herrlichen Strandhaus in Malibu, und ich wurde seine sonnengebräunte blonde Nachbarin, die jeden Tag vorbeikam, um ihm ihr neuestes Gedicht vorzulesen.

Berühre mich
An geheimen Stellen,
Die niemand zuvor je berührt,
An den stillen Stellen,
Wo Worte nur stören,
Den trostlosen Stellen,
Wo nur das Flüstern noch Sinn macht.

Es war eine großartige Werbung für mein Buch und, wie ich jetzt glaubte, auch für meine kommenden Bücher.

Der »Sensuous Man« redete mit den Frauen vor dem Fernseher darüber, wie wichtig es wäre, mit dem Geliebten gemeinsam zu baden, ihm den Rücken mit Babyöl einzureiben, die ganze Wohnung mit Kerzen zu erleuchten und die Füße in Limonengelee zu baden.

Es war eine überdrehte, erotische und lustige Show. Wenn ich nicht gerade meine Gedichte vorlas, kümmerte ich mich um die Requisiten oder ums Make-up der Gäste. Es war eine anspruchsvolle Arbeit. Eines Tages zum Beispiel beschloß der »Sensuous Man«, sein ganzes Strandhaus mit Kerzenlicht zu erhellen. Ich mußte durch ganz Montreal rennen und versuchen, siebenhundert Kerzen zu erstehen. Ich kannte mich in Montreal nicht aus, und ich sprach kein Französisch. Ein anderes Mal mußte ich die Zutaten für zwei Torten, die die Form Alaskas haben sollten, besorgen und sie selber backen. (Die zweite Torte war für den Fall, daß die erste zerfloß.) Als ich damit fertig war, kümmerte ich mich um Meredith MacRaes Make-up. Und ich mußte Kaffee und Kuchen für unseren männlichen Gast besorgen, der als Fachmann für Sexualprobleme eingeladen worden war.

»Ist es nicht traurig«, sagte der »Sensuous Man« in seinem breiten französischen Akzent, »daß Menschen in einer so natürlichen Sache wie der körperlichen Liebe so weit kommen, daß sie glauben, Hilfe nötig zu haben?«

Beim nächsten Mal badete der »Sensuous Man« in Blumen, wickelte sich dann ein Handtuch um und lief auf den Strand hinaus. Dieser Teil wurde in Los Angeles gedreht. Er sang mit seinem gewohnten französischen Akzent eine langsame Melodie: *»Wenn die Liebe kommt und dich im Kreise herumwirbelt, ooh-la-la, c'est magnifique.«*

Alan war mit dem Schreiben, Regieführen und Produzieren der Serie beschäftigt. Jean-Paul Vignon spielte den »Sensuous Man«. Alan hatte großen Spaß daran, diese Figur zu entwickeln, die sich für so unwiderstehlich hielt. Er ging mit dem »Sensuous Man« immer bis zum Äußersten. Er brachte so viel Nacktheit in die Show, wie er es sich eben erlauben konnte. Der »Sensuous Man« hatte jede Woche den gleichen Anfang: Die Kamera war auf sein antikes Messingbett gerichtet und beobachtete, wie er gerade nackt aus dem Bett stieg, wobei sie nur auf den Oberkörper gerichtet war. Dann zogen wir uns entweder mit ihm zusammen an oder wir nahmen zusammen ein Bad. Manchmal lag auch ein Mädchen in seinem Bett, und dann zogen wir uns gemeinsam mit ihr an.

Alan ließ mich wirklich hart arbeiten und ignorierte mich völlig. Es war für mich sehr schwierig, damit umzugehen. Die harte Arbeit machte mir nichts aus, wohl aber, daß er mich nicht wahrzunehmen schien. Es gefiel mir nicht, daß er mich wie ein Requisitenmädchen behandelte. Natürlich: Arbeitsverhältnis ist nunmal Arbeitsverhältnis, aber unsere Beziehung beschränkte sich nicht bloß aufs Arbeiten, sie war auch persönlicher Natur. Er mußte eine andere Form des Umgangs mit mir finden. Ich wollte nicht, daß er mich wie seine anderen Angestellten behandelte. Ich hatte mehr verdient.

Einmal verbrachte ich den ganzen Morgen damit, einzukaufen. Der »Sensuous Man« machte Osso Buco in der Show. Ich kam ins Studio zurück, um das Gericht zuzubereiten und mußte feststellen, daß sieben französische Models auf ihr Make-up warteten. Der »Sensuous Man« hatte in seinem Strandhaus eine Modenschau arrangiert. Das gesamte Bühnenbild mußte mit Gardenien dekoriert werden, der Lieblingsblume des »Sensuous Man«, und ich trat in der Show auf, um mein Gedicht zu lesen; ich mußte mich also auch noch um meine Haare und mein Make-up kümmern. Zudem kam noch der beste Freund des »Sensuous Man«, ein Weinexperte, um mit seinem Freund und den sieben Models eine Weinprobenparty zu veranstalten. Das bedeutete, daß sie fünfzehn verschiedene Weinsorten und elegante Gläser benötigten, die zum »Sensuous Man« paßten.

Ich briet Zwiebeln und Möhren an, schmorte das Rindfleisch, tat Tomaten, Lorbeerblätter, Kräuter und Rotwein hinein. Danach mußte ich die Limonen raspeln und den Knoblauch für die Sauce Gremolata kleinschneiden. Ich hatte mich schon um das Make-up der Models gekümmert und den Wein gekauft. Ich mußte aber noch die neuen Weingläser spülen.

Jedesmal, wenn ich zu Alan hinüberblickte, saß er am Bühnenrand und nippte an seinem Rotwein, während die Models vor ihm auf- und abstolzierten.

»Alan, ooh-la-la«, sagten sie in ihrem breiten französischen Akzent, »wie gefällt Ihnen das?« Sie führten ihm die Damenunterwäsche vor, die sie in der Show tragen sollten. Keine von ihnen hatte darunter etwas an. Es wimmelte von Brustwarzen. Ich raspelte an meinen Limonen und schnitt den Knoblauch.

»Versuch mal das Schwarze«, sagte Alan zu Nicole.

»Uh, Sie frecher Bursche. Da kann man ja durchsehen«, sagte sie.

»Ha, ha, ha, ha«, lachte Alan und nahm einen Schluck aus seinem Glas.

Macht wieder auf hohes Tier, dachte ich und verbrannte mir die Finger, als ich das Rindfleisch umrührte.

»Hättet ihr gerne etwas Wein, Mädchen?« hörte ich Alan im Hintergrund fragen.

Ich war gerade dabei, die Gardenien sorgsam auf der Bühne zu verteilen. Jetzt mußte ich die Gläser für die Show noch einmal spülen.

Als ich mit meiner Arbeit fertig war und dem »Sensuous Man« mein Gedicht vorgelesen hatte, ging ich zu Alan hinüber und flüsterte ihm ins Ohr: »Ich kündige!« Er war baff.

Ich ging in unser Hotelzimmer zurück, um ein wenig nachzudenken. Ich wollte ernstgenommen werden. Nicht nur von Alan, sondern von allen, die zu seinem Leben gehörten: von seinen Mitarbeitern, seinen Kindern, sogar von seinem Wohnungsgenossen. Ich war Alan für den Job, den er mir gegeben hatte, sehr dankbar, aber ich war mit meinem niedrigen Status nicht einverstanden. Ich wollte mehr, und ich würde es bekommen. Ich würde nicht mehr nach Montreal gehen. Ich wollte nach Hause, um dort zu grundsätzlichen Entscheidungen über meine eigene Karriere zu kommen. Ich hatte beschlossen, es wirklich zu versuchen. Ich wollte mich nicht länger damit zufriedengeben, allein nach Alans Pfeife zu tanzen. Wenn er mich wirklich wollte, würde er mit mir zusammenleben müssen, und es würde eine Probe für eine nachfolgende Ehe werden. Ich wollte das Leben jetzt und nach meinen Bedingungen leben. Ich wollte Achtung und Würde. Ich wollte die Ehe *und* eine erfolgreiche Karriere, und ich würde sie kriegen. Ich hoffte natürlich, es würde mir mit Alan gelingen, aber wenn er sich sträubte, würde es mir eben mit jemand anderem gelingen. Ich wußte, ich war liebens- und begehrenswert. Ich war fest entschlossen, meinen Gedichtband und meine kleine, aber eindrucksvolle Rolle in *American Graffiti* zum Grundstein meiner Karriere zu machen.

Als Alan zum Hotel zurückkam, erzählte ich ihm das alles. Aber er war nicht der Typ, der sich drängen ließ. Wir verbrachten die Nacht, ohne ein Wort miteinander zu sprechen. Am nächsten Morgen ging ich.

59

Ich hatte meine Schwester noch eine ganze Weile nicht mehr gesehen. Von Zeit zu Zeit telefonierten wir miteinander, und ich erzählte ihr dann, wie gut es mir ging, welche Fortschritte ich durch die Therapie gemacht hatte und daß ich jetzt einen ganz anderen Biß hatte. Ich riet ihr, den Gedanken an eine Therapie zu erwägen.

Maureen war ein guter Mensch. Sie zog ihre vier wunderbaren Kinder auf, sorgte dafür, daß sie regelmäßig ihr Essen bekamen, daß sie immer saubere Wäsche hatten, daß sie ein schönes Zuhause und ein gutes Leben hatten. Nur trank Maureen eben jeden Abend. Ich wußte, daß sie sich deswegen selbst verabscheute. Ich wußte, daß sie damit Schluß machen wollte.

Maureen nahm meinen Ratschlag an und suchte einen Therapeuten auf. Aber es klappte nicht. Es war der falsche Therapeut. Er verstand nichts von Alkoholismus und seinen negativen Auswirkungen auf das Selbstbewußtsein. Und deswegen verstärkte der Therapeut nur ihr Schuldgefühl, so daß sie sich am Ende weigerte, weiter zu ihm zu gehen.

An den Wochenenden war es mit dem Alkohol am schlimmsten. Maureen und Bill gingen samstags abends mit ihren Freunden aus, und natürlich spielte der Alkohol an solchen Abenden eine große Rolle.

Maureen ging meistens wirklich mit dem festen Vorsatz los, »heute mal ganz bestimmt nur etwas Wein zu trinken«. Sie wußte nicht, daß Alkoholabhängige keinen Tropfen Alkohol zu sich nehmen dürfen. Diese Abende endeten immer gleich: Maureen war betrunken und Bill, der damals schon mit dem Trinken aufgehört hatte, war stinksauer.

Jetzt, wo Bill selbst nicht mehr trank, wurde ihm bewußt, was mit Maureen nicht stimmte. Sie trank jetzt bereits seit zehn Jahren regelmäßig Alkohol. Sie war fünfunddreißig. Sie hatte mit fünfundzwanzig mit dem Trinken angefangen – genau wie Dad. Es dauerte nicht lange, bis Maureen emotional und mental völlig ausgelaugt war. Nichts war ihr mehr wichtig. Alles, was sie wollte, war Alkohol, um zu vergessen und vor sich selbst zu fliehen. Der »Haß« hatte begonnen. Sie haßte Mom, Dad und mich. Sie liebte ihre Kinder, aber da sie nicht einmal ihnen zuliebe mit dem Trinken aufhören konnte, haßte sie sich selbst. Sie konnte nirgends mehr Glück finden, ihr Leben glitt ihr aus den Händen.

Nach Jahren harter Arbeit begann Bills Maklerbüro endlich zu florieren. Fast in jedem Straßenblock in San Bruno konnte man ein oder zwei Gilmartin-Immobilienschilder finden. Sie hatten jetzt endlich genug Geld, um sich die Annehmlichkeiten des Lebens leisten zu können. Eine ihrer ersten größeren Anschaffungen war ein wunderschönes zweites Haus am Lake Tahoe. Das Haus, das von Tannen umgeben war und direkt am See lag, sollte, wenn es erst einmal fertig wäre, den Charme eines alten englischen Tudorsteinhauses haben. Aber im Moment war es noch alt und renovierungsbedürftig.

Maureen und Bill hatten beschlossen, Thanksgiving in ihrem neuen Haus zu verbringen. Jahre später berichtete mir Maureen, was an diesem Wochenende geschah. Es war der 25. November 1975 und gleichzeitig Dads Geburtstag. Sie luden ihre Freunde Jim und Rosemary und natürlich auch deren Kinder ein.

Maureen machte alles perfekt, wie immer. Sie bereitete den Truthahn zu, Mutters Kräuterfüllung, Rosenkohl, frische Preiselbeeren und Geflügelsoße. Sie servierte die Pute auf einem großen Teller, mit gebackenen Äpfeln dekoriert. Es sah genau wie in einer dieser Kochzeitschriften aus.

Alle saßen an dem herrlich gedeckten Tisch, und nachdem das Tischgebet gesprochen und die Komplimente an die Köchin gemacht worden waren, begannen sie, sich an der reichen Fülle, die vor ihnen ausgebreitet war, zu ergötzen. Maureen aß nichts. Sie trank ein Glas Wein und dann noch eins, und als das Essen vorbei war, trank sie immer noch.

Ihre Gäste zogen sich ins Wohnzimmer zurück, um vor dem Kamin die Beine auszustrecken, das Essen sacken zu lassen, und vielleicht ein kleines Nickerchen zu halten. Maureen aber wollte feiern.

»Was? Ist die Party schon vorbei?« fragte sie. »Ich hab' mich den ganzen Tag in der Küche abgerackert, und ihr wollt hier herumsitzen und schlafen?« Sie begann, aggressiv zu werden. »Nun, ich jedenfalls genehmige mir noch ein Glas«, verkündete sie. »Ich schätze, ihr seid wohl alle zu brav, um mit mir noch ein Glas zu trinken.«

So ging es den ganzen Abend weiter. Mit jedem Glas wurde sie feindseliger. Sie beleidigte ihre Gäste einzeln und als Gruppe. Und dann machte sie sich über Bill her. Maureen fühlte sich von Bill bedroht, weil er mit dem Trinken aufgehört hatte. Sie hatte ihren »Saufkumpanen« verloren. Und nüchtern machte es mit ihm keinen Spaß. Sie konnte den Ekel in seinen Augen sehen, wenn er sie ansah. Sie konnte seinen Schmerz sehen, seine Hilflosigkeit. Er wollte ihr helfen, aber er wußte nicht, wie.

Maureen beleidigte Bill vor ihren gemeinsamen Freunden. Sie sagte die häßlichsten und gemeinsten Sachen, die ihr einfielen. Und je mehr Bill darüber hinwegging, desto gehässiger wurde sie. Ihre Augen hatten jetzt völlig ihren Fokus verloren. Sie wußte nicht mehr, was sie sagte. Sie fuhr fort, über ihre Gäste herzuziehen.

Wenn Betrunkene aggressiv werden, hat das nichts mit ihren Opfern zu tun. Ihre Feindseligkeit ist im Grunde genommen bloßer Selbsthaß. Ein Trinker haßt es, betrunken zu sein. Alle seine Gefühle sich selbst gegenüber äußern sich in schmierigen Beleidigungen gegen andere, meist gegen die Menschen, die ihm am meisten bedeuten.

Maureen rief Dad an: »Herzlichen Glückwunsch zum Geburtstag, du Arschloch«, sagte sie. »Wahrscheinlich ist es ohnehin dein letzter. Mir ist das scheißegal!« Dann hängte sie auf. Sie schrie jeden an, der ihr in die Quere kam. Sie hatte jetzt völlig die Kontrolle über sich verloren. Nach und nach verließen ihre Gäste das Zimmer und gingen ins Bett.

Bill versuchte, Maureen nach oben zu kriegen. Sie teilte weiter aus und beleidigte ihn. »Verschwinde aus meinem Leben«, schrie sie immerfort. Sie war hysterisch und ausfallend.

»Du bist genau wie dein Vater«, brüllte Bill sie an.

»Ich werde nie so werden wie dieses Arschloch«, schrie sie zurück. »Er ist ein Säufer! Und ich hasse ihn wegen dem, was er Mom antut.«

»Sieh dich doch an«, sagte Bill. »Sieh doch, was du dir selbst antust und deiner Mutter und uns!«

»Ach, laß mich in Ruhe«, lallte sie. »Ich brauch' dich nicht! Ich brauche niemanden. Ich will mit Leuten zusammensein, die trinken!«

Als Maureen am nächsten Morgen aufwachte, war alles still. Sie wußte, daß Leute im Haus waren, aber es war mucksmäuschenstill. Allmählich kamen ihr die Erinnerungen an die vorige Nacht zurück – und mit ihnen das Gefühl von Scham, Schuld und Demütigung.

Vielleicht war es ja gar nicht so schlimm gewesen, wie es ihr jetzt vorkam, hoffte sie. Vielleicht verzeihen sie mir, betete sie. Sie saß auf der Bettkante, ihr Schädel brummte, im Magen eine leichte Übelkeit – und erkannte die Schwere ihres Problems. Sie war allein. Allein mit dieser schweren Krankheit.

Wie kann ich es nur wiedergutmachen, dachte sie. Ich sag' ihnen, daß Bill, wenn ich noch einmal so aus der Rolle falle, mich verlassen und die Kinder mitnehmen soll. Ich verspreche ihnen, ich werde wieder gut sein. Ich werde nie wieder einen Tropfen Alkohol anrühren. Maureen war in Panik. Sie wußte, sie war »zu weit gegangen«. Sie hatte Angst, ihren Mann und ihre Kinder zu verlieren.

Ich darf das nicht zulassen, dachte sie. Sie sind mein ganzes Leben. Ohne sie wäre ich ganz allein. Allein, betrunken und krank. Die ganze Häßlichkeit, der ganze Horror dieses Gedankens durchdrang sie: Sie war genau zu dem geworden, was sie nie werden wollte. Sie war Dad geworden.

Maureen erkannte plötzlich, daß es *ihre* Verantwortung war, *ihr eigenes* Leben in den Griff zu kriegen. Sie erkannte den Manipulationsversuch, der in der Aufforderung steckte, Bill solle sie verlassen, wenn es noch einmal passierte.

Es liegt nicht in *seiner* Verantwortung, was aus meinem Leben wird. *Ich* gebe *mir* keine Chance mehr. Ich muß mein Leben ändern. Ich werde von nun an *nüchtern* bleiben, sagte sie sich.

Maureen war erwachsen geworden. Die Weigerung, erwachsen zu werden, ist das Grundproblem aller Alkoholiker. Maureen war in der Nacht zuvor so tief gesunken wie nie zuvor. Und es gefiel ihr nicht, was sie da sehen mußte. Sich mit den Realitäten ihres eigenen betrunkenen Verhaltens konfrontiert zu sehen, hatte sie wachgerüttelt.

Maureen verbrachte diesen Tag mit ihrer Familie und ihren Freunden, ohne ein Wort zu sagen. Das Schweigen war ohrenbetäubend. Was konnte sie schon sagen? Was konnte irgend jemand dazu sagen? Es war genau wie in unserer Kindheit an den Tagen nach Dads Ausfällen. Jeder versuchte, einen Weg zu finden, mit den unangenehmen Erinnerungen der vergangenen Nacht fertigzuwerden. Aber sie ließen sich nicht auslöschen.

Am nächsten Abend trafen Danny und Mardi ein. Danny betrank sich schwer. Maureen lag im Bett und hörte, wie Danny unten herumkrakeelte. Es war genau die ausfallende Sprache, die Dad benutzt hatte, als wir klein waren.

»Du Wichser! Arschloch! Hurenbock!« Genau wie Dad.

Maureen war fassungslos. Dannys Stimme kam ganz hinten aus der Kehle, genau wie Dads, der Klang war derselbe, der Tonfall, die Obszönitäten – alles genau wie bei Dad. Mardi schrie ihn an, genau wie Mom Dad angeschrien hatte. Sie versuchte, ihn ins Bett zu zerren, ihn ruhigzukriegen.

Wir haben alle unsere schlimmsten Alpträume wahr werden lassen, dachte Maureen. Bill hatte recht. Sie war genau wie Dad geworden. Das, was sie gerade von Danny mitbekommen hatte, ließ daran nicht den geringsten Zweifel mehr.

Maureen hätte gerne mit Bill über alles gesprochen, ihm gesagt, daß sie angefangen hatte zu verstehen – aber Bill hatte sich bereits von ihr abgekehrt. Er redete nur mit ihr, wenn er mußte, und auch dann nur wie einer Fremden gegenüber. Sie war ganz allein. Sie hatte Angst. Sie hoffte, es wäre noch nicht zu spät.

Am nächsten Abend beim Dinner verkündete Maureen: »Ich gehe zu den Anonymen Alkoholikern.« Es gab keine Jubelrufe, keine Hallelujas. Alle waren nur peinlich berührt.

Es war ein mutiger Schritt, den Maureen da getan hatte. Sie stand mit ihrer Entscheidung völlig allein da.

»Was willst du denn *da*?« fragte Mardi.

»Trink doch einfach ein bißchen weniger«, sagte Rosemary.

Niemand in unserer Familie war jemals so weit gegangen. Die Anonymen Alkoholiker waren nur etwas für heruntergekommene Penner. Keiner wollte, daß Maureen mit solchen Leuten zusammenkam.

Ich habe Maureen für den Mut, den sie mit diesem Schritt bewies, immer bewundert. Sie hatte die Schwere ihres Verlusts gespürt – des Verlustes nicht nur von Ehemann und Kindern, sondern auch von sich selbst. Die ganze Schmach, die Schuld und das Minderwertigkeitsgefühl starrten ihr ins Gesicht – und sie mochte diesen Anblick nicht. Maureen war fest entschlossen, sich zu bessern. Sie würde ihre Familie wieder zusammenbringen und sich ihren Respekt zurückerobern – aber vor allem würde sie ihren *Selbst*respekt, ihre Würde zurückerkämpfen. Sie würde jetzt die Verantwortung für ihr Leben in die eigene Hand nehmen.

60

Maureen begann, ihr Leben Schritt für Schritt zu ändern. Sie ging anfangs jeden Tag zu den Anonymen Alkoholikern und zog viel Kraft aus der Unterstützung durch die Gruppe. Aber es war ein harter Weg. All die schmerzlichen Erinnerungen kamen wieder zurück. Sie hatte zehn Jahre damit zugebracht, ihre Gefühle zu unterdrücken und ihren Schmerz mit Alkohol zu betäuben. Jetzt hatte sie keine Wahl mehr, sie mußte sich ihren Erinnerungen stellen und ihre Gefühle zulassen. Ihr Selbstwertgefühl litt schrecklich darunter. »Ich mußte mich für diese Treffen jedesmal richtig herausputzen, um mich wenigstens einigermaßen akzeptabel zu fühlen«, erzählte sie mir einmal. »Es war ganz schön entmutigend. Da saß ich also bei den Anonymen Alkoholikern neben all den alten Säufern, die ich sonst immer nur auf der Straße in San Bruno gesehen hatte. Das Traurige daran war, daß ich immer geglaubt hatte, ›über‹ diesen Leuten zu stehen.« Maureen hatte immer einen Unterschied zwischen ihrem eigenen Trinken und dem dieser Männer gemacht. Sie trank Alkohol, um Spaß zu haben und um die Menschen mit ihrem blendenden Auftreten zu faszinieren – und nun saß sie zusammen mit diesen »heruntergekommenen Typen« bei den Anonymen Alkoholikern.

»In den ersten fünf Monaten konnte ich an nichts anderes als an Alkohol denken. Ich fragte mich, ob ich jemals wieder zu einem normalen Leben zurückfinden würde. Ich ging zweimal in der Woche zu diesen Treffen. Ich wäre gerne öfter gegangen, aber meine Familie sah es nicht gern. Es machte ihnen angst. Sie wollten sich nicht eingestehen, daß es so schlimm um mich stand. Ich machte lange Spaziergänge am Meer. Ich las Bücher, einfache Lektüre wie Robert Schillers ›Self-Love‹. Zu mehr war ich einfach nicht in der Lage. Aber diese Aktivitäten genügten, mich von meinem

Drang nach Alkohol abzulenken. Schon ein Glas hätte mich von dem Schmerz befreit und die Häßlichkeit, der ich mich stellen mußte, verschwinden lassen.«

»Schließlich, nach fünf Monaten bei den Anonymen Alkoholikern«, fuhr sie fort, »war ich in der Lage, alles zuzulassen. Ich erkannte, daß niemand außer mir selbst die Schuld trug. Ich ergab mich dem Gott, den ich begriff, und überantwortete mein Leben einer höheren Gewalt. Ich hörte auf, mich zu wehren und mir etwas vorzumachen und akzeptierte meine Alkoholabhängigkeit als Tatsache. Mein Leben war mir tatsächlich aus den Händen geglitten – genau so, wie sie es bei den Anonymen Alkoholikern gesagt hatten. Ich begriff nun, daß es notwendig und richtig war, sich all den Schmerzen und Verletzungen auszusetzen. Nur so ließ sich vermeiden, daß man noch einmal rückfällig würde. Und ich wollte nicht, daß es jemals wieder so würde, wie es gewesen war.«

Maureen war erstaunt, als sie erkannte, wie sehr der Alkohol ihr Leben beherrschte. Sie hatte immer geglaubt, Alkohol sei die Antwort auf ihre Probleme. Er gab ihr ein falsches Gefühl von Selbstsicherheit. Sie kam sich schön und großartig vor. Nach ein paar Gläsern glaubte sie, witzig und wortgewandt zu sein. Jetzt erkannte sie, daß der Alkohol nicht die Lösung, sondern das *Problem* war. Alle ihre Gefühle waren falsch gewesen. Erst jetzt, im nüchternen Zustand, fand sie allmählich zu wirklichem Selbstbewußtsein. Sie sah besser aus und fand soziale Anerkennung. Die Leute suchten sie nun, statt sich von ihr abzuwenden. Der Alkohol hatte sie vulgär werden lassen, nun war sie nett, aufmerksam, sensibel und bescheiden. Ihr natürlicher Humor stellte sich wieder ein. Und jetzt war sie wirklich witzig und redegewandt.

Sie arbeitete hart an sich. Es war entscheidend für ihr Leben, daß sie lernte, sich selbst zu akzeptieren.

Sie war erleichtert. Sie hatte endlich verstanden, was mit ihr passiert war und akzeptierte es als eine *Krankheit.* Entschuldigungen waren fehl am Platze. Sie konnte sich nicht für etwas entschuldigen, wofür sie nicht verantwortlich zu machen war.

Sie war wieder glücklich. Ihre schönen blauen Augen waren wieder klar, ihre Haut nicht mehr aufgedunsen, und sie war zufrieden mit sich. Sie hatte bei den Anonymen Alkoholikern gelernt, daß der Alkoholismus eine heimtückische, schleichende Krankheit ist, bei der ein Drink zum nächsten führt. Ohne Behandlung führt Alkoholismus notwendigerweise zu Tod oder Wahnsinn. Aber im Grunde wußten wir das. Wir konnten es im Haus unserer Eltern selbst mit ansehen.

Durch ihre Sitzungen bei den Anonymen Alkoholikern lernte Maureen, daß ein LKW-Fahrer ebenso viel zu sagen hat wie ein Psychiater. Es war nicht wichtig, wer jemand war oder was für einen Beruf er hatte. Alle entwöhnten sich gleichermaßen vom Alkohol, und nur das zählte für sie. Vom Alkohol loszukommen, hatte für sie absolute Priorität.

Maureen ermutigte Mutter, sich an Al-Anon, eine Vereinigung für Angehörige von Alkoholikern, zu wenden. Wer dort hinging, kam damals schnell in Verruf; er gab damit zu, daß in seinem Privatleben etwas im argen lag. Maureens Kontakt zu den Anonymen Alkoholikern machte es Mom leichter, zu akzeptieren, daß sie ein Problem hatte. Sie *mußte* etwas unternehmen. Ihr Leben war völlig aus den Fugen geraten.

Nicht nur Dad trank, auch Michael, der jetzt gerade einmal fünfzehn Jahre alt war, griff zu Drogen und Alkohol. Sein Verhalten war irrational und unberechenbar. Er kam sogar öfter mit der Polizei in Konflikt. Ich hatte damals große Angst, daß Mom diesen ganzen Streß nicht durchhalten könnte.

Sie war reif für Hilfe von außen. Maureens Genesung traf sehr glücklich mit Mutters Bereitschaft zu einer Veränderung zusammen. Mutter sah, wie Maureens Sitzungen bei den Anonymen Alkoholikern das Leben ihrer Tochter von Grund auf verändert hatten. Sie begriff jetzt, daß es Antworten auf ihre Probleme gab, und vielleicht würde man auch ihr helfen können.

Nachdem sie ein bißchen gedrängt worden war, ging Mom schließlich zu ihrem ersten Al-Anon-Treffen. Sie saß still in der letzten Reihe und hörte aufmerksam zu. Zu ihrer großen Überraschung stellte sie zum ersten Mal fest, daß sie mit ihren Problemen nicht allein dastand. All die anderen Anwesenden machten dieselben schrecklichen Erfahrungen oder hatten sie gerade hinter sich gebracht. Aber sie wirkten dennoch entspannt und glücklich. Sie lernten, sich um sich selbst zu kümmern. *Sie* waren es, die zählten, nicht die Alkoholiker.

Wie kann der Alkoholiker genesen, wenn der Co-Alkoholiker krank bleibt? Sie lernte, daß, wenn es ihr erst einmal besser ging, sie stark genug sein würde, die notwendigen Entscheidungen für ihr Leben zu treffen. Zum ersten Mal in ihrem Leben bat Mom Gott, *ihr* zu helfen.

Nach schon wenigen Sitzungen bei Al-Anon hörte Mom auf, Dad ins Bett zu schleppen. Sie hatte ihre erste Lektion gelernt: Tue nichts, was dem Alkoholiker das Trinken ermöglicht. Unterstütze ihn in keiner Weise. Nimm ihn nicht in Schutz und suche keine Entschuldigungen für sein Verhalten. Wenn er sich übergibt, laß ihn in seinem Erbrochenen liegen. Laß den Alkoholiker die Folgen seiner Krankheit am eigenen Leib spüren. Nur so kann er überhaupt zu der Einsicht gelangen, daß er sich selbst helfen muß. Er kann sich natürlich auch dafür entscheiden, zugrunde zu gehen. Sie nannten es »unbarmherzige Liebe«. Sie war fürs eigene Überleben unverzichtbar.

»Ich hatte es einfach satt, die Probleme anderer auszubaden«, erzählte mir Mom. »Ich war fest entschlossen, mich endlich auf mich selbst zu konzentrieren. Ich hatte immer Schuldgefühle gehabt und unternahm nie etwas, um mein Leben zu verändern. Aber das Al-Anon-Programm sollte dies ändern. Es war wie eine Serie kleiner Wunder. Nach jedem Treffen fiel mir eine neue Last von den Schultern, weil ich gelernt hatte, die Dinge anders wahrzunehmen. Ich lernte von Mal zu Mal mehr dazu, mit jeder Minute, jeder Stunde, jedem Tag. Ich ließ einfach los und legte die Zukunft in die Hände Gottes. Vor Al-Anon hatte ich in der Vergangenheit gelebt oder meinen Kummer in die Zukunft projiziert. Mich mit jedem Tag ein Stückchen mehr um mich selbst zu kümmern, ließ mein Leben mit einem Mal so viel einfacher werden. Ich hatte wieder Hoffnung. Irgendwo in meinem Unterbewußtsein herrschte die Überzeugung, daß ›der Tag kommen wird…‹. Ich begann zu akzeptieren, daß ich den Alkoholiker nicht ändern konnte, daß ich an diesem Punkt absolut hilflos war. Aber ich konnte *mich* und *mein Leben* verändern. Das eigene Selbst ist die einzige Person, die man wirklich verändern kann. Ich hatte so viele Erwartungen gehabt. Ich hatte von meinem Mann erwartet, daß er all meine emotionalen Bedürfnisse befriedigte. Aber ich machte mir selbst etwas vor. Warum war ich denn jedesmal verletzt, wenn er betrunken war? Um mich zu schützen, baute ich schließlich eine undurchdringliche Mauer um meine Gefühle. Und so fiel es mir am Ende sehr schwer, überhaupt noch etwas zu fühlen. Nur der Schmerz und die Tränen blieben. Es war für mich anfangs fast unmöglich, über meine Gefühle zu reden. Aber ich sah den irreparablen Schaden, den ich mir und anderen durch mein Schweigen zugefügt hatte, und ich beschloß, alles daranzusetzen, diese Mauer einzureißen. Mein ganzes Leben hatte ich um Hilfe und Beistand gebetet, aber ich war nie bereit gewesen, diesen Beistand wirklich anzunehmen. Ich mußte mich erst öffnen, um Hilfe zuzulassen und dann das Selbstvertrauen zu entwickeln, die nötigen Schritte zu tun.

Ich hatte mein ewiges Selbstmitleid satt«, fuhr sie fort. »Ich erkannte, daß es mich nur schwächte und mir meine Würde raubte. Meine jahrelange antrainierte Selbstbeherrschung war dabei, zu explodieren. All die unterdrückten Gefühle – Wut, Liebe, Schmerz, Scham und Märtyrertum – dies alles wollte raus. Es hatte mich gelähmt, mich kaputtgemacht. Ich hatte nie *gelebt,* ich hatte immer nur auf meinen alkoholabhängigen Mann *reagiert.* Ich war das leidende Opfer und er der strafende Täter. Schließlich erkannte ich, was wirklich hinter meinem Verhalten steckte – es war Masochismus, nicht duldsame Tugendhaftigkeit.«

Das war eine völlig »neue« Mom. Sie lernte endlich, loszulassen und zu entspannen. »Warum verbringen Frauen ihr ganzes Leben damit, Trinker vom Trinken abzuhalten?« fragte sie mich einmal. Sie hatte recht. Warum hatte sie es zu ihrem eigenen Problem gemacht? Aber genau das gehörte mit zur Krankheit. Das war das Perfide an ihr: Wir fühlten uns verantwortlich für sie. Unser aller Leben drehte sich allein um den Alkoholiker; wir waren nur so gut wie seine Meinung von uns. Und weil er sich selber so geringachtete, übertrug er seine eigene Geringschätzung auf uns. Und wir übernahmen sie einfach. Da er nichts wert war, waren auch wir nichts wert.

Dennoch machte jeder von uns im Laufe der Zeit enorme emotionale Entwicklungen durch. Die gesamte Familie hatte an einer schrecklichen Krankheit gelitten, aber nach und nach erholten wir uns von ihr. Nach und nach begriffen wir, was all diese Jahre in unserem Leben falschgelaufen war. Selbst die kleinste neue Einsicht brachte große Erleichterung. Die Quelle unserer Probleme identifiziert zu haben, erkannt zu haben, daß wir uns mit einer Krankheit angesteckt hatten, half uns, unser zerstörtes Selbstbewußtsein wieder aufzubauen. Wir erholten uns von dieser Krankheit und lernten schließlich, uns zu akzeptieren.

Mardi ging es damals sehr schlecht. Sie war fast ständig deprimiert, wütend und gereizt. Sie wußte nicht mehr, was sie tun sollte. Sie liebte Danny sehr, aber sie konnte ihr Leben nicht mehr ertragen. Und so begann Mardi, Mom über Al-Anon auszufragen. Mom drängte nie jemanden zu irgend etwas, aber sie machte Mardi klar, daß es Hilfe für sie gab.

Maureen, Mom, Mardi, Tante Helen und ich hatten schon seit Jahren unsere Geburtstage zusammen gefeiert. Wir gingen dann jedesmal gemeinsam essen, und das Geburtstagsmädchen wurde von allen verwöhnt. Wir freuten uns immer auf diese Essen. Sie waren eine gute Gelegenheit, wieder einmal mit den anderen zusammenzukommen und mit ihnen über das zu sprechen, was einen gerade beschäftigte. Wir vertrauten und wir liebten einander.

Diesmal feierten wir im Trader Vic in San Francisco Maureens vierzigsten Geburtstag. Sie hatte viel zu feiern, genau wie wir anderen. Maureen ging es jetzt viel besser, ebenso wie Mom, und auch ich hatte begonnen, mich von der Krankheit zu erholen. Als wir mit den Gläsern anstießen, fing Mardi plötzlich zu weinen an. Wir fragten sie, was ihr fehlte, aber im Grunde wußten wir es ganz genau.

»Ich bin so neidisch auf dich«, sagte Mardi zu Maureen. »Ich bin neidisch, weil du den Alkohol aus deinem Leben vertrieben hast und meines daran zerbricht.« Sie erzählte uns, wie »hoffnungslos« sie war. Sie wußte, daß sie Danny und seinen Alkoholismus nicht in den Griff bekam. Und sie wußte, daß sie zu einer übelgelaunten, aggressiven Frau geworden war. Aber sie konnte nichts dagegen machen. Sie war fast immer gereizt. Danny hatte sich verändert, berichtete sie uns. Er wurde gewalttätig und aggressiv, wenn er zu Hause war. Es war so untypisch für ihn. Er zog sich seine Boxershorts an und boxte unten im Flur Schatten, bis die Kinder davon wach wurden – genau wie Dad früher. Und dann blieb er die ganze Nacht wach, trank und redete mit dem Hund.

»Man wird das, was einem als Kind vorgelebt worden ist«, sagte Mom leise. Sie wußte von uns allen am besten, daß Danny nur eine Szene wiederholte, die er als Kind so oft mitangesehen hatte. Mutter begann zu weinen.

»Komm mit mir zu Al-Anon«, sagte sie zu Mardi. »Alle dort haben genau dasselbe durchgemacht wie du. Es hilft einem wirklich, wenn man seine Gefühle mit anderen Menschen teilen kann. Ich weiß es. Seitdem ich dort hingehe, komme ich besser mit mir zurecht.«

Mardi war völlig verzweifelt. Sie mußte endlich etwas unternehmen. Sie beschlossen, noch am selben Abend zu einem Treffen zu gehen.

Mardi saß an diesem Abend da und hörte zu. Und als es an ihr war, zu erzählen, fing sie wütend an: »Ich will über ihn sprechen. Mir fehlt nichts! Ich will nur wissen, wie man dieses besoffene Arschloch nüchtern kriegt – und das möglichst schnell!«

Sie war böse auf die Gruppe. Sie hatte das Gefühl, daß sich alle auf die falsche Person konzentrierten. Sie war gekommen, um ihren Mann wieder nüchtern zu kriegen. Sie hatte noch nicht verstanden, daß seine Krankheit zu ihrer eigenen geworden war. Sie befand sich mit ihm auf einer Art Karussell:

»Wenn du nicht so viel saufen würdest, würde ich auch nicht herumbrüllen«, schrie sie Danny oft an.

»Und wenn du nicht so viel herumbrüllen würdest, würde ich nicht trinken«, brüllte er zurück.

Und so drehten sie sich unendlich im Kreise. Wer von ihnen war der Kränkere?

»Das hier ist ein Kurs für *Sie,* nicht für den Alkoholiker«, sagte man ihr. »Einer von Ihnen beiden muß sich von der Krankheit erholen, und da Sie über ihn keine Kontrolle haben, ist es am besten, Sie kümmern sich um sich selbst. Sie müssen sich in Liebe von ihm lösen, damit es Ihnen besser geht. Sie haben die Wahl. Je stärker Sie werden, desto klarer werden Sie erkennen, daß Sie bei ihm bleiben oder ihn verlassen können – was immer Sie für Ihr Leben wollen. Sie haben ein Recht darauf, glücklich zu sein. Sie müssen seine Krankheit nicht mit ihm teilen.«

Danny haßte es, wenn Mardi zu Al-Anon ging: »Du gehst da einfach hin und wäschst unsere schmutzige Wäsche vor allen Leuten«, warf er ihr vor.

Aber es begann sich bereits etwas zwischen ihnen zu ändern. Mardi schrie jetzt nicht mehr zurück. Sie hatte aufgehört zu kämpfen. Sie war von dem Karussell abgesprungen.

Mom und Mardi waren während dieser Zeit sehr wichtig füreinander. Sie gingen jede Woche gemeinsam, so oft sie es eben nötig hatten, zu diesen Treffen. Sie wollten zusammen gesund werden. Sie brauchten einander, um sich gegenseitig zu stärken und aufzubauen. Mit ihren Ehemännern wurde es immer schlimmer.

61

»Sie brauchen nicht mehr in die Therapie zu kommen«, sagte Mrs. Kilgore. »Es wird Zeit, daß Sie auf eigenen Füßen stehen. Sie können jetzt allein mit ihren Problemen fertig werden. Ihr Selbstwertgefühl hat sich enorm verbessert, und Sie wissen jetzt zwischen wichtig und unwichtig zu unterscheiden. Sie haben eine realistische Einstellung zum Leben gefunden. Und Sie scheinen den Ablauf Ihrer Krisen zu verstehen.«

Ich widersprach ihr heftig: »Ich habe noch so viele Fragen. Und es ist noch vieles so unklar.« Ich hatte das Gefühl, aus einem warmen Nest gestoßen zu werden.

»Sie werden niemals richtig erwachsen werden, wenn Sie sich jetzt nicht abnabeln«, hielt sie mir entgegen. »Ich werde hier sein. Wenn irgend etwas schiefläuft oder Sie Hilfe brauchen, können Sie mich hier jederzeit erreichen.«

Ich hatte meine Kindheit mit einem alkoholabhängigen Vater noch immer nicht mit meinen Problemen als Erwachsene in Zusammenhang gebracht. Es sollte noch Jahre dauern, bis ich diese beiden Sachen miteinander in Verbindung bringen würde. Aber fürs erste hatte Mrs.Kilgore mich wieder ganz gut hingekriegt. Ich hatte einen Einblick in meine Verhaltensmuster gewonnen, und ich wollte nicht, daß sie sich wiederholten. Ich wollte wieder gesund und produktiv sein.

Dennoch war mir traurig zumute. Etwas war an ein Ende gekommen, aber zugleich hatte etwas Neues begonnen. Mir fehlten die Worte, Mrs. Kilgore zu sagen, wie positiv ihr Einfluß sich auf mein Leben ausgewirkt hatte. Sie hatte mich in die Lage versetzt, mein eigenes Leben in die Hand zu nehmen und das Unheil abzuwenden. Ich wußte jetzt, daß ich in der Lage war, mein Leben zu meistern. Ich war bereit, es zu versuchen. Und ich wußte, daß nur *ich* es tun konnte.

Ich spürte, wie mir die Tränen kamen. Impulsiv umarmte ich Mrs. Kilgore. »Vielen Dank für alles«, flüsterte ich. »Ich schaffe es schon.«

»Ich weiß, daß Sie es schaffen«, sagte sie.

Als ich erst einmal draußen war, fühlte ich mich großartig. Ich war jetzt endlich frei, ein neues Leben zu beginnen. Ich wußte, wie weit ich schon gekommen war, und ich fühlte mich stark und bereit, endlich loszulegen. Ich hatte viele Erwartungen an mein neues Leben. Ich wollte das Beste daraus machen.

Die Menschen um mich herum spürten diese neue Kraft und das neue Selbstbewußtsein, das ich jetzt hatte.

Mom, Maureen, Mardi und ich waren uns jetzt näher als je zuvor. Wir hatten eine neue Sprache gefunden. Wir waren glücklich über unsere Chance auf ein neues Leben und über die Möglichkeit, endlich inneren Frieden und Glück zu finden.

Wir wußten, daß wir noch einen weiten Weg vor uns hatten, aber es war uns endlich klargeworden, daß unser Leben in *unserer* Hand lag und daß es von *uns* abhing, was aus ihm würde.

Ich hatte mich zu der schwierigen und beängstigenden Entscheidung durchgerungen, nach Los Angeles zu ziehen. Ich erzählte es Alan und sagte ihm auch, daß, wenn er nicht mit Bruce und mir zusammenleben wollte, alles zwischen uns aus wäre. Es war höchste Zeit für diesen Schritt gewesen, und ich würde mich jetzt auf nichts anderes mehr einlassen.

»Ich bin noch nicht soweit«, sagte er. »Das geht alles viel zu schnell.«

»Dann wirst du nie soweit sein«, sagte ich. »Wenn du dich jetzt nicht entscheiden kannst, wirst du es nie können.«

Ich wußte, Alan liebte mich. Und ich liebte ihn. Aber ich wollte nicht, daß es so weiterginge wie bisher. Es gab so vieles aufzuarbeiten. In all den Jahren, die wir zusammengewesen waren, hatten wir unsere Kinder praktisch aus unserer Beziehung ausgeschlossen. Ich war jetzt bereit, seine Kinder kennen- und liebenzulernen.

Natürlich würde es uns viel Geduld und Verständnis abverlangen, aber es war an der Zeit, die Wirklichkeit, so wie sie war, zu akzeptieren. Wir beide hatten Kinder. Und wenn es eine gemeinsame Zukunft für uns gab, dann nur mit ihnen. Wir konnten alle miteinander auskommen und einander lieben lernen, wenn wir es wirklich versuchten. Ich war dazu bereit. Und ich wollte, daß auch Alan diese Bereitschaft zeigte.

Aber Alan ließ sich nicht darauf ein.

»Gut«, sagte ich, »dann werde ich's eben allein schaffen müssen. Ich war lange genug allein, und ich bin fest entschlossen, aus meinem Leben etwas zu machen. Ich hätte es lieber gemeinsam mit dir versucht, denn ich liebe dich. Aber du mußt auf dein Gefühl hören und tun, was du für richtig hältst.«

Der Umzug würde einige Zeit in Anspruch nehmen. Ich brauchte Geld. Ich mußte meine laufenden Rechnungen weiterzahlen und trotzdem genug Geld übrigbehalten, um mir einen Möbelwagen für meine Sachen zu leihen. Außerdem mußte ich auch das Geld für die Kaution und die erste Miete meiner neuen Wohnung zusammenkriegen, wo immer sie auch sein würde.

Ich trat alle sechs Wochen in der »Tonight Show« auf. Ich war sehr erstaunt darüber. Offenbar hatte Johnny mich gern als Gesprächsgast in seiner Show. Ich las Gedichte vor und brachte ihn zum Lachen. Er sagte, ich sei wirklich »herrlich erfrischend«. Wir sprachen über alles, »berührten« alle möglichen Themen (wie es in Anspielung auf mein Buch hieß), die sich überhaupt im Fernsehen berühren lassen. Ich wurde als die Frau bekannt, die keine Fragen »unberührt« läßt.

Dieser neue Ruf verschaffte mir schon bald ein Vorstellungsgespräch beim Sender KGO. Es ging um die Stelle als Gastgeberin in der San Francisco Frühstücksshow. Die Aussicht auf diesen Job brachte mich in ein echtes Dilemma. Sollte ich ihn wirklich kriegen, konnte ich die Chance und die Aussicht auf ein regelmäßiges Gehalt nicht einfach ausschlagen. Andererseits war ich fest entschlossen, nach Los Angeles zu ziehen. Ich gehe einfach zu dem Vorstellungsgespräch und warte ab, was passiert, dachte ich.

Alan glaubte nicht, daß ich unsere Beziehung wirklich beenden würde. Es war nicht einfach für mich, konsequent zu bleiben. Alan war bei seinem Freund Leonard ausgezogen und hatte sich eine eigene Wohnung in Beverly Hills genommen. Es gab dort genug Platz für Bruce und mich, aber Alan wollte sich immer noch nicht fest an mich binden. Ich hatte schon eine ganze Weile nichts von ihm gehört und mich mit der Tatsache abgefunden, daß unsere Beziehung wohl zu Ende war. Alles in meiner Wohnung erinnerte mich an Alan: ein Aschenbecher aus dem Persian Room, die chinesische Truhe, die er mir zu Weihnachten geschenkt hatte, die Kaftane, die wir uns im Urlaub gekauft hatten, eine Eskimoschnitzerei aus Vancouver, Streichholzheftchen aus dem Le Colibri und dem Mamounia in Montreal. Es war wirklich eine einzigartige Liebesbeziehung gewesen. Ohne Alan würde es schwer werden. Ich würde unser gemeinsames Kochen sehr vermissen so wie unser gemeinsames Lachen. Wir haben immer so viel gelacht, wenn wir zusammen waren.

Alan hatte mich meine Sorgen immer vergessen lassen. Aber ich wußte tief im Innersten, was ich wirklich von ihm brauchte. Wenn er nach dieser langen Zeit, nach sieben Jahren, noch immer nicht bereit war, sich fest an mich zu binden, würde an die Stelle unseres Lachens bald Streit und Zorn trcten. Wir würden gegeneinander statt miteinander kämpfen. Wenn es wirklich enden mußte, dann mit Liebe und gegenseitigem Respekt. Ich hatte durch Alan gelernt, was wirkliche Liebe ist. Er hatte mir klargemacht, was ich von einem Mann erwartete. Ich war ihm dankbar für unsere gemeinsame Zeit.

Ich packte meine Sachen: Brucies Töpfereien aus dem Kunstzentrum, den peruanischen Teppich, der über dem Kamin gehangen hatte, meine Hippiekissen, Brucies Pfadfinderhut.

Im Radio sang Karen Carpenter: *»Wir haben doch gerade erst begonnen.«* Wie wahr, dachte ich. *»Einen Kuß noch, ein ›viel Glück‹, und dann machen wir uns auf den Weg«,* sang ihre Stimme. Dann klingelte das Telefon.

»Hallo«, sagte Alan.

»Hallo«, sagte ich zärtlich. Ich fragte mich, ob ich ihn wohl immer lieben würde.

»Ich liebe dich«, sagte er. »Du fehlst mir, und ich will, daß du zu mir ziehst und mit mir zusammen lebst. Ich bin einfach nicht mit meinem schlechten Gewissen fertiggeworden, damit, daß ich mit deinem Sohn zusammenleben soll und meine Kinder getrennt von mir leben müssen. Aber ich will nicht mehr ohne dich leben. Ich will, daß wir's versuchen – gemeinsam.«

Ich spürte, wie die Gefühle in mir hochstiegen. »Wir werden's schaffen«, sagte ich, »und wenn es soweit ist, können deine Kinder bei uns leben. Bis dahin können wir uns gemeinsam um die Kinder kümmern.«

Mein Leben hatte eine positive Wendung genommen. Alan war meine große Liebe, und nun hatten wir die Chance auf ein gemeinsames Leben.

Im Juni 1974 verluden Bruce und ich unsere »weltlichen Besitztümer« in den gemieteten Möbelwagen. Mein Bruder Michael und meine Freundin Doris halfen uns dabei. Doris bot mir an, für ein paar Tage mit nach L.A. zu kommen, um mir beim Einzug zu helfen. Bruce und Thomas lagen sich ständig in den Armen, um Abschied voneinander zu nehmen. Ihre Freundschaft war wichtig für sie gewesen. Der Gedanke, daß sie bald durch sechshundert Meilen getrennt sein würden, machte sie traurig. Sie wußten, daß ihre Freundschaft nicht mehr dieselbe sein würde.

Das Telefon klingelte. »Hallo«, sagte ich.

»Sie haben den Job in der Frühstücksshow bekommen«, sagte meine Agentin.

Diese Nachricht ließ mich für einen Moment innehalten. Ich blickte mich um.

Mein Leben war in Bewegung geraten. Kartons gingen durch die Haustür, die Couch wurde gerade in den Umzugswagen geladen, und Alan hatte mir seine Liebe gestanden.

»Sagen Sie ihnen«, antwortete ich, »sagen Sie ihnen, daß ich ihr Angebot *wirklich* zu schätzen weiß, aber es hat sich etwas anderes ergeben, etwas, das ich unmöglich ausschlagen kann.«

Ich sah mich noch einmal in unserer Wohnung um. Ich hatte sie so sehr ins Herz geschlossen. Sie war in den letzten fünf Jahren unsere Heimat gewesen. Der letzte Karton ging in den Umzugswagen. Die Wohnung war jetzt eine leere Schachtel, die darauf wartete, daß die nächste Familie sie mit Leben füllte. Ich machte die Tür zu und ging zu meinem Wagen.

»Willst du, daß ich fahre?« fragte Doris.

»Ja, vielleicht ist das besser«, sagte ich.

Michael sollte mit dem Möbelwagen hinter uns herfahren. Doris ließ den Wagen an. Ich schaltete das Radio ein, um das Schweigen, das unser kleines Auto in Besitz genommen hatte, zu brechen. Aus dem Radio erklang wieder die Stimme von Karen Carpenter:

Gemeinsam dem Horizont entgegensehen,
Der Sonne dabei ins Antlitz sehen,
Gemeinsam zu reden, worüber man mag,
Gemeinsam zu arbeiten Tag für Tag,
Gemeinsam, wir beide,
Wir haben gerade erst begonnen.

Als wir über die Golden Gate Bridge fuhren, blickte ich hinten auf den Rücksitz. Bruce sah traurig und verängstigt aus. »Komm nach vorne, Schatz. Setz dich auf Mommys Schoß.«

Bruce kletterte über den Sitz, er wurde jetzt ganz schön groß mit seinen acht Jahren. Er legte seine Arme um mich. Ich sah nach hinten. Marin County wurde kleiner und kleiner.

Auf Wiedersehen, Sausalito, dachte ich. Auf Wiedersehen, San Francisco. Auf Wiedersehen, all ihr Schmerzen und Probleme und auf Wiedersehen, all ihr guten Erfahrungen.

Ich war in den letzten Jahren erwachsener geworden. Es war eine wichtige Zeit für mich gewesen. Und jetzt war ich auf dem Weg in ein völlig neues Leben. Der Mann, den ich liebte, wartete auf mich, und vor mir lag die Möglichkeit, meine Karriere voranzutreiben.

Ich legte meine Lippen auf Brucies Kopf. Sein Gesicht war in meinem Hals vergraben, und ich konnte seine Tränen spüren. Karen Carpenter sang immer noch: *»Einen Kuß noch und ein ›viel Glück‹, und dann machen wir uns auf den Weg.«* Ich drückte Bruce ganz fest an mich.

»Mach dir keine Sorgen, Schatz«, flüsterte ich ihm zu. »Es wird sehr schön werden. Es wird uns in Los Angeles gut gefallen.«

EPILOG

Und hier bin ich nun 1987 und blicke mit Erstaunen und Dankbarkeit auf die letzten dreizehn Jahre zurück. Erstaunliche Veränderungen haben sich in meinem Leben und im Leben der Menschen, die ich liebe, ereignet. Alle Mitglieder meiner Familie haben sich aus den Fängen des Alkoholismus befreien können. Maureen hatte den Anfang gemacht, dann fand meine Mutter durch Al-Anon endlich ihren inneren Frieden. Dann folgte Dad, dann Danny und schließlich Michael.

Ich heiratete Alan, und meine Karriere nahm einen Verlauf, der auch meine wildesten Träume überstieg. Ich wurde der Star der populärsten Fernsehshow in Amerika und erhielt dadurch einen Bekanntheitsgrad, der mir eine abwechslungsreiche und vielseitige Karriere ermöglichte und mich mit meiner Show zu einer Topnummer im Bühnengeschäft von Las Vegas werden ließ.

Erst kürzlich, während ich noch an diesem Buch arbeitete, bekam ich einen Anruf von der American Lung Association, die ihr jährliches Wohltätigkeitsdinner mit Tanz veranstaltete und mich fragte, ob ich auf diesem Ball auftreten würde. Es traf sich, daß meine Schwester bei der Vorbereitung dieses Wohltätigkeitsabends mitarbeitete. Das Dinner fand in dem großen Ballsaal des Marriot-Hotels in der Nähe von San Francisco statt. Es war eine ideale Möglichkeit, auf eine Weise, wie ich es mir immer vorgestellt hatte, nach Hause zurückzukehren.

Der große Abend war schließlich gekommen. Ich blickte durch den Vorhang und sah ein ausverkauftes Haus. Ich sah ein Meer von bekannten Gesichtern – und da, genau vor mir, saß meine ganze Familie. Meine Mutter war in ihrem smaragdgrünen Seidenkleid so stolz und schön. Dad saß neben ihr, er hatte seinen Smoking angezogen. Der ganze Tisch gröhlte vor Lachen, und ich wußte, daß er wieder den Unterhalter spielte.

Ich sah mich um. Ich hatte für diesen Abend ein sechsunddreißigköpfiges Orchester und acht Tänzer engagiert und zehn Kostümwechsel geplant. Die Beleuchtung ebenso wie die Lautsprecheranlage, die ausgereicht hätte, ein ganzes Stadion zu versorgen, waren in Lastwagen aus Los Angeles herangefahren worden. Alle waren aufgeregt. Ich war »eine von ihnen«, und ich wollte ihnen die beste Show liefern, die ich jemals gegeben hatte.

Die Ouvertüre begann. Ich spürte das Prickeln des Adrenalins in meinen Zehenspitzen. Gleich würde es durch meinen ganzen Körper schießen und meinen Kopf zersprengen. Ich war aufgeregter und nervöser als vor irgendeinem Auftritt in Las Vegas. Die Lichter wurden gedämpft, das Publikum verstummte, und meine Back-up-Sänger begannen a cappella

Ich fühl mich gut von Kopf bis Fuß
Weiß, wohin ich geh und was ich tun muß,
Ich hab meine Einstellung gründlich geklärt.

Dann erklang hinter den Kulissen meine Stimme:

Ich habe eine neue Sicht, einen neuen Wert

Bum! Bum! Bum! Bum! setzte das Schlagzeug ein. Das Orchester drehte auf und Alan verkündete: »Ladies and Gentlemen, Suzanne Somers!«

Ich betrat unter donnerndem Applaus und Jubel die Bühne. Ich schaute auf Mom, Dad, Maureen, Danny, Michael und Bruce. Ich konnte sie regelrecht spüren. Sie berührten mich, und ich berührte sie. Ich begann zu singen.

Ich trage ein neues Kleid, einen neuen Hut,
Brandneue Ideale, und ich fühl' mich gut:
Ich habe mich wirklich verändert!

Ich *hatte* mich wirklich verändert. Und ich konnte nicht umhin, daran zu denken, wie weit wir alle gekommen waren. Kurz nachdem ich 1975 nach Los Angeles gezogen war, starb mein Großvater. Ich weinte wie ein Kind, als meine Schwester es mir erzählte. Ich hatte »Vater« so geliebt. Kurz vor seinem Tod hat er meine Mutter in die Arme genommen und ihr gesagt, wie sehr er sie liebe. Dann sagte er: »Dein Mann ist ein guter Mensch. Er weiß nur nicht, was er vom Leben will.« Vater verzieh Dad – was für uns alle eine wichtige Lektion war, denn ohne Vergebung würde sich keiner von uns wirklich erholen können. Ich wünschte, Vater hätte noch ein bißchen länger gelebt, um mitzubekommen, welche Veränderungen in unserer Familie vorgingen. Er hatte so unter dem Auseinanderfallen der Familie gelitten. Nichts auf der Welt hätte ihn glücklicher gemacht, als zu sehen, wie es uns allen allmählich besser ging.

Irgendwie hat sich das Knäuel entwirrt,
Ist das Glück eingekehrt.
Ich hab' meine Lektion gelernt.

Ich sah Maureen an, wie sie dasaß mit ihrem schönen blonden Haar, ihrem mit Pailletten besetzten Abendkleid und ihrem langen Silberfuchsmantel. Sie war sehr hübsch mit ihrer glatten Haut und ihren leuchtend blauen Augen, die ich von der Bühne aus funkeln sehen konnte.

Maureen war die erste in unserer Familie gewesen, die aufgestanden war und zugegeben hatte, daß sie dem Alkohol verfallen war. Sie war die erste, die begriff, daß sie an einer ernsten Krankheit litt. Sie war die erste, die sich um Hilfe bemühte. Sie war unsere Heldin. Sie brachte Mom mit Al-Anon in Kontakt, und als es Mom allmählich besserging, kam auch Mardi dazu. Maureens Abstinenz war Dad und schließlich auch Danny ein Vorbild.

Meine Schwester war jetzt schon seit zwölf Jahren trocken. Während ich weitersang, sah ich, wie Bill seinen Arm um sie legte. Er war sehr stolz auf sie. Sie ist wohl die am meisten bewunderte und respektierte Frau in ihrer Nachbarschaft. Sie wendet viel Zeit und Energie auf, um in zahllosen Wohltätigkeitsveranstaltungen tätig zu werden. Sie hilft stillschweigend vielen anderen Alkoholikern, aus ihrer Misere herauszukommen.

Viele Menschen, die heute ohne Alkohol auskommen, haben diese Tatsache Maureen zu verdanken. Sie sagte, der Alkoholismus hat ihrem Leben einen Sinn gegeben. Sie versteht sich selbst als eine Art Katalysator, als Instrument. Sie will keinen Dank. »Ich bin froh, wenn ich jemandem helfen kann, und ich lasse mich gerne gebrauchen.«

Ihr Haus ist nun wieder das Herz unserer Familie, unser Sammelpunkt. Maureen liebt es, Gäste zu unterhalten, sie liebt Musik, Tanz und Lachen. Sie tanzt mit solch einer Freiheit und Hingabe, daß man glauben könnte, sie hätte ein paar Gläser getrunken, um so lokker sein zu können. Aber ihr Rausch ist ein natürlicher – sie ist vom Leben berauscht und dankbar für ihre Genesung und für die Unterstützung und die Liebe ihrer Familie. Ihre Ehe ist jetzt gefestigt, ihre Kinder sehen zu ihr auf und suchen ihren Rat. Sie liebt Bill von ganzem Herzen und ist stolz auf ihn und das, was er erreicht hat. Er gehört zu den erfolgreichsten Immobilienmaklern in der Bay Area: »Ich wollte nicht, daß er mich jemals wieder betrunken sieht«, sagte sie. »Ich würde alles tun, damit Bill stolz auf mich sein kann. Nachdem er einmal zu trinken aufgehört hatte, wurde mir immer klarer, wo das Problem lag. Wenn ich nicht zu trinken aufgehört hätte, würde ich wahrscheinlich heute nicht mehr leben. Es ist eine tödliche Krankheit. Sie tötet zuerst die Seele und dann den Körper.«

Denn ich empfinde Liebe, wie ich sie niemals gekannt.

Maureen war so aufgedreht von der Musik, daß sie kaum stillsitzen konnte. Ich bewunderte ihre Stärke, ihren Charakter, ihre Entschlossenheit, das Beste aus ihrem Leben zu machen. Sie war ein Siegertyp, geliebt von ihrem Mann, von ihren Kindern und ihren vier Enkelkindern. Ich war so stolz auf sie; meine Schwester, meine Lehrerin, meine Freundin.

Ooh, ooh, ooh, ooh, oooh,
Ich hab' eine neue Sicht, einen neuen Wert.

Ich sah, wie meine Mutter enthusiastisch applaudierte. Diese schüchterne, bescheidene, anspruchslose, *tapfere* Frau, sie hatte die Familie zusammengehalten. Sie hatte »in guten und in schlechten Tagen« zu ihr gestanden, sie hatte ihr Versprechen gehalten. Und nun, nach all diesen Jahren, hatte sie endlich das Leben, das sie sich gewünscht hatte: »Alle meine Träume haben sich erfüllt«, sagte sie mir einmal. »Ich bin so stolz auf meine Kinder. Dad und ich haben eine Menge Spaß miteinander. Ich bin endlich wieder ruhig und glücklich. Jeder neue Tag ist herrlich für mich.«

Hätte sie sich damals nicht an Al-Anon gewendet, es

wäre alles anders gekommen. Sie beschloß damals, wieder gesund zu werden, unabhängig von Dad. Und als es ihr dann allmählich besserging, entdeckte sie wieder ihre ursprüngliche Lebensfreude, ihre Stärke und ihre Entschlossenheit. Ich hatte nie erkannt, wie stark meine Mutter im Grunde war. Egal, wie krank wir alle wurden, keiner von uns wollte sie enttäuschen. Sie hörte nie auf, an uns zu glauben, und dieser Glaube gab uns die Kraft, wieder gesund zu werden.

Al-Anon hatte ihr Leben verändert. Als ich ihr Tagebuch durchblätterte, fand ich folgenden Eintrag vom 21. Dezember 1976: »Ich genieße die heitere Ruhe, die die Abstinenz in mein Leben gebracht hat. Mein Herz ist voller Dankbarkeit gegen Gott und gegen die Leute von Al-Anon, die all das ermöglicht haben. Ich frage nicht viel. Ich erwarte nicht viel. Aber alles trägt dazu bei, diesen Frieden herbeizuführen. Ich habe gebetet und Andacht gehalten und war kurz davor aufzugeben, als ich nach Al-Anon als einem letzten Strohhalm griff. Ich hatte mich schon nach Apartments und Eigentumswohnungen umgesehen, weil ich so weit war, daß ich ausziehen wollte, und dann passierte es. Meiner Natur nach müßte ich mich eigentlich vor Sorge verzehren, aber plötzlich umgibt mich dieser innere Frieden. Vielleicht habe ich ihn verdient.«

Meine Probleme sind klein,
habe mein Leben in der Hand,
Denn ich empfinde Liebe,
wie ich sie niemals gekannt.

Ich war so stolz auf meine Mutter. Um sie herum saßen ihre Kinder und Enkelkinder. Sie strahlte. Alle bewunderten sie. Sie hielt ihren Kopf nicht länger schamvoll gesenkt, sondern hoch erhoben.

Ich hörte wieder die Worte, die sie zu mir als kleines

Mädchen immer gesagt hatte: »Halte dich aufrecht, Suzanne, Bauch rein, Brust raus.«

Ich dachte an all die Musicals, die Mom und ich damals besuchten; an ihr Klavierspiel und wie sie mich ermutigte, dazu zu singen. Ich dachte an die wunderschönen Kleider, die sie mir genäht hatte; an die Wertvorstellungen, die sie mir vermittelte, ihren Sinn für Anstand, ihren Glauben. Sie war eine gute Mutter gewesen, hilfreich und liebevoll. Wir alle in der Familie bewunderten sie. Sie hat heute ein erfülltes Leben, und sie verdient es. Sie gehört immer noch ihrem Bridgeclub an und freut sich jetzt darauf, wenn sie die Frauen zu sich einladen kann. Sie belegt Kurse in Porzellanmalerei und Steptanz und unterrichtet an der St. Robert Catholic School den Katechismus. Sie arbeitet halbtags im Krankenhaus und hat kürzlich wieder mit der Schule angefangen, um einen Abschluß als Arztsekretärin zu machen.

Sie hatte immer daran geglaubt, daß ihren Kindern alles möglich wäre. Da sie meine Träume nie unterdrückte und meinen Talenten nie einen Riegel vorschob, war ich in der Lage, einen Lebensweg einzuschlagen, der mir völlige Erfüllung und Zufriedenheit gebracht hat. Mutter sagte immer: »Das Glück kommt zu denen, die auf es warten können.« Heute weiß ich, daß sie recht hatte. Sie hat lange warten müssen, aber am Ende hat sich dieses Warten gelohnt. Sie hatte sich durch eine schwere Krankheit gekämpft, hatte nie aufgegeben – und heute ist sie wieder die Frau, die sie einmal war – glücklich, voller Elan und Stolz. Die Traurigkeit ist aus ihren Augen verschwunden, ihr Gesicht ist wieder weich und rosig. Sie strahlt und ist glücklich. Sie arbeitet unaufhörlich an sich, denn sie weiß, daß die Genesung von dieser Krankheit ein lebenslanger Prozeß ist. Sie hat den Alkoholismus als eine Krankheit akzeptiert, der wir alle hilflos ausgeliefert waren; und sie dankt Gott dafür, daß er ihre Gebete erhört hat.

Ich hab' meine Einstellung gründlich geklärt,
Ich habe eine neue Sicht, einen neuen Wert.

Ich blickte auf Dad. Es war kaum zu glauben, daß dies derselbe Mann sein sollte, bei dem ich aufgewachsen war. Er ist heute ein wunderbarer Mensch. Er hat 1976 mit dem Trinken aufgehört. Niemand hatte ihm ein Ultimatum gestellt, und es gab keine Scheidungsdrohungen. Meine Mutter hatte einfach aufgehört, ihn »retten« zu wollen. Al-Anon hatte ihr beigebracht, »sich in Liebe zu distanzieren«. Diese scheinbare Gleichgültigkeit ihm gegenüber hatte ausgereicht, Dad klarzumachen, daß er nicht mehr im Mittelpunkt der Familie stehen würde. Dadurch, daß Mom sich distanzierte, stand es Dad frei, sich jederzeit bis zum Umfallen zu betrinken und so streitsüchtig und unausstehlich zu sein, wie er wollte.

»Wenn du's wirklich nicht lassen kannst, dann sauf dich doch zu Tode« – dies war Moms stillschweigende Einstellung ihm gegenüber. Sie hatte begriffen, daß es ihr freistand, ihr *eigenes* Leben nach ihren *eigenen* Vorstellungen zu leben. Die Krankheit gehörte zu Dads Leben, sie brauchte sie nicht länger mit Dad zu teilen.

Zum ersten Mal erwog Mom *ernsthaft* die Möglichkeit einer Scheidung. Sie brauchte Dad gegenüber nie ein Wort darüber zu verlieren, er spürte es auch so. Er spürte ihre Trauer über seine Krankheit, ihre Liebe für ihn, ihre neue Fähigkeit, sich von ihm zu distanzieren und ihren Widerwillen, so weiterzuleben wie bisher.

Je mehr Mom genas, desto schlimmer wurde Dads Krankheit. Er saß vier Tage lang völlig betrunken vor dem Fernseher und soff. Der einzige Freund, der ihm auf der Welt geblieben war, war sein Hund Alice. Wir hatten ihn aufgegeben. Der Hund aber begleitete ihn überall hin und lauschte seinem sinnlosen Gebrabbel. Dad nahm ihn mit in seine Lieblingsbar, die zufällig den Namen Dog House (Hundehütte) führte. Alice begleitete ihn dann immer nach Hause. Ihr war es egal, wenn er stolperte und fiel. Sie wartete geduldig an seiner Seite, bis er sich wieder aufrappelte und weiterging.

Maureen erzählte Mom von einem Genesungszentrum für Alkoholiker, das im kalifornischen Calistoga lag und sich Duffy's nannte. Duffy war selbst ein ehemaliger Alkoholiker, der anderen Alkoholikern half, vom Alkohol wegzukommen.

Mom wußte durch Al-Anon, daß sie auf Dad keinen Einfluß nehmen konnte, aber sie wußte auch, daß er Hilfe brauchte, da er sich sonst zu Tode trinken würde.

Völlig betrunken sagte Dad einmal zu seinem Hund: »Vielleicht sollte ich zu einem dieser Häuser aus dem Fernsehen gehen.« Er hatte die Werbung für Raleigh Hills gesehen, einem Therapiezentrum für Alkoholiker.

Mom ergriff die Gelegenheit und sagte, sie würde ihn gerne zu Duffy's fahren. Obwohl er betrunken war, brachte sie das Thema auf.

»Klar, ich werde dahin gehen«, lallte er. Wahrscheinlich hielt er Duffy's für eine Bar.

Als Dad am nächsten Morgen wieder nüchtern war, erzählte ihm Mom, was er gesagt hatte.

Dad mußte eine Zeitlang darüber nachdenken und war schließlich wirklich bereit zu gehen. Er sagte sogar, er würde gerne sofort fahren. Er packte eine kleine Tasche, griff sich ein Sechserpack Bier, seinen Hund Alice und stieg ins Auto. Als er bei Duffy's ankam, war er so blau, daß er von der Veranda fiel.

»Ich bin hier, um trocken zu werden«, erklärte er betrunken.

Er raffte sich wieder auf, verabschiedete sich von Alice und ging hinein.

Duffy packte Dad bei seinem Stolz. »Sie sind mir wirklich ein Prachtexemplar von einem Iren. Sehen Sie sich doch mal an. Sie laufen herum wie ein Dreckschwein.«

Es war ein geschickt gewählter Angriffspunkt. Dad war immer ein sehr stolzer Mann gewesen. Er war stolz darauf, Ire zu sein, er war stolz auf das, was er erreicht hatte, und er war stolz auf seine Familie.

»Mensch, Sie haben doch zu viel Klasse für einen Säufer«, sagte Duffy. »Wenn Sie nur mit viertklassigen Leuten in viertklassigen Etablissements herumhängen, werden Sie irgendwann ein viertklassiger Mensch. Wenn Sie aber mit erstklassigen Menschen in erstklassigen Etablissements Ihre Zeit verbringen, werden Sie ein erstklassiger Mensch werden. Wie wollen Sie durchs Leben gehen? Erster Klasse oder vierter Klasse?«

In den nachfolgenden Wochen weckte Duffy in Dad das Bedürfnis, mit seinem Leben aufzuräumen. »Das Leben ist nicht gerade die angenehmste Reise durch diese Welt. Aber Sie müssen leben *wollen.* Packen Sie's an. Sie leben nur einmal. Sie müssen alles rausholen, was für Sie drin ist. Aber wenn Sie betrunken sind, haben Sie natürlich keine Chance.«

Duffy gab Dad die zwölf Punkte, die den Verhaltenskodex eines trockenen Alkoholikers ausmachten. Es war eine Art Richtlinienkatalog fürs Leben. »Möchten Sie jemanden kennenlernen, der nach diesen Regeln lebt?« fragte er Dad. »Die zwölf Punkte sollen Ihnen helfen, wieder ein anständiger Mensch zu werden. Durch sie werden Sie wieder interessant für die Menschen sein, und man wird Sie wieder mögen. Schon der *Versuch* macht Sie zu einem besseren Menschen. Man braucht keine Bildung oder Intelligenz dazu; *jeder* kann ein netter Mensch sein.«

Duffys Therapieprogramm zielte darauf ab, den Leuten ein neues Leben zu ermöglichen. Er gab ihnen Ratschläge, wie sie anständige und bessere Menschen werden konnten. Wenn man beginnt, sich auf eine selbstlose Weise zu lieben und zu akzeptieren, ist man schon zufrieden, wenn man sich bemüht und eben das

Beste gibt. Hat man das erst einmal erreicht, braucht man den Alkohol oder die Drogen nicht mehr. Hat man sich selbst akzeptiert, fällt es einem überhaupt nicht mehr schwer zu sagen: »So bin ich eben, und ich akzeptiere und liebe mich so, wie ich bin.«

Er brauchte nicht lange – schon nach ein paar Wochen Therapie besiegte Dad seinen Alkoholismus und entschied sich für ein nüchternes Leben. Seine Genesung grenzte an ein Wunder. Der einzige, der von Dads neuer Nüchternheit nicht begeistert war, war sein Hund Alice. Er kannte und liebte den betrunkenen Dad. Er war daran gewöhnt, immer im Zentrum der betrunkenen Aufmerksamkeit Dads zu stehen und liebte diesen Zustand.

Nun hatte er keinen mehr, der die ganze Nacht mit ihm wachblieb. Die Zeiten, in denen beide gemeinsam zur Kneipe gegangen waren, waren jetzt vorbei. Dad konzentrierte sich auf sich selbst, seine Frau und seine Familie. Er arbeitete an seiner Therapie. Sie hatte absolute Priorität, sie war jetzt das wichtigste in seinem Leben. Alice machte eine schwere Zeit durch und zog sich immer mehr zurück.

Als man Dad aus Duffy's entließ, gab man ihm den Rat, auch weiterhin zu Gruppen für Alkoholiker zu gehen. Maureen war jetzt schon ein Jahr bei den Anonymen Alkoholikern, und um wirklich zu genesen, war es jetzt an der Zeit für sie, zum ersten Mal ihre ganze Geschichte zu erzählen.

Das Treffen, an dem sie dies tun wollte, fiel mit Dads erstem Erscheinen in der Gruppe zusammen. Es war wohl der schwierigste Tag in Maureens Leben. Sie lag nachmittags auf dem Badezimmerboden und bekam kaum Luft vor lauter Angst.

Abends dann bei den Anonymen Alkoholikern stand sie vor der ganzen Gruppe – auch Dad war anwesend – und sagte: »Mein Name ist Maureen, und ich bin Alkoholikerin.

Ich werde Ihnen erzählen, was alles geschehen ist, wie es damals war und wie es heute ist«, fuhr sie aufgewühlt fort. Sie erzählte der Gruppe, daß sie aus einer Alkoholikerfamilie kam, in der drei von vier Kindern zu Alkoholikern geworden waren. »Die Schwester meines Vaters starb am Alkoholismus. Einer seiner Brüder starb an seinem selbstgebrauten Gin, und ein weiterer lag jahrelang im Krankenhaus, weil er völlig betrunken die Treppe heruntergefallen und mit dem Kopf aufgeschlagen war. Und das waren nicht die einzigen Alkoholiker in der Familie.«

Sie erzählte der Gruppe, daß sie sich nie dafür entschieden hatte, Alkoholikerin zu werden. Zu Anfang hatte sie getrunken, um Spaß zu haben und um »Stimmung in die Bude zu bringen«. Sie hatte geglaubt, trinken zu können, ohne gleich wie Dad enden zu müssen. Sie war selbst mit einem Alkoholiker großgeworden, und sie hatte es gehaßt. Ihr eigenes Trinken war ihr nie so schlimm wie das ihres Vaters erschienen. Sie wollte nie werden, was sie als Kind in ihrem Vater vor sich sah: ein widerwärtiger, feindseliger Saufbold – und dennoch wurde genau dies aus ihr.

Maureen fuhr mit ihrer Rede fort, sprach vor der Gruppe von dem Verhalten, das sie an den Tag legte, wenn sie betrunken war. Sie legte ihre ganze Seele offen, zeigte alle ihre Gefühle. Mit Tränen in den Augen blickte sie auf Dad und sprach ihn an:

»Zum ersten Mal in meinem Leben wird mir klar, Dad, daß mein Alkoholismus eine echte *Krankheit* ist, genau wie deiner. Wir hatten keine Wahl. Nachdem es einmal angefangen hatte, gab es keine Möglichkeit mehr, es aufzuhalten. Ich war all diese Jahre über sauer auf dich, und erst jetzt wird mir bewußt, daß wir an derselben Krankheit leiden. Ich kann noch so viele Menschen um Verständnis für meine Situation bitten, ich werde erst wieder richtig gesund werden, wenn ich für dich Verständnis zeige. Das ist mir jetzt klargeworden. Es war nicht deine Schuld, und ich vergebe dir. Ich hoffe, du kannst auch mir vergeben.«

Maureen und Dad liefen Tränen übers Gesicht. Auch die anderen im Raum weinten.

Maureen sagte der Gruppe dann, daß sie heute eine dankbare Alkoholikerin wäre. Sie war durch ihre Krankheit zu einer selbständigen Persönlichkeit geworden und hatte sich zu einem besseren, stärkeren Menschen entwickelt. Sie war mit sich selbst konfrontiert worden und führte aus diesem Grunde heute ein erfülltes, harmonisches Leben. Sie erzählte der Gruppe, daß sie damals dieselben Möglichkeiten hatte, die sie heute hat, daß es aber eines langen und mühsamen Weges bedurft hatte, um da zu stehen, wo sie heute steht.

Meine Probleme sind klein,
ich hab mein Leben in der Hand.

Dad ist jetzt seit zehn Jahren trocken. Er ist wieder liebevoll, freundlich, rücksichtsvoll, witzig und charmant. Er steht wieder im Mittelpunkt der Aufmerksamkeit, bringt immer noch »Leben in die Bude«, aber diesmal unter den richtigen Voraussetzungen.

Dads Haus ist heute wieder das gepflegteste und hübscheste des ganzen Wohnblocks, vielleicht sogar der ganzen Stadt. Es hat die Farbe von irischem Grün mit weißem Zierrat und weißen Fensterläden. Den Balkon ziert eine Reihe pinkfarbener Geranien. Es ist ein anderes Haus als das, in dem wir aufwuchsen. Mom und Dad sind ein paar Blocks weiter gezogen, in »eine bessere Gegend«. Sie haben jetzt drei Schlafzimmer, zwei Badezimmer und eine Garage für zwei Autos. Dad ist sehr stolz auf seinen Gemüsegarten. Er zieht die leckersten Cocktailtomaten, die ich je probiert habe. Der Garten, das Einkaufen und seine Freunde halten ihn aktiv.

Er hat viele Freunde und ist nie um einen Witz verlegen, mit dem er sie zum Lachen bringt. Er zelebriert seine Geschichten mit der Energie und dem Timing, die einem geborenen Entertainer eigen sind. Einen Block entfernt von ihrem Haus befindet sich das Senior Citizens' Centre, ein Seniorentreff, in dem Dad seine Nachmittage verbringt. Man spielt dort Billard, Karten oder tanzt auch schon mal. Er langweilt sich nie dort, und er hat immer noch die Begabung, den ganzen Raum mit seinem Witz und seinen Einfällen zu begeistern.

Mom und Dad kommen heute wunderbar miteinander aus. Dad liebt meine Mutter über alles, und erzählt es jedem, der ihm über den Weg läuft. Mom errötet auf die ihr eigene Art, wenn er das tut, aber ich weiß, daß es ihr gefällt. Auch sie liebt ihn sehr. Sie brauchen sich und kümmern sich umeinander. Dad liebt es, Mom zu verwöhnen. Er bringt ihr morgens Kaffee und den *San Francisco Chronicle* ans Bett.

Sie gehen tanzen, und bei Hochzeiten und Familientreffen stellen sie »die Jungen« regelmäßig in den Schatten. Wir feiern heute wieder viele Parties, meistens im Haus meiner Schwester. Die Enkel und Urenkel scharen sich um Dad und bitten ihn, Witze zu erzählen oder die alten Geschichten aus der Metzgerstadt zum besten zu geben.

Ein- oder zweimal die Woche telefonieren wir miteinander, und es sind immer wundervolle Gespräche, die wir dann führen. Ich habe ihn jetzt besser kennengelernt, und ich bin wirklich überrascht, wie angenehm er ist. Die Eigenschaften, die uns auch während der »schrecklichen Jahre« an ihm haben festhalten lassen, kommen heute voll zur Entfaltung. Er ist schon etwas Besonderes. Er bringt mich oft zum Lachen und schickt mir mit der Post kleine Karten, um mir zu sagen, wie sehr er mich liebt.

Dad ist heute leicht zum Weinen zu bringen. Wenn

er einen rührenden Film sieht oder erleben darf, wie eines seiner Kinder irgend etwas erreicht, beginnen bei ihm die Tränen zu fließen. Seine Stimme zittert immer noch, wenn er von dem Tag erzählt, an dem Alice starb. Er ist sehr emotional, seine Familie bedeutet ihm mehr als alles andere auf der Welt.

Ich hätte das nie für möglich gehalten. Diese Erfahrung hat mich gelehrt, niemals die Hoffnung aufzugeben, auch wenn die Aussichten noch so düster sind.

Dad geht »Schritt für Schritt« gegen seine Krankheit an. Er weiß, daß er sie niemals ganz loswerden wird. Ein Alkoholiker bleibt immer ein Alkoholiker. Die Krankheit lauert immer auf ihre Chance, wieder von ihm Besitz zu ergreifen.

Dad gehört zu denen, die Glück gehabt haben. Er erholt sich immer mehr von seiner Krankheit und ist dafür sehr dankbar. Er kann sich kaum mehr an »die Jahre des Alkohols« erinnern, er hat eine große Phase seines Lebens einfach vergessen, wie bei einem 35-Jahre-Blackout. Er ist natürlich sehr traurig darüber, aber das Leben findet in der Gegenwart statt und läßt die Vergangenheit hinter sich. Und so genießt er jeden Tag, wie er gerade kommt.

Ich fühl' mich gut von Kopf bis Fuß,
Weiß, wohin ich geh' und was ich tun muß.

Links von Dad saß Danny. Was für ein attraktiver, stattlicher Mann. Mit seinen hellen Haaren, seinen leuchtend blauen Augen und in seinem nagelneuen Smoking sah er einfach unwiderstehlich aus. Sein Lächeln hatte wie immer etwas Ansteckendes, und er lächelte die ganze Zeit. Es fiel schwer, sich vorzustellen, daß sein Leben alles andere als ein Zuckerschlecken gewesen war.

»Wenn ich trank«, sagte er lachend, »hatte ich das Gefühl, mit jedem reden zu können. Ich hatte keinen

Zweifel daran, daß ich unscrem Präsidenten gute Tips geben könnte, wie man das Land am besten regiert und daß er mir interessiert zugehört hätte. Wenn ich aber wieder nüchtern war, hatte ich nichts zu sagen. Ich kam mir dann völlig wertlos vor.«

Dan war nicht nur Alkoholiker, er war auch Alkoholikerkind. In seinem Kampf gegen die Sucht durchlitt er alle klassischen Symptome von Alkoholikerkindern: mangelndes Selbstbewußtsein, Unsicherheit, Nervosität, Krisen und die Unfähigkeit, Menschen nahe zu sein. Danny brauchte sehr lange, um diese Probleme zu überwinden.

Im Jahre 1980 waren Dad und Maureen schon vier bzw. fünf Jahre trocken. Danny hingegen trank mehr als je zuvor. Einmal, als er mehr als zwei Liter Wodka in sich hineingekippt hatte, ging es ihm hundsmiserabel. Er hustete viel und spuckte dabei Blut. Es war ein schlechtes Zeichen.

Mardi rief Maureen an und sagte ihr: »Ich komme nicht zum Osteressen. Ich werde diese Farce nicht länger mitmachen. Alle lieben Danny so sehr und tun so, als sei alles in Ordnung. Aber es ist *nichts* in Ordnung, und ich *kann* nicht mehr so tun, als ob.«

»Nun, wenn jemand wegbleiben sollte, dann doch Danny«, sagte Maureen. »Wir müssen ihm irgendwie helfen.«

»Aber was können wir tun?« fragte Mardi verzweifelt. Sie wußte durch ihre Sitzungen bei Al-Anon, daß sie Danny nicht würde zwingen können, vom Alkohol wegzukommen.

»Ja, aber wir können doch nicht einfach herumsitzen und tatenlos mitansehen, wie er sich zu Tode säuft«, sagte Maureen. »Laß uns irgendwie einschreiten. Vielleicht ist er ja soweit. Es ist den Versuch auf jeden Fall wert. Wir haben nichts zu verlieren. Und schlimmer werden kann's bei ihm sowieso nicht mehr.«

Noch am gleichen Morgen tauchten Mardi, ihre Kinder Sean und Erin, Maureen mit ihren Kindern Billy, Tim und Joey, und Mom und Dad bei Danny zu Hause auf. Da es ihm schlechtging, war er nüchtern geblieben. An ihrem Gesichtsausdruck konnte er erkennen, daß irgend etwas im Busch war. Seine Augen wanderten unruhig von einem zum anderen.

»Was soll das?« fragte er, während er sich rückwärts ins Wohnzimmer zurückzog. Er blieb dort nicht stehen, sondern ging weiter rückwärts durch Eßzimmer und Küche. Er setzte sich auf einen Stuhl neben der Hintertür, um sich eine »Fluchtmöglichkeit« zu lassen, falls er davonstürzen müßte. In seinen Augen spiegelte sich Angst, und sie glich der eines gestellten Tieres.

»Dan, wir sind gekommen, um dir zu helfen. Wir alle sind hier, weil wir dich lieben. Wir wissen, daß du nicht so sein willst, wie du jetzt bist«, sagte Maureen.

»Was willst du damit sagen?« fragte Danny.

»Wir wollen dich dahin bringen, wo man dir helfen kann.«

»Wohin?« fragte Dan.

»Zu Duffy.«

»Warum?« fragte Danny.

»Weil uns schon die Leute anrufen und uns fragen, warum wir nichts unternehmen, um dir zu helfen. Wir haben alle Angst, daß dir etwas passieren könnte. Wir haben Angst, daß du dich umbringst, wenn du so weitermachst. Wir flehen dich an, Hilfe aufzusuchen. Du bist nicht allein. Wir stehen zu dir, wir lieben dich, Danny.«

Mardi und ihre Kinder waren vor Schmerz zu erschüttert, um etwas sagen zu können.

»Weißt du überhaupt, was du getan hast?« fuhr Maureen fort. »Ist dir klar, daß du anfängst, Leute anzurufen, wenn du die ganze Nacht wachbleibst und trinkst? Weißt du, was du ihnen gesagt hast? Ist dir bewußt, daß deine Tochter Erin ansehen mußte, wie du nachts den Bürgersteig *entlanggekrochen* bist, weil du zu betrunken warst, um noch laufen zu können? Und daß sie beobachtet hat, wie die Polizei dich einmal aufgegriffen und wegen Trunkenheit am Steuer auf die Wache mitgenommen hat?«

Dad hatte bis dahin noch kein Wort gesagt. »Dan, du wirst den Absprung verpassen«, sagte er schließlich mit zittriger Stimme. »Du mußt es jetzt schaffen, bevor du vierzig bist, oder dein ganzes Leben ist vorbei.«

Danny sah Dad an und begann zu weinen. Es war für sie alle ein sehr emotionsgeladener Augenblick. Keiner von ihnen wollte Danny wehtun, aber sie liebten ihn zu sehr, um ihm nicht helfen zu wollen.

Trotz seiner Betroffenheit wehrte sich Danny noch. »Aber was ist mit meinem Geschäft?« fragte er.

»Was für einen Unterschied macht das jetzt noch? Du bist sowieso nie da. Und Mardi auch nicht. Sie ist in Lodi bei ihrer Mutter, um von dir wegzukommen. Wir alle helfen aus. Wir arbeiten in deinem Laden und halten ihn in Schwung, bis es dir wieder bessergeht«, sagte Maureen.

Sie standen schweigend da. Schließlich blickte Danny auf! »Dann laßt uns sofort gehen«, sagte er leise.

Der Zeitpunkt war genau richtig gewesen. Danny war soweit, sich jetzt helfen zu lassen.

Es war beschämend für Danny zu erkennen, daß alle in der Familie »es wußten«, wußten, daß er Alkoholiker war. Er hatte geglaubt, es wäre sein alleiniges Geheimnis. Er wollte nie, daß Mom es erfährt. Er wollte, daß sie stolz auf ihn wäre. Er hatte seine schlechten Geschäftsergebnisse nicht mit seinem Alkoholismus in Verbindung gebracht. Er hatte nicht begriffen, welche Auswirkungen seine Trinkerei auf Frau und Kinder hatte, wie sie sich schämten und darunter litten, eine Alkoholikerfamilie zu sein. Es war das letzte, was er ihnen antun wollte. Er liebte seine Familie. Er wußte, was der Alkohol seiner Kindheit angetan hatte, und jetzt war es sein Alkoholismus, der Unglück über seine Familie brachte.

Sie verließen Dannys Haus und stiegen in ihre Autos. Die ganze Familie begleitete Danny nach Calistoga. Danny blickte in den Rückspiegel und sah Maureen, die über das ganze Gesicht strahlte. Sie war überglücklich, daß Danny endlich Bereitschaft zeigte und die Gelegenheit nutzte, sich helfen zu lassen.

Nachdem sie in St. Helen zu Mittag gegessen hatten, fuhren sie zu Duffy. Mardi ging mit rein, um Danny anzumelden. Man konnte kaum unterscheiden, wer von ihnen der Patient war. Mardi sah gestreßt und sehr schlecht aus. Sie hatte schon seit Tagen nicht mehr geschlafen. Und die Leute von Duffy's glaubten, Danny wollte Mardi für die Therapie anmelden. Als der Irrtum sich aufklärte, konnten sie alle darüber lachen. Sie lachten auch, als sich herausstellte, daß Danny nichts als Socken eingepackt hatte.

Die Besserung hatte bereits begonnen. Erleichterung überkam Mardi. Sie küßte ihren Mann zum Abschied und sagte ihm, wie sehr sie ihn liebte. Dann ging sie.

Dan ist jetzt seit sechs Jahren trocken. Seine Geschäfte gehen wieder gut, seine Ehe funktioniert wieder und seine Kinder sind glücklich und unbeschwert. Mardi ist sein »bester Freund«, sagt er immer. Sie bringt ihn zum Lachen, und er kann über alles mit ihr reden. »Ich finde, sie wird von Tag zu Tag schöner. Es ist eine Schönheit, die von innen kommt.« Mardi hat ihren verhärmten Gesichtsausdruck verloren. Sie ist jetzt wieder entspannt und glücklich.

Aber was am besten ist, Dan ist endlich zufrieden mit sich und seinem Leben, er ist zum ersten Mal stolz auf sich und glücklich. Ohne viel Aufhebens darum zu machen, hilft er anderen Alkoholikern, von ihrer Sucht loszukommen, indem er ihnen durch sein Beispiel zeigt, wieviel Freude ein Leben ohne Alkohol bringen kann. Er hat viele Freunde und spielt zwei- bis dreimal in der Woche Golf. Er lacht und tanzt gerne und liebt Spaß. Dan macht bei vielen Gemeinde- und Wohltätigkeitsprojekten mit und gilt bei allen als »der netteste Kerl, dem man über den Weg laufen kann«.

Ooh, ooh, ooh, ooh, oo-oo-ooh!
Ich habe eine neue Sicht, einen neuen Wert.

Michael saß auf der Stuhlkante und wippte im Takt der Musik. In gewisser Weise hat Michael von uns allen den weitesten Weg hinter sich gebracht. Er hatte Dads Krankheit in ihrer letzten, schlimmsten Phase miterleben müssen. Er war ein völliges Psychowrack, und es sollte sehr lange dauern, bis seine Narben verheilten. Dad fühlte sich sehr schuldig wegen Michael und widmete sich ganz seiner Genesung. Er wußte, daß Michael die schlimmsten Auswirkungen seines Alkoholismus hatte durchmachen müssen und deswegen ohne jegliches Selbstbewußtsein geblieben war. Michael hielt sich für dumm, für den geborenen Verlierer.

Er suchte die Lösung für seine Minderwertigkeitskomplexe in Drogen und Alkohol. Man sah ihn zwar nie betrunken oder stoned, aber die Folgen seiner Sucht waren nichtsdestoweniger unübersehbar: Trunkenheit am Steuer, Gefängnisstrafen und seine Unfähigkeit, seinen Job zu behalten. Zu allem Unglück wurde dann auch noch seine Freundin schwanger.

Dad knöpfte sich Michael vor: »Reiß dich zusammen«, sagte er. »Mach deinen Job ordentlich. Und gib das Saufen auf.«

Er gab Michael Geld, bezahlte die Zahnarztkosten für ihn und bot ihm an, mit seiner Frau und seinem Kind bei ihm zu wohnen. Dad machte all dies aus Liebe, und weil er ein schlechtes Gewissen hatte, aber im Endeffekt ermöglichte er Michael so, weiterzutrinken und weiterhin Drogen zu nehmen. So ging es jahrelang.

Schließlich aber ließen er und Mom, auf Rat der Anonymen Alkoholiker und von Al-Anon, von Michael ab. Sie machten ihm klar, daß er von nun an allein für sein Leben verantwortlich wäre.

Michael entwickelte eine schwere Kokainsucht und hörte nicht auf zu trinken. Er war auf dem Weg zur totalen Selbstzerstörung.

Seine Ehe wurde geschieden, so daß er jetzt noch zusätzlich das Unterhaltsgeld für seine beiden Kinder aufbringen mußte. Ein Jahr später bekam seine neue Freundin ein Baby, dem wenig später ein zweites folgte. Sie hatte bereits drei Kinder aus ihrer vorhergehenden Ehe. Michael war nicht in der Lage, regelmäßig zu arbeiten. Seine Exfrau wollte ihn seine Kinder nur sehen lassen, wenn er auch das Geld für sie zahlte. Aber er hatte kein Geld. Und so verfiel er immer mehr den Drogen.

Das Kokain brachte ihn bis an den Rand des Wahnsinns. All seine unterdrückten Gefühle kamen explosionsartig in Wutanfällen heraus.

»Ich hasse Dad«, schrie er seine Freundin an. »Es ist mir egal, wenn er stirbt. Ich wünsche es ihm sogar.«

Es steckte so viel unterdrückte Wut in ihm. Wenn er einmal tatsächlich nüchtern war, kam er sich wie der letzte Mensch vor. Er hatte nicht genug Selbstbewußtsein, um sich einen anständigen Job zu bemühen. Er isolierte sich immer mehr von der Familie, denn er wußte, daß er zu sehr aus dem Rahmen fallen würde, wenn er uns besuchte.

Wir alle schafften es, uns nach und nach zu erholen und unser Leben wieder in den Griff zu kriegen. Mein Erfolg in »Three's Company« hatte die Familie zum Gesprächsthema der gesamten Nation werden lassen. Für Michael war es einfach zuviel. Er zog sich immer weiter in sich und seine Krankheit zurück.

Seine Freundin Terry versuchte, ihm zu helfen. Sie sprachen viel über seine Vergangenheit. Sie ließ ihn wüten und zetern.

»Laß es raus«, riet sie ihm. Endlich hatte Michael jemanden gefunden, der ihm zuhörte.

1982 mußte Michaels jüngstes Kind, Jamie, mit dem Notarztwagen ins Krankenhaus gebracht werden. Jamie hatte ein schweres Herzproblem und es bestand wenig Hoffnung, daß er überleben würde. Diese traumatische Erfahrung holte Michael in die Realität zurück. Er hatte seine beiden ersten Kinder drei Jahre lang nicht sehen dürfen, weil er das Unterhaltsgeld für sie nicht zahlen konnte, und nun bestand auch noch die Gefahr, daß er sein drittes Kind verlieren könnte. Michael wußte, daß Jamie, wenn er überlebte, viel Unterstützung und Hilfe benötigen würde. Er schwor sich, mit seinem Leben »endlich reinen Tisch« zu machen. Er würde aufhören zu trinken und Drogen zu nehmen. Er wollte nicht noch mehr von seinem Leben verpassen. Zum Glück überlebte Jamie die Operation.

Michael ist jetzt seit drei Jahren trocken. Er hat sich mit der Hilfe und Unterstützung seiner Eltern und seiner Freundin aus dem Sumpf von Alkohol und Narkotika herausgezogen. Seine Beziehung zu Dad ist besonders intensiv geworden. Sie empfinden eine ganz eigene Liebe und Zuneigung füreinander. Dad sagte, er könne sich nun »endlich beruhigt zurücklehnen« und sich »ein bißchen entspannen«. Als Michael endlich genas, bedeutete es nicht nur für Dad, sondern für uns alle das Ende eines langen Krieges. Es war ein Ende und ein neuer Anfang.

Michael führt heute ein schönes Leben in den Gebirgsausläufern der nordkalifornischen Sierra. Er liebt seine Arbeit, seine sieben Kinder und hat eine tiefe, von Liebe und gegenseitiger Fürsorge geprägte Beziehung zu Terry.

Ich habe eine neue Sicht, einen neuen Wert!

Das Publikum jubelte. Es verlangte eine Zugabe und bekam sie.

«Vielen Dank! Dankeschön!« sagte ich. »Dies ist ein ganz besonderer Abend für mich. All die Menschen, die ich am meisten auf dieser Welt liebe, sind heute hier in diesem Saal versammelt. Und ich möchte, daß Sie sie kennenlernen.«

Ich ging in die Zuschauerränge und arbeitete mich durch Tische und Stühle hindurch. Das Spotlight folgte mir. Ich sah Tante Helen und gab ihr einen Kuß. Ich sah all meine Neffen – Bill, Tim, Joe und Sean. Bill und Tim waren jetzt verheiratet, und Erin war zu einer wunderbaren jungen Frau aufgeblüht. Ich kicherte und sagte: »Ich hab' all denen, die hier am Tisch sitzen, die Windeln gewechselt.« Das Publikum lachte. Ich sah alte Schulkameradinnen und Nachbarn, den Mann, der früher im Lebensmittelgeschäft Albert arbeitete, den Polizeichef von San Francisco.

Dann kam ich zum Tisch meiner Eltern. »Das ist mein lieber kleiner Dad.« Das Publikum applaudierte freundlich. Dad stand auf, winkte den Leuten zu und gab mir einen Kuß. »Ich liebe dich, Dad«, sagte ich.

»Ich dich auch, Sue.« Er strahlte vor Stolz.

»Und das ist meine hübsche, süße Mutter.« Es gab wieder Applaus. Mom zitterte. Es machte sie nervös, im Rampenlicht zu stehen, aber sie glühte vor Stolz und Erregung. Sie stand kerzengerade, Bauch rein, Brust raus.

»Ich liebe dich, Schatz«, sagte sie. »Und ich liebe dich, Mom«, sagte ich ihr, während ich sie drückte.

»Hallo, Bill«, grüßte ich meinen Schwager. Er umarmte mich fest. Ich hatte Bill immer sehr gemocht. Ich ging weiter. »Falls Sie nicht sicher sein sollten, das hier ist nicht Robert Redford, sondern mein Bruder Dan.« Danny hatte Tränen in den Augen. Er legte seine Arme um mich und hielt mich fest. »Ich hab' dich immer für den Größten gehalten«, sagte ich zu ihm, »und ich war immer wahnsinnig verschossen in dich.« Danny lachte, das Publikum ebenfalls. Dannys Stimme klang so belegt, daß er kaum ein Wort herauskriegte. »Da du mich nicht heiraten konntest«, fuhr ich fort, »bin ich froh, daß du Mardi gekriegt hast.« Ich gab Mardi einen Kuß. »Ja, dein Bruder ist ganz verrückt nach Brünetten«, sagte Mardi lachend. Sie sah wunderbar aus in ihrer silber-weißen Aufmachung.

Michael sah aus, als wäre er am liebsten im Boden versunken. Aber ich wußte, daß auch er vorgestellt werden wollte. Er ist Mutter in seiner Schüchternheit so ähnlich. Ich legte meine Arme um ihn. »Ich liebe dich, Michael«, sagte ich.

»Ich liebe dich auch, Sue«, antwortete er.

Wir hatten viel gemeinsam durchgemacht. Wir waren beide die Babys der Familie gewesen, und unser Erscheinen fiel mit den schlimmsten Phasen in Dads Alkoholikerlaufbahn zusammen. Michael wurde rot, aber es war auch Triumph in seinen Augen zu erkennen. Er hatte es geschafft.

Ich hielt noch immer Michaels Hand, als ich fragte: »Wo ist meine Schwester?«

»Hier, genau hinter dir!« hörte ich ihre Stimme in meinem Rücken. »Ich bin heute so stolz auf dich«, sagte Maureen, während sie aufstand. Ihre Stimme zitterte, und Tränen liefen ihr übers Gesicht. »Die Atmosphäre in diesem Saal ist zauberhaft, und das liegt nur an dir. Du gibst uns ein gutes und besonderes Gefühl.«

Nun begann ich zu weinen. Das Publikum hing an unseren Lippen und genoß es, an unserem intimen Familienglück teilzuhaben.

»Wir können hier nicht so einfach herumstehen und heulen«, sagte ich zu meiner Schwester. »Ich muß eine Show machen. Ich bin auch sehr stolz auf dich und froh, daß ich so eine Schwester habe.« Wir umarmten und küßten uns. Ich wischte mir die Tränen weg und ging weiter.

»Würden Sie gerne meinen Sohn kennenlernen?« fragte ich das Publikum. Es klatschte begeistert. Bruce erhob sich. Er stand mit seinen ein Meter achtzig wie ein Turm über mir. Er war jetzt zwanzig Jahre alt. »Er ist gerade elf geworden«, scherzte ich, »er ist ein bißchen groß für sein Alter.«

Ich war so stolz auf Bruce. Seine Augen glänzten, und sein Lächeln überstrahlte sein ganzes Gesicht.

»Du bist immer so ein guter Junge gewesen«, sagte ich ihm. Ich hörte mich genau wie meine Mutter an. Bruce wurde rot.

»Du leistest hier echt tolle Arbeit, Mom«, sagte er.

Ich ging zur Bühne zurück und sah Alan hinter den Kulissen stehen. Wie immer kümmerte er sich darum, daß alles perfekt lief. »Komm sofort raus hier, Alan!« frotzelte ich.

Alan blieb lieber im Hintergrund. Er sagte: »Es kann nur einen Star in der Familie geben.« Ich ging hinter die Kulisse und zog ihn zärtlich am Arm heraus.

»Ich möchte Ihnen gerne meinen Mann vorstellen«, sagte ich ins Publikum. »Er ist mein ganzes Leben.« Alan legte seine Arme um mich. »Ich liebe dich, Alan«, sagte ich. »Du siehst echt klasse aus ohne Bart.«

»Danke«, sagte er. »Du ohne deinen aber auch.«

Das Publikum lachte und applaudierte. Alan wußte immer schon, wie man für einen guten Abgang sorgte.

Dreizehn Jahre hatte ich gebraucht, um nun hier vor meiner Familie und meinen Bekannten so auftreten zu können. Es ist so viel in dieser Zeit passiert. Mit meinem wachsenden Selbstvertrauen begannen mein Leben und meine berufliche Karriere, sich zu ordnen. Ich ergriff die beruflichen Chancen, die sich mir boten, mit großer Selbstverständlichkeit und mit sicherer Hand. Früher hätte ich mich in solchen Dingen selbst in eine Krise hineinmanövriert.

Im April 1977, ein Jahr nachdem wir nach Los Angeles gezogen waren, wurde ich zur Sprechprobe für die neue Fernsehsendung »Three's Company« eingeladen. Die Show wurde ausgestrahlt und wurde für die nächsten sechs Jahre zur beliebtesten Fernsehkomödie Amerikas. Alan war damals der große Star der »Alan Hamel Show«, der beliebtesten Talkshow in Kanada. Es war eine unglaublich aufregende Zeit für uns beide. Plötzlich erschien mein Bild auf den Titelseiten, und ich wurde zu Talkshows eingeladen. Die Leute von »60 Minutes« besuchten mich und machten bei mir zu Hause ein Interview. *Newsweek* druckte mein Foto auf der Titelseite ab. Ich bekam Angebote, Filme und Werbespots. Und im gleichen Jahr noch heirateten Alan und ich.

Ich hatte jetzt fast alles, wovon man nur träumen kann: eine glückliche Ehe, eine erfolgreiche Karriere und eine Familie, die wieder gesund und glücklich war. Mom, Dad, Maureen und Danny hatten es bereits geschafft, und Michaels Genesung erfolgte wenige Jahre später. Bruce und meine beiden Stiefkinder lernten allmählich, mit der neuen Situation umzugehen. Es ist nicht einfach und man braucht viel Geduld und gegenseitiges Verständnis, eine neue Familie zusammenzuschweißen. Aber Alan und ich unterstützten uns gegenseitig, wo wir nur konnten. Wir wollten, daß unser gemeinsames Leben ein makelloser Erfolg würde.

Als die Einschaltquoten unserer Komödie »Three's Company« in die Höhe schnellten, ergriff *Playboy* die Gelegenheit beim Schopfe und veröffentlichte ohne meine Erlaubnis die Aktfotos, die früher probehalber von mir gemacht worden waren. Es gab einen landesweiten Skandal, der die Schlagzeilen der Nachrichten und Klatschmagazine beherrschte.

Mein lukrativer Werbevertrag als Sprecherin für Ace Hardware wurde mir aus »Imagegründen« gekündigt.

Ein Leben voller Krisen und meine Therapie hatten mich gegen diese neue Bedrohung gewappnet.

Ich ging persönlich zur United Press International und erzählte meine Version der ganzen Geschichte. Ich erzählte ihnen von dem Unfall meines Sohnes, von den 15000 Dollar Krankenhausrechnung und der einmaligen Chance, meine Schulden durch die Fotos mit einem Schlage loszuwerden. Nach den Aufnahmen aber, so erzählte ich weiter, seien mir doch große Zweifel gekommen, so daß ich die Unterschrift zur Veröffentlichung verweigert hätte.

Die Öffentlichkeit hatte Verständnis für meine damalige Notlage und schlug sich danach auf meine Seite. Ace Hardware machte mit mir einen neuen Vertrag. Die Negativkampagne war ins Positive umgeschlagen.

Alan und ich sind jetzt seit zehn Jahren verheiratet. Er ist all das, was ich mir von einem Mann gewünscht habe. Wir führen eine glückliche Ehe. Heute ist mir klar, daß es für uns notwendig war, so viele Jahre mit dem Heiraten zu warten. Es wäre nie etwas daraus geworden, hätten wir früher, noch in der Phase meiner Krankheit, geheiratet. Wir hätten nie zu der Partnerschaftlichkeit und Gleichberechtigung finden können, die unsere heutige Beziehung auszeichnet. Wir geben uns viel, ohne voneinander abhängig zu sein. Unser Verhältnis ist von Großzügigkeit und Respekt gekennzeichnet. Ich bin dankbar, Alan als Partner, Liebhaber und besten Freund haben zu dürfen. Zudem ist er mein Manager und Produzent.

Ich wollte gerne eine Karriere als Sängerin starten, und Alan überzeugte MGM Grand in Las Vegas, daß ich der ideale Fernsehstar wäre, um ins Bühnenshowgeschäft einzusteigen. Und das, ohne daß ich jemals einen Auftritt gehabt hatte.

Alan ist seinen Kindern und meinem Sohn ein guter

Vater. Er unterstützt meine Karriere, wo er nur kann. Unser Leben spielt sich zwischen dem Ozean und der Wüste ab, und wir versuchen, zwischen Arbeit und Spaß eine ideale Balance zu halten. Wir kochen viel zusammen und basteln ständig an unseren Häusern.

Unsere Kinder bereiten uns viel Freude und kommen gut miteinander aus. Allerdings hat es bei Bruce einige Zeit gedauert, bis er sich in Los Angeles eingelebt hatte. Alles war neu und fremd für ihn. Er mußte mich plötzlich mit Alan und dessen Kindern teilen.

Das Leben in Los Angeles ist von dem gemütlichen Kleinstadtleben in Sausalito sehr verschieden. Bruce war jetzt ein Kleinstadtjunge in einer Großstadt. Aber die neue Schule führte schnell zu neuen Freundschaften, und schon bald standen das Telefon und die Türklingel nicht mehr still, so viele Freunde kamen, um Bruce zu besuchen.

Bruce besucht heute die University of California, wo er seine Ausbildung zum Regisseur und Drehbuchschreiber macht. Er könnte sich auch gut eine Karriere als Schauspieler vorstellen. Er ist ausgesprochen witzig und kann mit seinem Charme einen ganzen Saal in seinen Bann schlagen. Alle sind gerne in seiner Nähe. Er ist bei den Mädchen beliebt, und seine Familie liebt ihn. Er ist freundlich, nett, witzig und klug. Er hat viele positive Eigenschaften von Dad geerbt. Aber am wichtigsten ist: Ich liebe ihn und sein ganzes Wesen. Er ist sehr intelligent, und oft verblüfft mich seine Menschenkenntnis. Wir führen viele Gespräche miteinander, und ich lerne immer sehr viel von ihm.

Meine Stieftochter Leslie hat die Schule für Modedesign abgeschlossen und entwirft jetzt Kostüme für viele Stars aus der Unterhaltungsbranche, unter anderem auch für mich. Leslie ist mir sehr ans Herz gewachsen. Sie bringt mir so viel über Mode und die neuesten Trends bei. Wir haben viel Spaß, wenn wir miteinander arbeiten. Sie entwirft die gesamte Garderobe für meine Las-Vegas-Shows. Sie ist lustig und eine gute Freundin.

Mein Stiefsohn Stephen ist heute Fotograf. Er hat Kunstverstand, den er von seiner Mutter geerbt hat und auf einer Kunstschule in Paris ein Jahr lang weiter ausgebildet hat. Er hat bei Parson Fotograf studiert und verdient sein Geld heute als Modefotograf. Er ist sehr hübsch und immer lustig. Er macht die besten Fotos von mir und ist der Fotograf, den ich immer zuerst aufsuche. Ich fühle mich sehr entspannt, wenn wir Aufnahmen machen, und da er mich sehr gut kennt, findet er immer wieder die schmeichelhaftesten Perspektiven. Stephen ist ein sehr kreativer und eigenwilliger Mensch. Er will seinen eigenen Weg gehen, den eigenen Stil finden. Er ähnelt darin sehr seinem Vater. Wir bemühen uns, unsere Kinder in der Ausbildung ihrer individuellen Persönlichkeit zu unterstützen.

Ich bin eine sehr glückliche Frau. Meine Ehe läuft phantastisch, meine Kinder sind glücklich und gesund, und ich habe eine erfolgreiche Karriere in einem Beruf, den ich liebe. Ich schlafe keine Nacht ein, ohne Gott dafür zu danken, daß er mir geholfen hat, mir selbst zu helfen. Meine Träume haben sich erfüllt, weil es jemanden gab, der mir liebevoll die Hand reichte und mir half. Ich bin Mrs. Kilgore sehr dankbar.

Irgendwie hat sich das Knäuel entwirrt,
Ist das Glück eingekehrt.
Ich hab' meine Lektion gelernt.
Ich fühl' mich gut von Kopf bis Fuß,
Weiß, wohin ich geh' und was ich tun muß.
Ich habe meine Einstellung gründlich geklärt,
Ich habe eine neue Sicht, einen neuen Wert.

Nachdem die Show an diesem Abend zu Ende war, kamen alle hinter die Bühne in meinen Umkleideraum.

Plötzlich vibrierte der Raum vor Energie und Begeisterung.

»Du warst phantastisch«, sagte Danny.

»Großartig«, flüsterte Mom.

»Du warst verdammt gut.« Dads Stimme zitterte, als er das sagte. Es waren genau die Worte, die er mir damals nach *Guys and Dolls* gesagt hatte.

Endlich hatte ich seine Anerkennung gefunden. Aber ich brauchte sie nicht mehr. Ich war nun nicht mehr das kleine Mädchen von damals, trotzdem genoß ich es. Was wirklich wichtig war an diesem Abend, waren der Stolz und die Freude, die wir als Familie empfanden. Es war nicht »mein« Abend, es war »unser« Abend. Wir hatten gesiegt. Wir hatten es geschafft, und wir hatten es verdient.

Ich zog mich um und packte meine Tasche. Ich mußte das nächste Flugzeug kriegen. Auf zur nächsten Stadt. Ich sollte am nächsten Abend das Desert Inn in Las Vegas eröffnen.

Wir küßten und umarmten uns zum Abschied. Ich wollte nicht weg, und auch sie wünschten, ich könnte noch etwas bleiben, aber sie waren an meinen hektischen Zeitplan gewöhnt. Sie brauchten mich nicht, um sich wohl zu fühlen. Sie waren nun alle ausgeglichene, zufriedene und glückliche Menschen.

»Auf Wiedersehen, ihr Lieben. Bis bald«, rief ich in das allgemeine Stimmengewirr.

»Auf Wiedersehen«, kam es von allen Seiten zurück.

Als Alan und ich aus der Tür gingen, entdeckte ich in der Zimmerecke Bruce. Er erzählte gerade Witze, und alle bogen sich vor Lachen. Er sah mich mit seinen leuchtenden Augen an.

»Ich liebe dich, Mom«, rief er.

Ich warf ihm einen Kuß zu. »Ich liebe dich auch, Bruce.«

Ich hatte nie die Absicht, dieses Buch zu schreiben. Ich habe meine Geschichte immer tief in mir versteckt gehalten. Aber seit diesem Morgen in Santa Fé, als ich aus dem tiefen Schlaf erwachte und zu schreiben begann, wußte ich, daß ich meine Geschichte nicht verheimlichen konnte. Ich mußte sie erzählen. Ich mußte sie aus mir herauskriegen. Ich wußte, daß ich sonst nie wirklich gesund und ausgeglichen werden könnte. Ich begriff, daß ich etwas zu sagen hatte. Ich konnte anderen Kindern von Alkoholikern vielleicht Hilfe und Hoffnung bieten.

Es war nicht einfach, die Krankheit, an der ich litt, zu erkennen. Erst als ich dieses Buch zu schreiben begann, war ich in der Lage, die Teile des Mosaiks zusammenzufügen.

Mrs. Kilgore hat meine Probleme nicht gelöst, aber sie hat mir den Weg gewiesen, so daß *ich mir selbst* helfen konnte.

Ich hätte mein Leben auch weiter nach den alten eingefahrenen Mustern und Strukturen mit ständigen Krisen, Lügen, Heimlichkeiten und Minderwertigkeitsgefühlen leben können. Die Krankheit ist nicht leicht zu identifizieren. Erst heute, nach all diesen Jahren, verstehe ich den Alkoholismus und die verheerenden Folgen, die er für jeden in meiner Familie hatte. Heute ist mir klar, daß es in mir nach Aufklärung schrie, daß ich verstehen wollte, warum ich als Kind und als Erwachsene ein so chaotisches, verworrenes Leben führte.

Man schätzt, daß es heute 10 bis 13 Millionen Alkoholiker in den USA gibt. Wenn man zu jedem dieser Alkoholiker eine vierköpfige Familie addiert, bringt das die Gesamtzahl der Alkoholgeschädigten auf 40 bis 52 Millionen. Jedes vierte Kind in der Schule ist heute ein Alkoholikerkind. Nur die wenigsten von ihnen sind statistisch erfaßt.

Ich weiß, daß bis heute weder ich noch meine Geschwister unsere Probleme wirklich artikuliert haben. Die meisten Menschen behalten diese Probleme für sich. Das ist der Grund, warum die Zahl der alkoholgeschädigten Familienmitglieder auf nur 28 Millionen geschätzt wird. All diese Menschen laufen ohne jede Hilfe mit einer Krankheit herum, von der sie nichts ahnen. Sie sind nicht unbedingt aktive Alkoholiker, und die meisten von ihnen glauben, wie ich damals, daß mit ihnen alles in Ordnung sei. Aber sie tragen die Krankheit in sich, und sie zerstört ihr Leben.

Ich schrieb dieses Buch für alle, die wie ich in der Schule einschliefen, die sich in ihren Wandschränken versteckten, keine Freundschaften schließen konnten und sich insgeheim selber haßten.

Ich schrieb dieses Buch für alle, die wie ich gewalttätig wurden, obwohl sie Gewalt verabscheuten, für alle, die zu lügen lernten und ihr Leben mit Heimlichkeiten belasteten, für alle, die sich selbst die Schuld gaben, Ausreden erfanden, vertuschten, sich selbst in Krisensituationen brachten und Geschichten erfanden, um die schreckliche Realität, in der sie lebten, zu verbergen.

Wir wußten als Kinder nicht, wie wir mit der Situation fertigwerden sollten. Aus diesem Grunde kamen wir auch als Erwachsene nicht zurecht. Wir hielten an den alten Verhaltensmustern fest; wir lebten von der Krise, wir logen, wir hatten Schwierigkeiten, Freundschaften zu schließen. Wir verbargen unser dunkles Geheimnis.

Die Chancen, daß die gesamte Familie sich von dieser Krankheit erholt, sich nicht allzu hoch. Für unsere Familie war es eine lange und schmerzhafte Reise. Wir alle zahlten einen hohen emotionalen Preis, aber am Ende kamen wir stärker und als bessere Menschen aus diesem Kampf heraus.

Noch vor kurzem sagte ich meinem Vater, es täte mir leid, daß er 35 Jahre an dieser Krankheit gelitten hätte, daß ich aber nichts ändern würde, wenn ich dies alles noch einmal durchmachen müßte. Ich habe meine größten Einsichten durch diese Krankheit gewonnen. Letztlich verdanke ich ihr meinen Erfolg.

Wir waren uns als Familie nie näher als heute. Wir kommen zusammen, so oft wir nur können und erfreuen uns gemeinsam an unserer Genesung. Wir alle wissen, wie nah wir dem Abgrund waren, und wir wissen das Wunder unseres Erfolges wohl zu schätzen.

Nicht die Ausgangsbedingungen entscheiden über unser Leben, sondern das, was wir schließlich aus ihnen machen. Jeder einzelne von uns hat sich am Ende durchgesetzt und seinen Kampf siegreich beendet. Unsere Geschichte ist die Geschichte eines Erfolges. Wir haben die Krankheit in einer Generation besiegt. Aber was ist mit der nächsten Generation? Alkoholismus ist eine sehr geduldige Krankheit. Es gibt sechzehn Enkelkinder in unserer Familie. Und wenn ich mich so unter ihnen umsehe, kann ich den Keim zu dieser Krankheit deutlich erkennen. Sie läßt sich nicht endgültig besiegen. Sie hat eine genetische Grundlage. Es ist wie bei Diabetes. Man muß sehr bewußt und vorsichtig leben. Ich kann nur hoffen, daß unsere Kinder das Problem erkennen und dem, was wir ihnen zu sagen haben, zuhören.

Aber... wer weiß?

Als ich das Buch begann, schrieb ich es allein für mich. Ich hatte so lange auf mein Leben zurückgeblickt und war jedesmal erschreckt darüber, wie ich als Mädchen war. Ich fragte mich, warum ich mich damals so verhielt, wie ich es tat – warum ich so viele Fehler machte und so viele falsche Entscheidungen traf. Dieses Buch zu schreiben, half mir dabei, meine Vergangenheit zu verstehen. Und als ich erst einmal verstanden hatte, was damals geschehen war, konnte ich mir auch vergeben. Denn ich verstand das Warum. Es gibt keine Fehler, nur Handlungen, aus denen man lernen kann. Es war nicht mein Fehler gewesen. Ich kam so gut aus dieser Situation heraus, wie es mir eben möglich war. Ich gab in der damaligen Situation mein Bestes. Nachdem ich das verstanden hatte, fiel es mir leichter, nachsichtig mit mir zu sein. Ich brauchte mich jetzt nicht mehr zu schämen oder Angst davor zu haben, »daß man es herauskriegen könnte.« Es gab keinen Grund für mich, mich schuldig zu fühlen. Ich konnte meine Vergangenheit nun akzeptieren, und ich brauchte mich für das, was ich heute bin, nicht zu entschuldigen.

Schon bald wurde mir klar, daß ich dieses Buch auch für Sie schrieb. Ich fragte mich, wie viele von Ihnen wie ich auf das eigene Leben zurückblicken und über die eigenen Handlungen und Fehler erschrecken. Vielleicht sind auch Sie zu hart mit sich ins Gericht gegangen. Vielleicht sind Sie nur ein Opfer Ihrer Umstände. Sie haben angesichts dieser Umstände das Beste aus sich gemacht. Sie haben Ihr Bestes gegeben. Dies einzusehen kann vieles ändern.

Ich empfinde ein überwältigendes Bedürfnis, zu so vielen Menschen wie möglich über all dies zu reden, damit diese schreckliche und heimtückische Krankheit besser verstanden wird.

Es war sehr schmerzhaft, dies alles noch einmal zu durchleben, aber das Verstehen brachte Erleichterung und Klärung. Ich fand den Sonnenschein am Ende dieses langen Weges. Auch Sie können es. Auch wenn Ihre ganze Familie sich nicht von der Krankheit erholt, *Sie* können es. So wie ich.